지크프리트 운젤트(Siegfried Unseld, 1924~2002)
독일의 출판인. 페터 주르캄프(Peter Suhrkamp)의 후임으로,
주르캄프 출판사를 반석 위에 올렸다는 평가를 받는다. 후에는
인젤 출판사도 이끌었다. 1951년 헤르만 헤세에 관한 논문으로
박사학위를 받았다. 세인트루이스 워싱턴대학교와 프랑크푸르트
요한볼프강괴테 대학교의 명예박사이기도 했다. 2002년 10월
심장마비로 세상을 떠났다. 저서로는 『헤르만 헤세. 작품사와
영향사』(새 증보판 1985), 『헤르만 헤세와의 만남』(1974),
『페터 주르캄프. 한 출판인의 전기』(1975), 『마리엔바트의
바구니』(1976), 『괴테의 「일기」와 릴케의 「시 일곱 편」』(1978),
『우리는 작가를 출판합니다』(1978)가 있다. 1984년 『지크프리트
운젤트의 출판 저서 목록 1951~1983』이 출간되었고, 그에게
헌정된 책 『출판인과 그의 작가들』이 있다.

한미희
이화여자대학교 독문학과를 졸업하고, 연세대학교 독문학과에서
석사와 박사 학위를 받았고, 홍익대학교에서 박사 후 과정을
마쳤다. 현재 전문 번역가로 활동하고 있다. 옮긴 책으로 『모모』,
『그림 형제 동화집』, 『하이디』, 『데미안』, 『수레바퀴 아래서』,
『게르버』, 『프란츠 카프카 단편집』 등이 있다.

우리는 작가를
출판합니다

DER AUTOR UND SEIN VERLEGER by Siegfried Unseld
© 1978, SuhrkampVerlag GmbH, Berlin
All rights reserved by and controlled through Suhrkamp Verlag Berlin
Korean Translation © 2025 by UU PRESS
The Korean language edition is published by arrangement with
Suhrkamp Verlag AG through MOMO Agency, Seoul.

"Verleger als Beruf", pp 22–76 from
"»Ins Gelingen verliebt sein und in die Mittel des Gelingens«
Siegfried Unseld zum Gedenken"
Redaktion: Raimund Fellinger
© 2003, Suhrkamp Verlag GmbH, Berlin

이 책의 한국어판 저작권은 모모 에이전시를 통해 Suhrkamp Verlag Berlin과의
독점 계약으로 도서출판 유유에 있습니다. 저작권법에 의해 한국 내에서 보호를
받는 저작물이므로 무단전재와 무단복제를 금합니다.

우리는 ■ 작가를 출판합니다

헤세·릴케· 역사에 남은 시대의 작가를
브레히트· 책은 어떻게 발굴한 주르캄프와
로베르트 발저, 만들어졌는가, 출판인

지크프리트 운젤트 지음   한미희 옮김

요아힘을 위하여

일러두기
1. 별도의 표기가 없는 주는 옮긴이의 주이며, 미주는 원서의 주다.
2. 이 책의 '6부 직업으로서의 출판인'은 2003년에 출간된 운젤트 추모 도서
   『성공과 성공의 수단과 사랑에 빠지다』(Ins Gelingen verliebt sein und in
   die Mittel des Gelingens)의 글 「직업으로서의 출판인」(Verleger als Beruf)을
   가져와 수록한 것이다.

옮긴이의 말
"책이라는 신성한 상품"

이 책은 1959년부터 2002년까지 독일의 유명한 문학 출판사 주르캄프를 이끈 지크프리트 운젤트의 논문 여섯 편으로 이루어져 있다. 첫 편은 문학 출판인의 과제를 살펴보고, 이어지는 네 편은 주르캄프 출판사와 인연이 있는 헤르만 헤세, 베르톨트 브레히트, 라이너 마리아 릴케, 로베르트 발저와 출판인의 관계를 살펴보고 있다. 마지막 논문 「직업으로서의 출판인」은 동료 출판인 하인리히 마리아 레디히 로볼트에게 보내는 편지 형식을 장난스럽게 활용하면서 출판인이라는 직업은 어떤 것이며, 출판인과 동료 작업자들이 갖추어야 할 소양과 해야 할 과제는 어떤 것인지 이야기한다. 이 책에 실린 첫 논문 「문학 출판인의 과제」와 겹치는 부분이 있으나 레디히 로볼트라는 출판인의 구체적인 사례를 통해 더 재미있고 생생하게 이야기를 풀어나가고 있다.

글씨도 모르던 어린 시절 나는 엄마가 들려주는 그

림형제 동화 「늑대와 일곱 마리 아기 염소」, 「헨젤과 그레텔」로 문학의 세계와 처음 만났다. 그 후로 지금까지 문학을 읽고 공부하고 또 번역하면서 문학과 인연을 이어가고 있다. 헤세는 고등학교 때 『데미안』을 통해 처음 만났다. "사람은 누구나 세상의 모든 현상이 딱 한 번 그렇게 교차해서 생겨난 아주 특별하고 소중하고 유일무이한 존재다." "새는 알에서 나오려고 몸부림친다. 알은 세계다. 태어나려는 자는 한 세계를 깨뜨려야 한다." 『데미안』에 나오는 이 구절들을 읽으며 나는 세상이 권하는 대로 살지 않고 나 자신을 찾고 자연이 준 나의 운명을 발견하고 실현하겠다고 결심했다. 시 「가을날」을 통해 처음 접한 릴케는 루 안드레아스 살로메와의 사랑, 장미 가시에 찔려 죽은 그저 낭만적인 시인으로만 알았던 것 같다. 브레히트에게는 사회의 부조리를 통쾌하게 고발하는 점에 열광했다. 당연하게 받아들였던 사실을 거리를 두고 다른 눈으로 바라보게 만드는 그의 서사극 이론도 신선한 충격이었다. 그리고 로베르트 발저. 10여 년 전 발저의 『야콥 폰 군텐』(『벤야멘타 하인학교. 야콥 폰 군텐 이야기』로 번역되어 있다)은 늘 탈출을 꿈꾸면서도 사회의 법칙을 잘 따르는 '모범생'인 나를 뒤흔들어

놓았다. 이 소설의 주인공은 하인이 되는 것이 목표다. 그는 아무것도 되지 않기 위해 아무것도 하지 않는 것을 배워야 한다. 우리는 늘 이 세상에서 뭔가 중요한 사람, 도움이 되는 사람이 되라고 배운다. 아무것도 되지 않는 법, 아무것도 하지 않는 법을 배우는 것. 발저는 내가 기본적으로 인정하는 긍정적인 가치를 송두리째 부인하고 처음부터 다시 생각해 보라고 권한다. 그러나 발저는 자연의 아름다움에서 죽음을 생각하는 시인이기도 하다. 운젤트가 인용하는 단편 희곡「시인」에 나오는 구절을 보라. "나의 느낌들은 나를 다치게 하는 화살촉이다. 가슴은 다치고 싶어 하고, 생각은 지치고 싶어 한다. 나는 달을 한 편의 시 속에 짜 넣고, 별들을 한 편의 시에 짜 넣어 그 안에 나를 섞고 싶다. 언어의 모래밭 속 물고기처럼 감정들을 버둥거리고 죽게 만드는 것 외에 내가 그 감정들로 무엇을 해야 할까?"

운젤트의『우리는 작가를 출판합니다』를 번역하며 헤세, 브레히트, 릴케, 발저에 대해 많은 사실을 새로 알게 되었다. 네 작가 모두 치열하게 자신의 인생을 살고 작품을 썼다. 수많은 어려움 속에서도 꺾이지 않았던 그들의 창조적인 열정에 경의를 느꼈다. 하지만 억압적인 정권의 탄압을 받기도 한 예민하고 별난 작가들과 작업하면서 사회의 문제와 진정한 필요를 정확하게 파악해 상품성 있는 문학을 출판하는 출판인들의 열정도 못지않게 존경스럽다.

운젤트에 따르면, 출판인은 "책이라는 신성한 상품"을 만들고 판매하는 사람이다. 여기서 출판인의 역할에 대해 의문이 생긴다. 작품을 실질적으로 생산하는 사람은 작가다. 출판인은 작가가 생산한 작품을 책이라는 상품으로 만들어 시장에 팔면서 이익을 챙기는 착취자로 보일 수 있기 때문이다. 그러나 진정한 출판인이 만들어서 파는 책은 단순한 상품이 아니라 '신성한' 상품이다. 그 '신성한' 상품의 토대가 되는 작품을 만드는 작가 역시 "큰 산처럼 높은 사람"이다. 출판인은 한 작가의 인생과 작품의 탄생에 동반되는 갖가지 어려움을 지켜본다. 그리고 작가가 어려움을 딛고 넘어서서 작품을 쓰도록 정신적, 물질적으로 지원한다. 설사 작품이 탄생하지 않더라도 기대를 접지 말고 용기를 북돋아 줘야 한다. 그러나 다른 한편 출판인은 자본주의적으로 조직된 출판사를 운영하며 이익을 내야 한다. 의미 있는 작가와 작품을 발굴하고, 전문적인 지식과 능력을 갖춘 직원들의 도움을 받아 그 작가의 작품을 시장에서 많이 팔리는 좋은 상품으로 만들어 이익을 내야 한다.

문학 출판인 운젤트가 추구하는 문학은 대중의 가치를 무조건 따르는 문학이 아니다. 오히려 "독자가 원하지 않는 새로운 가치를 독자에게 강요하는" 문학이다. 대중은 불편한 진실을 마주하기보다 기존의 질서에 안주하는 경향이 있기 때문이다. 그 문학은 개인이 자신을 발견하고, 동시에 합리적인 사회에 더 많은 관심을 가지도록 만든다. 그러나 메시지를 드러내 놓고 전달해서는 안 된다. 문학은 유희이고, 경험으로 채워진 상상이기 때문이다. 그 문학은 독자의 자유에 호소한다. 독자도 자신의 상상력을 발휘하길 바란다고.

지크프리트 운젤트는 1951년 헤르만 헤세에 관한 논문으로 튀빙겐대학교에서 박사학위를 받았다. 1952년 1월부터 주르캄프 출판사에서 일하다가 1959년 주르캄프가 사망하자 주르캄프 출판사의 유일한 출판인이자 소유주가 되었다. 1963년 주르캄프 출판사가 인젤 출판사를 인수한 후 1965년 1월부터 인젤 출판사도 책임지고 운영했다. 운젤트는 출판인으로서 의미 있는 작품을 출판하면서 사업적으로도 큰 성공을 일구어 냈다. 이 책에는 그의 풍부한 문학 지식과 성공한 출판인으로서의 경험이 담겨 있다. 헤세, 브레히트, 릴케, 발저와 출판인의 관계를 다룬 네 편의 논문은 이 작가들의 독특한 성격과 출판 전략을 보여 준다. 작가의 작품은 책으로 출판되어 대중에게 알려지지 않으면 영향을 미칠 수 없다. 따라서 작가와 출판인은 서로 돕는 존재이다. 그 관계가 원만하면 작가는 자신의 능력을 마음껏 펼칠 수 있고, 출판인은 작가의 성공으로 이익을 얻는다. 운젤트는 그 예로 헤세와 출판인의 관계를 들고 있다. S. 피셔 출판사의 창업주 자무엘 피셔는 일찍이 헤세의 재능을 알아보고 원고를 부탁했다. 그렇게 해서 나온 작품이 바로 『페터 카멘친트』(1904년)였다. 이 작품이 대성공을 거두면서 헤세는 일약 유명 작가가 되었다. 이후 헤세의 책은 주로 S. 피셔 출판사에서 출판되었고, 출간된 작품마다 인기를 얻었다. 피셔 출판사와의 인연은 피셔 출판사에서 갈라져 나온 주르캄프 출판사까지 계속 이어졌다. 주르캄프 출판사의 설립은 헤세가 페터 주르캄프와 계속 인연을 맺고 싶어 하고, 헤세의 책이 잘 팔렸기에 가능했다. 헤세는 출판인과 계약할 때 당당하게 권리를 주장하고 자신의 이익을 챙겼다. 책 장정과 광고 문구까지 직접 관여하고, 자신의 글을 편집자가 절대 마음대로 고치지 못하게 했다. 피셔, 주르캄프, 운젤트로 이어지는 헤세의 출판인들은 예민하고 까다로운 헤세의 뜻을 받아 주면서도 꼭 필요한 경우 그를 설득해 항상 좋은 결과를 도출해 냈다.

반면 로베르트 발저는 출판인과의 관계가 원만하지 못해 파멸한 경우이다. 카프카가 사랑한 작가 로베르트 발저를 두고 헤세는 이렇게 말했다. "발저와 같은 시인이 '지성을 주도'한다면 전쟁은 일어나지 않을 것이다. 발저의 독자가 10만 명만 되면 세상은 더 좋아질 것이다."

1877년 스위스 빌에서 태어난 발저는 아버지의 사업 실패로 14세에 학업을 포기하고 은행의 사무 보조원, 보험회사 경리 사원, 엔지니어의 조수, 성의 하인, 문서 보관소 보조 사서 등 다양한 직업을 전전하면서 글을 썼다. 그에게 글쓰기는 부업이 아니었다. 오히려 그는 시를 쓰기 위해 매번 직장을 먼저 버렸다. 예술이 "위대한 어떤 것"이라는 믿음 때문이었다. 스무 살 때 처음 베른의 일간지 『분트』에 시가 실린 후 문학성을 인정받아 안톤 키펜베르크, 쿠르트 볼프, 부르노 카시러, 에른스트 로볼트 등 당대의 중요한 출판인들과 인연을 맺었다. 그러나 출판인들은 그의 작품을 한두 편 출판하고는 작품이 대중적인 인기를 얻지 못하자 그를 외면했다. 출판인이 출판을 약속했다가 약속을 어기고, 출판사에 보낸 원고가 분실되는 일도 여러 번 있었다. 발저는 출판인은 믿을 수 없는 사람이라고 한탄한다. 무수히 집과 직장을 옮기고 가난에 시달리면서도 계속 글을 썼던 발저는 1929년 51세에 불면증과 환청 등으로 고통을 겪다가 스위스 베른의 주립 요양병원 발다우에 입원했다. 요양병원에서도 계속 글을 썼다. 그러나 1933년 자신의 의사에 반해 고향 빌의 헤리자우 요양병원으로 이송된 후 펜을 놓았다. 거의 잊힌 작가였던 그의 작품이 다시 세상의 빛을 보게 된 것은 카를 젤리히라는 후원자 덕분이다. 젤리히는 발저를 위해 모금 운동을 하고, 신문과 방송을 통해 문학상을 제안하고, 발저의 진가를 아는 편집자를 찾아내 발저의 작품을 출판했다. 그가 1936년부터 요양병원으로 발저를 찾아와 1956년 발저가 사망할 때까지 20여

년간 같이 산책하며 나눈 대화를 기록한 『로베르트 발저와의 산책』은 발저가 어떤 작가인지를 알려 주는 중요한 자료이다.

발저는 "작가로서, 시인으로서 나 자신을 주장하는 것"을 중요하게 생각한 작가이다. 하지만 많은 출판인이 그에게 성공한 작가가 되려면 고트프리트 켈러나 헤세처럼 쓰라고 충고했다. 다른 작가를 본받으라는 이 "유혹적인 귓속말", 허약한 본성을 이미 여럿 파멸시킨 귓속말에 발저는 넘어가지 않았다. 그러나 운젤트가 말하듯 그는 인정받지 못해서 파멸한 허약한 본성의 소유자였다. 발저는 젤리히에게 "실패는 사악하고 위험한 뱀이에요. 실패는 예술가 내면의 순수한 것과 독특한 것을 무자비하게 목 졸라 죽이려고 합니다"라고 했다. 그는 출판인이, 대중이 그의 순수하고 독특한 점을 믿지 않았기 때문에 자신이 요양병원에 있다고 생각했다.

브레히트와 릴케 역시 믿어 주는 출판인이 있었기에 영향을 미칠 수 있었다. 브레히트는 1933년 나치 집권 후 "신발보다 더 자주 나라를 바꾸며" 스위스, 체코, 덴마크, 미국 등으로 망명을 떠났다. 그는 제2차 세계대전이 끝나고 독일이 분단된 뒤 동독을 선택했다. 그러나 자신의 책과 연극 공연에 대한 권리는 망명할 때 도움을 준 서독의 주르캄프에게 맡겼다. 주르캄프 출판사는 브레히트가 이전에 다른 출판사와 체결한 계약 문제를 해결하고, 무엇보다 원고를 보낸 뒤에, 심지어는 책이 출간된 뒤에도 계속 작품을 수정하는 브레히트의 독특한 작업 방식으로 인해 발생하는 어려움을 극복해야 했다. 운젤트는 그 과정을 브레히트 작품의 현재성과 연관해 흥미진진하게 서술하고 있다.

릴케 역시 안톤 키펜베르크가 이끄는 인젤 출판사와 인연을 맺은 후 비로소 안정적인 작품 활동을 할 수 있었다.『기수 크리스토프 릴케의 사랑과 죽음의 노래』,『두이노의 비가』,『말테의 수기』로 생전에 이미 유명했던 릴케는 오랜 세월 경제적으로 어려웠다. 키펜베르크가 주는 인세는 생활비를 충당하기에도 턱없이 모자랐다. 키펜베르크는 릴케가 편안히 작품 활동에 전념할 수 있도록 경제적인 지원을 하지 않았다. 그러나 키펜베르크는 릴케가 불모의 10년 세월을 겪을 때도 용기를 북돋워 주고, 인내심을 가지고 기다려 주었다. 그런 출판인이 있었기에 릴케는 좌절하지 않고 작품 활동을 이어 갈 수 있었다.

"문학은 죽었다." 문학의 역할에 대한 회의는 운젤트의 책이 처음 나온 1970년대보다 더 깊어졌다. 많은 사람이 소외의 사회적 권력 앞에서 더 이상 충격을 느끼지 않으며, 주어진 사회에서 편하게 사는 것을 중요하게 생각한다. 불편한 진실을 보라고 권하는 순수 문학이 설 자리는 갈수록 줄어든다. 운젤트는 상상과 유희를 하고자 하는 문학은 우리가 이 세상을 살아갈 새로운 힘의 증대를 실현할 것이라고 말한다. 그 문학은 현실적인 것에서 출발해서 가능한 것을 가리키는 문학이다. 나도 그런 문학의 힘을 믿고 싶다. 시대를 이끄는 위대한 작가와 위대한 출판인의 등장을 기다려 본다.

운젤트의 이 책은 저자가 1968~1976년 했던 강연에 기반한다. 책에서 서로 다른 시기에 서로 다른 계기로 했던 강연의 성격은 그대로 유지된다. 따라서 저자도 인정하듯이 같은 말이 반복되는 경우가 있다. 옮긴이 역시 반복이 있다는 점을 말해야 한다. 이 책은 굳이 처음부터 읽지 않고 관심 있는 작가를 다룬 논문을 먼저 읽어도 된다. 따라서 옮긴이의 설명을 달면서 작가마다 당시 시대 상황과 문학 용어 설명을 반복해서 실었다. 옮긴이 주는 내용 이해에 꼭 필요한 경우에만 달았다. 이 책은 강연 논문을 토대로 나온 책이기에 원칙적으로 '……입니다' 체로 해야 하지만 글의 의미 전달에 집중하기 위해 '……한다' 체로 했음을 밝혀 둔다.

2025년 봄
한미희

옮긴이의 말   11

1부 ■ 문학 출판인의 과제

1. 작가와 출판인의 갈등   29
2. 출판인의 '역할 갈등'   39
3. 병든 책 혹은 없어도 되는 출판인   45
4. 작가와의 교류   53
5. 요점으로 살펴본 출판인의 과제   75
6. 출판인은 어떤 책을 출간하고 싶어 할까?   91

2부 ■ 헤르만 헤세와 출판인

1. 나의 스승 페터 주르캄프   103
2. 헤세와 디더리히스   107
3. 헤세와 피셔   115
4. 출판인의 초상   125
5. 비평가 헤세   131
6. 헤세의 출판 전략   135
7. 책에 대한 고집   159

3부 ■ 베르톨트 브레히트와 출판인

① 첫 출판 — 165
② 빌란트 헤르츠펠데: 첫 전집 — 173
③ 브레히트와 주르캄프 — 177
④ 전집 — 191
⑤ 브레히트의 작업 방식 — 197
⑥ 전집 이중본 — 213
⑦ 브레히트의 영향에 대한 논평 — 219
⑧ 고전 작가로서의 브레히트 — 231

4부 ■ 라이너 마리아 릴케와 출판인

① 1905년 11월 8일 편지 — 241
② 첫 출판 — 245
③ 인젤 출판사 이전 릴케의 출판인 — 253
④ 안톤 키펜베르크 이전의 인젤 출판사와 릴케 — 261
⑤ 릴케, 인젤, 안톤 키펜베르크 — 277
⑥ 릴케의 사망 이후 — 313
⑦ 릴케와 현재의 인젤 출판사 — 323

5부 ■ 로베르트 발저와 출판인

1. 고독한 사람 343
2. "……나는 작품을 쓰기 시작했다" 353
3. 로베르트 발저의 첫 출판사 인젤 363
4. 브루노 카시러 – "친애하는 출판인" 373
5. 에른스트 로볼트와 쿠르트 볼프 393
6. 작품 활동이 활발했던 빌 시기 403
7. 1933년 이전의 마지막 저서 출판 409
8. "실패라는 사악하고 위험한 뱀" 439
9. 첫 번째 죽음에서 두 번째 죽음까지
   1933년부터 1956년까지 로베르트 발저의 생애 469
10. 로베르트 발저와 로베르트 발저 문서보관소 477

6부 ■ 직업으로서의 출판인

1. 출판인의 가장 중요한 과제 485
2. 작가와 원고의 탄생 501
3. 원고는 책이 되고, 상품이 된다 543
4. 독자의 손에서 상품은 다시 정신적 자산이 된다 573

후기 581
주 585

1부

문학 출판인의 과제

애정 가득한 관심과 어떤 편파적인 열정을 가지고 글과 줄거리를 논하지 않는다면 남는 것이 별로 없습니다. 그런 것이 빠진 논의는 언급할 가치가 없지요. 대상에 대한 흥미와 기쁨, 관심은 유일하게 실제로 존재하는 것이며 그런 실재성을 창출한 것입니다. 다른 모든 것은 공허하고 헛될 뿐입니다.

실러에게 보내는 괴테의 편지(1796. 6. 14.)

제 책을 내는 출판인이 있어 감사했습니다. 출판인이 있는 세상에 사는 것이 행복했습니다.

출판인 헨리 고베르츠(Henry Goverts)를 위한
볼프강 쾨펜(Wolfgang Koeppen)의 기념사(1977)

… (1)

작가와 출판인의 갈등

"나폴레옹은 한 출판인을 총살형에 처한 것만으로도 이미 위대한 인물이다." 얼마 전 한 사회학자가 출판사에 보내온 글이다. 괴테가 서적 상인(출판인을 의미한다)에게 터뜨린 공공연한 분노는 잘 알려져 있다. "서적 상인은 전부 다 악질이다. 틀림없이 그들만을 위한 지옥이 따로 있을 것이다." 또 극작가 헤벨Friedrich Hebbel은 알고 있었다. "예수님과 함께 파도 위를 걷는 게 출판인과 함께 인생을 헤쳐 나가는 것보다 쉽다"는 것을. 고전 작가들은 출판인을 그렇게 생각했다. (과거의 출판인들이 더 편했을 것 같다. 우리는 동시대 작가의 작품을 출판하지만, 그들은 고전 작가의 작품을 출판했다!) 막스 프리슈Max Frisch 역시 두 번째 일기에서 프랑크푸르트 도서박람회를 보고 느낀 인상을 이렇게 적었다. "작가와 말馬의 차이점은 말은 말 판매상의 말을 이해하지 못한다는 데 있다." 몇 년 전 영국의 위대한 출판인 프레드릭 워버그Frederic Warburg는 회고록에 이런 제목을 달았다. "신사들을 위한 직업일까?" (당연히 의문부호가 있다.) 지금 동료 가운데 감히 그런 말을 할 사람은 없으리라. 오늘날의 출판인 상에는 '부유한', '엘리트적인', '보수적인', '권위적인', '검열', '자본주의적 착취자이자 부당 이득 수혜자'라는 꼬리표가 자동적으로 따라붙는다. 뉘른베르크의 출판인 요한 필리프 팔름Johann Philipp Palm은 40세에 프랑스 군사 법정으로부터 사형 선고를 받았다. "왕족에게 마땅히 표해야 할 존경심을 뒤흔드는" "비방 문서의 저자, 인쇄업자, 배포자로서" 체포되었기 때문이다. 오늘날 사람들은 팔름의 출판 활동에 대해 당시 프랑스 군사 법정과는 다른 평가를 내린다.[1] 괴테의 분노 역시 그 의미가 제한되어야 한다. 괴테 자신이 출판인과 교류하며 아주 독특한 책략을 구사했기 때문이 아니다(극작가 크리스티안 디트리히 그라베Christian Dietrich Grabbe는 괴테가 『실러와의 서신 교환』 출간과 관련해 출판인 코타Johann Georg Cotta와 벌인 거래를 "속옷까지 벗겨 먹는 작태"라고 불렀다). 괴테는 불법 복제업자들에게 정당한 분노를 표출한 것이었다. 불법 복제업자들은 원고료를 지급하지 않기에 더 싼 가격에 더 많은 부수의 책을 부분적으로 의미를 왜곡시키는 오류가 담긴 채로 펴내면서 권한을 위임받고, 그 결과, 원고료 지급 의무가 있기에 더 비싼 작품과 파렴치한 경쟁을 벌였기 때문이다. 하지만 '출판인은 배를 곯는 작가의 해골로 샴페인을 마신다'는 말이 있다. 이는 출판인이 작가를 착취한다는 뜻이다. 문학사에는 계속 그러한 '착취'에 대항해 자신을 지키고, 작가와 출판인의 갈등을 자기 출판사 설립과 자비 출판을 통해 맞서려는 시도가 있었다.

우리는 1716년 라이프니츠의 구상 'Societas subscriptoria'*, 1781년 '학자들의 데사우 책방', 1787년 작가 출판사 '독일 연맹', 마지막으로 괴테가 아주 "실패한 사업"이라고 평가한, "엘리트 인문학 학자들"을 위해 시인 클롭슈토크Friedrich Gottlieb Klopstock가 주도한 자비 출판을 알고 있다. 이들 시도는 모두 실패했다. 그것도 하나같이 대실패였으며, 작가들에게 막대한 손해를 끼쳤다. 1767년 극작가 레싱Gotthold Ephraim Lessing이 참사관이자 인쇄업자인 요한 요아힘 크리스티안 보데Johann Joachim

---

* 라이프니츠가 기획한 학술 아카데미의 재정적 후원을 위해 추진한 사전 구독 시스템. 재정적, 정치적 이유로 실행에 옮겨지지 못했다.

Christian Bode와 함부르크에서 논의한 출판과 인쇄를 결합한 사업 역시 마찬가지였다. 1767년 12월 21일 가족에게 편지로 이야기하듯이 레싱은 "내가 가진 재산의 마지막 동전 한 푼까지 그러모아" 주저 『함부르크 연극론』을 출판하는 이 사업에 쏟아부었다. 사업이 실패로 끝나자 레싱은 1770년 1월 4일 남동생에게 이렇게 편지했다. "여기서 나는 빚더미에 올라앉았어. 어떻게 명예롭게 발을 뺄지 아직도 정말 모르겠다." 레싱은 함부르크를 도망치듯 떠나야 했으며, 볼펜뷔텔에서 사서로 일하며 받은 월급을 쏟아붓고 소장 도서를 다 팔아도 빚을 청산할 수 없었다.[2]

80년 후 쇼펜하우어가 자비 출판을 포기한 이유는 바로 그런 경험 때문이었다. 출판인 브로크하우스Friedrich Arnold Brockhaus는 쇼펜하우어의 『철학 잡문』 출판을 거절하며 작가에게 자비 출판을 권했다. 1850년 7월 8일 쇼펜하우어는 그 제안을 받아들이지 않겠다고 답장했다. "저는 모든 자비 출판을 거부하기 때문에 차라리 제 원고를 유작이 될 때까지 놓아두겠습니다. 그때가 되면 출판인들이 서로 제 원고를 차지하려고 달려들 겁니다."[3]

카를 마르크스와 프리드리히 엥겔스는 『독일 이데

올로기』를 인쇄하며 많은 어려움을 겪었다. 그들은 수십 년간 출판사를 찾거나 새 출판사를 세우려고 노력했다. 1847년 10월 26일 마르크스는 파리에 머물던 시인 게오르크 헤르베크Georg Herwegh에게 이렇게 편지했다. "독일의 현재 시대 상황에서는 서적 출판과 판매망 이용이 도저히 불가능합니다. 그래서 나는…… 출자금 회비를 토대로 월간 평론지를 하나 만들려고 했습니다. ……만약 회비가 어떻게든 충당된다면 여기서 우리 소유의 인쇄소를 세울 겁니다. 이는 우리 자신의 글을 인쇄하는 데도 이용될 겁니다." 그러나 다른 많은 시도와 마찬가지로 잡지 창간과 출판사 설립 계획 역시 실패했고, 따라서 『독일 이데올로기』 출판도 무산되고 말았다. 이제 마르크스와 엥겔스는 원고를 마르크스의 표현처럼 "쥐들의 물어뜯는 비판에" 맡겨 버렸다. 실제로 76년 후 1932년 인쇄에 들어간 『독일 이데올로기』 원고는 쥐들이 갉은 상태였다.[4]

책 제작이 갈수록 기계화되고 비용이 높아지면서 작가들의 자체 출판사 설립 시도는 점차 감소했다. 오늘날 유럽에는 그런 작가 출판사 모델이 단 두 개뿐이다. 암스테르담의 '부지런한 꿀벌'De Bezige Bij 출판사와 스톡홀름의 '저자 출판사'Föfatter Förlaget가 그것이다. 이들 출판사는 작가들 소유이긴 하나 다른 구조의 출판사에 본보기가 되진 않는다. 독일에서는 작가들이 적어도 1970년 11월 슈투트가르트의 첫 작가 총회 이후 "겸손함의 종말"을 선언하고, 자신들의 이해를 관철하기 위해 독일 작가 연합을 만들었다. 그러나 지금까지 자체 출판사 계획은 없다.

작가와 출판인의 관계에서 이따금 등장하는 불쾌감은 출판인의 기묘한 야누스적인 활동에 기인한다. 출판인은 브레히트의 말처럼 "책이라는 신성한 상품"을 생산하고 또 판매해야 한다. 즉 출판인은 정신과 사업을 결합해야 하는데, 문학을 쓰는 사람이 살아갈 수 있도록, 또 문학을 출판하는 사람이 문학을 출판할 수 있도록 결합해야 한다. 소설가 알프레트 되블린Alfred Döblin은 1913년 그것을 이렇게 표현했다. "출판인은 한 눈으로 작가를 곁눈질하고, 다른 눈으로는 독자를 곁눈질한다. 그러나 세 번째 눈, 현명함의 눈은 흔들림 없이 지갑을 들여다본다."[5]

그러나 사업과 정신의 공식은 문제를 이해하는 데 턱없이 부족하다. 사회학자 랄프 다렌도르프Ralf Dahrendorf에 따르면, 출판인은 "사회적인 위치"가 있다. 출판인의 개인적이고 경제적인 활동은 공적인 기능을 갖는다. 사회적인 위치가 있는 사람은 누구나 기대에 부응해야 한다. 다렌도르프는 "반드시 해야 하는 기대"와 "마땅히 해야 하는 기대", "할 수 있는 기대"에 대해 말한다. 출판인의 활동은 책에서, 그러니까 공적으로 표현되기 때문에 출판인은 그런 기대에 독특하게 노출된다. 출판인은 문학을 실현하려고 하며, 문학의 실현을 위해 경제적으로 운영되는 사업이 필요하다. 출판인의 성격과 개성(그가 자기 직업의 예술적인 측면에 더 관심이 있는지, 기술적인 측면에 더 관심이 있는지, 혹은 경제적인 측면이나 순수하게 문학적인 측면에 더 관심이 있는지)에 따라 출판인은 이들 그룹 중 하나로 뚜렷이 분류된다. 논문 「출판인의 직업 이상과 운영 원칙」에서 최초로 출판인의 유형학을 수립한 페터 마이어 돔Peter Meyer-Dohm은 이렇게 결론 내린다. "그룹 분류는 작가 유형학 수립에 사용될 필요가 있다. 출판인 유형학은 어차피 실패한 '상업/문화' 도식보다 다양한 동기 구조를 더 잘 살펴볼 수 있다."[6]

출판인은 출판사 활동에 지적인 책임과 함께 물질적인 책임을 지고 있다. 그는 이 책들과 자기 사업을 혼자 자기 인격을 걸고 보증한다. 그것도 정치적, 도덕적, 지성적, 법적으로 보증할 뿐 아니라, 철저하게 물질적으로 보증한다. 그렇기에 출판인의 위치는 독특하다. 책이 상품의 성격을 갖는 한 그러하고, 앞으로도 내내 그러할 것이다. 적어도 작가와 출판인이 이 상품의 생산자로서 우리 사회의 전체 경제에 얽혀 있는 한 그러할 것이다. 다만 사회의 구조가 변하면 책의 상품적 성격도 달라질 수 있을 것이다. 하지만 책의 상품적 성격 변화가 꼭 바람직한지는 의심스럽다. 우리는 현재 소위 사회주의 국가에서 작가들이 책의 상품적 성격 변화에 어떤 대가를 치러야 했는지 알기 때문이다. 작가들은 종종 저서가 출판되지 않는 아픔을 겪고 있으며, 검열과 자기 검열, 침묵을 강요당하는 경우도 드물지 않다. 여기서 우리는 이미 두 번째 문제를 거론했다. 출판사는 다른 모든 기업과 마찬가지로 자본주의적으로 조직되어 있으며 이익을 창출해야 한다. 그런 출판사가 모든 위대한 문학이 그렇듯 언제나 약자와 억압된 자의 편에 서는 문학을 얼마만큼 낼 수 있을까? 이익의 극대화에 **반대하고**, 무분별한 성장 추구에 **반대하고**, 기술과 문명의 우리 생태계 착취에 **반대하고**, 개인의 새로운 기본권을 **지지하는** 정치적인 성격이 분명한 문학을 얼마만큼 낼 수 있을까? 출판인은 개인의 기본권을 강화하는 이 문학, 각 개인이 이웃을 위해 애쓰는 힘을 키우고, 우리 사회와 경제의 새롭고 다른 형태와 이론을 논의하게 하는 그런 문학을 후원한다. 하지만 다른 한편 출판인은 경제적인 분야에서 이익을 추구해야 하는 기업을 책임지고 있다. 따라서 출판인은 끊임없이 사회적인 강요로부터 해방되려는 인간 편에 서는 책을 내지만, 출판사에서는 사업가로서 성과와 노동 규율을 요구해야 한다. 이것이 언론인 디터 E. 치머Dieter E. Zimmer가 말하는 "거의 견디기 힘든"[7] 출판인의 '역할 갈등'일까?

② 출판인의 '역할 갈등'

내 말은, 출판인 그러니까 시대의 문학사 혹은 예술사를 반영하거나 불러온 문학 출판인은 옛날부터 그런 역할을 해야 했다는 것이다. 문학사를 보면, 수십 년 문학적, 창작적으로 풍부한 시기가 이어진 다음에는 무슨 법칙처럼 수십 년간 빈약하고 빈곤한 시기가 이어졌다. 그런 시기에는 부차적인 것이 전면에 부각된다. 작가들이 정치 참여에 의무감을 느끼는 시기가 있었던가 하면, 작가들이 "내면을 향한 길"을 걸어야 하는 시기가 있었다. 독일 문학사에서는 낭만주의 시대 다음 1830년 이후 '청년 독일파'라는 자유주의적이고 혁명적인 작가들의 정치 참여가 등장한다. 그 후 다시 내면을 향한 시기가 등장하고, 이는 다시 자연주의의 폭풍에 자리를 내준다.

스위스 문학사에서도 비슷한 과정이 보인다. 나는 페스탈로치Johann Heinrich Pestalozzi가 『린하르트와 게르트루트』(1781년) 서문에 쓴 다음 말을 잊을 수 없다. "이 글은 민중에게 중요한 몇 가지 진리를 민중의 머리와 가슴에 와 닿는 방식으로 말하려는 시도의 역사적 토대이다." 그로부터 70년 후 젊은 소설가 고트프리트 켈러Gottfried Keller는 일기에 이렇게 썼다. "자신의 운명을 공적인 공동체의 운명과 함께 엮지 않는 모든 이는 저주받을지어다. 그는 안식을 찾지 못할 뿐 아니라, 내적인 발판을 모두 잃고 길가의 잡초처럼 민중의 비웃음거리까지 되기 때문이다." 그리고 다시 70년 후, 정확히 말하면 1914년 12월 14일 시인 카를 슈피텔러Carl Spitteler는 취리히의 한 조합 회관 강당에서 위대한 정치 연설을 했다. 파장이 컸던 이 연설은 정치적으로 중요한 문구와 인간성에 대한 사상을 표현하는 선언과 성명을 잇달아 불러왔다. 신학자 레온하르트 라가츠Leonhard Ragaz가 저서 『새로운 스위스』에서 모든 시민권보다 우선하는 "세계시민권"이 형성돼야 한다고 한 것은 가장 아름다운 선언 중 하나다. 다시 60년 후 막스 프리슈는 현실에 참여하면서 스위스 신화를 다시 검토하고 계속 스위스의 새로운 자아상을 다시 분석한다.

1945년의 혼돈 이후, 독일에서 새로 시작해야 하는 세대가 느낀 충격과 트라우마 이후, 문학은 순수하게 문학적이었다. 이 새로운 문학은 볼프강 보르헤르트Wolfgang Borchert의 희곡 『문 밖에서』, 하인리히 뵐Heinrich Böll의 소설, 귄터 아이히Günter Eich와 파울 첼란Paul Celan의 시와 함께 시작되었다. 이후 문학은 점차 청년 해방 운동의 선구자이자 동반자로서 정치색을 띠었고, 작가들은 정치화되었다.

출판사는 동시대의 그런 과정을 반영해야 한다. 출판인은 논의의 한계를 명확히 알고 있어야 한다. 무엇보다 우리 독일인은 모든 점에서 극단과 과격으로 기우는 경향이 있다. 우리는 언젠가 헤르만 브로흐Hermann Broch가 "중용의 과격성"이라고 부른 것을 이루지 못한다. 그러나 우리는 그런 우리 사회를 긍정하고, 우리 사회에 개혁과 진보의 가능성과 기회를 마련해 주고자 하기에 진보 이론을 펼치는 책을 출판해 논의의 장을 마련해야 한다. 우리 시대의 소위 사회주의 국가에는 그런 논의가 없기 때문이다. 날마다 그곳에서 작가들과 작품의 부자유와 억압 소식이 들린다. 동서고금을 막론하고 솔제니친 Aleksandr Solzhenitsyn이라는 이름은 그 단적인 예이다. 그 외에 다른 예가 많다. 루마니아 작가 파울 고마Paul Goma는 한 인터뷰에서 자신의 책이 루마니아에서 다시 나올 수 있기를 바란다고 했다. 물론 그의 어떤 책이 언제 통제에서 풀려 얼마만큼 인쇄될지는 모른다고 했다. 지금 체코슬라비아 공화국 작가들이 처한 상황으로 인해 우리는 날마다 항의 시위를 할 수밖에 없다. 또 법으로 브레히트 유작 관리를 맡은 독일민주공화국*에서는 1977년까지도 주르캄프 출판사가 펴낸 브레히트의 전 작품이 다 출간되지 않았다.**

문학 출판만 고집하는 많은 출판인이 소속 작가의 정치 참여에 영향을 받아 스스로 정치적인 현안 싸움에 휘말렸다. 팔름이든 괴셴Georg Joachim Göschen이든 코타든 출판인들은 항상 그런 갈등을 겪었다. 사회 발전을 지지하는 사람은 선봉에 서며, 최소한 소수파에 속한다. 전통적으로 문화는 다수가 아니라 소수의 일이었고, 부의 문제였으며, 종종 행운의 문제였다. 여기서 변화를 지지하

---

* 1990년 독일 통일 이전의 동독을 가리킨다.
** 이 장은 저자 운젤트가 「후기」에서 밝히듯이 1968~1977년의 강연에 기반하고 있다. 당시 독일은 서독과 동독으로 나뉘어 있었으며, 동독과 체코를 비롯한 공산권 동유럽 국가들은 소련의 영향력 아래 있었다. 1953년 스탈린 사망 후 동유럽에서 1968년까지 민주화 운동이 일어났으나 소련군의 압력으로 모두 진압되었다.

는 사람, 그러니까 문화를 일상의 인간화 과정으로 이해하는 사람이 자기 시대와 갈등에 빠지는 것은 거의 피할 수 없는 일이다. 특히 베스트셀러 사냥에만 몰두하지 않는 출판인, 기존의 것, 즉 체제 긍정의 위치에 맞서 될 수 있고 돼야 하는 것, 즉 진보의 중요성을 강화하려는 책을 내는 출판인은 그런 일을 겪는다. 하지만 자본주의적 조직을 추구하면서 진보 문학을 내는 건 모순이 아니다. 다음과 같이 생각해볼 수 있기 때문이다. 오늘날 자본주의적으로 조직된 출판사가 전력을 기울여 개인의 심리적 원인 구조를 밝혀내고, 사회의 사회적 원인 구조와 함께 출판사가 서 있는 토대에도 영향을 미친다고 해 보자. 그렇다면 그 출판사는 소위 진보라는 꼬리표 때문에 언젠가 개인과 사회 자체의 유기적 변화를 불러올 수 있는 영향력 행사의 토대를 애초에 버리는 것보다 오히려 객관적으로 진보에 더 기여한다. 릴케는 (1915년 6월 28일 편지에서) 이렇게 말했다. "우리의 사명은 오직 변화를 불러오는 동인動因으로서 순수하고 위대하고 자유롭게 서는 것이다." 릴케의 작품을 모르는 사람이나 이 발언을 놀랍게 생각할 것이다. 변화는 모든 위대한 문학의 동인이기 때문이다. 문학은 불안하게 만들어 강하게 만들고

자 한다. 문학은 존재했던 것, 존재하는 것을 말하지만, 또한 앞으로 올 것, 마땅히 와야 하는 것을 말한다.

� ③

병든 책 혹은
없어도 되는 출판인

다른 문제 하나를 먼저 논의하고 싶다. 당시 출판사 대표였던 작가 페터 헤르틀링Peter Härtling은 "병든 책", 그러니까 시대에 맞지 않게 되고 허약해진 책 이야기를 했다. 헤르틀링에 따르면, 옛날부터 책 만드는 사람으로서의 명성에 긍지를 느꼈던 출판인은 오늘날 그저 판촉 활동의 노예에 불과하다. 다른 이들에게 전형적인 출판인은 도대체 시대에 뒤떨어지고 버려진 존재일 뿐이다. 1977년 당시 울슈타인의 출판인이었던 욥스트 지들러Jobst Siedler는 대규모 출판사 사망 사태는 아직 시작되지도 않았다고 보았다! 정말 출판사들이 사망하고, 책은 병들고, 출판인은 없어져도 될까?

구텐베르크의 발명으로 기계가 책 제작을 주도하자

당시 다른 사람의 수기를 필사했던 필경사들은 아름다운 책의 종말을 이야기했다. 하나뿐인 필사본 대신에 최초로 필사본을 전적으로 모방한 인쇄된 책 150~200권이 나왔다. 19세기 초 획기적인 기술 혁신으로 실린더 고속 인쇄기(1812년)와 라이노타이프(1884년 머건탈러 Ottmar Mergenthaler 발명)가 등장하자 사람들은 다시 아름다운 책의 종말을 믿었다. 그러나 19세기 말과 20세기 초에 서적 장식 기술은 정점에 도달했다. 그 후 무성영화, 유성영화, 레코드, 라디오, 텔레비전이 나왔고, 새로운 미디어가 논의될 때마다 책을 두고 카산드라의 외침이 울려 퍼졌다. 오늘날 시청각적 멀티미디어 전망, 텔레비전과 영화 녹화 비디오, 영상 레코드, 가장 최근에는 자기 디스크 레코더(MDR)가 가능한 책의 종말에 대한 새로운 한탄의 배경이 된다. 캐나다의 미디어 전문가 마셜 매클루언 Marshall McLuhan은 10년 전 책의 종말이 1980년에 온다고 예측했다. 그러나 지금 그와 그의 예측에 대해 누가 논하는가! (매클루언은 1980년 12월 31일 사망했으며, 토론토의 '마셜 매클루언 문화기술연구소'는 문을 닫았다.) 현재 사람들은 종종 정보 전달 매체로서의 종이의 종말을 이야기한다. 컴퓨터과학자 카를 슈타인부흐 Karl

Steinbuch는 "정보는 종이와 분리되어 전기처럼 움직이게 된다"라고 했다. 분명 새로운 시청각 미디어가 등장하겠지만, 오늘날 책의 종말을 외치는 선전가들이 인정하려는 것과 전혀 다른 발전이 있으리라는 것 역시 마찬가지로 분명하다.

    1970년대 초의 이들 선전가 중 한스 J. 리제Hans J. Liese와 한스 알텐하인Hans Altenhein 두 사람만 언급하겠다. 한스 J. 리제는 『독일 출판 경제 신문』에 실린 쓸모없는 한 글에서 "구조 변화 속의 출판사"[8]에 대해 보고한다. 리제에게 책의 종말은 이미 도래했다. 하지만 리제는 새로운 정보를 거의 가지고 있지 않다. 그저 독일 미래연구소 소장의 말을 인용할 줄 알 뿐이다. "이제 결정에 중요한 정보는 더 이상 서면 보고를 통해 긴 호흡으로 사람에게서 사람으로 전달되어서는 안 된다. 정보는 컴퓨터를 통해 훨씬 더 신속하게 가공될 수 있다." 이를 단초로―리제에 따르면, 아주 필연적으로―미국인 E. B. 와이스E. B. Weiss는 미래의 매체 '홈 커뮤니케이션 센터'를 개발했다. 이 미래 매체는 1978년부터 "모든 가정집의 중심 콘솔로서 모든 가정집에 비치될 것이다. 그 콘솔은 텔레비전을 수용하고 팩스를 받아들여 정보 센터, 라디오, 스테레오, 화면과 자판이 있는 새로운 전화와 접속할 수 있다." 와이스 씨에 따르면, 그렇게 되면 책은 존재하지 않을 것이다. 그러므로 리제는 출판사에 "결론을 도출하라"고 요구한다. "플라톤 사상이 인류의 정신적 자산이 되기까지 2000년 이상이 걸렸다. 10년 혹은 15년 후…… 모든 천재적인 사상은 컴퓨터의 도움으로…… 동시적으로 두뇌 속으로 옮겨질 수 있을 것이다."

리제와 그의 오류는 이와 같다. 리제는 그런 상황이 출판사에 "전환"을 요구한다고 결론 내린다. "출판사의 미래는 이미 시작되었다. 하지만 그 미래는 시대의 신호를 제때 인식하는 그런 출판사에만 있다." 나는 리제 씨의 주장이 구속력이 없다고 생각한다. 플라톤이 인류의 정신적 자산이 되기까지 왜 2천 년이 걸렸는지, 혹은 "천재적인 사상"(가령 아인슈타인의 상대성 이론 방정식 $E=mc^2$을 보자. 이 2차 방정식에 따르면 에너지 E는 질량 m에 비례하고, 빛의 속도의 제곱 c^2에 비례한다) 이 어떻게 컴퓨터와 텔레비전을 통해 동시적으로 "두뇌 속으로 옮겨질" 수 있는지의 문제는 논의할 필요도 없다. 리제는 예언의 구체적인 주요 증인으로 '독일 연구출판사'Deutscher Studienverlag의 설립을 인용한다. '독일 연구출판사'는 새로운 매체, 매클루언의 새로운 "마법의 채널"을 가지고 "실제적이고 현대적인 연구 문헌과 교육 기자재를 제작하고 보급해야 한다." 실제로 이 출판사의 대표 한스 알텐하인은 1970년 도서박람회 출판인 회의에서 '할아버지 출판사'의 죽음을 예고하며 새로운 출판인상을 제시했다. 새로운 출판인은 정보 본부 사령탑의 수장인 엔지니어로서, 종이와 원고에서 해방되어 전자 책상으로 모든 의사소통 수단을 자신 안에 통합한다. 그러나 '독일 연구출판사'는 지금 이미 더 이상 존재하지 않는다. 알텐하인 씨는 다시 옛날 방식으로 영향을 미치는 출판사의 전통적인 기업 경영으로 돌아갔다.

책의 종말 동화 자체가 종말을 맞았다. 분명 책은 여전히 수십 년 동안 우리 세상에서 확고한 자리를 차지할 것이다. 나는 심지어 향후 몇 년간 책 생산이 늘어나리라고 예측하고 싶다. 물론 책의 형태와 제시 방식이 달라질 것이다. 책이 사회 발전에 영향을 미치듯 사회 발전 역시 책의 구조와 생산과 판매에 영향을 미친다. 우리 사회가 겪는 민주화 과정, 실업고등학교와 대학 교육, 직업 교육, 재교육과 추가 교육, 시민 대학과 성인 교육에 대한 갈망, 갈수록 기술적으로 조종되고 정치적으로 점점 전체적으로 관리되는 세상에 대응하고 대처하는 유일한 방도는 오직 성숙뿐이라는 의식, 이러한 근본적인 동인에 책은 언제나 그리고 오랫동안 계몽의 첫째 원천으로서 봉사할 것이다.

이를 인식하고 대비하는 출판사는 미래를 걱정할 필요가 없다. 물론 지금까지보다 더 분명하게 자신의 특수한 과제에 집중해야 한다. 사회 각 분야의 비용 상승, 인플레이션, 이를테면 오일 위기로 가시화된 종이 부족 사태의 가능성, 시대가 그 어느 때보다 저렴한 책을 요구하지만 제작 비용 상승을 책값에 완전히 반영할 수 없는 현실과 마주하여 출판사들은 그 어느 때보다 신중하고 특수한 활동을 할 필요가 있다. 쉽게 혹은 후원자의 도움으로 책을 출판하던 편안한 시대는 지나갔다. 우리 시대에 유명 출판사들이 겪는 어려움은 이를 잘 보여준다. 물론 개인은 이 출판 콘체른을 더 이상 한눈에 조망할 수 없다. 이와 연관하여 베르텔스만 콘체른의 대표 라인하르트 몬 Reinhard Mohn의 "대형 출판사"[9]에 대한 생각이 흥미롭다.

라인하르트 몬에 따르면 대형 출판사는 세 가지 과제를 가지고 있다. 즉 정보를 제공하고, 지식을 전달하고, 오락을 제공하는 것이다.

"출판인의 서적 사업"에는 새로운 생산이 추가된다. 신문과 잡지, 음반, 영화와 함께 앞으로는 영상 비디오 카세트, TV 프로덕션, 데이터 뱅크가 추가된다.

이 대형 출판사에서는 판매나 기술뿐 아니라 "프로그램 기획"도 변화한다. "출판인 한 사람이 경영과 프로그램 기획을 담당했던 예전의 모델은 이제 더 이상 유지될 수 없다. 반면 성과에 대한 요구는 너무 높아졌다. 그 요구는 한 개인의 힘을 넘어선다."

라인하르트 몬은 오로지 판매 실적 카테고리에서 생각한다. 그는 대형 출판사를 이야기하면서 "독일의 가장 큰 다섯 개 대형 출판사"를 생각하고 있다. 크기 순서로 보면, 악셀 슈프링거, 베르텔스만, 구루너 운트 야르, 바우어, 부르다를 말한다. 자, 이제 이들 대형 출판사가 전통적인 문학 출판사와 아무 상관이 없음은 분명하다. 이 출판사들은 "책이라는 신성한 상품"을 만들지 않거나 그것만 만들지 않는다. 이 출판사들은 일차적으로 신문과 잡지, 화보 사업, 즉 광고 수입으로 살아간다. 여기에 문학 출판인은 필요하지 않으며, 오직 경제적인 경영이 필요할 뿐이다. 나는, 라인하르트 몬의 대형 출판사는 출판인의 위대함이 없는 회사라고 생각한다. 따라서 몬의 서술에는—그밖에 다른 강연들과 앞에서 언급한 알텐하인의 강연에서 그렇듯이—작가가 등장하지 않는다. 그러나 작가는 출판사, 문학 출판사와 출판인이 존재하는 이유다.

4

작가와의 교류

문학 출판사의 성격은 작가와 교류하는 방식에 따라 규정된다. 이상적인 경우에는 상호 작용과 상호 교감이 일어난다. 나는 S. 피셔 출판사의 탄생이 그 인상적인 예라고 생각한다. S. 피셔 출판사의 탄생 과정은 지금 페터 드 멘델스존Peter de Mendelssohn의 따뜻한 저서 『S. 피셔와 그의 출판사』에서 아주 세부적인 점까지 확인할 수 있다. 아무도 자무엘 피셔Samuel Fischer가 언젠가 출판인, 그것도 위대한 출판인이 되리라고 예상하지 못했다. 피셔라는 이름은 슈타이니츠 운트 피셔 출판사가 설립되면서 독일 출판계에 처음 등장했다. 이 출판사의 최초 출판물은 1884년 11월 『기념』이라는 제목으로 나온 한 가족의 연감이다. 피셔는 1886년 10월 22일 자신의 출판사를 설립했을 때 처음 몇 년간 입센Henrik Ibsen, 톨스토이, 졸라Emile Zola, 도스토옙스키, 게르하르트 하웁트만Gerhart Hauptmann, 헤르만 바르Hermann Bahr, 옌스 페테르 야콥센Jens Peter Jacobsen, 크누트 함순Knut Hamsun의 책을 냈다. 그 외에 『시가를 권하는 기술. 무케니히 모임 날』과 월간 화보 잡지 『유머가 있는 독일』을 발간했다. 피셔는 출판사에 기술 부서를 두었는데, 이 부서는 창립 이듬해 두 권의 안내서 『나무, 뿔, 뼈, 상아의 염색과 이미테이션』과 『황산 산화알루미늄 제조』를 펴냈다. 1901년 카탈로그에는 『조명 잡지』와 『공작기계 잡지』가 이름을 올렸다.

　피셔는 빌헬름 프리드리히Wilhelm Friedrich라는 출판인에게 많은 것을 배웠다. 프리드리히는 15년 동안 문학을 출판하며 '최신예 청년 독일파', '사실주의자'의 전 작품을 포함해 문학 작품을 1천 권 이상 출판했다. 그러면서 19세기 말 독일 문학의 전투적인 도약을 불러왔으나 파산하고 말았다. 45세도 채 안 된 나이에 소속 작가들이 얽힌 싸움을 더 이상 감당할 수 없었기 때문이다. 프리드리히는 릴리엔크론Detlev von Liliencron의 빚을 갚았고, 헤르만 콘라디Hermann Conradi의 장례 비용을 치렀으며, 악명 높은 사실주의자 재판에서 소속 작가들에게 부과된 벌금을 대신 냈다. 프리드리히는 1895년 출판사를 포기했다. 극작가 발터 하젠클레버Walter Hasenclever는 "프리히드리히의 작가들은 덧없이 사라졌다"고 단언했다. 시인 막스 다우텐다이Max Dauthendey는 회고록에서 이렇게 보고했다. "현대적인 운동의 태동을 최초로 지원했던 라이프치히의 출판인 프리드리히는 자신의 현대적인 작가들 때문에 몰락했다. 언제나 그렇듯이 책을 사는 독자들은 새로운 독일 정신보다 몇 년이나 뒤처져 있어서 그 정신을 이해하고 구매할 의사가 없었기 때문이다. 하지만 프리드리히 출판사 대신 베를린에서 S. 피셔 출판사가 독일을 위해 활짝 꽃을 피웠다." 피셔는 그 모든 것을 알고 있었다. 1890년 그의 출판사에서 연극연출가 오토 브람Otto Brahm이 펴낸 『현대인을 위한 프라이에 뷔네』가 나왔다. 이 잡지는 3년째 되는 해 '시대의 발전을 위한 싸움을 위하여'라는 부제를 얻었다. 율리우스 하르트Julius Hart와 오토 율리우스 비어바움Otto Julius Bierbaum이 편집자였다. 여기서 1894년 문예지 『노이에 도이체 룬드샤우』가 나왔다.[10]

이 잡지들에서 자연주의를 둘러싼 문학 논쟁이 전개되었다. 토마스 만Thomas Mann도 동의했지만 S. 피셔는 훗

날 "자연주의의 코타"로 불렸다.[11]

자무엘 피셔라는 인물은 이러한 시대적 흐름과 잡지들, 그 시대의 작가들, 특히 편집자 모리츠 하이만Moritz Heimann의 영향을 받아 만들어졌다. 피셔는 출판사의 역사가 곧 그 시대의 문학사가 되도록 회사를 운영했다. 내가 보기에 그것은 문학 출판사의 의미에 있어 결정적인 특징인 듯하다. 피셔는 그 과제를 수행하면서 강해졌다. 단편적인 한 수기에서 피셔는 이렇게 말했다. "환경과 상황으로 인해 나는 일찍이 사회적 신분 상승을 모든 일의 목표로 생각하게 되었다. 이 목표를 마음에 둔 나는 완전히 돈벌이에 미친 사람이었다. 나의 내면은 서서히 더 밝아지고 더 넓어졌다. 오늘 나는 내 안의 좋은 소질이 완전히 성숙할 수 없다는 것을 안다. 그 소질이 늦게서야 일깨워졌기 때문이다."[12]

"더 밝아지고 더 넓어지는" 것. 그것을 피셔는 나중에 이렇게 표현했다. "작가는 독자의 필요를 위해 창작하지 않는다. 작가의 본성이…… 고유하게 표현될수록 작가는 사람들에게 자신을 분명하게 이해시키기 어려워질 것이다. ……독자가 원하지 않는 새로운 가치를 독자에게 강요하는 것은 출판인의 가장 중요하고도 아름다운 사명

이다."¹³

피셔와 헤르만 헤세의 첫 만남과 연관해 후고 발Hugo Ball은 출판인의 가능성과 영향을 이렇게 정의했다. 출판인은 "작품이 아직 집필되기도 전에 작품에 실재성과 정신적인 서명署名을 마련해 준다." 설사 작품이 탄생하지 않더라도 출판인은 작가에게 "활동의 의미와 큰 기대를 줄 수 있다."

한 출판사의 작가 모임은 개별 작가에게 지지와 안정, 대화의 토대를 마련해 준다. 물론 이 모임이 우연히 모인 집단이 아니라 일종의 전체로서, 공동의 가치로 서로 결속되어 있을 때만 그럴 수 있다.

페터 주르캄프Peter Suhrkamp 역시 출판인이 되는 것이 그의 인생의 과제가 되리라고 예상하지 못했다. 주르캄프라는 인물 또한 그의 일, 시대의 흐름에 맞선 저항, 친구였거나 친구가 되었던 작가들의 영향을 받아 만들어졌다. 주르캄프는 **작가와의 관계**에 대해 독특한 견해를 가지고 있었다. 주르캄프와 8년 동안 가깝게 지내면서 내 기억에 남은 그의 금언 하나를 소개하겠다. 상황을 순간적으로 간파하는 그의 금언에는 교육자이자 그 자신이 창조적인 인간이었던 인물의 아이러니가 표현되어 있다. 1953년 1월 우리는 한 젊은 작가의 첫 소설 원고를 두고 토론을 벌였다. 우리의 평가가 엇갈리자 주르캄프는 그 청년을 프랑크푸르트로 초대했다. 청년이 도착하기 전날 저녁에 우리는—주르캄프와 당시 편집자였던 프리히드리히 포트추스Friedrich Podszus 그리고 나—청년을 어떤 태도로 대해야 할지 의논했다. 주르캄프는 청년과 바로 토론을 시작하자는 나의 제안을 단호하게 물리쳤다. 비판, 조심스러운 비판은 오직 그의 몫이어야 했다. 오전에 주르캄프가 도착할 때까지 우리는 청년과 날씨나 가족, 그 비슷한 주제만 말하라는 엄격한 지시를 받았다. 그러고 다음 말이 떨어졌다. "한 가지 명심하세요. 아무리 젊다고 해도 모든 작가는 창조적인 인물이며 여기 앉아 있는 우리 세 사람보다 큰 산처럼 높은 사람입니다." 주르캄프는 그렇게 말했고, 그렇게 생각했다. 1953년 당시 그는 최소한 62세였으며, 작가와의 교제 경험이 많았다.

그러나 창조적 인물을 큰 산처럼 우러러본다고 해서 주르캄프가 늘 긍정적인 대답만을 한 것은 아니다. 우베 욘존Uwe Johnson은 1957년 7월 서베를린에서 처음 주르캄프를 만났을 때 그것을 경험했다. 욘존은 주르캄프가 한

달 전 썼던 다음 문장을 기억하고 있었다. "나는 작가님 원고를 책으로 만들고 싶어 좀이 쑤십니다. 책은 가능한 한 가을에 나와야 해요." 주르캄프가 이 문장에서 끌어낸 결론은 욘존에게 "교훈적"이었다. "지금은 사라진 옛날식의 깍듯한 예절로 방문객을 맞이한 노신사는 곧바로 저자를 격려하여 자기 원고를 거절하는 데 동참시켰다." 욘존의 원고 '잉그리트 바르벤더에르데'는 출간되지 않았으며 그 후로도 영영 출간되지 않았다.[14]

나는 '높은 산 이야기'를 출판사의 친한 작가들에게 해주었는데 그들은 그러한 큰 산과 같은 높이를 알고 싶어 하지 않았다. 발터 베냐민Walter Benjamin에 따르면, 우리는 예술 작품이 아우라를 잃고 또 잃어야 하는 시대에 살고 있다. 지금 예술 작품은 "더 높은 것"에서 우리 모두와 최대한 많은 사람을 포함하고 변화시키는 "쓸모 있는 것"이 되어야 하기 때문이다. 작가들은 글쓰기를 하면서 갈수록 메시지를 포기하고 있다. 이를테면 막스 프리슈는 성공했을 때도 "그 어떤 소명 의식도" 느낄 수 없었다고 말한다. 그저 작가라는 직업을 수행할 뿐이라는 것이다. 왜냐하면 "글쓰기가 삶보다 더 성공을 거두고 있기 때문이다. 또 글을 쓰면서 삶을 견디는 일을 하려면 일과 후의 자유시간으로는 부족하기 때문이다."[15]

사뮈엘 베케트Samuel Beckett는 소설 『와트』의 마지막에서 이렇게 경고한다. "상징을 보는 자는 저주받을지니!" 초기 글에서는 이렇게 쓴다. "나는 표현할 게 아무것도 없고, 그걸 표현할 방법이 아무것도 없다는 느낌이 든다. 더욱이 표현할 힘도, 무언가를 표현해야 한다는 의무감도, 표현하고 싶은 욕망도 없다."[16]

마르틴 발저Martin Walser는 "작가는 행동 연구자"라고 말한다. "대상은 그들 자신이다." 같은 맥락에서 그는 로베르트 발저의 다음 말을 기억한다. "나는 창작에서 손을 떼는 순간 죽을 것이다. 그 생각을 하면 기쁘다. 안녕."[17]

글쓰기를 "늘 새로운 시도와 더듬기의 과정"으로 보는 힐데스하이머Wolfgang Hildesheimer에 따르면 글쓰기에는 메시지가 없다. 언젠가 무질Robert Musil은 말했다. "나 자신이 완성되지 않았으면서 완성된 척해서는 안 된다." 무질의 말처럼 글쓰기 시도의 진실은 작가가 실제로 보는 만큼만 추적할 수 있다. 무엇이 작가를 몰아대는지 공식화하는 것은 불가능하다. 창조적인 것은 결국 비밀로 남을 것이며, 작가는 비밀스러운 명령을 받는다. 그저 이 정도로 감히 표현하겠다. 위대한 작가는 근본적으로 진리 **자체**가 아니라, **자신의** 진리를 찾는다. 그는 자신의 개인적인 경험을 자기 작품의 상상 속에서 완성하고자 한다. 메시지를 포기하지만, 자신의 갈망을 표현한다. 작가에게 현실은 지금의 현실 저 너머에서 비로소 시작된다. 이렇게 찾은 현실은 언어의 힘과 마술을 통해 생산된 시적 현실이 된다. 극도의 예술을 통해 극도의 현실이 되는 것이다. 그러니까 장 파울Jean Paul이 말했던 "이 세계 속의 두 번째 세계"로 변화되는 것이다.

노사크Hans Erich Nossack의 소설 『도난당한 멜로디』에는 "눈에 띄지 말고, 혼자 지내며, 우리 모두가 공통적으로 가진 유일한 것인 고독"을 배반하지 말라는 "엄격한 지시" 이야기가 나온다. "우리는 길을 안내하는 이정표로 자처해서는 안 된다. 하지만 도시를 잘 모르는 누군가가 길을 물어보면 가끔 방향을 알려줄 수는 있다. 그 이상은 아니다."[18]

제임스 조이스는 세기의 작품 『율리시스』에서 갈망을 표현했다. 조이스의 서한집 독일어 번역본이 세 권으로 온전히 나온 덕분에[19] 그의 작품이 탄생하게 된 내적, 외적 배경을 추적할 수 있게 되었다. 세 가지 주제가 1,800쪽에 달하는 이 서한집을 관통하고 있다. 1) 조이스의 비참한 상황 보고와 모든 고통을 능가하는 돈에 대한 지속적인 요구. 2) 조이스 작품의 출판 역사. 『더블린 사람들』만 해도 인쇄되기까지 8년이 필요했다. 조이스는 1905년 11월 28일 원고를 출판인 그랜트 리처즈Grant Richards에게 보냈다. 리처즈는 원고를 받아들였으나 성공하리라고는 생각하지 않았다. 인쇄공은 "그녀는 다리 위치를 자주 바꿨다" 같은 표현에 반감을 느꼈고 "유혈이 낭자한"을 다른 단어로 바꿔 달라고 부탁했다. 조이스는 거부했다. 그의 말을 들어 보자. "제 의도는 우리나라 풍속사의 한 장을 쓰는 것이었습니다. 더블린을 무대로 골랐지요. 이 도시가 마비의 중심으로 보였기 때문입니다. 저는 무관심한 독자에게 이 마비를 유년기, 청년 시절, 성숙, 공적 생활, 이 네 관점에서 묘사하려고 했습니다. 이야기는 이 순서대로 배열되었지요. 저는 대부분의 이야기를 아주 꼼꼼하게 천박한 문체로 썼습니다. 자신이 무엇을 보고 들었든 그것을 묘사하면서 바꾸거나 가능하면 왜곡하려는 사람은 매우 뻔뻔해야 한다는 확신이 있었기 때문이지요. 저는 그 이상은 할 수 없습니다. 저는 제가 쓴 것을 고칠 수 없습니다."[20] 책은 1914년에야 출간되었다. 조이스는 실망했다. 그가 언급한 책 위에 감도는 "부패의 특별한 숨결"이 현금으로 충분히 보상되지 않았기 때문이다. 책은 출간 첫해 겨우 499권이 팔렸을 뿐이다.

T. S. 엘리엇이 "전 유럽 문학 가운데 가장 위대한 작품 중 하나"라고 했던 『율리시스』의 탄생과 출판 역사도 마찬가지로 지난했다. 7년의 노력 끝에 1922년 2월 2일 『율리시스』가 나왔다. 작가가 2,500일 동안 매일 여덟 시간씩 총 2만 시간을 투자한 작품이었다. 조이스는 그중 많은 에피소드를 아홉 번까지 새로 썼다. 책이 출간되자 시인 에즈라 파운드Ezra Pound는 기독교의 시간 계산을 폐기하고 『율리시스』가 출간된 해를 새로운 원년으로 하기로 결심했지만, 대중은 주목하지 않았다. 파운드가 조이스를 노벨 문학상 후보로 추천했을 때 워싱턴과 사우스햄튼에서는 각각 500권의 책이 외설성을 이유로 압수되었다.

한스 에곤 홀투젠Hans Egon Holthusen은 탁월한 조이스 『서한집』 비평에서 서한집의 세 번째 큰 주제를 언급한다.[21] 3) 바로 조이스의 시적 원칙의 광적인 절대화이다("제발 부탁이니 내게 정치 이야기는 하지 마…… 나는 정치에 관심이 없어. 나의 유일한 관심사는 문체야."

1930년 스태니슬로스Stanislaus Joyce에게 쓴 편지). 홀투젠은 조이스의 '시적 원칙의 절대화'를 고트프리트 벤Gottfried Benn의 "표현의 세계"와 릴케의 "변용이 아니라면 그대의 긴급한 과제가 무엇인가?"와 연관시킨다. 홀투젠은 벤과 릴케에게도 적용되는, 조이스를 이해하는 표제어를 "Acheronta movebo"로 본다. 지크문트 프로이트(라살레에 대하여!)가 무의식으로 가는 왕도Via regia 『꿈의 해석』을 위해 『아이네이스』에서 고른 모토다. 번역하면 "더 높은 힘들을 꺾을 수 없다면 나는 저 밑 지하 세계의 힘들을 움직이련다"라는 뜻이다. 그러나 여기서—당시 영국과 미국 검열기관이 그랬듯이—오직 외설성이나 (자신의) 배설물에 대한 병적인 관심만 생각하면 안 된다. 조이스는 『율리시스』에서 있는 그대로의 세상을 긍정하고 싶은 갈망을 표현한다. 『율리시스』의 중요한 마지막 대목인 페넬로페 에피소드를 보자. "……그리고 그렇지 나는 그러세요 하고 말했어 나는 원해요 그래요." 게오르크 고예르트Georg Goyert는 이 부분을 이렇게 번역했다. "……그리고 그는 무어인의 성벽 밑에서 내게 어떻게 키스했던가 그때 나는 그가 다른 남자만큼 훌륭하다고 생각했지 그러고 그에게 다시 한번 내게 물어 달라고 눈으로 부탁했어 그래 그러고 그이는 물었지 내가 그래요 그러세요 하고 말하겠느냐고 산에 핀 나의 야생화여 그러고 내 팔은 그를 얼싸안았어 그렇지 나는 그를 내 쪽으로 끌어당겼지 그가 나의 향긋한 가슴을 느낄 수 있도록 그렇지 그러고 그의 가슴이 아주 사납게 뛰었어 그리고 그렇지 나는 그래요 하고 말했어 나는 원해요 그래요."[22] 한스 볼슐레거Hans Wollschläger는 이 부분을 이렇게 옮겼다. "……그리고 그가 무어인의 성벽 밑에서 내게 어떻게 키스했던가 그리고 나는 흠 좋아 그가 다른 모든 남자만큼 훌륭하다고 생각했지 그리고 그에게 눈으로 부탁했어 다시 한번 물어 달라고 그렇지 그러고 그는 물었지 내가 그래 원하느냐고 그러세요 하고 말해요 산에 핀 나의 야생화여 그리고 나는 먼저 그의 목에 팔을 둘렀고 그를 내 쪽으로 끌어당겼지 그가 나의 가슴이 얼마나 향기로운지 느낄 수 있도록 그렇지 그리고 그의 가슴이 미친 듯 뛰었고 나는 그래요 하고 말했어 그렇지 나는 원해요 그래요."

지금 우리는 1921년 8월 16일 프랭크 버전Frank Budgen에게 보내는 조이스의 편지에서 책의 마지막 이 대목 페넬로페 에피소드에 대해 중요한 사실을 알 수 있다. 조이스의 말을 들어 보자. "'페넬로페'는 책의 하이라이트입니다. 첫 문장은 2,500개 단어로 이루어져 있어요. 에피소드는 여덟 문장으로 구성되지요. 에피소드는 여성적 단어 '그래'로 시작하고 끝나지요…… 앞의 에피소드들보다 더 외설적으로 보일 수 있으나 나는 이 에피소드가 완전히 건강하고 풍부하고 부도덕하고 수태受胎할 수 있고 믿을 수 없고 매혹적이고 교활하고 편협하고 조심스럽고 무관심한 여자처럼 보입니다. 나는 늘 긍정하는 육체(말 그대로!)입니다."[23] 조이스는 버전에게 영어로 편지를 썼지만 "여자"Weib라는 단어와 "나는 늘 긍정하는 육체입니다"Ich bin der Fleisch, der stets bejaht라는 문장은 독일어로 썼다.

나는 작가의 간절한 갈망을 이처럼 극단적으로 표현한 대목을 그 어디서도 읽은 적이 없다.

출판인은 작가의 내적인 요구와 외적인 요구가 교차하고, 작가의 문학적 목표와 물질적 목표가 교차하는 지점에 서 있다. 그는 한 작가의 인생과 작품의 탄생에 동반되는 엄청난 사회적, 경제적 어려움을 지켜봐야 한다. 그런 출판인과 같은 사람은 아우라가 없는 작품이나 특별함이 없는 작가를 바라보고 인정하기가 어려울 때가 종종 있다. 체험이나 경험을 기록하기 위해 하얀 백지 앞에 앉아 본 적이 있는 사람은(호르바트Öden von Horváth는 "텅 빈 종이는 그렇게 무섭도록 하얗다"[24]고 했다) 창조성을 존중하고, 창작자에게 제기된 요구를 존중하는 법을 배운다. 그는 '창조적'이라는 단어를 "파산한 은유"로 보는 마르틴 발저에게도 동의하지 않는다.

    이 존중은 출판인이 작가들에게 보이는 신의로 표현된다. 좁은 의미의 문학 출판인은 그런 자세로 일하기에 출판 활동을 하면서 성공이 보장되는 몇 권의 책보다는 전체적인 모습의 작품과 작가에 의지한다. 그 작품들과 함께 출판사는 성장한다. 하나하나의 책 제목은 연륜을 보여 주는 나이테로, 시간이 흐르면서 흔히 출판사의 프로필 혹은 얼굴이라고 부르는 것이 유기적으로 생겨난다. 그것은 보이는 것만큼 그렇게 당연한 것은 아니다. 프란츠 카프카의 출판인들, 내가 존경하는 유명한 두 출판인 에른스트 로볼트Ernst Rowohlt와 쿠르트 볼프Kurt Wolff가 카프카를 그들의 출판사에 잡아 두지 못했다는 사실을 생각해 보라. 로볼트와 볼프는 두 사람이 공동으로 운영했던 출판사에도, 그 후 두 사람이 각자 대단한 발전을 일군 출판사에도 카프카를 잡아 두지 못했다. 막스 브로트Max Brod는 1912년 11월 15일 카프카의 여자친구 펠리체 바우어Felice Bauer에게 보내는 편지에서 실제로 완성된 카프카의 유일한 '소설' 『펠리체에게 보내는 편지』를 읽어 보라고 권했다. 브로트의 말을 들어 보자. "프란츠는 매일 두 시까지 사무실에 앉아 있어야 했는데 많이 힘들어 했어요. 오후에는 너무 지쳐서 '풍부한 환상'을 위해 남는 시간은 밤 시간밖에 없었지요. 정말 유감이에요! 프란츠는 밤에 내가 아는 그 어떤 문학보다 뛰어난 소설을 씁니다. 만약 프란츠가 자유롭고, 좋은 사람에게서 좋은 대접을 받는다면 대체 어떤 성과를 낼 수 있을까요!" 브로트는 카프카의 상황을 정확히 파악하고 있다. 카프카의 생활 방식은 전적으로 글쓰기에 맞춰져 있었다. 카프카는 펠리체에게 자신은 문학적 흥미가 있는 게 아니라 문학으로 이루어져 있다고 말한다. 브로트는 카프카에게 글을 쓸 조용한 장소가 필요함을 알고 있다. "카프카의 모든 기관은 시문학에 몸 바칠 수 있는 걱정 없는 평화로운 삶을 달라고 아우성치기 때문입니다. 현재 상황에서 그의 삶은 조금 행복한 빛나는 순간이 있을 뿐, 대체로 근근이 연명하는 것에 지나지 않아요."[25]

막스 브로트는 일찍이 카프카를 출판사와 연결해 주려고 노력했다. 브로트는 바이마르 여행을 계기로 1912년 6월 29일 카프카를 당시 로볼트 출판사를 공동 운영하던 에른스트 로볼트와 쿠르트 볼프에게 데려갔다. 당시 카프카는 쿠르트 볼프와 헤어지며 매우 이례적인 말을 했다. "선생님께서 제 원고를 출판하시기보다 돌려보내신다면 저는 언제나 훨씬 더 감사하게 생각할 겁니다."[26] 이 작가는 그런 사람이다. 카프카는 원고를 넘기며 늘 뻣뻣하게 굴었다. 반면 로볼트에게는 편안한 인상을 받았다. 두 출판인을 만나고 나서 카프카는 친구 브로트에게 이렇게 권했다. "떠나게, 막스, 짐을 몽땅 싸거나 최대한 많이 싸서 귀공자한테서 떠나게. 그는 자네를 잡아 두었어. 자네의 내면에는 아니고…… 분명히 세상으로부터 잡아 두었다고."[27]

마침내 1912년 8월 14일 카프카는 『작은 산문』을 에른스트 로볼트에게 보냈다. "이 목적으로 산문을 모으면서 저는 종종 제 책임감을 누그러뜨리는 쪽과 선생님께서 내시는 아름다운 책 가운데 하나를 갖고 싶은 욕망 사이에서 선택해야 했습니다. 분명 항상 완벽하게 깔끔한 결정을 내리진 못했습니다. 그러나 인쇄할 만큼 이 글이 선생님 마음에 든다면 당연히 행복할 것입니다. 최고의 경험과 최고의 조예도 이 글의 나쁜 점을 첫눈에 알아볼 수는 없을 겁니다. 아주 특별한 방식으로 나쁜 점을 은폐하는 것이 작가의 개성이거든요. 그런 개성은 작가들 사이에 널리 퍼져 있지요."[28]

로볼트는 출판할 마음이 있었고, 카프카도 로볼트가 제시한 조건에 동의했다. "선생님의 위험 부담을 가능한 한 줄이는 그런 조건은 저도 가장 좋습니다." 카프카는 "그 의도 내에서 가능한 가장 큰 글씨"를 부탁하면서 로볼트가 출판한 클라이스트Heinrich von Kleist 일화와 같은 채색 종이와 어두운 색깔의 두꺼운 표지 장정을 부탁했다.[29]

이 출판사와의 관계는 성공적이지 않았다. 로볼트는 1912년 11월 1일 출판사를 나왔고, 출판사 이름은 1913년 2월부터 쿠르트 볼프 출판사로 변경되었다. 카프카의 첫 저서 『고찰』은 "1912년 11월"에 인쇄된 것으로 나왔다. 아직 "1912년 에른스트 로볼트 출판사, 라이프치히"로 표시되었지만, 로볼트는 책이 나왔을 때 이미 출판사를 떠나고 쿠르트 볼프가 단독으로 경영권을 인수했다. 초판에 인쇄된 800권의 책은 처음 300권이 팔렸고, 나머지는 1915년 "쿠르트 볼프 출판사"로 표기된 새 표지를 달았다. 『단식 광대』를 제외하고 카프카 생전에 나온 책은 모두 쿠르트 볼프가 출판했다. 처음에 두 사람의 관계는 긴밀하고 좋았다. 1917년 7월 27일에도 카프카는 볼프에게 보내는 편지에서 직장을 그만둘 희망이 있다고 했다. 그는 베를린으로 가고 싶은데 그렇더라도 문학 활동에 전적으로 의존하지는 않을 거라고 했다. 카프카의 말을 들어 보자. "그럼에도 저는, 혹은 같은 말인데, 제 안에 깊이 자리 잡은 관리는, 그 시기를 앞두고 가슴을 짓누르는 불안을 느낍니다. 존경하는 볼프 씨, 제 바람은, 물론 제가 절반이라도 그런 자격이 있어야겠지만, 그때 저를 완전히 떠나지 마십사 하는 것뿐입니다. 지금 이 문제와 연관해 선생님께서 주시는 한마디는 현재와 미래의 모든 불확실성을 뛰어넘어 제게 큰 의미가 있을 것입니다."[30] 쿠르트 볼프는 카프카에게 지속적인 물질적 지원을 할 생각이 있었다. 볼프는 1921년 11월 3일 판매 실패를 사과하고 카프카를 격려하고 싶은 마음에 다시 편지를 썼다. "우리가 대변하고 대중에 선을 보인 작가 중 작가님과 작가님의 창작에만큼 제가 열정적으로 강한 내적 관계를 느낀 작가는 개인적으로 두세 명도 채 되지 않습니다."³¹ 그러나 그 격려는 너무 늦게 왔고, 카프카는 세 장편 소설 중 하나를 완성하거나, 출판인에게 출판을 위한 텍스트 검토 기회를 주겠다고 결심할 수 없었다. 출판사와의 관계는 소원해졌고, 『고찰』의 판매 실적은 아주 저조했다. 첫해에 258권이 팔리고, 그다음에는 102권, 그다음에는 69권이 팔렸다(1924년에야 800권이 다 소진되었다). 마침내 하찮은 액수의 인세를 송금하기가 귀찮아진 출판사는 1922년 7월 1일 카프카의 인세 계좌를 폐쇄했다. "보상하고 싶은 우리 선의의 표현"으로 출판사는 책을 보내 주기로 했다. 물론 카프카는 책 선정에 영향을 미치고자 했다. 카프카는 횔덜린의 『시집』, 아이헨도르프Joseph von Eichendorff의 『시집』, 샤미소Adelbert von Chamisso의 『페터 슐레밀의 기이한 이야기』와 그 외 다른 책을 골랐다. 마지막 편지 왕래는 카프카가 "매우 존경하는 출판사"에 보낸 엽서다. 엽서에는 1923년 12월 31일자 우체국 소인이 찍혀 있었다. 그러니까 카프카가 사망하기 6개월 전이다. 엽서에서 카프카는 책이 아직도 배송되지 않았다고 항의하고 있다. "부탁이니 배송에 무슨 문제가 생겼는지 살펴봐 주십시오. 경의를 표하며 F. 카프카"³²

후고 발에 따르면, 자무엘 피셔는 헤세에게 안정과 보호, 능력을 펼칠 기회를 보장했다. 만약 쿠르트 볼프가 카프카에게 그런 안정과 보호, 능력을 펼칠 기회를 보장했다면 문학과 정신사에 어떤 결과가 초래되었을까 상상조차 할 수 없다.

"선생님께서 주시는 한마디는…… 현재와 미래의 모든 불확실성을 뛰어넘어 제게 큰 의미가 있을 것입니다." 카프카의 이 말은 좁은 의미의 우리 주제를 가리킨다. 그의 한마디가 그렇게 의미 있는 사람의 과제는 무엇일까?

⑤

요점으로 살펴본
출판인의 과제

작가가 자신의 작품을 출판할 출판사를 결정하는 것은 전체적인 모습의 출판사를 결정하고, 출판인을 결정하는 것이다. 그 말은 이런 의미이다.

1) 출판사가 내는 책의 작가 구성에 대한 결정.

2) 출판사가 작가의 책을 내는 형태에 대한 결정.

3) 출판사에 맡겨진 책과 프로젝트의 실현 능력에 대한 결정. 즉 출판사의 작업자에 대한 결정.

4) 출판인 개인에 대한 결정. 출판인은 작가의 첫째 파트너로서 '사업을 이끌면서' 위의 세 기준에 책임을 진다.

이제 항목 별로 자세히 살펴보기로 하자.

1) 문학 출판사의 위상은 소속 작가들의 위상과 영향력과 수상 경력, 그들의 책들이 불러온 토론의 수준과 결과로 결정된다. 문학 출판사는 개별 작품에 의지하지 않는다. 베스트셀러는 더더욱 아니다. 오늘의 베스트셀러 리스트는 종종 내일의 묘비가 되기도 한다. 문학 출판사의 프로그램과 출판하는 책의 숫자는 확보한 작가의 내적 달력에 따라 불어난다. 당연히 출판사 프로그램의 적절한 배합이 중요하다. 출판사의 아주 오랜 비밀은, 젊은 작가와 나이 든 작가, 좋은 책과 확실히 나쁘지만 그래도 버릴 수는 없는 책, 시대의 정치적 요구를 따르는 작가와 미친 듯 오직 내적인 작품의 의지만 따르는 작가("내게 정치 이야기는 하지 마"), 날마다 대중 앞에 얼굴을 내밀고 싶은 작가와 평생 대중을 거부하는 작가, 미리부터 터무니없는 최고의 경제적 요구를 하는 작가(토마스 베른하르트 Thomas Bernhard는 희극 『습관의 힘』에서 "돈 문제가 걸리면 천재도 **또다시** 과대망상이 된다"고 했다)와 물질적 요구를 억누르려는 작가를 서로 섞고 묶고 융합하는 데 있다. 그러나 그러한 혼합에서 잡화점이 만들어져서는 안 된다. 서로 연결할 수 없는 그러한 부분들에서 하나의 통일성, 하나의 프로그램, 하나의 총합이 나와야

한다. 그것이 출판인의 과제이고, 후고 발이 자무엘 피셔를 두고 말한 "서명"을 낳는다.

매년 출판사는 '젊은 작가'라는, 대부분 경제적 전망이 없는 사업에 투자한다. 여기서 공적 지원을 받지 않는 출판사가 왜 공적으로 문화를 진흥시키는지 하는 문제의 해답이 나온다. 초년생에게는 같은 출판사에 있는 유명 작가의 명성이 도움이 된다. 젊은 작가들은 모범으로 삼을 위대한 인물에 끌릴 때가 많다. 다른 한편 나이가 좀 있고 논의에서 좀 벗어난 작가는 출간 도서 목록에 그의 작품과 함께 계속 새로운 문학을 올리는 출판사가 필요하다. 혁신적 성격과 새로운 사고의 자극, 새로운 활력과 새로운 형식, 새로운 언어를 보이는 문학 말이다.

그러므로 자기 과제를 진지하게 생각하는 문학 출판사는 구매자와 독자를 찾기가 아무리 어렵더라도 절대로, 어려운 시기에도 절대로, 최신 문학 출간을 중단하지 않는다. 젊은 작가와 최연소 작가, 좀 나이 든 작가와 원로 작가는 어느 정도는 가능성과 영향의 절정에 있는 작가들 덕분에 '먹고산다.' 문학사는 종종 여기에 예외가 있으며, 좀 나이 든 작가가 새로운 르네상스를 맞는 현상을 증명하고 있다. 우리 시대의 문학 역시 이 사실을 증명한다. 여기서 나는 현재 헤르만 헤세 작품의 영향을 보라고 하고 싶다.

그런 다양한 작품 수요로 출판사도 '먹고산다'. 1950년 페터 주르캄프가 출판사를 새로 시작했을 때 그의 출판사를 일으키는 데 도움을 준 것은 그때 막 시작된 헤세의 인기였다. 주르캄프는 헤세 덕분에 브레히트의 작품을 출판할 수 있었는데, 당시 브레히트 작품은 서독에서 판매되는 것보다 스칸디나비아로 보내는 것이 더 많았다. 또 헤세 덕분에 주르캄프는 막스 프리슈 같은 젊은 작가에 투자할 수 있었다. 헤세 작품의 수요가 감소하자 브레히트와 프리슈의 작품이 잘나갔다. 그 덕분에 다시 출판사는 처음에는 잘 팔리지 않았던 프루스트Marcel Proust와 발터 베냐민 같은 작가의 작품을 생각할 수 있었다. 오늘날 우리는 발터 베냐민의 영향력을 경험하고 있다. 브레히트 작품 수용 덕분에 비로소 외돈 호르바트의 『전집』을 낼 수 있었으며, 브레히트와 호르바트의 수용 덕분에 마리루이제 플라이서Marieluise Fleißer의 『전집』 출간이 유의미해졌다.

그러므로 작가 구성이 하나의 프로그램을 보여 준다면 그것은 더 이상 우연한 것이 아니다. 유기적으로 탄생하고 출판인이 구상한 이 프로그램은 고유의 법칙성을 갖는다. 이는 외부적으로 일반 대중에게 기대를 만드는 구조를 통해 영향을 미친다. 내부적으로는 작가들 자신과 출판사에서 일하면서 이 프로그램을 매일 작업을 통해 실현하고자 하는 사람들에게 영향을 미친다.

  2) 출판사를 정하는 작가의 결정은 출판사가 그의 책을 내고 그의 권리를 위해 일하는 방식을 결정하는 것이다. 즉 작가의 수단의 현재성에 책 제시의 현재성이 상응해야 한다는 말이다. 원고를 다루는 방식, 원고가 책으로 변화되는 과정의 꼼꼼한 관리, 책의 겉모양, 표지, 타이포그래피, 책 소개글 등 책이 되는 단계 하나하나가 다 중요하다. 책의 겉모양은 책 내용을 표현한다. 어려움은 종종 책의 외적인 제시가 단지 내용에 걸맞아야 할 뿐 아니라, 광고 효과도 내야 한다는 데 있다. 그러니까 책의 겉모양은 구매자의 구매 결심도 불러내야 한다. 책의 외적인 제시는 작가의 마음에 들고, 작가의 의도에 부합해야 하지만, 시장에서도 효과적이어야 한다.

  출판사의 의지는 출판사가 내는 시리즈물에서 가장 확실히 알아볼 수 있다. 출판사는 시리즈물에서 자신의 구상을 따를 수 있다. 여기서 새 시리즈가 계속 나오고, 또 많은 시리즈가 다시 사라지는 현상을 이해할 수 있다. 시리즈물은 출판사의 전체 모습에 중요하다. 시리즈물은 특정 그룹의 독자에게 받아들여지면서 효과를 발휘할 수 있다. 시리즈물은 시대 흐름을 따를 수 있으나 시대 흐름을 불러올 수도 있다.

출판사의 얼굴은 출판사가 내는 책 내용의 영향을 받지만, 겉모양의 영향도 받는다. 여기서도 획일성이 아니라, 다양성 속에서 통일성이 보여야 한다. 가장 좋은 것은 책 형태의 조화[33]이다. 주르캄프 출판사는 소위 작품집, 즉 문고판 전집을 프루스트와 브레히트 작품으로 시작했다. 이 판본은 베케트, 블로흐Ernst Bloch, 프리슈, 헤세, 호르바트의 작품으로 계속 이어졌다. 이러한 책 형태의 효과는 국내와 외국에서 이 판본을 모방하고, 다른 출판사와 기관이 출판 작품 기획을 할 때 그 분야 전문가가 "주르캄프 식"의 판본 유형을 공공연하게 추천하는 데서 입증되고 있다.[34]

3) 작가는 원고를 가지고 미래의 책을 실현할 능력이 있다고 믿는 출판사를 결정한다. 이는 출판사의 작업

자에 대한 결정이기도 하다. 예전에는 실용서와 전문서를 주로 내는 출판사가 종종 문학을 곁들여서 낼 수 있었다. 하지만 나는 앞으로는 그럴 수 없다고 생각한다. 출판사는 소속 작가 대다수가 보이는 관심에 갈수록 더 집중해야 한다. 그것은 다시 출판사가 전체 작업자와 출간하는 책 대다수의 성격을 조정해야 한다는 것을 의미한다. 이는 문학 출판사에 다음을 의미한다.

a) 자기 분야와 분과 전문가로서 작가들에게 조언을 하고, 외국 작가들에게 적절한 독일어 번역을 보장해줄 능력이 있는 뛰어난 편집자들.

b) 훌륭한 제작자들, 즉 원고가 책으로 변신하는 과정을 담당하는 사람들.

c) 작가를 대중 앞에 공개하고 책이라는 '상품'을 팔 수 있는 훌륭한 홍보, 언론, 판매 담당자들.

d) 작가와 출판사의 이익을 위해 소위 작가의 부차적 권리를 이용하고 작가의 기본 권리를 보호할 능력이 있는 저작권 및 인허가 부서 전문가들. 주르캄프 출판사의 저작권 부서는 독일어로 쓰인 책을 200여 개에 달하는 외국 출판사, 에이전시, 번역가에게 알선하고 있다. 한 출판사의 자국 문학 프로그램이 풍부할수록 출판사가

알선하고 교류하는 심도 역시 깊어진다. 이는 국내외의 독서 모임과 문고판 회사와의 관계에도 적용된다. 출판사가 작가와 자신의 이익을 위해 관리하고 이용하는 부차적 권리는 사전 부분 발표, 복제, 번역, 다른 장르로의 개작, 라디오 방송권, 텔레비전 방영권, 연극공연권, 전자책, 음반, 녹음테이프, 문고판과 독서 모임을 위한 허가권, 보급판, 재쇄, 교재용 도서, 명작선 및 특별판, 도서의 영리적 대여와 비영리적 대여, 복사, 작곡, 미래의 멀티미디어 권리를 말한다. 출판사는 전반적인 법적 보호를 위해 애쓰기도 한다. 주르캄프 출판사는 하이나르 키프하르트Heinar Kipphardt의 『오펜하이머 사건』을 표절한 유명한 연출가 장 빌라르Jean Vilar를 고소해, 프랑스 파리 표절 재판에서 작가의 권리를 지킬 수 있었다. 연출가 루돌프 뇔테Rudolf Noelte가 연출 작업을 빌미로 막스 프리슈의 『전기』 공동저자가 되려고 고소했을 때 칼스루에 있는 독일 연방대법원으로부터 승소를 받아내기도 했다. 출판사는 여행 허가와 체류 허가를 받아내고, 이를테면 나라마다 상이한 저작권법으로 인해 발생하는 복잡한 문제에서 작품의 제목과 권리를 위해 법률적 감정서를 확보한다.

e) 출판사는 그 어느 때보다 조직이 필요하다. 조직은 최고의 요구를 충족해야 한다. 나는 종종 T.S. 엘리엇이 시문학과 연관해 했던 말을 생각한다. 엘리엇은 "조직은 상상력만큼이나 필요하다"고 했다. 조직이 최우선이다.

여기서 갈수록 비싸지는 배송, 재고 관리, 재고 문제를 해결하려면 모든 부서가 협력하는 것이 중요하다. 회계 부서는 출판사의 관련 서류 전체를 투명하고 관리하기 쉽게 만들어야 한다. 회계, 미수금, 통계, 판매 분석, 원고료 정산, 서적 발행 부수와 추가 인쇄 부수 처리를 도맡아 하는 전산 시스템도 중요하다.

4) 출판인은 작가에게 첫째 파트너이다. 그는 원고를 평가하고, 원고의 내용과 질적 수준에서 작가가 최대한 능력을 발휘하도록 필요한 작업을 하는 첫째 파트너이다. 출판인은 책, 공연, 영화의 경제적 기회를 판단하는 첫째 파트너이며, 가능하면 그러한 작업을 재정적으로 지원하는 파트너이다. 원칙적으로 작가는 출판사에서 자신이 상대하는 인물이 누군지 알고 싶어 한다. 점점 사업을 확장하면서 다른 출판사들을 집어삼키는 우리

의 대형 출판사들이 새로운 작가를 '만들어 낼' 수 있음을 보여 주는 증거를 아직도 내놓지 못하고 있는 것이 이상하다.

한 출판사에서 작가의 신뢰는 한 사람에게 집중된다. 그 사람은 출판사를 지적으로, 물질적으로 책임지고, 작가에게 안정을 보장해 줄 수 있으며, 작가가 시작한 일을 계속하고 새로운 일을 시작하도록 용기를 줘야 한다. 좌절하고 포기한 작가, 비판을 받은 작가, 완전한 실패를 겪은 작가가 다시 처음부터 시작하도록 용기를 북돋아 줘야 할 때도 있다. 그 사람은 창조적인 것을 존중하지만, 창조적인 것이 종종 병과 노이로제에서 기원한다는 사실도 알고 있다. 그 사람은, 작가가 글을 쓰면서 자신의 리비도 에너지, 공격적인 에너지를 중화시키고, 그럼으로써 작가의 경험이 언어가 된다면, 아웃사이더, 비사회적인 사람, 정상에서 벗어난 사람[35]의 생활비를 종종 부담하기도 한다.

당연히 모든 작가가 그런 식의 출판인 파트너십을 누릴 수는 없다. 큰 출판사에서는 직원들도 이 역할을 잘 알고 있다. 서술한 활동이 종종 한 세대의 경계에서 끝나는 건 어쩌면 너무도 당연하다. 오늘날 문학 출판사가 독립적이고, 작가의 요구를 따르고, 경쟁을 이겨내고, 서적 판매나 미디어 경쟁에 휘둘리지 않으려면 어느 정도 덩치가 있어야 한다. 미래에도 여전히 소규모 1인 출판사와 함께 상황에 따라 사업을 확장하는 대형 문학 출판사가 있을 것이다. 그러나 그런 출판사의 성장은 출판인이 가장 중요한 소속 작가들에게 바람직한 출판인의 역할을 하고, 직원들과 작가의 관계도 전체적으로 파악하고 있는지 여부에 달려 있다. 나는 작가란 본래 자기 생각만 한다는 것을 많이 경험했다. 근본적으로 작가는 출판사가 **자기** 책만 출판하기를 바란다. 다시 조이스의 예를 들겠다. 젊은 T. S. 엘리엇은 1921년 조이스를 처음 만나고 나서 이렇게 말했다. 조이스는 "온 세상이 그의 작업을 후원할 의무가 있다고 믿는 철저한 광신자의 확신을 가진…… 진짜 짜증 나는 사람"이라고. 평론가 리하르트 엘만Richard Ellmann은 20대 초반 조이스가 파리에서 문학적인 문제에 입을 다물었다고 보고한다. "그 침묵은 당혹스러울 만큼 컸다. 반면 조이스는 돈과 아이들과 자신의 건강과 같은 개인적인 문제에 대해서는 숨김없는 솔직함을 드러냈다."[36] 당연하다. 조이스가 볼 때 자신의 초인적인 작품과 비교해 그 무엇이 영속적이겠는가? 조이스는 살아남기 위해 오직 자신만을 볼 수 있었다.

토마스 베른하르트의 작품과 태도, 편지에도 비슷한 차가운 절망이 배어 있다. 단편소설 「오르틀러 산에서」에서 베른하르트는 글에 대해 이렇게 말한다. "그가 말했다. 글은 근본적으로 파기되기 위해 존재한다…… 글은 파기되어야 하는 글이다…… 그가 말했다. 순간적으로 자살하지 않고 정신적 산물을…… 보여 주거나 발표하는 어려움, 목숨을 끊지 않고 이 무서운 수치의 과정을 겪어 내는 어려움, 자신의 모습인 어떤 것을 보여 주는 어려움, 자신의 모습인 어떤 것을 발표하는 어려움…… 발표의 지옥을 통과하는 어려움, 이 지옥을 통과할 수 있는 어려움…… 발표의 이 지옥을 통과해야만 하는 어려움, 지옥 가운데 가장 무서운 이 지옥을 가차 없이 통과하는 어려움."[37] 그러고 나서 베른하르트는 그의 출판인에게 이렇게 편지한다. "이 순간 제가 바라는 것은, 오직 선생님과 거닐면서 우리 두 사람의 미래를 생각해 분명하지 않은 생각을 명확하게 정리하고, 엉클어진 것을 풀고, 당연하고 필수적인 사항을 우리 둘이 함께 다시 시간을 좀 두고 솔직하고 정직하고 조심스럽게 처리하는 것뿐입니다."[38]

출판인에게 자신의 책이 유일한 책이 되도록 다른

작가에게 글쓰기 금지령을 내려 달라고 요구하는 작가도 있다. 또 어떤 작가는 출판인에게 이렇게 편지한다. "나는 삶에 대한 애착과 우울함 사이에서 계속 흔들리고 있다네. 미치도록 다음 작품을 제대로 시작하고 싶지만 이렇게 손이 묶여 있는 지금 상태로는…… 빌어먹을! 사실 나는 자네가 (나의 발전의 가장 중요한, 혹은 가장 결정적인) 이 가장 중요한 걸음, 행진, 도약, 공중제비에서 나를 도와줄 거라 믿고 있다네."[39]

그러므로 용기를 북돋아 주고 에너지를 움직이는 것. 그것이 출판인의 과제다. 인젤 출판사의 출판인이었던 안톤 키펜베르크Anton Kippenberg 기념 논문집 『항해는 반드시 필요하다』에서 '직업 이상주의'를 다룬 카를 셰플러Karl Scheffler의 논문을 발견했다. 셰플러에 따르면 "출판인이라는 직업의 독특한 점이 있다. 출판인은 정신적인 산물을 만들고 싶은 열망과 창조적이고 싶은 열망이 있지만 자기 의지를 직접 형상화하는 기관이 없다는 것이다. 출판인은 시인이나 예술가, 작가처럼 이 기관을 가진 다른 사람들을 움직여야 한다. 출판인은 뜨거운 관심, 자신을 표현하려는 불타는 열망이 있는 사람이지만, 오직 다른 사람들을 통해 말할 수 있을 뿐, 개인적으로는 침묵한다…… 출판인의 직업에는 한편으로는 추진력이, 다른 한편으로는 체념이 필요하다. 그의 활동은 다른 사람들을 위해 일하는 가운데 자기 뜻을 관철하는 데 있다."[40]

출판인은 출판사의 작업을 위해 직원들을 찾고, 그들을 전체로서의 출판사에 통합하고, 각 부서의 작업을 조정하려고 노력한다.

출판인은 출판사의 재정적 기반을 확립해야 한다. 작가들을 재정적으로 지원하고, 증가하는 비용을 완화하는 유일한 방법으로 서적 판매를 늘리고, 직원들에게 적당한 사옥을 마련하고, 걸맞은 급여와 사회적 업적을 보상할 재원을 마련해야 한다. 우리는 독립성을 유지하고, 우리 작가들에게 가능한 한 독립성을 보장하기 위해 무엇보다 탄탄한 재정적 기반이 필요하다. 우리는 우리가 만들고 싶은 책을 만들 수 있는 능력을 기르고자 한다.

출판인은 사업자로서 모든 책임을 지기에 출판사가 출판하는 책과 출판사가 할 수 있는 투자를 최종적으로 결정한다. 그는 제작자와 영업 담당자들, 개별 원고와 전체 기획을 함께 논의하는 편집자 등 오직 작업자들과 한 팀으로 이 일을 할 수 있다. 출판인은 기질적으로 '아니요'라고 말하기보다 '그래요'라고 말하는 경향이 있더라도 결정할 때는 '그래요'보다 '아니요'를 더 자주 말해야 한다. 이 점에서 헤르만 헤세는 내게 많은 도움이 되었다. 페터 주르캄프가 사망하고 내가 그의 후임이 되었을 때 헤세는 편지에서 이렇게 말했다. "사람들이 말하듯이 출판인은 '시대와 함께' 가야 합니다. 그러나 단순히 시류를 따라가면 안 되고, 시류가 품위가 없는 경우 시류에 저항할 수도 있어야 합니다. 적응과 비판적 저항에서 훌륭한 출판인의 역할이, 들숨과 날숨이 수행됩니다."[41]

출판인은 직원의 안정적인 직장, 연금, 보험, 사회적 성과에 책임을 질 뿐만 아니라, 작가와 번역가, 편집자, 더 나아가 작가와 번역가와 편집자의 후계자와 상속인의 경제적 운명을 책임지기도 한다.

출판인과 작가의 개인적인 관계는 매우 중요하다. 작가는 출판인에게 일과 자유시간의 구분이 없다는 것을 알고 있기에 출판인은 언제 어느 때나 작가의 개인사를 처리할 수 있어야 한다. 출판인은 문학의 산파, 분석가, 사업가, 후원자와 같은 존재다. 출판인과 작가의 관계가 밀접할수록 작가는 출판사에 더 큰 영향을 미칠 수 있다. 작가들은 출판사에 안테나와 같은 존재일 수 있다. 그들은 송신하고, 수신할 수 있다. 그들은 자신의 고유한 것을 송신하고, 종종 새로운, 미래의 문학적 흐름의 소식이나 신호를 수신한다.

출판인은 자신이 내는 책들을 가지고 필요를 충족시키기보다, 오히려 그 책들을 위해 새로운 필요를 창출한다. 이 점에서 출판인은 설득하고 교육하고 계발하고자 한다. 그러므로 출판인은 일종의 교육자이다. 적어도 출판인은 교육학적 에로스를 가지고 있어야 한다. 디테일을 사랑하는 사람으로서 출판인은 '큰일을 하면서 소인처럼 굴고, 작은 일을 하면서 대인처럼 행동한다'는 페스탈로치의 말을 기억하고 있다. 그러나 중요한 것은 출판인이 끊임없이 창조적으로 출판사를 생각한다는 점이다. 출판인은 다른 사람들을 위해 생각한다. 그는 개혁적인 역량으로 늘 새로운 것을 할 준비가 되어 있으며, 충성심으로 옛것에 묶여 있다. 그는 끊임없이 작가들의 창조적인 가능성과 출판사의 실현 가능성을 눈앞에, 머리에, 가슴에 두고 있다. 출판인은 배포가 커야 하며, 언제나 배포를 키우는 데 특별히 신경 써야 한다.

6

출판인은 어떤 책을
출간하고 싶어 할까?

어떤 원칙에 따라 출판할 책을 선정하는가 하는 문제는 출판인에게 가장 빈번하게 제기되는 문제다. 예전에 나의 답변은, 나는 재미있는 책을 만들고 싶어 한다는 것이었다. 나중에는 출판사가 그 자체로서 실현할 수 있는 책, 출판사가 전체로서 모든 작업자와 작가와 함께 중점을 두는 책을 목표로 삼았다. 나는 어떤 영향을 미치는 책을 만들고 싶다. 이와 관련해 "한 권의 책은 우리 안의 얼어붙은 바다를 깨는 도끼여야 한다"고 했던 카프카의 말이 늘 머리에 떠오른다. 혹은 마르셀 프루스트가 『조사』 마지막에서 말하듯이 "나는 나 자신으로 돌아가기 위해 더 겸손하게 나의 책을 생각했다. 내가 나의 독자들만을 생각했다고 하면 이는 정확하지 않은 말이리라. 나는, 독자들은 나의 독자가 아니라 그들 자신의 독자라고 생각하기 때문이다. 나의 책은 단지 확대경 같은 것일 뿐이다…… 나는 그 확대경으로 독자들이 자신의 내면을 읽을 수 있도록 해준다." 출판인은 바로 그런 책을 출판하고 싶어 한다. 기준은 내용과 질적 수준이다. 기준은 원고마다 새로 검토해야 한다. 출판인은 우리 의식 속으로 밀고 들어와 그 의식을 바꾸려고 하는 문학, 우리를 불안하게 만들면서 우리를 강하게 만드는 문학을 출판하고 싶어 한다.

문학은 언제나 작가들이 문학을 가지고 만드는 것이다. 출판인은 일을 하면서 그의 작가들의 내적인 달력을 따른다. 이미 우리는 풍성한 문학적 시기 다음에 빈약한 시기가 온다는 사실을 확인했다. 어떤 언어 영역이 다른 언어 영역에 지도와 의미를 줄 수도 있다. 18세기와 19세기 초에는 독일 문학이 그 역할을 했으며, 그 후 위대한 러시아인들이 뒤를 이었고, 우리 세기 초에는 미국인들과 위대한 이란인들, 프랑스인들이 그 역할을 했다. 현재 유럽의 문학 콘서트에서 독일어권 목소리가 두드러지는데, 독일어권에서 스위스와 오스트리아 작가들의 역할이 점점 커지고 있다. 오늘날 우리는 독일어권 문학이 1970년대 초 위기에 빠졌으며, 이 위기가 비단 독일어권 문학에 국한되지 않는다는 것을 알고 있다. 많은 작가에게 글쓰기가 어려워졌다. 가장 훌륭한 몇몇 작가들이 오랫동안 침묵했다. 현실에 대한 상상을 어떻게 현실 자체와 조화시킬 수 있는가 하는 오래된 문제는 갈수록 더 복잡해지고 있다. 우리 시대 작가들이 사회주의에 품었던 이상은 사회주의의 실제 현실에 좌절할 때가 많다. 문학이 그때그때의 현안에 구체적인 대안을 마련하고 선전해야 한다는 오류가 한동안 유행하기도 했다. 여기에 엄청나게 빨라진 전 세계적인 의사소통이 완전히 다른 성격의 어려움으로 닥쳐왔다. 그 어려움은 지금도 계속 진행되고 있다. 오늘날 우리의 의식은 컴퓨터와 통신 위성, 우리 기술 발전의 속도가 불러온 늘 새로운 소식과 정보와 사실을 따라가고 감내해야 하는 어려움을 겪고 있다.

알렉산더 미처리히는 『세상을 더 잘 견디기 위한 시도』에서 갈수록 더 통제되고 컴퓨터의 제어를 받는 세계에 맞서 "자아의 힘"을 더 강화하고, 인간의 기본권을 계발할 필요가 있다고 말한다. 1945년 막스 프리슈가 한 말, "그것은 인간에게 달려 있다…… 홍수는 만들어 낼 수 있다"는 말이 다시 시의성을 갖게 되었다. 수세기 동안 인간은 자신의 완성을 위해 애써 왔다. 우리 세기는 사물의 완전성, 즉 데이터뱅크부터 달나라 여행까지 컴퓨터가 제어하는 우리 일상생활의 사물의 완전성을 추구하고 있다. 에르하르트 케스트너Erhart Kästner는 "사물의 반란"을 이야기하고, 알렉산더 미처리히는 다음과 같은 결론을 끌어낸다. "사물의 완전성을 추구하는 열정과 함께 자기 인식을 추구하는 열정을 일깨울 줄 아는 사람들이 그런대로 견딜 만한 인류의 삶을 결정할 수 있다."[42] 나는 이 자기 인식의 과정은 무엇보다 문학을 통해 실현될 수 있다고 확신한다.

다시 말한다. 문학은 언제나 작가들이 문학을 가지고 만드는 것이다. 우리는 우리 시대의 문학에 사로잡혀 있을 때가 많다. 발전에 대한 예측은 조심해야 한다. 다만 문학의 민주화, 이해할 수 있게 표현하는 계몽적인 문학의 민주화 경향이 강화되리라는 것은 분명하다. 문학은 사회적 상황의 강요와 연관 관계 속에 있는 인간을 보여 준다. 달라진 내용은 오직 달라진 언어 형식을 통해서 제대로 표현할 수 있다. 그것을 알고 있기에 우리는 앞으로 언어와 더 심도 있고 더 친밀하게 교류하는 문학을 갖게 될 것이다. 나는 유희의 경험으로 채워진 상상에 다시 더 큰 의미를 부여하는 문학이 가능하다고 생각한다. 그 문학은 직접적인 메시지를 담고 있지 않다. 그 문학은 독자의 자유에 호소한다. 독자도 자신의 상상을 발휘하길 바란다고. 페터 한트케Peter Handke는 문학 작품에서 새로운 것을 기대한다. 그것은 "그가 생각했지만 아직 의식하지 못한 현실의 **가능성**을 의식하게 해주는 어떤 것, 보고 말하고 생각하고 존재하는 새로운 가능성을 의식하게 해주는 어떤 것"이다. 한트케는 논문 「문학은 낭만적이다」에서 이렇게 말한다. "참여하는 사람은 마땅히 와야 할 질서를 위해 놀이하기보다 목표를 의식하면서 일한다…… 참여 문학은 존재하지 않는다. 그 개념은 그 자체로 모순이다. 참여하는 사람은 있지만, 참여하는 작가는 없다…… 참여는 목표를 강조하면서 사회 현실의 변화를 목표로 삼는다. 하지만 예술에서 목표는 난센스이다. 예술은 진지하지 않으며, 직접적이지 않다. 다시 말해, 문학은 어떤 것을 지향하지 않는다. 문학은 형식이고, 형식으로서 그 어떤 것도 지향하지 않으며, 기껏해야 진지한 유희일 뿐이다."[43]

이러한 과정, 기꺼이 상상하고 유희하고자 하는 이러한 자세에서 문학의 새로운 가능성이 계속 나올 것이다. 시와 드라마, 소설과 단편소설과 노벨레*의 새로운 가능성 말이다.

자유롭게 상상하고 진지하게 유희하면서 현실을 초월하는 것. 나는 그것이 문학의 중요한 기능이라고 생각한다. 초월은 후기 브레히트에게 중요한 원칙이었다. 브레히트는 "진정한 진보는 진보된 상태가 아니라 진보하는 것"이며, "초월이 아니라 초월하는 것"이라고 주장했다.

"나의 인생은 초월하는 것이고, 한 단계 한 단계 진보하는 것이어야 했다." 헤르만 헤세의 『유리알 유희』에서 나이 든 요제프 크네히트가 즐겨 하는 말이다.

나는 이처럼 진보를 강조하고, 상상을 강조하고, 유희하고자 하는 자세를 강조하는 것은 어쩌다 우연히 그러는 것이나 과거 지향적인 것이 아니라, 오히려 미래 문학의 가능성을 보여 주는 객관적인 징표라고 생각한다. 바로 얼마 전에도 '문학은 죽었다'는 선고가 내려졌다. 사망 선고는 우선 시민 문학에만 내려졌으나, 그 후 문학 전체에 내려졌다. 소외의 사회적 권력 앞에서 불구

---

*특이한 사건과 극적인 구성을 갖춘 중·단편 분량의 소설.

가 되고 항복하는 일이 벌어지는 작품을 쓴 카프카와 베케트도 예외가 아니었다. 그러나 내 생각은 다르다. 문학은 이 소외를 묘사하면서 소외를 의식하게 만든다. 나는 그것이 소외를 지양하는 첫걸음이라고 생각한다. 오직 정치적, 사회적으로 중요한 텍스트만을 요구하고, 작가를 '대중의 중개인'으로만 이해하는 사람은 문학에 대리 기능을 부여하고 있다. 그 사람은 레닌Vladimir Lenin의 형이 처형당할 때 외투에 하인리히 하이네Heinrich Heine의 시집을 품고 있었다는 사실에 놀랄 것이다. "가슴속에 문학에 대한 감수성이 고갈된 사람은 이미 끝났다"[44]는 브레히트의 일기에도 아마 놀랄 것이다. 아름다운 것에 느끼는 기쁨과 흥미, 모든 리비도 요구의 실현, 상상과 유희를 지금이 아니라 미래의 계급 없는 사회를 위해 미루고 싶은 사람은 소외를 지양하는 과정을 저지하는 것을 도와줄 뿐이다. 우리는 '사회학적으로 중요한 것'을 겨냥하는 비평가들에게 화를 내서는 안 된다. 하물며 문학의 죽음을 말하는, 우리가 너무나 잘 알고 있는 설교가들에게는 더더욱 화를 내면 안 된다. 그들도 분명하게 해준 것이 있다. 사회학은 지금 픽션을 다시 가능하게 만들고 있다. 상상하고 유희하고자 하는 문학은 인간에게 필요한 새로운 힘의 증대를 실현할 것이다. 그 문학은 현실적인 것에서 출발해서 가능한 것을 가리키는 문학이다. 테오도어 W. 아도르노Theodor W. Adorno는 유작 『미학 이론』에서 그렇게 보았다. 아도르노의 말을 들어 보자. "본질적으로 상상은 해답의 가능성을 제한 없이 마음대로 사용하는 것이다. 그 해답은 예술 작품 안에서 결정을 이룬다······ 유일하게 예술은 존재하는 것을 지나 존재하지 않는 것으로 초월한다."[45]

나는 그런 문학을 출판하는 것이 추구할 가치가 있다고 본다. 나도 직접적인 이데올로기 없이, 극단과 과도함에 대한 독일적 집착 없이, 전적으로 타협하려는 용기를 갖고, 가능한 상상 속에서, 가능하면 늘 "진지한 유희"를 하면서 내 일을 하고 싶다. 나는 책, 그러니까 우리의 수준 높은 책 유형은, 여가의 확대와 개인의 성숙이라는 명확한 목표를 가진 우리 사회에서 꾸준히 자기 자리를 주장할 거라고 확신한다. 상업과 미디어 시장이 점점 합리적으로 변화되면서 본질과 질적 수준으로 영향을 미칠 기회는 그만큼 더 커진다. 책 디자인과 제작은 강력하고 혁명적인 새로운 기술의 영향으로 변하겠지만, 그것은 우리가 유용한 것과 함께 아름다운 것을 만드는 데 오히려 도움이 될 것이다. 우리는 증명할 수 있는 많은 이유로 인해 우리 시대에서 글쓰기가 더 어려워졌음을 알고 있다. 막스 프리슈는 각각의 '나'에서 인간의 삶이 완성된다고 했다. 이 개인, 오늘날 권위적인 구조에서 해방되고자 하는 이 개인, 그 자신이 되고, 다르게 되고, 사고와 행동에서 자신의 길을 가고, 강한 '나'에서 형제 같은 '너'로, 강해진 개인에서 더 공정한 사회로 이끄는 길을 과감히 가고자 하는 이 개인, 이 개인은 문학에, 그러므로 문학을 쓰는 사람에게 새로운 도전이 아닐까? 우리는 오늘날 아는 것이, 이론을 생각하는 것이 더 어려워졌음을 체험하고 있다. 갈수록 복잡해지는 사회에서 합리적인 정체성을 도야하기가 더 어렵기 때문이다. 이 어려움은 학문에, 그러니까 학문을 생각하는 사람에게 새로운 도전이 아닐까?

문학은 항상 작가들이 문학을 가지고 만드는 것이다. 문학 출판사의 과제는 끊임없이 변화하는 문학적인 의사소통 과정에서 세부적으로 달라질 수 있지만, 근본적으로는 변함이 없다. 그것은 바로 작가와 작가의 작품의 새로운 점을 수용하고, 그들이 영향을 미치도록 같이 돕는 것이다.

2부

헤르만 헤세와 출판인

"적응과 비판적 저항에서 훌륭한 출판인의
역할이, 들숨과 날숨이 수행됩니다."

헤르만 헤세(1877~1962)

①

나의 스승 페터 주르캄프

나의 일을 보고하며 자주 그랬듯이 오늘 나는 나의 스승 이야기를 하려고 한다.

    그들의 독특함과 그들이 살고 생각하고 묘사한 경험의 용량이 본보기 수준에 오른 작가들은 일종의 교사라고 할 수 있다. 베르톨트 브레히트는 말년에 그에 대한 글을 쓰려는 한 여성에게 이렇게 말했다. "저를 있는 그대로, 그러니까 교사로 그려 주세요."[1] 출판인 자무엘 피셔는 "독자가 원하지 않는 새로운 가치를 독자에게 강요하는 것이 출판인의 가장 중요하고도 아름다운 사명이다"[2]라고 했다. 피셔의 고백은 교육학적인 고백이다. 나의 스승 페터 주르캄프는 훌륭한 교육학자였다. 주르캄프가 학교에서 잠깐 재직하고 본인의 소설 『문더로』에서 묘사하기도 했던 학교 교사라는 직업은 그를 평생 특징지었다. 그의 출판사는 일종의 교육장이었으며, 그의 출판은 일종의 가르침이었다. 주르캄프와 오랜 개인적인 친분이 있던 카를 코른Karl Korn은 그를 "출판인, 작가, 교장"[3]이라고 불렀다. 또 주르캄프 추도사에서 헤르만 헤세는 주르캄프의 전 생애가 얼마나 "양극단 사이에서" 전개되었는지 말했다. 주르캄프의 생애의 한편에는 "대담한 활동과 창조적이고 교육적으로 영향을 미치려는 의지"가, 다른 한편에는 "세상으로부터의 도피와 정적과 은둔을 향한 동경"이 있었다는 것이다.[4] 교육자적 성격은 확실히 주르캄프라는 존재의 근본 요소였다.

여러분은 처음 책을 읽고 느꼈던 인상을 기억하는가? 내 경우는 『성 마르코의 사자』라는 책이었다. 그 책은 우리 집이 폭격을 받으면서 없어졌다. 나는 당시도 지금도 여전히 그 책의 출판인이 누군지 모른다.[5] 1946년 나의 독일어 선생님(또다시 교사다. 선생님이 가장 좋아하는 작가는 괴테, 뫼리케Eduard Mörike, 헤세, 이 세 사람이었다. 선생님은 진보적인 사람이기도 했다. 좋아하는 세 작가에 관한 논문을 쓰게 하지도, 성적 평가를 하지도 않았기 때문이다)이 헤르만 헤세 이야기를 해 주었다. 오이겐 첼러Eugen Zeller는 내게 헤세 작품을 해독해 주고, 헤세의 책을 빌려주었다. 나는 헤세의 책을 한 권 한 권 읽으며 마치 나 자신을 읽는 듯한 느낌이 들었다. 그 덕분에 2차 세계대전 패전 후 독일이 원점에 서 있던 그 시절 갓 스물두 살 청년이었던 나는 처음으로 어떻게 살아야 할지 방향을 찾은 것 같았다. 그때 책을 읽으며 하늘색 아마포 제본과 금박을 입힌 검은색 뒤표지 같은 책 장식은 보았지만, "S. 피셔 출판사, 베를린"이나 "주르캄프 출판사(구舊 S. 피셔 출판사), 베를린" 같은, 표지에 적힌 글은 눈여겨보지 않았다. 나는 많은 사람이 그러리라고 믿으며 그게 좋다고 생각한다. 지금 나는 출판인으로서 문학적인 특성과 본질을 지닌 책, 개인이 자신을 발견하고 합리적인 사회에 대해 더 많은 관심을 갖도록 하는 책을 출판하려고 한다. 그것이 내가 하고자 하는 일이기에 나는 젊고 새로운 독자에게 저자, 그러니까 작가의 수준과 작가가 주는 의미에 관해 계속 확신을 주어야 한다. 타인에게 휘둘리지 않고 오직 자기 관심을 좇는 그런 독자는 출판사에 지속적인 도전이 된다. 따라서 독자는 인쇄된 출판사명과 상관없이 결정해야 한다. 긴터 아이히는 독자의 책임을 지적했다. 아이히는 헤르만 헤세의 『동방순

례』를 비판하고, "어떤 점에서" 거부했다. 이에 헤세가 "비판의 죄악"을 꼬집자 아이히는 진정성과 엄격함을 보여 주는 헤세의 답변에 감동해 이렇게 편지했다(1932년 10월 30일 헤세에게 보낸 아이히의 미출판 편지를 인용한다). "목적 지향적인 세상에서 글쓰기의 무의미함에 빠진 사람은 그런 자신에 대한 서글픈 의심 외에도 다른 괴로운 문제가 있습니다. 바로 언제나 모든 단어에 책임과 양심이 충분히 생생히 담겨 있는지 하는 의문이지요." 한 권의 책을 읽는 독자는 책임과 양심을 묻는 이 문제를 출판사명과 상관없이 제기해야 한다.

작가는 출판사명에 대한 이러한 관점을 어떻게 볼까? 나는, 헤세와 출판인의 관계는 작품의 발표 전략과, 경제적·물질적·도덕적 독립성과 신의와 관련해 본보기가 된다고 생각한다.

②

헤세와 디더리히스

헤세가 그의 작품을 출판한 출판인 및 전체 출판인과 맺은 관계는 풍부하고 다채로우며 종종 놀라움을 자아낸다.

다른 많은 작가와 달리 헤세는 물론 출판인과 같은 사람이 존재한다는 사실을 알고 있었다. 헤세는 1930년 중요한 논문 「책의 마법」에서 이렇게 말했다. "인간이 자연으로부터 선물받지 않고 자신의 정신으로 창조한 많은 세계 가운데 책의 세계가 가장 크다."[6] 헤세는 이 책의 세계를 일찍이 부모님 집과 교육을 통해 알게 되었다. 독서와 무엇보다 서점 근무를 하면서 혼자 한 교육이었다. 헤세는 1895년 튀빙겐에서 헤켄하우어 서점 수습생으로 하루 열 시간에서 열두 시간씩 힘들고 고된 일을 배웠다. 1899년 7월 31일 수습을 마치고 1899년 9월 15일부터 1901년 1월 31일까지 바젤의 R. 라이히 서점에서 판매 담당 직원으로 일했다. 헤세는 1899년 서점 직원이라는 직업에 대해 이렇게 말했다. "그 직업은 흥미롭지만 나는 그 직업을 사랑하지 않아요. 무엇보다 동료들 탓이 크지요. 동료의 3분의 2는 교양 없고 거친 사람들이에요. 나 역시 책을 잘 알고 있으나 좋은 상인은 아니지요."[7]

이제 우리는 헤세가 자기 글의 경제적 이용과 관련해 자기 이익을 유능하게 관리하는 모습을 살펴볼 것이다. 물론 당시에는 출판인을 사업가로만 볼 수밖에 없었다. 튀빙겐에서 쓴 첫 시집 『낭만적인 노래들』은 헤세가 앞으로 받을 저작권료를 예상하고 제작 비용을 일부 부담하겠다고 한 후 1899년에야 드레스덴의 E. 피어존 위탁 출판사에서 나올 수 있었다. 당시 헤세는 수습생으로서는 엄청난 금액인 175마르크를 냈다. 훗날 피셔 출판사에서 유명해진 작가 중에는 그런 인쇄 비용을 부담하고 E. 피어존에서 데뷔할 수밖에 없었던 작가가 많다. 『낭만적인 노래들』은 600부를 인쇄했는데, 첫해에 가철본 43부와 제본된 11부를 합해 총 54부가 팔렸다. 저작권료는 35마르크 10페니히였다.

당시 헤세는 헬레네 포이크트Helene Voigt와 편지를 주고받고 있었다. 젊은 숙녀(포이크트는 당시 스물두 살이었다)는 잡지 『디히터하임』에서 헤세의 시를 읽고 1897년 11월 22일 편지에서 작가에게 공감을 표시했다. "존경하는 아가씨"에게 보내는 헤세의 살짝 오만한 답장은(당시 그는 이미 "일에 지쳐" 있었다) 두 사람이 첫 시 습작을 알리고 격려하는 진실한 편지 왕래로 발전했다. 헤세는 "매력적으로 아름다운" 미래의 "젊은 북독일 여성 시인"을 개인적으로 만난 적이 없기 때문에 그녀가 처음 편지를 보낸 그해에 출판인 디더리히스Eugen Diederichs 와 결혼한 것에 별로 놀라지 않았다. 포이크트가 『낭만적인 노래들』을 남편에게 추천하겠다고 하자 헤세는 벌써 그다운 반응을 보였다. "제가 남편 분의 출판사에 원고를 줘야 한다고 생각하셨다니 기쁘고 또 영광입니다. 가능하면 저를 기억해 주신 그 마음을 늘 따르고 싶습니다. 하지만 솔직히 말하면, 저는 제 첫 출판은 당신의 도움 없이, 그러니까 온전히 제힘으로 해야 할 것 같습니다. 이해하시겠지요?"[8]

두 번째 책인 아홉 편의 산문 『자정이 지난 뒤의 한 시간』은 오이겐 디더리히스에 의해 라이프치히에서 출간되었다. 디더리히스는 무엇보다 아내를 위해서 헤세의 책을 출판한 듯 보인다. 헤세를 알지 못했고, 현대 문학에 집중하지 않는 출판사 프로그램에 헤세의 책은 맞지 않았기 때문이다. 디더리히스는 헤세에게 이 "단편"에 "해방적인 요소"가 없는 걸 아쉬워했다. "솔직히 말씀드리면, 저는 책의 사업적 성공은 믿을 수 없었지만 그만큼 더 그 문학적 가치를 확신했습니다······ 600부가 판매되리라고 기대하진 않으나 장정 때문에 (말 그대로!) 벌써 눈에 띨 겁니다. 이로 인해 작가가 무명이라는 사실이 힘을 잃기를 바랍니다."[9]

디더리히스에게 보낸 편지는 다시 헤세 특유의 태도를 보여 준다. "제 부탁을 흔쾌히 들어 주신 것에 늘 진심으로 감사합니다. 제게 느낀 인상을 솔직히 이야기해 주신 것도 감사합니다."[10] 헤세는 활판인쇄와 종이의 정확한 견본을 달라고 한다. 디더리히스가 제안한 조건에 대해서는 "몇 가지 질문을 허락해 달라"고 했다. "그 조건에 완전히 동의합니다. 다만 궁금해서 몇 가지 정확히 하고 싶습니다. 선생님은 '1. 무료 증정 10부, 2. 출간되는 모든 책에 대한 권리, 3. 재판이 나올 경우 출판인의 원칙에 따른 인세'를 말씀하셨습니다. 2번을 어떻게 이해해야 할까요? 선생님이 영원히 인쇄권을 가진다는 말씀인지, 아니면 재판이 나올 때마다 제가 10부를 무료로 받을 수 있다는 말씀인지요? 더욱이 출판인의 원칙 말인데요. 그때그때의 의견을 말씀하시는지, 아니면 어떤 원칙에 따른 계산을 말씀하시는 건지요? 그저 궁금해서, 또 최종적으로 용어의 의미를 알고 싶어 여쭙습니다. 선생님은 이미 제 동의를 받으셨습니다." 여기서 벌써 헤세가 자신의 권리를 제한하는 소위 "출판인의 원칙"에 평생 맞서리라는 것을 분명히 알 수 있다.

W. 드루굴린Wilhelm Drugulin이 세심하게 인쇄한 『자정이 지난 뒤의 한 시간』은 1899년 7월에 나왔다. 첫해 구매자는 53명이었다(당시 『낭만적인 노래들』을 출간한 피어존은 54권을 판매했다). 『낭만적인 노래들』은 비평의 주목을 받지 못했지만, 『자정이 지난 뒤의 한 시간』은 출판사 이름 덕분인 것 같긴 하나 중요한 한 비평가, 라이너 마리아 릴케를 만났다. 릴케의 말을 들어 보자. "단어들은 마치 금속으로 만들어진 듯하고 천천히 어렵게 읽힌다. 그런데도 책은 아주 비문학적이다. 가장 좋은 대목은 필연적이고 기묘하다. 경외심은 솔직하고 심오하다. 사랑은 크고, 그 안의 모든 감정이 경건하다. 이 책은 예술

의 언저리에 있다."[11] 『자정이 지난 뒤의 한 시간』은 출판되었을 때 이미 작가 본인의 의식 언저리에도 있었다. 헤세는 "제 불쌍한 책이 끼친 손해를 줄이기 위해"[12] 디더리히스의 출판사에서 나온 책의 비평을 썼다. 헤세는 이중으로 당혹감을 느꼈다. 책이 대중의 주목을 거의 받지 못했을 뿐 아니라 칼프에 계신 부모님에게 "오직 분노만을 유발했기" 때문이다. 실제로 부치지는 않은, 어머니에게 쓴 1899년 7월 16일자 편지에서 헤세는 "신을 부인하는 책"을 썼다는 어머니의 비난에 화가 나서 이렇게 자신을 변호했다. "더 쓸 수가 없네요…… 어머니는 '사전에 깊이 생각했어야 한다'고 하시지요. 어머니가 어머니의 편지를 검토하고 생각하신 것만큼 제 책을 '사전에' 충분히 진지하게 검토하고 깊이 생각했어요. 따라서 유감이지만 조정할 것도 용서를 빌 것도 없습니다. 어머니가 그런 해석으로 저를 아프게 한 그 반만큼도 제 책이 어머니를 아프게 했다고 생각하지 않아요. 하지만 말해도 소용없겠지요. 두 분은 '순수한 사람에게는 모든 것이 순수하다'라는 말을 잘 알고 계시고, 그 말에 따라 저를 순수하지 않은 사람으로 몰았지요."[13]

몇 년 뒤 『자정이 지난 뒤의 한 시간』의 재고가 소진되자 헤세는 판권을 회수하고 새로 인쇄하는 것을 허락하지 않았다. 1941년에야 취리히에서 수정되지 않은 신판이 전기 자료로 나왔다. 이 신판 서문에서 헤세는 이 책이 수십 년 동안 그의 작품 목록에서 사라진 "전기적인 이유"를 이야기했다. 헤세는 여기서 "예술가의 꿈의 나라, 아름다움의 섬을 창조하려고 했다. 그의 작가 정신은 일상 세계의 폭풍과 저급함을 벗어나 밤과 꿈, 아름다운 고독 속으로 물러나는 것이었다. 이 책에는 유미주의자의 특성이 없지 않다."[14] 그러나 그가 이렇게 부정하는 가장 큰 이유는 판매와 독자 확보 실패, 어머니와 친척들의 항의였다. 다음 '출판'은 제3의 인물이 필사한 20부의 원고로, 제목은 『야상곡』이었다. 헤세는 1900년 가을 친구들의 소모임에서 이 책을 20프랑켄에 내놓았다("초대받지 않은 분의 주문은 받을 수 없습니다"[15]). 1900년 8월 16일에는 바젤에서 다른 한 텍스트('릴리아 공주', 『헤르만 라우셔의 유고와 시 모음』의 '룰루' 장)를 디더리히스에게 보내며 혹시 '슈바벤 이야기들'이라는 제목으로 책을 출판할 수 있다면 비용을 일부 부담하겠다고 제안했다. 그러나 생각을 바꿔 제목과 출판사뿐 아니라 작가 이름도 바꾸고 펴낸이의 가면 뒤에 숨었다. 1900년 말

(1901년 인쇄) 바젤의 R. 라이히에서 『헤르만 라우셔의 유고와 시 모음』이 나왔다. 이 책은 서점에 유포되지 않았다. "이 책은 오직 바젤만 겨냥했다."[16] 헤세에 따르면, 이러한 은밀한 출판은 "나의 문학이 상업적 투기와 언론의 험담에서 벗어나 오직 친구들과 호의적인 사람들만 읽는다는 것을 아는"[17] 장점이 있었다.

이런 사적인 출판 태도를 심각하게 생각할 필요는 없다. 그것은 그저 한 단계였을 뿐이다. 어떻든 헤세는 언제나 단호하고 일관되게 행동했다. 부정적인 첫 경험에도 불구하고 그는 점차 출판인을 다른 눈으로 보기 시작했다. 훗날 오이겐 디더리히스를 개인적으로 만났을 때 헤세는 "한 남자가 마치 자기 일과 계획이 사업이 아니라 마음에서 우러난 관심사인 듯 하는 이야기를 놀랍고 흡족한 심정으로"[18] 귀 기울여 들었다. 헤세는 그런 경험을 곧 다시 할 것이다. 그 출판인은 자무엘 피셔였다.

③

헤세와 피셔

책은 자신의 운명이 있다. 『헤르만 라우셔의 유고와 시 모음』은 오직 바젤만 겨냥해 불과 몇 부가 출간되었을 뿐이다. 스위스의 작은 문학 애호가 그룹 외에는 이 작품을 아는 사람도 거의 없었다. 그런데 한 스위스인, 향토 작가 파울 일크Paul Ilg가 통상적이지 않은 일을 했다. 『헤르만 라우셔의 유고와 시 모음』을 개인적으로나 사무적으로나 일면식도 없는 자무엘 피셔에게 보낸 것이다. 피셔는 이 책의 산문과 시에 인상을 받았다. 편집자 모리츠 하이만 역시 헤세의 책을 읽고 피셔에게 작가를 추천했던 것 같다. 1903년 초인 듯한데 피셔는 헤세에게 이렇게 편지했다. "존경하는 작가님! 우리는 '헤르만 라우셔의 유고 시와 산문'을 아주 재미있게 읽었습니다. 몇 페이지의 글에 아름다움이 가득하고, 평범하지 않은 희망이 연결되어 있습니다. 작가님의 새 작품에 대해 얘기해 주신다면 기쁠 것입니다."[19] 헤세는 1903년 2월 2일 피셔에게 답장했다. 편지를 받고 기뻤다면서 지금 당장은 보낼 게 없지만, 나중에 몇 년 전부터 작업하고 있는 "작은 산문을 하나" 보내겠다고. 그 일은 1903년 5월 9일에 벌써 이루어졌다. 피셔는 1903년 5월 18일 새 원고 『페터 카멘친트』를 받고 헤세에게 이렇게 편지했다. "성령강림절에 맞춰 훌륭한 작품을 보내 주셔서 진심으로 감사합니다. 작가님이 전달하는 내용이 아니라, 그 자체로는 별 의미 없는 경험들이 작가의 자연을 통해 우리에게 어떻게 전달되는지—그것이 작품에 풍부함과 빛나는 광채를 줍니다. 엘리자베트, 리하르트, 나르디니 부인, 목수의 아이, 불구자, 이들은 체험의 직접성으로 제게 사랑스럽고 소중한 존재가 되었습니다. 이 첫 책에 축하드립니다. 저희 출판사에서 책을 내도 된다면 기쁘겠습니다."[20] 1903년 6월 9일 피셔는 헤세에게 계약서를 보냈다. 헤세는 서점에서 판매된 가철본 책값의 20퍼센트를 받기로 했다. 초판은 1천 부가 인쇄되었다. 헤세는 피셔 출판사에 "향후 5년간 나올 작품이 책으로 출간될 때 선매권"을 주었다. 피셔는 『페터 카멘친트』에 대해 전적으로 확신하진 않았다. 이는 헤세에게 보낸 편지에서 드러난다. 피셔는 두 번, 그러니까 1903년 6월 9일과 1904년 2월 15일 편지에서 헤세에게 『페터 카멘친트』가 서점가에서 성공을 거두지 못할 거라고 한다. 계약서를 동봉한 1903년 6월 9일 자 편지는 피셔가 어떤 책을 좋아하고 어떤 책에 희망을 걸고 있는지 보여 준다. "작가님의 『페터 카멘친트』가 서점가에서 당장 성공하지 못하더라도 많은 친구와 숭배자를 찾기를 진심으로 바랍니다. 무엇보다 이 책이 작가님이 내놓을 다음 작품의 훌륭한 맛보기가 되었으면 합니다. 저는 작가님이 훌륭한 산문으로 가는 최적의 길을 걷고 있다는 느낌이 듭니다. 작가님은 제가 우리의 가장 큰 희망으로 여기는 에밀 슈트라우스Emil Strauss의 이웃이십니다."[21] 지금 나는 출판인으로서 작가들과 교제 경험이 많은 피셔가 한 작가와 처음 연을 맺으며 다른 작가를 "가장 큰" 희망이라고 하면서, 상대 작가는 그저 "훌륭한 산문으로 가는" 길을 걷고 있다고 본 것을 이해하기 어렵다. 피셔는 헤세의 소설을 자신의 잡지 『노이에 룬트샤우』 독자층에 알리고 싶어 했다. 헤세는 이를 위해 책의 5분의 1을 줄이는 데 동의했다. 그래서 책 출간이 1904년 초로 연기되었다. 『노이에 룬트샤우』 발행자 오스카 비에Oscar Bie는 축약본을 1903년 9월부터 11월까지 세 권의 소책자로 펴냈다. 인세는 487마르크 50페니히였다. 1904년 2월 15일 『페터 카멘친트』가 에밀 슈트라우스의 『친구 하인』을 모방한 판형, 종이, 활자체로 출간되었다. 출판인의 예상과 달리 『페터 카멘친트』는 성공을 거두었다. 출간되고 2년 후 3만 6천 부, 1908년에는 5만 부가 팔렸다.

헤세는 1923년 「전기적인 비망록」에서 이 사건을 이렇게 보고했다. "당시 나는 『페터 카멘친트』를 시작했는데 피셔의 요청이 큰 자극제가 되었다. 나는 작품을 완성했고 바로 작품이 받아들여졌다. 출판사는 친절하게, 그렇다, 진심을 담아 편지했으며, 『노이에 룬트샤우』에 축약본이 미리 게재되었다. 에밀 슈트라우스와 존경하는 다른 작가들이 작품의 가치를 인정했다. 나는 출세했다."[22] 헤세의 전기 작가 후고 발은 "자, 단순히 성공한 것이 아니다"라고 했다. 『페터 카멘친트』는 헤세의 이름을 단번에 독일 전역에 알렸다. 후고 발의 말을 들어 보자. "이제 헤세는 그에게 어울리는 곳, 광장에 섰다. 멀리서도 그를 알아볼 수 있었다. 피셔와의 관계는 헤세에게 다른 의미에서도 중요했다. 피셔는 가장 어려운 시기에도 일종의 동반자와 정신적 엘리트 모임, 작품이 아직 집필되기도 전에 작품에 실재성과 정신적인 서명을 마련해 주는 그룹을 계속 유지할 줄 알았다. 출판인의 이러한 확고한 의지, 경영과 품위에 대한 강한 의식이야말로 어쩌면 헤세가 계속 자기표현을 할 수 있는 조건이었을지도 모른다. 오직 피셔 출판사만이 작가에게 자기 활동의 의미와 큰 기대를 보여 줄 수 있었을 것이다. 그런 기대가 없었다면 오늘날 우리가 알고 있는 헤세 작품은 어쩌면 존재하지 않았을지 모른다."[23] 나는 후고 발의 이 말을 다시 인용한다. 문학 출판인의 역할을 정확하게 짚고 있기 때문이다.

헤세는 1904년 4월 초 뮌헨에서 피셔를 만났다. 당시 피셔는 그를 토마스 만에게도 소개했다. 이후 작가와 출판인 사이에 사무적이면서도 친구 같은 관계가 생겼다. 헤세와의 관계는 항상 간단하지만은 않았다. 『페터 카멘친트』의 대성공은 헤세에게 새로운 독립성을 보장해 주었다. 그는 서점 일을 그만두고, 가이엔호펜에 집을 샀다. 극도로 예민하고, 신경과민이고, 내적인 긴장에 노출된 헤세는 출판인에게 결코 쉬운 파트너가 아니었다. 1904년 11월 피셔가 새 작품이 얼마나 진척되고 있는지 묻자 헤세는 "성급한 이윤 추구 활동"에 맞서 단호하게 자신을 방어했다. 1906년에 『수레바퀴 아래서』가, 1907년에는 『이편에서』가, 1908년에는 『이웃들』이 출간되었다. 그리고 페터 드 멘델스존이 말하듯 "이상한 일"이 벌어졌다. 헤세는 1903년 6월 10일 『페터 카멘친트』 출판 계약에서 피셔 출판사에 향후 "5년간" 책 출판 옵션을 약속했다. 이 옵션은 해약 통고가 없으면 "암묵적으로 향후 5년간 더" 연장되어야 한다. 헤세는 이 옵션 조항을 해약한다고 통고했다. 『페터 카멘친트』의 성공으로 헤세는 독자뿐 아니라 당연히 출판인들에게도 널리 알려졌다. 이미 1904년 11월 4일에 피셔는 헤세에게 보내는 편지에서 두려움을 토로했다. "『페터 카멘친트』의 성공 후 사방에서 작가님에게 제의가 쇄도하는 건 당연합니다. 출판인의 직업을 오로지 유혹적인 제안을 들고 성공한 작가들을 갑자기 방문하는 데 있다고 보는 어떤 부류의 출판인이 작가님 집을 자주 찾아와 괴롭히는 것도 당연하겠지요. 그러면 당연히 작가님은 바깥세상 때문에 자극적이고도 위험할 수 있는 불안에 빠지게 될 겁니다." 사실이었다. 헤세는 뮌헨 체류와, 잡지 『3월』과

『짐플리치시무스』 활동을 하면서 출판인 알베르트 랑겐 Albert Langen과 게오르크 뮐러Georg Müller를 알게 되었다. 이 두 출판인은 헤세를 얻으려고 애를 많이 썼다. 출판인들의 구애 혹은 자본주의적인 시합과 경쟁 체제는 독립성을 추구하는 헤세의 경향을 더욱 강화시켰다. 결국 헤세는 피셔를 상대로 출판사의 그 어떤 작가도 넣지 못한 조항을 계약으로 관철시켰다. 1903년의 출판 계약은 1908년 2월 1일에 추가 조항을 덧붙여 연장되었다. 헤세는 앞으로 나올 네 작품 중 세 작품을 피셔에게 넘기고, 나머지 한 작품은 알베르트 랑겐 출판사에 넘기기로 했다. 그뿐이 아니었다. 다른 추가 조항 역시 대단히 놀라웠다. 헤세는 피셔 출판사에 준 옵션 권리에 대한 보상을 요구한 것이다. 이제 피셔는 헤세에게 "향후 3년간 매월 150마르크씩 총 5,400마르크를 지불해야 한다. 이 액수는 인세에 포함되지 않는다."[24] 그런 돈을 주는 것은 당시 매우 이례적인 일이었다. 피셔는 무리한 일을 해야 했으나 결국 헤세의 논리를 이해했다. 헤세는 자유롭고 독립적이고자 했다. 헤세가 책과 책 사이 기간에 대한 독립성을 포기하면 출판사는 그것을 보상해야 했다. 이 계약이 만료되자 1912년 3월 31일 "두 번째 추가 조항"을 덧붙여 계약이 다시 연장되었다. 헤세는 "향후 6년간 나올 작품"을 피셔에게 넘기기로 하고, 그 보상으로 "향후 6년간 분기에 375마르크씩 총 9천 마르크"를 받았다. "이 액수는 인세에 포함되지 않는다." 매월 내지 매 분기 지불해야 하는 보상금은 그 자체로 크지는 않았다. 그러나 멘델스존에 따르면, 계약 변경으로 피셔가 1913년 10월 헤세에게 미리 계산해야 하는 돈은 아무튼 그사이 1만 8천 마르크에 달했다. 항상 정확하게 계산해야 하는 출판인에게 결코 적은 돈은 아니었다.

헤세는 계약을 정확히 지켰다. 실제로 책 세 권을 피셔에게 주고, 네 번째 책인 음악 소설 『게르트루트』는 알베르트 랑겐 출판사에 넘겼다. 계약으로 합의한 이 외도에 앞서, 끝까지 랑겐에게 책을 넘기는 것을 반대한 피셔와의 격렬한 편지 왕래가 있었다. 헤세는 피셔에게 쓴 1910년 1월 29일 자 부치지 않은 편지 초안에서 피셔의 태도에 불쾌감을 표시했다. 이 편지 초안은 『서한 전집』에 수록되어 출판되었다. 헤세의 말을 들어 보자. "제안하시면서 마치 무슨 호의라도 베풀듯 이 일을 설명하려고 하시네요. 저는 차라리 앞으로 일체의 계약을 포기하겠습니다. 선생님이 지금 벌써 제 편지와 계약에 저를 폭력적으로 묶어 놓으려고 하시니까요. 저는 선생님과 계약을 체결했습니다. 그 계약에 따르면, 저는 랑겐에게 책을 줄 완벽한 권리가 있습니다. 그런데도 마치 제가 랑겐에게 『게르트루트』를 주는 부당한 짓을 저지르고, 그래서 보상을 해야 한다는 듯 행동하시네요…… 선생님은 베푸는 사람, 저는 감사해야 하는 사람으로 보는 이 어조를 더는 견딜 수 없습니다. 지난번 제 편지는 최대한 충성을 보였어요. 저는 거기서 올해 다른 출판사와 그 어떤 협상도 하지 않겠다고 약속했지요. 하지만 그것에 만족하지 않으시고, 제가 충직함과 충성심에서 한 말을 모두 계약으로 저를 묶으려는 끈으로 사용하시네요. 이 쓸데없는 편지 왕래는 더 하고 싶지 않네요. 저는 독일의 가장 중요한 네 개 출판사에서 25퍼센트를 제안하는 편지를 받았습니다. 나중에 어떤 의무를 질 필요도 없지요. 제게 만족하지 않으시고 저를 편안히 둘 생각이 전혀 없으시다면, 저도 장사꾼의 입장에 서서 분명히 밝힙니다. 저는 선생님과 체결한 계약의 모든 조항을 지켰고, 그러니 앞으로 저를 괴롭히지 말아 주세요. 랑겐에게 책을 한 권 줘도 되는 건 선생님이 베푸는 은혜가 아니라, 그저 우리 계약의 한 조항입니다. 그러므로 오래전 약속한 대로 랑겐

쪽으로 살짝 돌아섰다고 해서 지금 선생님에게만 유리한 새로운 계약으로 손해 보상을 하라는 것은 거부해야 마땅한 일입니다. 저는 선생님 출판사와 그 의미를 평가할 줄 알지만, 선생님이 독일의 유일한 출판인은 아니지요. 저는 선생님에게 계속 더 얽매일 이유가 없습니다."[25]

비록 부치진 않았지만 분명한 태도였다. 실제로 보낸 편지에서 헤세의 어조는 좀 더 상냥했으나 일과 관련해서는 여전히 강경했다.

(4)

출판인의 초상

피셔가 출판사를 나올 때까지 오랜 세월 헤세와 출판인의 관계는 객관적이면서도 우호적이었다. 피셔의 70세 생일에 쓴 짧은 축사는 이를 잘 보여 준다. "저는 제 출판인과 제가 공통점이 많다고 생각하지 않습니다. 유감스럽지요. 우리 역할은 매우 다릅니다. 그러나 공통점도 있습니다. 바로 끈질긴 고집, 철저함에 대한 의식, 쉽게 만족하지 않는 점, 대강 넘어가지 않는 점이죠. 또 약속을 지키는 점, 합의에서 신뢰할 수 있는 점도 있지요. 그래서 저는 제 출판인과 25년 동안 편안한 관계였을 뿐 아니라 그를 사랑하고 존경하는 것도 배웠습니다." 1934년 피셔가 세상을 떠나자 헤세는 이렇게 썼다. "30년 세월이 흐르는 동안 저는 S. 피셔를 출판인으로서 알게 되었고, 경험이 쌓이면서 존경하는 마음도 커졌습니다. 세월이 가면서 존경심은 진심 어린 진실한 호의가 되었습니다…… 저는 늘 그와 생각이 같진 않았으며 그에게 늘 만족하지도 않았습니다…… 저도 점차 분별이 생기면서 제 개인적인 소망을 넘어 출판인의 역할을 이해하게 되었습니다. 저는 피셔가 현재와 미래를 아울러 그의 출판사에 대해 어떤 철학을 가지고 있음을 보았습니다. 그는 강한 의무감과 깨어 있는 본능으로 그 철학을 따랐습니다."[26]

피셔는 자신의 과제를 적당히 하지 않았다. 그는 끊임없이 자신의 출판사를 생각했으며, 그의 철학을 따를 수 있고 수십 년간 긴밀하게 지낼 협력자들을 선발했다. 편집자 모리츠 하이만과 오스카 뢰르케Oskar Loerke가 바로 그런 협력자였다. 피셔의 생애는 그의 출판사였으며, 그의 일은 다른 사람, 즉 작가들의 일을 실현하고 "책이라는 신성한 상품"(브레히트)으로 옮기는 것이었다. 그의 상상은 작가들의 상상에 바쳐지고, 그의 이념은 작가들의 이념을 전파하는 것이어야 했다. 말년에 피셔는 소속 작가들의 작품을 전집으로 모아 출판하려고 했다. 1925년까지 스물두 권의 전집이 나왔다. 이 전집 출간 팸플릿의 제목은 '현대인의 총서'였다. 팸플릿에는 이렇게 쓰여 있다. "현대의 주요 시인과 사상가의 작품을 모은 우리 전집은 현대인의 총서로 집대성된다. 독일과 유럽 정신세계를 대변하는 위대한 인물들은 현대 인류의 가장 강렬한 이미지와 부합한다." 멘델스존은 독일 출판사 가운데 이에 견줄 만한 것을 보여 주는 출판사는 없다고 말한다. 맞는 말이다.[27]

헤세는 문학 활동을 하면서 알베르트 랑겐, 게오르크 뮐러, 쿠르트 볼프, 에른스트 로볼트, 오이겐 디더리히스 등 피셔의 동시대 출판인들을 알게 되었다. 그는 이들 중 많은 출판인과 친밀하게 지냈다. 이를테면 알베르트 랑겐이 그랬다. 헤세는, 진지한 피셔는 불가능했겠지만 랑겐은 "포도주 한 잔으로 과감한 계획으로 꾀어낼 수" 있었다. 랑겐은 헤세의 『게르트루트』를 출판했고, 헤세는 랑겐의 잡지 『3월』과 『짐플리치시무스』에 정기적으로 글을 발표했다. 그에게 랑겐은 또 다른 유형의 출판인으로, 활기차고 생동감이 넘치는 사람이었다. 헤세의 말을 들어 보자. "급속히 감동하는 능력과 기민한 사업 욕구를 지닌 이 남자는 창조적이고 재능 있는 사람들 가운데 사는 게 어울리는 사람이었다. 그는 자극을 주는 사람인가 하면 실행하는 사람이고, 미는 사람인가 하면 떠밀리는 사람이었다. 그는 스포츠맨의 변덕스러운 열정으로 일을 처리했다. 신경과민인 사람들이 그러듯 집요하게 혹은 느슨하게, 흥미를 갖고 혹은 놀이하듯 하기도 했으나 아무튼 정직하고 헌신적으로 일했다." 랑겐은 문학과 "친밀한 관계"였으나, 출판인이 아니라 "애호가이자 재능 있는 향유자"로서 그랬다.[28] 피셔의 이미지와는 분명 차이가 있었다. 피셔가 철저하고 변하지 않고 신뢰할 수 있었다면, 랑겐은 유희적이고 스포츠맨적이고 즐기는 면이 있었다.

헤세는 피셔와 결이 살짝 다른 또 하나의 출판인 초상을 그렸다. 그는 '독일 문화로 가는 길'이라는 제목의 디더리히스 출판사 도서 목록을 오이겐 디더리히스의 작업을 설명하는 계기로 삼았다. 헤세는 디더리히스의 "즐거운 낙관주의"를 이야기하면서, 피셔는 출판 프로그램의 직선적인 성격(이 점에서 피셔는 토마스 만이 훌륭한 표현이라고 본 "자연주의의 코타"라는 별명을 얻었다[29])이 돋보인다면, 디더리히스는 생각과 본질의 다원성을 보여 준다고 했다. "디더리히스는 편협하지 않으며, 다른 한편 독창적인 사상가와 작가의 편파성에도 빠지지 않고, 사업욕과 경건한 존경의 기쁨으로 충만해 있다. 그는 자신의 출판사를 혼자 행복을 느끼는 좁은 길과 인식의 오솔길로 만들기보다, 아름답고 좋은 것만 담아야 하지만 대립과 다양성을 포기할 필요는 없는 정원으로 만들었다. 심지어 그것이 이 이상주의자 출판인을 자극해 출판사의 모든 책이나 방향에 반대되거나 균형을 맞추는 대상을 만드는 것 같다." 헤세에 따르면 디더리히스는 "독창적이고, 옛 문화와의 관계는 진심이고 긍정적이며, 낡은 잡동사니를 피곤하게 뒤지거나 현재 많은 출판사 카탈로그가 보여주듯 아무 결실도 없이 새로운 자극을 킁킁거리며 찾지도 않는다."[30]

헤세는 출판인이 "아무 결실도 없이 새로운 자극을 킁킁거리며 찾는 것"을 늘 좋지 않게 보았다. 그는 자신이 걸은 길을 출판인들에게 계속 가리켜 보였다. 헤세는 1925년 가상의 전기 형식으로 쓴 『짧게 쓴 이력서』에서 그 길을 이렇게 묘사했다. "얼마 지나지 않아 나는 정신세계에서 단순한 현재를, 새로운 것과 가장 새로운 것을 추구하는 삶은 참을 수 없으며 무의미하다는 것을 깨달았다. 정신적인 삶은 과거에 있었던 것, 역사, 옛것과 태고의 것과 지속적인 관계를 맺을 때 비로소 가능하다."[31]

⑤

비평가 헤세

헤세가 세계 문학 편집자이자 비평가로서 세운 공로는 아직 충분히 평가받지 못하고 있다. 그의 논문 「세계 문학 도서관」은 독서 지침과 총서의 근본 강령으로 여전히 유효하다. 헤세는 3천여 편의 비평을 썼다. 폴커 미헬스Volker Michels는 『문학에 대한 글 2』에서 그중 300여 편의 비평을 선별해 "비평과 논문으로 본 문학사"가 나오도록 정리했다. 선별은 『길가메시』 비평, 붓다와 중국 철학자의 설법 비평에서 시작해, 카프카, 프루스트, 로베르트 발저(헤세는 1920년대에 발저를 발견한 사람으로 꼽을 수 있다)의 작품 비평을 지나, 발터 베냐민, 아나 제거스Anna Seghers, 아르노 슈미트Arno Schmidt, 막스 프리슈, J. D. 샐린저J. D. Salinger의 작품 비평으로 현대로 들어와, 페터

바이스Peter Weiss의 『부모로부터 작별』로 끝난다.[32]

비평 목록과 마찬가지로 『헤세 자신이 편집한 세계 문학 작품』 목록 역시 감탄을 자아낸다. 내가 펴낸 작품사에서 폴커 미헬스가 정리한 『헤르만 헤세가 편찬하거나 서문과 후기를 단 총서』에는 총 66편의 간행본이 소개된다! 첫 간행본은 1910년 S. 피셔에서 나온 『독일 민요 모음집』이다. 그 뒤에 『경전』, 『소년의 마법 피리』, 『동양 이야기』, 『게스타 로마노룸』, 『기묘한 이야기와 사람들』 시리즈, 『반츠베커 보테』, 『기적의 작은 책』, 『중세 문학』, 『전설과 웃기는 농담』, 『알레마넨부흐』, 괴테, 켈러, 횔덜린, 노발리스Novalis, 낭만주의자들이 이어진다. 멘델스존은 자무엘 피셔와 논의해 출판하기로 한 '낭만주의 정신' 모음집 프로젝트 원고가 없어졌다고 말한다. 하지만 지금은 유고로 정확한 목차가 발견되어 이 중요한 계획이 실행될 수도 있다. 헤세가 가장 집중적으로 연구한 작가는 장 파울이었다. 헤세는 논문, 비평, 간행본, 서문, 후기에서 장 파울을 거론했다. 알려지지 않은 작가 장 파울을 지치지 않고 언급했다. "그만큼 기쁘게 장 파울을 추천한다. 그는 시적인 이들에게는 기쁨을 주고, 사색적인 이들에게는 무한한 자극을, 세속적인 이들에게는 겨자 연고를 준다." "우리의 가장 위대한 예술 애호가이자 거장"인 장 파울에게는 "낭만주의의 매력, 재능, 내밀한 몸짓이 없지 않으면서도 머리 위에는 독일의 고전적 인문주의의 별이 빛나는 서늘하고 높은 하늘을 이고 있다."[33] 헤세는 출판인 게오르크 뮐러 추도사에서 3분의 2를 "현대 독일의 오랜 치욕"에 할애한다. 치욕은, 수십 년간 "모든 독일 시인 가운데 가장 독일적인 시인" 장 파울의 합리적인 간행물이 하나도 없다는 사실이다. 이제 게오르크 뮐러의 죽음으로 이 출판사에서 장 파울의 저서를 새로 내려는 헤세의 소중한 오랜 계획이 위험에 처했다는 것이다.[34] 나는 박사 논문 「작가라는 직업을 보는 헤르만 헤세의 견해」에서 헤세와 장 파울의 관계를 보여 주고, 헤세가 장 파울을 연구하면서 자신의 문학 이론을 정립했음을 증명할 수 있었다.[35]

이러한 활동, 문학과 함께하고 문학 안에서 보낸 이 삶에서 출판인들과 주고받은 다행히 보존된 방대한 편지와 출판인의 작업을 다룬 수많은 논문이 나왔다. 토마스 만은 헤세의 그러한 삶을 두고 이렇게 말했다. 그것은 "봉사하고, 섬기고, 선별하고, 수정하고, 다시 제출하고, 정통한 서문을 다는 일이다. 이는 학식 있는 많은 문인의 삶을 채우기에 충분하다."[36] 헤세는 말한다. "나는 서점 직원, 고서점 담당자, 작가, 비평가, 많은 출판인과 예술가의 친구로서 현대 서적 산업을 상당히 속속들이 알게 되었다."[37]

⑥

헤세의 출판 전략

헤세의 명확한 **출판 전략**은 이렇게 현대 서적 산업을 알아 가는 과정과 활동, 문학 작업, 그의 책의 성격과 결과에서 나온다.

여기서 나는 그 출판 전략의 요점만 짚을 수 있다.

1) **책 장정** 헤세는 자신의 책에 "그 어떤 사치도 없는" 장정을 원했다(헤세는 책 장정에 감각이 있었다. 이를테면 그는 헬레네 포이크트 디더리히스를 위해 디더리히스 출판사가 내는 야콥센 책을 '마르그리트 제본'으로 하기를 원했다. 이 제본은 팡파르 무늬가 있는 가죽 장정으로, 17세기에 마르그리트 드 발루아를 위해 제작

된 것처럼 여백에 데이지 꽃이 그려져 있다). 그러나 가장 중요한 것은 제대로 된 판형이었다. 헤세는 1902년 2월 27일 자신의 첫 시집을 낸 편집자에게 "종이와 활자"가 "좋아야" 한다고 썼다.[38] 그는 원칙적으로 출판인들에게 판형과 장정을 제안하고, 대부분의 경우 오토 블뤼멜Otto Blümel, 한스 마이트Hans Meid, 군터 뵈머Gunter Böhmer 같은 친한 삽화가에게 표지 그림을 맡겨 달라고 부탁했다.

헤세는 아마포 제본을 좋아했으나 가철본 책을 완전히 외면하진 않았다. "가철본을 어떻게 생각하나요?"라는 설문 조사에는 이렇게 대답했다. "마음에 드는 가철본을 읽으면 책장을 넘길 때마다 생각한다. '제본되지 않았다니 정말 애석하군!' 나쁘다고 여겨지는 가철본 책을 읽으면 생각한다. '제본을 이런 책에 낭비하지 않아서 다행이네.'"[39]

2) **책 광고** 헤세의 책을 광고할 때는 반드시 그와 의논해야 했다. 이러한 방식은 애초부터 적용되었다. 페터 주르캄프도 책 표지 안쪽 날개에 쓴 소개문을 헤세가 있는 몬타뇰라로 보내야 했다. 헤세는 광고 문구에도 무관

심하지 않았다. 흥미 위주와 시끄러운 것은 다 싫어했다. 그는 장사꾼이 상품을 광고하듯이 책을 광고하면 안 된다고 생각했으며, 디더리히스를 참조하라고 했다. 디더리히스는 "설교가가 자신의 이상을 이야기하듯이, 제자가 스승들을 이야기하듯이" 자신의 책에 대해 말했다는 것이다.[40]

3) **원고료** 우리는 헤세가 점잔을 빼지 않았으며, 최고 수준의 인세를 요구했음을 보았다. 헤세는 가철본 책값의 20퍼센트 혹은 25퍼센트를 받았다. 그를 구속하는 선금은 중요하게 생각하지 않았다. 헤세는 정확하게 계산했지만 절대 자잘하게 굴지는 않았다. 물질적으로 곤란을 겪지는 않았으나 여러 번 가난한 시기가 있었다. 나치 정권 시절 인세는 아예 안 들어오는 것은 아니었지만 베를린에서 드문드문 송금되었다. 1946년 노벨상을 받으면서 비로소 인세가 더 풍부해졌다. 헤세는 상속인들이 작가가 생전에 쓴 것보다 더 많은 인세를 쓰는 여러 작가의 운명을 공유한다. 아무튼 헤세에게 인세 수준은 일반적인 의식 수준과 연결되어 있다. 그는 1933년 아직 공표되지 않은 한 메모에서 『쾰니셰 차이퉁』이 원고료를

인하했다는 기사에 대해 "오히려 독일에서 정신이 누리는 존중을 보여 주는 징표"라고 썼다.[41]

4) **교정자와의 작업** 작가와 교정자는 서로 의존하고, 아무리 여러 번 봐도 나오는 오자를 유발하는 오자 귀신을 무찌르기 위해 공동 작업을 해야 한다. 하지만 헤세는 1946년 10월 한 교정자에게 보내는 편지에서 아무리 사소한 것이라 해도 그의 동의를 구하지 않고 기계적으로 두덴 사전을 따르는 일체의 교정과 텍스트 침해를 금지했다. 두덴 사전은 "끔찍한 폭력 국가 밑에서 전능한 입법자"가 된 "완강한 규칙의 꼭두각시이자 신"으로, 헤세는 그것을 기계적으로 따르는 것을 거부했다.[42] 1954년 스위스 신문 『디 벨트 보헤』는 표준어 육성을 위한 독일-스위스-오스트리아 공동연구회가 작성한 정서법에 대해 설문 조사를 했다. 토마스 만과 뒤렌마트Friedrich Dürrenmatt는 이 "새로운 정서법"에 반대했다. 헤세는 다음과 같이 간결하게 대답했다. "나는 언어와 언어적 비유의 그 어떤 빈곤화와 마찬가지로, 제안된 새로운 정서법을 전적으로 거부합니다." 다른 맥락에서는 이렇게 말했다. "언어의 '단일화', 통속화 과정에서 시인은 보존하

고 저지하는 당파의 편에 서야 한다고 생각합니다. 가능한 한 정서법의 형식적 문제 등에서도 그래야 합니다⋯⋯ 자신이 왜 어느 때는 이렇게, 다른 때는 저렇게 쓰는지 그 동기를 늘 명확히 밝힐 순 없어도 작가는 표현을 차별화하려는 예술적 필요에서 그렇게 하는 거예요. 슈베르트 사중주에서 한 악장의 코다 마지막 세 번째 음표에 부점을 찍고, 다른 악장에서는 그밖에는 같은 코다의 마지막 악절에 부점을 찍지 않는다면, 음악가라면 누구나 그것도 통일할 수는 있겠지만 그러면 훨씬 지루해지리라는 것을 압니다." 현재 다시 요구되는 명사 첫 글자의 소문자 표기도 헤세는 거부했다.[43]

5) **전집 구상** 그것은 귀중한 과정이었다. 1920년 자무엘 피셔는 헤세에게 "대중적인 선집"을 생각해 보라고 했다. 헤세는 제안을 수용하지 않고 오히려 "작품 선집에 부치는 작가의 서문"을 출판인에게 보내는 한편 『노이에 취르허 차이퉁』에도 발표했다. 이 서문에서 헤세는 스스로에게 충고했다. "이 녀석, 다 집어치우고 집에 가." 선집 출간이 불가능한 이유는, 그의 작품이 최고의 비교를 견뎌 낼 수 없기 때문이라고 설명했다. 그러면서 헤세를

다루는 모든 사람은 이 글을 읽으라고 권했다.[44] 결국 선집은 나오지 않았다. 헤세는 다만 시선집은 출간하기로 했다. 『시선집』은 1921년에 출간되었다. 1902년 이전의 청년기 시가 비교를 가장 잘 견뎌 『시선집』의 3분의 1을 차지했다. 그 후에는 전집 『시집』만 있었고, 1961년 내가 요구해 두 번째 선집 『단계들. 옛 시와 새 시 명작선』이 나왔다. 이 책은 지금부터 선별한 작품을 수록하고 있다.

1925년 드디어 헤세는 출판사 창립 40주년 기념일에 맞춰 '현대인의 총서' 판테온을 헤세 전집으로 마무리하려는 피셔의 압박에 굴복했다. 1924년 9월 12일 출판사는 헤세가 보낸 "지금까지의 나의 책에 대한 결정"이라는 제목의 세부 계획서를 받았다. 이 새 전집의 첫 작품으로 1925년 『요양객』이 출간되었다. 그때부터 새 책은 E. R. 바이스Emil Rudof Weiss가 훌륭하게 기획한 이 단일 장정으로 나왔다. 단일한 판형, 연한 하늘색 아마포, 금색 문구가 적힌 검은색 뒤표지, 바이스가 앞표지에 넣은 헤르만 헤세의 이름 이니셜 H. H., 독일식 고딕체로 된 단일한 활판인쇄로 구성된 장정이다. 1924년 10월 25일 계약이 체결되어, 헤세는 서점 가격의 18퍼센트의 인세와 매년 1,500마르크의 사례금을 받기로 했다. 이 장정은 책 장정으로는 드물게 35년 동안 유지되었다. 35년 후 헤세는 자신의 책을 로마 글자체로 바꾸기가 정말 힘들다고 토로한다. 주르캄프와 나는 로마 글자체로 전환해야 한다고 계속 밀어붙였다. 1952년의 『문학 전집』 여섯 권, 1957년의 일곱 권짜리 『전집』이 이미 로마자 가라몽 구체 활자로 나왔다. 이제 헤세는 스위스와 독일에서 독일식 고딕체를 읽지 못하는 청소년이 늘어나고 있다는 사실을 드디어 이해한 것이다. 헤세는 독자들에게 새 장정의 어려움을 토로하지만, 새 장정은 근본적으로 옛 E. R. 바이스 장정을 현대적으로 조정한 것이었다. 하늘색 아마포와 검은색 표지, 금색 문구는 그대로 두고, 단지 겉표지 장식을 없앴을 뿐이다. 그러므로 1925년의 책 장정이 지금까지 통용되고 있으며, 앞으로도 계속 통용되리라고 말할 수 있다.[45]

헤세는 작품을 싣는 순서를 직접 정했다. 그는 써야 하면 썼다. 내적인 달력을 따를 뿐, 외적인 달력은 절대 따르지 않았다. 주문을 받지 않았고, 편집부의 그 어떤 지시도 참지 못했으며, 실행해 달라고 외부에서 부탁하는 이념을 거부했다. 그가 정한 제목은 절대 뒤집을 수 없었으며, 원고가 출판사에 도착하면 그것이 최종적인 형태였다. 페터 주르캄프는 S. 피셔 출판사에서 『노이에 룬트샤우』 발행인으로 근무한 첫 달에 그것을 경험해야 했다. 헤세는 피셔의 사위 고트프리트 베르만 피셔Gottfried Bermann Fischer에게 보내는 1933년 1월 28일의 미출판 편지에서 처음에 시대의 어려움과 억압에 대해 말하고, "창작하고 창조하고 생산하는 소박한 행복"(그는 『유리알 유희』를 시작하는 중이었다)을 향한 그리움 이야기도 하고는, 주르캄프에 대해 강한 불만을 표시했다. "주르캄프 때문에 한마디 해야겠네. 자네가 그 사람 얘기를 해 줘서 고맙네. 그 사람 편지를 읽고 잘못된 인상을 받았었거든. 아무튼 모호한 인상은 아니었네. 그 반대였지. 이를테면 11월부터 카이저에게 가 있는 나의 짧은 논문 얘기를 하더라고. 자기가 그 논문을 가져오고 싶다더군. 논문이 '자기 프로그램에 적합하기' 때문이라나. 그 말은 이런 의미지. 그러니까 앞으로 편집진이 나의 작업에 내려 주시는 인쇄 허가는 그 작업이 주르캄프의 프로그램에 적합한지 여부에 달려 있다는 의미라고. 더 나아가 주르캄프는 내 논문에 다른 제목을 제안하더군. 논문이 더 자극적이고, 더 기대감을 불러일으키고, 방향을 더 제시했으면 한다나…… 그가 내 제목을 망쳐 놓고, 그가 그 책임을 지는 건 거절하겠네."[46]

6) **신의 관계** 1933년 1월 헤세가 자신의 미래 출판인을 이처럼 비난할 때 헤세는 56세, 주르캄프는 42세였다.

주르캄프와의 관계 제1기에서 헤세는 『유리알 유희』를 쓰고 있었다. 헤세 자신이 거듭 밝히듯 그는 이 마지막 작품의 계획을 1932년 2월에 세웠으며, 1942년 4월 29일 작업을 끝내고, 5월에 베를린의 주르캄프에게 원고를 보냈다.

페터 주르캄프는 1932년 자무엘 피셔의 명으로 1933년 1월 1일부터 잡지 『노이에 룬트샤우』 발행인이 되었다. 주르캄프는 46편의 기고문으로 작가로서도 잡지의 첫째 자리를 차지했다. 그는 잡지의 성격을 이렇게 말했다. "이 잡지는 하나의 운동이나 학파 혹은 그와 비슷한 것을 위해서가 아니라 현대의 창조적인 개인, 혹은 이렇게 말하는 게 더 나을 텐데, 예술적인 개인을 위해 창간되었다. 이렇게 말한다면 틀린 말이 아니다. 따라서 잡지는 지역 예술과 관객이 아니라 (모든 문화 분야의) 예술가를 위해 창간되었다."[47] 그것은 출판인으로서의 주르캄프의 프로그램이기도 했다. 이미 1933년 가을에 주르캄프는 S. 피셔 출판사 대표로 임명되었다.

1920년대 독일에서 자무엘 피셔는 주르캄프를 알게 되었다. 보수적인 태도를 지닌 키가 훤칠한 이 독일인은 다가올 재앙을 예견한 피셔의 마음에 들 수밖에 없었다. 1936년 12월 18일 독일에 남아 있던 S. 피셔 출판사 일부를 새로운 S. 피셔 출판사 합자회사가 매입했다. 이 합자회사는 주르캄프를 개인 책임 공동 출자자로 하는, 그러니까 유일한 출판인으로 세운 출판사다. 이 출판사는 1942년 7월 1일 어쩔 수 없이 "주르캄프 출판사(구 S. 피셔 출판사)"로 이름을 변경했다. 1944년 4월 11일 주르캄프는 긴급한 국가전복죄 혐의로 게슈타포에 체포되어 라벤브뤼크 감옥에 수감되었다가 작센하우젠 강제수용소로 이송되었다. 그 과정에서 중병이 들어 병이 가장 중했던 1945년 2월 8일 석방되었다. 1945년 10월 17일 주르캄프는 베를린에서 출판인으로서는 최초로 출판사를 계속 운영해도 된다는 영국의 허가를 받았다.

이것이 1933년부터 1945년의 헤세와 주르캄프의 관계도이다. 나는 헤세와 주르캄프의 서한집 후기에서 이 관계를 이야기했다.[48] 그래서 여기서는 간단히 요점만 짚겠다.

작가와 출판인이 주고받은 편지와 그들이 나눈 그다지 많지 않은 대화의 주제는 세 가지다.

1. 『유리알 유희』의 완성과 가능한 출간 준비.

2. 나치 독일에서 헤세의 책이 처한 상황. 헤세와 출판사 및 출판인의 법적, 도덕적, 정치적 관계.

3. 어려움을 겪다가 결국 불가능해진 인세 송금. 헤세 출판물의 일부가 취리히로 옮겨짐.

『유리알 유희』는 처음 제목이 '요제프 크네히트'였고 후에는 '유리알 유희 명인'이었다. 이 작품의 매혹적인 탄생사는 누구나 헤세의 『유리알 유희』 자료집에서 찾아볼 수 있다.[49] 헤세의 이 마지막 대작의 탄생사는 이 시적인 작품과 독일 역사와 독일 출판사의 얽히고설킨 밀접한 관계를 보여 준다. 70년 동안 정치 체제의 영향을 받지 않았던 헤세는 나치에 대해서는 처음부터 올바른 자세를 견지했다. 하지만 자신의 책과 독자가 독일에 있다는 사실을 알고 있었기에 형편이 허락하는 한 점점 약해지는 현 상태를 유지하고 싶어 했다. 그는 나치 쪽의 공격에도, 망명자 쪽의 공격에도 흔들리지 않았다. 이를테면 망명자들은 프랑스 거주 독일 망명자들의 기관

지인 『파리저 타게블라트』에서 헤세가 제3제국과 제국의 괴벨스Joseph Goebbels 박사에게 치부 가리개로 봉사하고 있다고 비난했다. 헤세는 자신의 방식으로 체제에 맞서 싸웠다. 그는 사정이 허락하는 한 『노이에 룬트샤우』에 글을 발표했다(주르캄프 다음으로 많은 총 40편의 기고문을 썼다. 그중에는 1934년 2월에 실린 유명한 시 「의식」이 있다). 『유리알 유희』의 일부도 이 잡지에 발표했다. 헤세는 유대인 작가들의 작품을 비평했는데, 독일 신문에 비평을 쓸 수 없게 되자 스톡홀름 보니어 출판사의 문학 잡지에 문학적인 보고를 쓰기 시작했다.[50] 주르캄프는 이 모든 반체제적인 사건들과 헤세의 스위스 거주 독일 망명자 지원, 게슈타포가 모르지 않았던 헤세의 서신 교류를 견뎌 내야 했다. 그것은 주르캄프의 출판인으로서의 위치를 복잡하게 만들었으며, 당시 자주 신경이 과도하게 예민했던 헤세와의 관계를 더 단순하게 만들지도 않았다. 두 사람은 처음에 개인적으로 서로 어려움을 겪었다. 그들의 성격과 기질은 너무도 달랐다. 두 사람 다 무조건적인 성격으로, 충돌을 요령껏 피해 나가야 했다. 바트 아일젠에서 있었던 두 사람의 첫 만남은 1933년 1월 고트프리트 베르만 피셔에게 헤세가 토로한

저 비난의 마력에 아직 사로잡혀 있었다. 주르캄프는 답답하고 불안한 마음으로 헤세를 만나러 갔다. 반면 헤세는 지난날을 돌아보며 이렇게 말했다. "당시 자네는 위태롭지만 아직 비교적 빛나는 위치에 있었지. 자네는 사랑하는 노_老 S. 피셔의 기사답고 헌신적이며 싸울 준비가 된 후계자이자 대리인이었네. 우리는 앞으로 닥쳐올 일에 대해 생각이 비슷했어. 자네는 어쩌면 너무나 기사다운 그 충직함 때문에 처절한 싸움과 희생에 휘말릴 수 있었지. 하지만 우리는 그 이야기는 하지 않았지. 아무튼 자네는 이미 그때 당시 자행되는 테러의 수단들과 이데올로기에 맞서 싸우는 게릴라였어. 나는 자네를 기다리는 시련과 고통을 미리 맛보고 예감할 수 있었다네."[51]

검열의 책략에 맞서 싸우고, 종이 배급을 받아 내고, 금지령을 피해 인세 송금을 하느라 서로 협력하는 기간이 길어지면서 두 사람의 유대와 우정도 그만큼 더 깊어졌다. 주르캄프와의 출판 계약은 1939년까지였다. 헤세는 1936년 "나는 당분간 출판사에 묶여 있다"고 썼다. 1937년에는 "그 모든 것에도 불구하고 당분간 계약을 지키려고 하지만 한 시간마다 바꿀 생각을 한다"고 했다.[52] 1938년 7월에 쓴 한 편지에서는 이렇게 말한다. "내 격정은 주로 내 책이 앞으로 어떻게 될까, 하는 거야. 베를린과의 계약이 곧 끝나는데 갱신을 할 수 없고, 빈에 있는 나의 출판인은 또다시 파산했기 때문이지. 나는 그 모든 계약에도 불구하고 독일에서 돈을 한 푼도 못 받고 있다네."[53] 빈에 있는 그의 출판인은 고트프리트 베르만 피셔를 말한다. 베르만 피셔는 잠시 S. 피셔 출판사의 빈 지사를 설립했으나 다시 스톡홀름으로 망명했다. 그리고 1938년 6월 스톡홀름에서 소식을 전하며 『유리알 유희』 원고를 달라고 부탁했다. 헤세는 이렇게 답장했다. "편지 고맙네. 전하는 소식도 기뻤고. 하지만 내가 수정해서 대답해야 하는 문장도 몇 개 있더군. 이를테면 자네는 '(독일에서) 아직도 자네를 잡고 있는 게 뭔가?'라고 하지. 나는 이렇게 대답하겠네. 나와 평생 연결된 회사의 계약이 나를 잡고 있다고. 그 회사는 지금까지 나를 위해 정말 애를 많이 써 주고 있다네. 자네가 그것을 폄하하는 게 마음에 들지 않네. 1939년 말까지 유효한 계약 외에도 나를 잡고 있는 것은 바로 나의 독자들이야. 나는 독일 바깥에는 독자가 별로 없다네. '요제프 크네히트' 같은 책은 독일에서, 요즘처럼 탄압을 받는 독일에서 수만 명이 내용을 거의 다 이해할 거야. 반면 이를테면 미국에서는 전국을 통틀어 그 책이 의미가 있는 사람이 세 명도 채 되지 않을 걸세. 이것은 절대 폄하가 아닐세."[54]

헤세는 출판사와 계약을 연장하지 않았다. 계약을 해지함으로써 주르캄프에게 나치 관청과의 협상에서 더 좋은 입지를 마련해 주기 위해서였다. 나치 관청도 계약을 해지하면 인세의 외환 송금을 막지 않기로 약속했다. 헤세는 사정이 허락하는 한 독일 독자들과의 관계를 끊으려 하지 않았다. 그 관계가 나치 정권에 대항하는 "독일제국 독자의 위법적인 강화"에 기여하기를 바랐다. 헤세는 1936년 2월 12일 에두아르트 코로디Eduard Korrodi에게 이렇게 편지했다. "S. 피셔 출판사 작가로서 나 자신은, 베를린의 옛 출판사에 남을지 아니면 베르만의 새 출판사로 옮길지 선택할 권한이 없다네. 마찬가지로 베르만도 어떤 작가를 새 출판사에 데리고 갈지 하는 문제를 스스로 판단할 수 없지. 반면 베르만이 출판사를 매각해도 옛 출판사 피셔는 (다른 해결책이 없어) 베를린에 계속 존재할 것이고 또 존재해야 하지. 독일 법에 따르면 출판사를 매입한 사람이 작가 계약도 얻는다네. 이를테면 나는 피셔와 체결한 계약이 유지되는 동안 나의 작가 권리와 함께 새로운 소유자에게 넘어가는 거라네. 그것에 맞서 할 수 있는 일은 없어." 얼마 후 1936년 편지에서 우리는 다음 구절을 읽게 된다. "출판사 문제와 관련해 저는 당신과 완전히 다른 눈으로 문제를 봅니다. 저는 (헤르만) 슈테어Hermann Stehr도 아니고, (에밀) 슈트라우스도 아닙니다. 두 사람은 떠나는 것이 적절하다고 생각되자 '유대인' 출판사(그것은 이미 오래전에 없어졌지요)를 떠났지요. 반대로 제가 아름답고 검증된 저의 옛 출판사에 신의를 지켜야 했던 이유는 그 출판사가 지난 몇 년 동안 어떤 대우를 받고, 어떤 괴롭힘과 박해를 당했으며, 어떤 폭력으로 굴욕을 당했는지 잘 알기 때문이었습니다. 저는 당신 나라에서 제가 작가로서 점차 잊히고 지워지는 것에 저항할 생각이 없습니다. 제가 현재 제 책의 수익금을 더 이상 받지 못하고 굶주리고 있는 것은 제 출판사의 잘못이 아니라 당신의 그곳 관청 탓입니다."[55]

옛 출판사에 남도록 독려한 이유가 여기에 명확히 서술되어 있다. 그 이유는 독자들과의 관계, 모든 이데올로기 시스템을 거부하고 따라서 국가사회주의도 거절하고 거부하는 『유리알 유희』를 방법이 있으면 독일 독자에게도 읽히려는 의도이다. 독일 관청들은 신중하게 처신했다. 어쨌든 헤세는 스위스 국민이었다. 관청들은 처음에는 아무것도 금지하지 않았다. 다만 주르캄프에게 종이 허가를 점점 내주지 않다가 결국 전혀 내주지 않았다. 관청들은 아직은 주르캄프가 1939년 10월 25일에 헤세와 새 계약을 체결하도록 했다. 계약의 대상은 '요제프 크네히트'의 출판이었다. 루돌프 야코프 훔Rudolf Jakob Humm에게 보내는 편지에서 헤세는 앞으로도 계속 "세계사와 나의 사생활을" 멋지게 엮는 이 계약을 두고 이렇게 논평했다. "오로지 내 출판인의 인격을 생각해 그렇게 했다네. 그 사람은 완벽하게 충직한 사람이야. 그런 사람에게 의지하는 것은 그 모든 것에도 불구하고 다른 어떤 것보다 낫다고 생각한다네."[56]

하지만 페터 주르캄프는 계약을 이행할 수 없었다. 나치 관청이 출판 신청을 거부했기 때문이다. 관청은 일체의 인세 송금도 거부했다. 독일에서는 관리가 불가능했기 때문에 주르캄프는 해외 판권도 헤세에게 모두 다시 돌려주었다. 1944년 7월과 8월에도 『노이에 룬트샤우』에 『유리알 유희』 일부가 게재되었다. 이후 주르캄프는 『유리알 유희』 원고가 압수당할까 염려해, 1942년 11월 원고를 개인적으로 헤세에게 돌려주었다. 『유리알 유희』는 1943년 11월 18일 취리히에서 출간되었다.

이것이 헤세와 주르캄프 관계의 1부다. 2부, 더 긴 이야기는 간단히 서술하겠다. S. 피셔 출판사의 예전 소유자가 1947년 미국에서 돌아왔다. 같이 일하기는 어려웠다. 주르캄프는 처음에 자기 일을 직무 대행으로 이해하고 출판사를 피셔의 상속인에게 돌려줄 생각이었지만 생각을 바꾸었다. 마침내 법정 밖 조정으로 넘어가, 여기서 두 개의 출판사가 나왔다. 피셔의 상속인이 운영하는 옛 S. 피셔 출판사와 페터 주르캄프가 운영하는 새로운 주르캄프 출판사였다. 이 과정은 자주 이야기되었는데 고트프리트 베르만 피셔 자신의 상세한 설명과 나의 반박이 있다.[57] 회고록에서 본인이 말하듯이 베르만 피셔는 "주르캄프의 행동을 이해할 열쇠"가 없었다. 하지만 그 열쇠는 헤르만 헤세였다. 우리는 그것을 증명할 수 있다.

헤세는 주르캄프에게 S. 피셔 출판사의 출판인이든 새 주르캄프 출판사의 출판인이든 그의 출판인으로 있어 달라고 집요하게 요구했다. 1950년 7월 1일 두 번째 대안 쪽으로 결정이 나 새로운 주르캄프 출판사가 프랑크푸르트에 설립되면서 헤세와 주르캄프 관계의 마지막 단계가 시작되었다. 이 8년 6개월의 세월 동안 주르캄프는 병으로 점철되고 "항상 생명의 경계에서" 움직이면서 그의 출판사를 다시 일으켜 세웠다. 그 출판사는, 브레히트와 R. A. 슈뢰더R. A. Schröder, 헤세와 엘리엇, 쇼Bernard Shaw와 프루스트 사이의 스펙트럼에서, 쌍둥이 테오도어 W. 아도르노와 발터 베냐민과 함께 오직 문학에 헌신하고, 필요를 따르기보다는 필요를 창출하는 출판사이다. 아도르노는 추도사에서 "페터 주르캄프의 업적은 모순적이었다. 주르캄프는 팔 수 없는 것을 팔고, 성공을 추구하지 않는 것에 성공을 찾아주고, 낯선 것을 가까운 것으로 돌린다. 그것은 오직 숨겨진 객관적인 조건 때문에 성공할 수 있었다. 오늘날 사람들에게 낯설게 여겨지는 것이야말로 사람들이 목소리를 내도록 돕는 것이다. 그러나 사람들은 소외된 것, 자신을 사물로 끌어내리는 사물화된 것을 오히려 가까운 것으로 오해하고 있다…… 주르캄프는 전 세계적으로 확산되고 있는 대중 출판사, 즉 소비자의 수요를 구실 삼아 대중이 좋아하는 책을 출판해 이익을 추구하는 출판사 유형 사이를 타협하지 않고 지나 나아간다…… (그는) 오늘날에도 여전히 개인의 자발성이 사회적으로 불가능한 것을 가능하게 만들 수 있음을 증명했다."[58] 주르캄프 출판사의 설립은, 무엇보다 독일과 스위스, 오스트리아에서 시작해 1957년 정점에 달한 헤세 수용으로 헤세 작품이 많이 팔렸기에 가능했다. 주르캄프가 1959년 68세로 사망했을 때 헤세 작품은 주르캄프의 희망대로 아름다운 전집과 유명한 하늘색 단행본으로 출간되어 있었다. 작가가 출판인에게 인세 지급을 너그럽게 유예해 주었기에 출판사 설립이 가능했다. 헤세는 주르캄프 추도사에서 "가장 신의 있는 친구이자 가장 없어서는 안 될 사람을 잃었다"고 했다. 그리고 다시 작가 주르캄프를 거론했다. "젊은 마을 학교 교사로서의 페터의 인생을 이야기하는 100여 쪽의 이 중요한 문학 작품 『문더로』는 페터가 출판인으로서 감동적으로 몸 바쳤던 수많은 유명한 책보다 더 내게 소중하다." 헤세의 말을 더 들어 보자. "나는, 히틀러 시대의 고난을 겪고 옛 출판사에 크게 실망한 그가 새로운 출판사를 설립하는 데 도움을 준 것을 내 인생의 긍정적인 면으로 생각한다." 이렇게 작가와 출판사의 관계는 신의 측면에서도 본보기가 되었다.[59]

헤세는 1959년 4월 초 주르캄프의 죽음에 즈음해 내게 편지를 보내 다시 출판인의 과제를 이렇게 말한다. "이제 선생님은 그를 대신하게 되었습니다. 선생님에게 힘과 인내심, 즐거움이 있기를 바랍니다. 선생님이 맡은 일은 아름답고 고결한 일입니다. 어렵고 책임이 막중한 일이기도 하지요. 사람들이 말하듯이 출판인은 '시대와 함께' 가야 합니다. 그러나 단순히 시류를 따라가면 안 되고, 시류가 품위가 없는 경우 시류에 저항할 수도 있어야 합니다. 적응과 비판적 저항에서 훌륭한 출판인의 역할이, 들숨과 날숨이 수행됩니다. 선생님은 그런 사람이 되어야 합니다. 우리 친구의 죽음을 선생님과 함께 슬퍼하며 우리 두 사람이 잘 협력할 수 있기를 진심으로 바랍니다."[60]

헤세가 바랐던 "우리 두 사람이 잘 협력할 수 있는" 시기가 오기까지 거의 4년이 걸렸다. 이 소망은 완벽하게 이루어졌다. 그 관계는 제자와 스승의 관계, 이제 막 과제를 맡은 젊은이와 그가 우러러보는 작가의 관계였다. 몬타뇰라와 질스마리아 같은 곳을 무수히 방문하고, 방대한 양의 편지를 주고받고, 헤세의 아내 니논 헤세 Ninon Hesse와 수없이 전화 통화를 하면서 관계가 돈독해졌다.[61] 첫 시기는 페터 주르캄프의 죽음과 우리가 주르캄프 없이 어떻게 출판사 일을 할 수 있는가 하는 문제의 그늘 밑에 있었다. 헤세의 작품이 앞에 있었고, 나는 자신의 책의 제작과 판매를 바라보는 헤세의 견해를 알고 있었다. 근본적인 문제는 발생할 수 없었다. 그러나 일상적인 일이 새로운 문제를 불러왔다. 헤세는 이들 문제에 친절하고 명확하고 단호하게 대답해 주었다. 헤세는 생전에 자신의 작품이 영화로 만들어지는 것을 원하지 않았다. 훗날의 결정은 상속자와 출판사에 맡기려고 했다. 1961년 한 "캘리포니아 숙녀"가 싯다르타 발레를 만들고 싶어 하자 헤세는 "정중하지만 분명하게" 이렇게 전해 달라고 부탁했다. "그녀의 관심에 기쁘다. 하지만 나는 내 책을 드라마나 연극으로 만드는 것을 단호하게 거부한다. 따라서 그녀는 내가 싫어하는 계획을 포기해야 한다"고. 헤세는 작품을 더 많이 인쇄하거나 문고판으로 내는 데 관심이 없었다. 나의 주도로 우리가 번역권을 다시 돌려받은 것은 니논 헤세 덕분이다. 니논은 오랫동안 번역권을 관리했다.[62] 아무튼 우리는 그 후 미국을 비롯한 여러 나라에서 새로운 번역이 나오도록 장려할 수 있었다.[63] 헤세는 작품이 외국에서 맞이하는 운명에 별로 신경 쓰지 않았다. 미국에서의 운명에는 전혀 관심이 없었다. 인도와 다른 아시아 국가 언어로 번역되는 것은 기뻐했다. 자신이 편집한 단편소설과 동화, 고찰 모음집을 바꾸는 것은 단호하게 거부했다. 1959년 5월 26일 내가

『꿈의 여행』을 새로 내면서 당시 아직 단행본으로 출간되지 않은 중요한 두 텍스트 「나의 신앙」과 「신학 단편」을 넣자고 권하자—주르캄프의 사망 후 내가 처음으로 한 제안이었다—헤세는 "진정한 불쾌감"으로 반응했다. 그는 이렇게 대답했다. "선생님은 형상화하고 편집하려는 열망이 있네요. 반면 나는 자연스럽게 자란 것을 아끼고 유지하는 쪽이지요." 신판은 보완 없이 나왔다.

⑦

책에 대한 고집

헤세의 꼼꼼함은 존중해야 했다. 그래서 수정 제안은 충분한 근거가 있을 때만 신중하게 할 수 있었다. 어쨌든 나는 그가 직접 시를 선별하도록 설득할 수 있었으며, 이는 1961년 『단계들. 옛 시와 새 시 명작선』이라는 제목으로 나왔다. '헤세 그림 연대기' 출간에 동의를 얻기까지 아주 오랜 시간이 걸렸다. 헤세는 작가 개인이 아니라 작품이 중요하다고 생각했지만, 결국 동의했다. 작업하는 동안 그는 빌리 플렉하우스Willy Fleckhaus가 그린 그림 연대기 표지를 단호하게 거부했다. 그것은 플렉하우스가 주르캄프 출판사를 위해 처음으로 그린 표지였다. 그러나 연대기가 나오자 헤세는 상냥하게 받아들였다.[64]

『유리알 유희』를 문고판으로 내는 문제를 두고 1962

년 4월 벌어진 논쟁은 짧고 격렬했다. 독일 문고판 출판사의 제의에 내가 라이선스 양도를 제안하자 헤세는 그것을 "재고정리 바겐세일"과 "덤핑"으로 보았다. 그는 1962년 4월 4일 이런 답장을 보냈다. "아마 나는 그걸 막을 수 없겠지만, 적어도 늦추고 싶습니다…… 적어도 올해는 우리가 전체 문제를 다시 이야기하기 전까지 진행하지 않았으면 좋겠습니다." 1년 전에도 헤세는 S. 피셔 출판사의 라이선스 요청을 거절했었다. 당시 우리는 우리의 자체 출판, 소위 '주르캄프 텍스트'로 대응했으며, 여기서 「황야의 이리 논문」 7호와 8호 그리고 단편소설 세 편이 나왔다. 그 후 헤세는 문고판 출간에 "원칙적으로" 동의했다. 그러나 라이선스 양도를 거부하는 헤세의 반응을 보고 내가 직접 문고판 같은 것을 만들겠다는 결심이 더욱 확고해졌다. 헤세의 부정은 곧장 '주르캄프 에디션' 실현으로 이어졌다.

잘 알려진 하늘색 아마포 제본에 독일식 고딕체로 조판된 헤세 전집을 새로운 로마 글자체로 바꾸자는 나의 부탁을 두고 지난 몇 년간 논의가 이어졌다. 여기서도 헤세는 "개혁자"가 될 생각이 없었다. 그는 내게 독일식 고딕체를 읽지 못하는 사람은 그 글자를 배우거나 책 읽는 것을 포기해야 한다고 했다. 몬타뇰라에서 얼마나 자주 용기를 내 이 까다로운 주제를 논의했는지 모른다. 그때마다 헤세는 결심을 꺾지 않았다. 한번은 내 쪽에서 용기를 내 단호하게 나가, 이제 독일에서 독일식 고딕체 읽는 법을 배우는 학생은 하나도 없다, 계속 고집하면 그렇게 중요한 독자층이 그의 작품을 읽지 못하게 하는 것이라고 주장했다. 그제야 그는 뜻을 굽혔다. 우리는 차차 책들을 새로운 구체 로마 글자체로 바꿀 수 있었다. 1962년 우리는 로마 글자체로 조판된 작품 두 편을 그에게 보냈다. 『기념앨범』과 『요양객. 뉘른베르크 여행』이었다. 작품을 받았다고 확인하는 편지는 내가 받은 그의 마지막 긴 편지였다. "새로운 로마 글자체 책은 두 권 다 아름답습니다. 그것에 덧붙인 선생님 글도 아름다워요. 감사합니다. 더 잘할 수 있다는 생각이 들었지만 지금 몸이 좀 안 좋네요. 요즘 갑자기 고열이 나면서 오한을 동반한 열이 나서 많이 약해졌어요…… 의사가 주사로 도와주고 있습니다. 그러니 미흡하더라도 이해 바라고, 신의에 진심으로 감사드립니다."[65]

1962년 8월 9일 헤르만 헤세는 세상을 떠났다.

3부

베르톨트 브레히트와 출판인

"모든 것은 고칠 필요가 있습니다."

베르톨트 브레히트(1898~1956)

① 첫 출판

브레히트를 읽는 것은 즐겁다. 다만 그를 해석하는 것은 어려운 편이다. 그의 전집을 출판하는 일의 이론과 실천은 이루 말할 수 없이 어렵다. 작가는 "진실을 쓸 때의 다섯 가지 어려움"을 말하지만, 그의 작품의 출판인과 편집자는 그의 작품 편집 과정에서 겪는 수많은 어려움을 보고할 수 있다. 그의 희곡 『갈릴레이의 생애』에는 "나는 모든 것이 그렇게 간단하지 않을지 몰라 두렵다"라는 구절이 나온다.

실제로 브레히트 작품의 출판과 출판사의 역사는 그렇게 간단하지 않다. 헤세, 릴케, 토마스 만의 경우 단계마다 얼마나 시종일관 순탄하게 진행되었는지! 베르톨트 브레히트의 경우는 언제나 전혀 다르다. 브레히트의 출판인 빌란트 헤르츠펠데Wieland Herzfelde는 그 점을 잘 알고 있었다. 헤르츠펠데는 말한다. "출판인은 그와 일하기 쉽지 않았다"[1]고.

브레히트의 첫 희곡 『바알』은 다섯 개의 판본이 전해진다. 이 판본들은 타자로 친 원고 두 편에 기록되어 있다. 이 두 편은 사라진 원본의 복사물이다. 첫 원고는 1918년에 나왔고, 마지막 다섯 번째 판본은 1955년에 나왔다.[2]

브레히트는 첫 텍스트보다 더 과도하고 무절제하게 변형된 1919년의 두 번째 판본을 무자리온 출판사에 보냈다. 출판사는 "대단히 무례한 글을 덧붙여서" 원고를 즉시 되돌려 보냈다.[3] 그 후 작가 리온 포이히트방거Lion Feuchtwanger가 드라이 마스켄 출판사에 출판을 주선하려고 했으나 여기서도 뮌헨에 원고가 도착하고 며칠 후 거절 통보가 왔다. 다음 시도는 게오르크 뮐러 출판사가 대상이었다. 이번에는 길이를 전체적으로 줄이고 시적으로는 더 빈약한 새로운 세 번째 판본으로 시도했다. 게오르크 뮐러 출판사는 책을 내기로 하고 텍스트를 조판했다. 하지만 다른 작품 때문에 법적 소송에 휘말리자 그만 자신의 용기에 겁을 집어먹고 계약을 파기하고 작가에게 조판을 마음대로 처분하라며 무료로 주었다. 리온 포이히트방거는 이 조판으로 20~30편의 교정쇄를 뽑아낼 수 있었다고 기억하지만, 이 교정쇄는 모두 없어졌다. 브레히트의 어린 시절 친구 한스 오토 뮌스터러Hans Otto Münsterer가 프란츠 바흐마이어 출판사에 시도한 일도 실패로 돌아갔다. 인쇄에 필요한 종이는 부모의 종이 공장에서 무료로 받을 예정이었으나 사소하지 않은 이 도움에도 무료 조판과 종이로 책을 낼 출판인을 찾을 수 없었다.

두 번째 출판 시도로 브레히트는 1919년 여름 람파르트 사社에서 '아우크스부르크 출판사'의 이름으로 내는 두 번째 책 『나의 아킬레우스 시들』을 자비 출판하려고 했다. 『나의 아킬레우스 시들』은 에로틱하고 외설적인 시들이었는데, 나중에 이탈리아의 극작가 아레티노Aretino를 연상시키는 제목 '아우크스부르크 소네트'라는 제목으로 알려졌다. 하지만 첫 인쇄 전지를 위한 조판이 끝나자 작업이 중단되고 조판이 파기되었다. 원본 원고는 사라졌지만, 조판된 교정쇄는 현재 베르톨트 브레히트 문서보관소의 귀중한 자료로 남아 있다.

세 번째 시도도 실패했다. 1921년 4월 초 '음악 작품'이라고 표시된 브레히트의 『아펠뵈크』 발라드 판본은 원고를 보내기도 전에 압류되고 회수되었다. 포츠담에 있는 키펜호이어 출판사의 스물다섯 살 청년 편집자에게 다음 일이 일어났을 때 비로소 브레히트의 출판 역사는 현실적이고 구체적이 되었다. 이 편집자의 말을 들어 보자. "1921년 나는 출판사 편집자로서 어떤 완전히 무명 작가의 희곡 교정지를 받았다. 원래 게오르크 뮐러 출판사에서 나올 예정이었던 발라드와 시 원고였다. 얼마나 매료되었는지 나는 당장 뢰르케에게 달려갔다. 뢰르케도 그 시들이 평범하지 않은 데 깜짝 놀랐다. 그것은 베르톨트 브레히트의 『가정기도서』의 잠정적인 원고였다."[4] 이 편집자는 헤르만 카자크Hermann Kasack로, 훗날 페터 주르캄프의 친구이자 출판사 공동 작업자, 작가가 되었다. 카자크는 브레히트와 함께 일했던 첫 편집자였다. 그는 그 일을 이렇게 보고했다. "당시 우리는 자주 대화하고 작업했다. 그가 어떤 흔들리지 않는 확고함으로 자신의 이념을 대변했는지, 어떤 완고한 확신과 변증법을 가지고 자신이 원하는 것을 단호하게 관철했는지, 정말 대단했다."[5] 카자크는 구스타프 키펜호이어 출판사에서 『바알』의 인쇄를 관철했다. 1922년 『바알』의 유명한 두 초판이 연이어 나왔다. 첫 번째는 800부 한정판으로 나왔고, 두 번째는 이름을 표기하지는 않았으나 표지에 카스파어 네어Caspar Neher의 그림이 실린 정식 도서였다. 브레히트의 공동 작업자 엘리자베트 하웁트만Elisabeth Hauptmann이 보고하듯이 브레히트는 키펜호이어와 몇 년간 유효한 계약을 체결했다. 그 계약에 따르면 "매달 인세를 주되 정산은 연말에 하기로 했다. 덕분에 작업이 훨씬 수월해졌다." 이 두 초판에서 "같은 저자"가 이미 『가정기도서』를 예고했다. 브레히트는 작품을 이미 끝냈지만, 작업 과정 중에 원래 키펜호이어와 합의한 것과는 전혀 다른 책 형태가 머리에 떠올랐다. 그는 시와 노래들을 "차라리 작은 신약 성경이나 얇은 인쇄용지의 찬송가 책 판형으로" 인쇄하고 싶어 했다. "모든 것을 꼼꼼하게 시험해 보았다." 텍스트 부분은 푀셀 운트 트레프테 사에서, 악보 부분은 라이프치히의 C. G. 뢰더 사에서 인쇄했다. 그러나 작품 제목은 더 이상 『가정기도서』가 아니라 『베르톨트 브레히트의 포켓 기도서』(안내서, 노래 악보, 부록 수록. 1925. 구스타프 키펜호이어 출판사, 포츠담)였다. 표지 뒷장에는, 이 작품은 작가의 요청으로 일회성

비매품 자비 출판본으로 25부가 제작되었다고 적혀 있었다. 두 단으로 배열되고 검은색으로 인쇄되었는데, 제목은 붉은색이었고, 가철본은 부드러운 가죽으로 제본되었다. 1년 후 『가정기도서』가 나왔는데, 키펜호이어가 아니라 베를린의 프로필레엔 출판사에서 나왔다. 엘리자베트 하웁트만은 이렇게 기억한다. "키펜호이어 출판사에 새로 자금이 들어왔다. 이 자금이 반동적이고, 「죽은 병사의 전설」의 출판에 반대했다*는 사실이 밝혀졌다. 논쟁이 벌어졌다. 브레히트는 시종일관 강경했다. 키펜호이어와의 계약은 파기되었고, 이와 함께 세 출판물[6]에 대한 권리가 브레히트에게 반환되었다. 브레히트는 그 권리를 프로필레엔 출판사(울슈타인)와 체결한 새 계약에 넣었다. 그러나 이 이야기는 또 다른 이야기다. 프로필레엔 출판사는 '포켓 기도서'라는 제목이 너무 엉뚱하다고 보았고, 그래서 브레히트는 간단히 '가정기도서'로 하기로 합의했다."[7]

출판인들은 그와 일하기 쉽지 않았다. 『시도』 연작은 "반동적인" 자금에도 불구하고 키펜호이어에 남아 있었다. 1932년에 게오르게 그로츠George Grosz의 스케치 25

---

*『가정기도서』에 수록된 이 시가 당시 빌헬름 시대의 현실
을 신랄하게 풍자했기 때문인 듯하다.

점이 수록된 6집이 나왔다. 1933년에는 「어머니」와 함께 7집이 나왔으며, 8집은 교정쇄 이상으로 나아가지 못했다. 프로필레엔 출판사는 『한밤의 북소리』와 『도시의 정글 속에서』와 마지막 작품 『남자는 남자다』를 관리했다. 그 후 브레히트의 작품 출판 역사에서 파리, 런던, 모스크바, 뉴욕의 망명지 출판이 시작된다.

②

빌란트 헤르츠펠데: 첫 전집

빌란트 헤르츠펠데는 1917년 설립된 말리크 출판사의 출판인이다. 그는 1933년 망명을 떠나 런던에서 말리크 출판사를 세우고 프라하에 지사를 두었다. 헤르츠펠데는 1938년 브레히트의 작품을 새로 모아 네 권의 전집으로 내는 어려운 일을 하려고 했다. 1938년에 첫 두 권이 나왔다(1권: 『서푼짜리 오페라』, 『마하고니 시의 흥망성쇠』, 『남자는 남자다』, 『도살장의 성 요한나』, 2권: 『둥근 머리와 뾰족 머리』, 『어머니』, 『예라고 하는 사람 아니오라고 하는 사람』, 『예외와 규칙』, 『호라치 사람들과 쿠리아치 사람들』, 『조처』, 『까라 부인의 총』). 이 전집에는 "저작권: 1938년 말리크 출판사, 런던 C. C. 1 빌란트 헤르츠펠데(독일). 인쇄: 프라하의 하인리히 머시 존 인쇄"라고 적혀 있다. 교정 과정은 복잡했다. 덴마크 망명 중이었던 브레히트가 프라하에서 인쇄되는 텍스트를 급히 교정하고 싶어 했기 때문이다. 브레히트는 스벤보르에서 프라하의 헤르츠펠데에게 편지해 "이 어려운 시기에" "제게 몹시도 소중한 역사적인 위대함의 몸짓을 의미하는" 수표를 보내 준 것에 고마움을 표시한다. 브레히트는 헤르츠펠데가 책을 출판하기를 기다리려고 했지만, 『스벤보르 시집』의 특별판이 시급하다고 생각했다. 이 편지에서 브레히트는 "사람은 서로 도와야 한다"고 주장했다. 그러나 다음 문장에서 벌써 이렇게 쓰고 있다. "다른 작품을 인쇄하느라 프라하의 인쇄업자가 교정을 확인하지 않았다는 걸 잊지 마세요. 그러니까 지금 조판된 작품은 끝까지 다 교정된 버전이 아닙니다."[8] 여기서 우리는 덴마크에서 브레히트가 교정을 독촉했을 때 프라하의 헤르츠펠데가 무슨 생각을 했을지 추측할 수 있다.

전집의 2권에는 3권을 예고하는 글이 실렸다. 3권에는 다음 텍스트가 실릴 예정이었다. 『독일, 잔혹 동화』(말 그대로!), 『바알』, 『영국 왕 에드워드 2세의 생애』, 『도시의 정글 속에서』, 『한밤의 북소리』.

4권에는 『가정기도서』, 『세 병사』, 『도시인을 위한 독본』, 『노래, 시, 합창』(1933년), 『망명 시집』이 실릴 예정이었다.

헤르츠펠데는 3권과 4권의 인쇄를 마치고 제본을 하고 있다고 전했다. 그러나 이 책은 주데텐 지역에 진군한 히틀러 군대의 손에 들어가고 말았다. 작가 프란츠 퓌만Franz Fühmann은 라이헨베르크의 노동자 서점에서 전집 네 권을 보았다고 한다. 그러나 헤르츠펠데와 브레히트는 보지 못했다. 하지만 브레히트는 망명 중이었는데도 3권과 4권의 교정쇄를 구해 냈다. 그것은 현재 베르톨트 브레히트 문서보관소의 소중한 자료이다.

헤르츠펠데는 작품집을 인쇄하며 두 가지 점에 대해 브레히트를 설득할 수 있었다. 브레히트는 전집에 '시도'라는 명칭을 붙이고 싶어 했다. '작품'이라는 개념이 너무 최종적인 느낌을 준다고 생각했기 때문이다. 헤르츠펠데는 이렇게 기억한다. "나는 '시도'라는 개념으로 책을 내지 않을 때가 되었다고 생각했다. 출판인으로서의 내 경험에 비추어 사람들이 '시도'를 전문가 그룹의 어떤 일로 이해할 수 있다고 우려했기 때문이다. 나는 그를 설득할 수 있었다." 두 번째 점을 설득하기는 더 어려웠다. 브레히트는 모든 글자를 소문자로 표기하기를 원했다.*

---

* 독일어는 명사의 첫 글자를 대문자로 표기한다.

그러나 결국 "소문자 표기는 독자가 문학적 생산물을 멀리하게 만드는 또 하나의 방식"⁹이라고 생각한 출판인이 이겼다. 헤르츠펠데의 논거는 계속 영향을 미쳐, 편지에서 소문자를 썼던 브레히트는 작품 인쇄에서 소문자 표기 문제를 다시는 꺼내지 않았다.

    1938년에 전집 두 권 200부가 출간되었다. 헤르츠펠데는 자신과 가족의 뉴욕행 경비를 마련하기 위해 1939년 5월 남은 책을 다른 책들과 함께 팔아 버렸다. 뉴욕에서 그는 '아우로라 출판사 뉴욕'이라는 작가 출판사를 세웠다. 이 출판사의 소유주이자 창업자로 에른스트 블로흐, 알프레트 되블린, 리온 호이히트방거, 하인리히 만Heinrich Mann 외에 베르톨트 브레히트도 이름을 올렸다. 1943년 12월 설립된 이 출판사는 1945~1947년에 열두 권의 책을 선보였다. 그중에는 브레히트의 책도 한 권 들어 있었다. 『제3제국의 공포와 참상』이었다. 그 후 헤르츠펠데는 1948년 귀국 경비를 마련하기 위해 다시 출판사를 정리해야 했다.¹⁰

3

브레히트와 주르캄프

브레히트는 『작업일지』에서 1945년 5월 8일 독일 항복이라는 엄청난 사건에 대해 이렇게 논평한다. "나치 독일이 아무 조건 없이 항복한다. 새벽 여섯 시 라디오에서 대통령이 연설한다. 나는 귀를 기울이면서 꽃이 만발한 캘리포니아의 정원을 바라본다."[11] 『갈릴레이의 생애』 작업 역시 브레히트의 작품 탄생이 얼마나 시대사와 밀접하게 연결되어 있는지 보여 준다. 1945년 10월 브레히트는 주르캄프와 인연을 맺게 된다. 그는 정치적, 전기적, 작품사적, 도덕적, 언어적인 관점에서 논문 한 편 감이 되기에 충분한 편지를 쓴다. 그 편지를 인용한다. "선생님의 편지는 독일에서 온 첫 편지입니다. 선생님은 제가 독일에서 마지막으로 만난 사람 중 하나였지요. 저는 국회의사당 방화 사건 후 선생님 집에서 기차를 타러 갔습니다. 도주할 때 선생님이 도와주신 것을 잊지 않았습니다.*

우리는 비자를 기다리면서 덴마크에 5년, 스웨덴에 1년, 핀란드에 1년 있었고, 지금 4년째 미국 캘리포니아에 머물고 있습니다. 당연히 저는 그동안 많은 작품을 썼습니다. 그중 몇 작품을 우리가 함께 작업할 수 있기를 바랍니다(이참에 말씀드리는데, 기회가 될 때마다 알려 주세요. 제 입장 표명이 없으면 옛날 작품이든 새 작품이든 좀 큰 작품은 절대 공연할 수 없다고요. 제가 강력하게 요구한다고요. 모든 것은 고칠 필요가 있습니다)."[12]

주르캄프는 날짜가 없는 한 편지에서 이렇게 답변한다. "작가님이 주신 이 첫 편지에 매우 기뻤습니다. 저는 늘 기본적으로 우리가 언젠가 다시 만나리라는 걸 알고 있었지만, 제가 그때를 못 볼 수도 있다고 두려워한 시기가 있었습니다. 이제 저는 그 시점이 너무 멀지 않기를 진심으로 바랍니다. 그동안 저는 여기서 출판사 일을 다시 할 수 있었습니다. 제가 어떤 실질적인 어려움을 겪고 있는지, 특히 어떤 기술적인 어려움을 겪고 있는지 작가님은 거기서 상상도 할 수 없을 겁니다." 그동안 베를린에

---

* 주르캄프는 나치의 감시를 받던 브레히트와 그의 아내 헬레네 바이겔에게 출국 전날 자신의 집을 제공해 그들이 무사히 망명을 떠날 수 있게 도와주었다.

서 『서푼짜리 오페라』가 공연되었다. 브레히트는 『작업일지』에 이 사실을 기록해 놓았다. 이제 주르캄프는 브레히트가 첫 편지에서 원한 것을 하기 위해 위임장을 부탁했다.

날짜가 적히지 않은 다음 편지에서 브레히트는 주르캄프에게 위임장을 보냈다. "저는 선생님이 부정적인 대답을 하기 쉽도록 위임 범위를 제한했습니다. 그것이 필요한 경우가 많으리라는 걸 너무나 잘 상상할 수 있기 때문입니다. 독일 극장의 재건을 즉흥적으로 할 수는 없는 노릇이지요." 그 외에 브레히트는 검증된 작품 『억척어멈과 그의 자식들』 공연을 제안한다. 물론 헬레네 바이겔 Helene Weigel을 주인공으로 불러야 한다고 했다.[13]

1946년 4월 3일 주르캄프의 답장에서 벌써 생각의 차이가 드러난다. 『서푼짜리 오페라』에는 펠릭스 블로흐 에르벤 Felix Bloch Erben과 체결한 옛 계약이 존재하는데, 에르벤은 펠릭스 블로흐 에르벤 출판사에 모든 권한을 양도했다. 주르캄프는 브레히트에게 공연을 어느 정도 감독하는 권한을 달라고 부탁했다. '정산', 그러니까 원고료는 전적으로 펠릭스 블로흐 에르벤에게 맡길 생각이었다. 얼마 후 4월 15일 주르캄프는 브레히트에게 다른 어려움을 털어놓는다. 『억척어멈과 그의 자식들』에 공을 들였지만, 이 작품에 대한 권리가 바젤의 라이스 출판사에 있다는 것이 밝혀졌기 때문이다. 라이스 출판사는 독일 대리인인 친넨 출판사, 뮌헨의 쿠르트 데슈Kurt Desch에게 권리를 양도했다. 여기서 문제가 되는 것은 『억척어멈과 그의 자식들』뿐 아니라 『갈릴레이의 생애』와 『사천의 착한 사람』이다. 주르캄프는 강력하게 해명을 요구한다. "작가님 작품에 대한 수요가 매우 크기 때문입니다."

브레히트는 문제를 직접 해결하려고 나섰다. 그는 블로흐 에르벤이 『서푼짜리 오페라』에 더 이상 권리가 없음을 증명하기 위해 한 독일 변호사에게 편지를 썼다.[14]

1947년에는 별다른 변화가 없었다. 헬레네 브레히트 바이겔은 구호 물품 꾸러미를 보내고, 바이겔과 주르캄프가 1947년에 주고받은 인상적인 편지들이 있다. 주르캄프는 1947년 5월 7일 바이겔에게 이렇게 편지했다. "저는 브레히트같이 앞으로 어떻게 될지 궁금한 사람이 없습니다." 이 편지 왕래에는 브레히트 가족이 미국에서 스위스로, 거기서 다시 독일로 가져오려는 수화물 '인도 신청서'도 있다. 수화물은 열세 개인데, 그중에는 책 두

상자와 책을 담은 여행 가방 두 개도 들어 있었다.[15]

1948년 3월 17일 주르캄프는 취리히로 돌아온 브레히트에게 처음으로 편지를 보냈다. 주르캄프는 계약과 관련해 브레히트의 답변을 다시 요구했다. 그런데 주르캄프에게 새로운 어려움이 또 나타났다. 주르캄프의 말을 들어 보자. "우선 아우프바우 출판사의 통지입니다. 그 통지에 따르면, 아우프바우 출판사는 이전의 말리크 출판사, 현재 아우로라 출판사 뉴욕의 모든 작품을 한 부서로 편입했으며, 이와 함께 독일에 있는 작가님 작품들에 대한 출판사의 권리를 소유하게 되었다고 합니다. 여기서 작가님이 취리히에서 제게 한 말과 모순되는 사실이 있습니다. 작가님은 빌란트 헤르츠펠데에게 절대적인 의무감을 느끼지만, 아우프바우 출판사의 그러한 일괄 인수에는 반대할 거라고 하셨어요." 주르캄프는 브레히트를 압박할 생각도, "어떤 방식으로든 제 출판사로 오라고 강요할" 생각도 없었다. 그러나 권한이 없다면 주르캄프가 어떻게 공연을 감독할 수 있겠는가? 1948년 주르캄프는 브레히트에게 이렇게 편지했다. "지난번 편지를 보냈는데 아직 답을 받지 못했습니다. 작가님의 독일 대리 문제가 갈수록 복잡해지지 않았다면 그래도 초조하지 않았겠지요. 이렇게 계속 갈 수는 없어요. 작가님이 직접 최종적으로 해결해야 합니다…… 그러니까 우리가 어떻게 행동해야 하는지 제발 지금 얼른 답을 주세요." 브레히트는 바로 답장했지만, 주르캄프의 절박한 질문에는 답을 주지 않았다. 오히려 자신이 스위스 출판인 오프레히트Emil Oprecht와 라이스Kurt Reiss와 협상하고 있음을 주르캄프에게 알렸다. 브레히트의 말을 들어 보자. "제가 듣기로, 선생님도 바젤의 라이스를 곧 만날 거라던데요? 그때 판매와 관련해 최종 합의를 하실 수 있지 않을까요? 라이스는 여기서 제게 인세를 지불할 수 있을 겁니다. 그것은 엄청나게 중요합니다, 잘 아시겠지요." 인세, 그것은 '엄청나게 중요하다'는 것이다.

같은 해 1948년 9월 브레히트는 주르캄프에게 다시 편지했다. 그는 『시도』 연작을 계속하고자 한다. 이 연작은 그에게 "출판과 관련해 어떤 자유"를 주었는데, "이 책 출판에서도" 자유를 주었다고 했다. "이렇게 해서 저는 빌란트 헤르츠펠데에게도 약속을 지킬 수 있지요. 그러니까 이미 망명지에서 큰 희생을 무릅쓰고 전집 출판을 시작한 헤르츠펠데는 전집을 얻게 되는 겁니다." 브레히트는 『시도』, 그러니까 그의 "주저主著"를 주르캄프와 함께 만들려고 했다. 그 외의 문제는 구두로 해결했다. 1949년 2월 7일 편지에 "베르톨트 브레히트와의 합의 각서"가 언급된다. 각서에 따르면 『시도』는 주르캄프에서만 제작되어야 한다. 새로 출간해야 할 전집 역시 주르캄프가 담당하지만, 동베를린의 아우프바우 출판사가 독일민주공화국*에서 출판되는 작품의 라이선스를 갖기로 했다. 무대에 대한 권리는 일단 스위스에서 계속 관리하기로 했다. 주르캄프는 1949년 『시도』 작업을 시작한다. 여기서 나온 브레히트의 첫 출판물이 『시도』 9집으로, 『억척어멈과 그의 자식들』(1949년)이 주르캄프 출판사(구 S. 피셔 출판사)가 저작권을 보유한 것으로 표시되어 나왔다. 이 작품은 『시도』 10집 『푼틸라 씨와 그의 하인 마티』와 같은 표지로 인쇄되어 나왔다. 11집 『가정교사』는 이미 새 주르캄프 출판사에서 나왔다. 그동안 주르캄프와 베르만 피셔 출판사의 분리가 끝나 1950년 7월 1일 새 주르캄프 출판사가 설립되었다. 출판사 역사에서 중대한 결정 중 하나가 아주 쉽게 이루어진다. 주르캄프는 1950년 5월 17일 브레히트에게 편지를 보낸다. 편지의 3분의 2는 바를라흐Ernst Barlach의 작품 『라체부르크 백작』의 '베를리너 앙상블' 공연에 브레히트를 끌어들이는

---

*1990년 통일 이전 동독을 말한다.

것을 목표로 하고 있다. 주르캄프는 편지 끝에 이렇게 쓴다. "전혀 다른 문제가 또 있습니다. 제가 S. 피셔 출판사에서 나올 때 작가님이 작품과 함께 제 출판사에 남는다고 알고 있습니다. 그러나 이를 증명하는 공식 문서가 없습니다. 모쪼록 이 문서를 가능한 한 빨리 보내 주시기 바랍니다." 그 요청에 따라 브레히트는 "베를린, 1950년 5월 21일" 날짜로 짧게 편지한다. "친애하는 주르캄프, 당연히 저는 어떤 상황에서도 선생님이 운영하는 출판사에 있고 싶습니다. 브레히트." 그런 편지는 모든 출판인의 로망이다! 1950년의 나머지 편지 왕래는 『시도』의 마무리를 논의한다. 1951년 주르캄프는 브레히트에게 오스트리아에서 작품 출판과 공연을 할 권한도 달라고 요구한다. 1951년 2월 21일 엘리자베트 하웁트만이 브레히트의 위임을 받아 이렇게 답장한다. "브레히트는 선생님이 오스트리아에서 그의 작품 판매에 관한 권한을 넘겨받는 데 동의합니다······ 조건은······ 브레히트가 모든 계약 체결 전에 내용을 통보받고 승인해야 하며······ 브레히트가 유럽에서 아직 직접 무대에 올리지 않은 작품, 혹은 그가 공연을 허가하지 않은 작품은—여기에는 『갈릴레이의 생애』, 『코카서스의 백묵원』, 『사천의 착한 사람』, 『도

살장의 성 요한나』, 『슈베이크』가 속합니다—자유롭게 공연할 수 없다는 기본 원칙이 오스트리아에도 적용됩니다. 그 대신 『억척어멈과 그의 자식들』은 어디서나 공연할 수 있습니다."

1951년의 편지 왕래에는 기본적으로 새로운 내용은 없다. 다만 『억척어멈과 그의 자식들』이 그렇게 간단히 공연될 수 없다는 사실이 밝혀진다. 데슈가 이전 계약을 제시했기 때문이다. 그 외에는 주로 지불을 요구하고 송금을 했다는 내용이다. 그리고 9, 10, 11집만 나와 있는 브레히트의 '주저' 『시도』를 되짚어 보충하기 위해, 빠져 있는 『시도』 1~8집을 두 권의 모음집으로 출판하는 문제가 제기된다. 주르캄프는 그 작업을 한다. 이 두 모음집(1959년에야 출판되었다)을 준비하는 중 엘리자베트 하웁트만이 1951년 11월 11일 편지에서 에센 시립극장 극장장이 브레히트의 『영국 왕 에드워드 2세의 생애』를 공연하고 싶어 한다고 알려 왔다. 하웁트만의 말을 들어 보자. "이 문의를 받고 우리는 브레히트의 초기 희곡 『바알』, 『한밤의 북소리』, 『영국 왕 에드워드 2세의 생애』, 『도시의 정글 속에서』, 『남자는 남자다』를 묶은 책 출간에 관한 아이디어를 기억해 냈습니다. 브레히트는 이 다섯 편이 이를테면 그의 '희곡 전집' 1권으로 나올 수 있다고 생각했지요. 그는 이제 『가정기도서』가 나올 때가 되었다고 생각합니다."

1951년 11월 29일 답장에서 주르캄프는 '초기 희곡' 한 권을 내자는 아이디어에 불만을 표시한다. 그가 『시도』의 두 모음집을 전집의 한 부분으로 생각하기 때문이었다. 1951년 12월 4일 편지에서 엘리자베트 하웁트만은 브레히트가 두 가지를 원한다고 말한다. "브레히트는 『시도』의 두 권과, "그것과는 별개로 '희곡 전집', 그러니까 희곡만을 생각하고 있어요. 그는 언급한 초기 희곡 다섯 편이 1권이 돼야 하는데, 혹시 『시도』와는 전혀 다른 판형, 이를테면 '고전 작가(와 마땅히 고전 작가가 되어야 하는 작가들) 전집'처럼 나올 수 있는지 생각했습니다." 하웁트만은 이 책의 텍스트는 이미 준비되어 있어서 "브레히트가 손을 더 댈 필요가 없다"고 했다. 그러나 그것은 하웁트만의 착각이었다.

주르캄프는 1951년 12월 14일 편지에서 다시 이 제안을 거부한다. 주르캄프의 주장을 들어 보자. "『시도』는 내용상 배열이 통상적이진 않으나 작품집의 한 형태이지요. 브레히트는 『시도』에 실린 작품들을 『시도』에서 빼내 『희곡 전집』으로 내야 한다고 절대 생각하지 않을 겁니다. 아무튼 저는 유감입니다." 하웁트만이 주르캄프에게 보낸 1952년 1월 9일 편지에서 결정이 내려진다. "지금 브레히트는 두 가지 작품집을 생각하고 있어요. 일종의 작품집과, 희곡 모음으로 시작되어야 하는 '고전 작가 전집'이지요. 이런 이유로 『시도』의 두 모음집은 다른 『시도』와 같은 판형이어야 하며, 반면 고전 작품집은 고전적인 판형이어야 합니다······ 브레히트는 판형, 특히 이 고전 작품집의 장정을 중요하게 생각하지요. 이 문제를 논의하기 위해 선생님이 바로 베를린에 다시 오신다면 좋을 것 같습니다······ 초기 시와 관련해서도 아우프바우에서 나온 시집보다 훨씬 더 포괄적인 '시 전집'을 준비할 수 있다면 멋질 거예요" 주르캄프는 생각을 바꿔 브레히트의 소망을 들어 준다. 물론 일이 빨리 진행될 수는 없었다. 장정과 판형, 타이포그래피를 브레히트와 꼼꼼하게 의논하고 견본을 보냈다. 브레히트는 타이포그래피에서 표준으로 삼아야 할 옛 고전 작가 작품집의 복사물을 보냈다. 브레히트와 긴밀히 협조해 최종 타이포그래피가 확정되었는데, 빽빽하지 않고 아주 여유롭게 짜였다. 브레히트의 소망에 따라 전집은 최소한 다섯 권은 나와야 했기 때문에 첫 희곡집의 타이포그래피는 여유로워야 했다. 1953년 8월 19일 브레히트는 주르캄프에게 이렇게 전보한다. "'첫 희곡'이 '초기 희곡'보다 훨씬 좋음. 고친 보람이 있음." 마침내 '초기 희곡'이라는 제목의 400쪽짜리 책 한 권이 아니라, 각각 300쪽의 책 두 권이 나왔다. 『첫 희곡』 출간이 일을 계속 추진하는 자극제가 된 듯하다. 브레히트는 "저 자신은 『첫 희곡』 판형에 반했습니다, 정말 감사합니다"라고 편지한다. 1953년의 편지에서는 이렇게 말한다. "『첫 희곡』은 아주 멋지게 나왔습니다. 얼마나 멋진지 우리가 이 시리즈를 어서 계속 낼 수 있으면 좋겠다고 생각했지요. 우리나라에서는 작가의 의미를 센티미터 자로 재기 때문만은 아니지요. 도대체 왜 『시도』 1~8집 대신 희곡만 인쇄했을까요? 이론편을 덧붙이는 것은 어떨까요? 거기에 시 편도 덧붙이는 것은요?" 감격한 나머지 브레히트는 이렇게 문헌학적으로 무리한 전집 계획을 가볍게 던졌다. 처음에는 생각할 수 없었지만 희곡집 출간은 계속하려고 했다. 1956년 8월 14일 브레히트 사망 당시 희곡집은 두 편이 더 출간되어 있었다. 주르캄프는 브레히트 추도사에서 이렇게 말한다. "우리 출판사는 브레히트 작품의 보존과 관리에 힘을 쏟을 것입니다. 그의 죽음으로 브레히트는 현시대의 논쟁으로부터 자유로워졌습니다. 이제야 비로소 이 시인의 위대함을 깨달은 사람이 많을 것입니다. 브레히트는 그사이 외국에서 높은 위치에 올랐지요. 전 세계 비평이 입을 모아 그를 가장 중요한 동시대 희곡 작가로 꼽고 있습니다. 우리는 『희곡 전집』과 『시도』 전집 출간을 속도를 내서 계속 추진할 것입니다."[16]

④

전집

비록 희곡 전집에 국한되지만 여기서 처음 공개적으로 전집 이야기가 나온다. 브레히트의 사후 출판사가 해야 할 과제는 분명했다. 지금 중요한 작품은 마무리되었고, 이제 그것을 모아 전집으로 출판해야 했다. 1922년경부터 브레히트와 함께 일했던 "최고의 공동 작업자" 엘리자베트 하웁트만이 출판을 주관했다. 브레히트는 그녀를 두고 "내가 아는 가장 믿을 수 있고 가장 유능한 사람 중 하나"[17]라고 했다.

'편집: 엘리자베트 하웁트만'으로 표시된 첫 권은 『첫 희곡』의 신판으로 1957년 4천~6천 부가 출간되었다. 이 새 전집에서 중요한 것은, 작품을 선별하고 전체적으로 검토하고 개선하는 것이 아니라, 가능한 한 전체를 완전하게 수록하는 것이었다. 최소한 다섯 권을 내려는 의도에서 나온 이 전집은 하웁트만 사망 시 총 39권이 출간되었으나 여전히 완성되지 않았다. 이 판본은 분야별로 분류되었다. 시 1~10권, 산문 1~5권, 문학과 예술에 대한 글 1~3권, 정치와 사회에 대한 글 1권, 극장에 대한 글 1~7권, 희곡 1~14권.

각 분야를 가능한 한 완전하게 하는 것이 주요 목표였기 때문에 이 작품집에서는 겹치거나 이중으로 인쇄되는 것을 피할 수 없었다. 그래서 10년의 세월이 흐르면서 이 작품집은 일목요연하지 않고 이용하기에 너무 불편해졌다.

1955년, 그러니까 1953년 『첫 희곡』이 나오고 2년 후 동베를린의 아우프바우 출판사에서 마찬가지로 『첫 희곡』이 나왔다. 그때까지 소수의 전문가만 알고 있던 편집 문제가 이 순간부터 명백하게 드러나면서 당시 정치적인 동서 문제의 조명 속으로 들어왔다. 권 수가 늘어나는 주르캄프 판은 아우프바우 판과 비교해 언제나 불리했다. 우리 작품집이 많은 사람이 좋아하는 동베를린 아우프바우 출판사의 아마포 장정이 아니었기 때문이 아니다. 우리는 우리 하드커버 책의 "특히 질긴" 표지 종이가 오로지 브레히트가 원했던 대로(그리고 페터 주르캄프의 힘든 수고 끝에) 초록빛이 도는 색조로 특별히 염색되었다고 자부할 수 있다. 이는 원하지 않았으나 나중에 분야마다 다른 색깔을 입히는 결과를 가져왔다. 불리했던 이유는, 아우프바우 판이 기본적으로 가격이 저렴했기 때문도 아니었다. 실제로 누구나 동베를린의 모든 서점에서 아마포 제본 책을 매우 저렴한 가격에 살 수 있었다. 아우프바우 작품집이 뛰어난 것은 텍스트 차이 때문이었다. 엄밀히 말해서, 아우프바우 판본은 텍스트 차이뿐 아니라, 가격이 더 저렴한데도 불구하고 개선과 교정, 확장, 보완을 통해 우리 작품집보다 여러 면에서 더 풍성하다는 장점이 있었다. 이는 당연히 우리와 아우프바우 출판사 간에 체결한 계약을 위반하는 것이었다. 계약에 따르면, 아우프바우 출판사는 이 기간 같은 텍스트 판본을 낼 의무가 있었다. 현재와 앞으로 나올 모든 동베를린 작품집은 우리 프랑크푸르트 주르캄프 출판사로부터 위임받은 라이선스 작품집이기 때문이다. 하지만 동베를린의 작품집은 우리 작품집보다 나중에 나왔기 때문에 브레히트가 원하는 수정을 하고, 편집자들이 우리 작품집의 잘못을 고칠 시간이 있었다. 『첫 희곡』의 이 첫 아우프바우 작품집에는 우리 작품집과 다르게 나중에 유명해진 브레히트의 서문 같은 현저한 변화를 반영했다. 주르캄프 출판사에서 『첫 희곡』이 출간되자 브레히트는 1954년 3월 '나의 첫 희곡들을 검토하며'라는 서문을 썼다. 브레히트는 주르캄프 판본으로 작품을 읽고, 아우프바우 판본을 위해 수정을 한 것이다. 희곡 『바알』 앞에 붙인 '위대한 바알 찬미가'는 18연이지만, 우리 작품집에서는 14연이고, 우리가 출판한 『가정기도서』에서는 9연이었다. 아우프바우 출판사에서 나온 바알 텍스트는 우리 판본의 텍스트와 달랐다. 브레히트는 우리 판본의 텍스트를 '첫 집필' 텍스트로 표시하고, 첫 장면과 마지막 장면을 수정했다. 브레히트는 이렇게 말했다. "그 외에는 희곡을 있는 그대로 둔다. 고칠 힘이 없기 때문이다. 인정한다(그리고 경고한다). 이 희곡에는 지혜가 결여되어 있다."[18]

마찬가지로 브레히트는 아우프바우 판본을 위해 『한밤의 북소리』도 새로 개작했다.

두 작품집이 비교되면서 당장 반응이 나타났다. 항의가 빗발치듯 쏟아졌다. 브레히트 출판으로 비판받으면서 우리의 고난의 길이 시작되었다. 우리는 늘 정치적인 동기와 검열과 착복 의심을 받았으며, 우리가 우리 판본 구매자를 속여 이득을 취한다거나 구매자들이 계속 손해를 보게 만든다는 불평이 제기되었다.

⑤

브레히트의 작업 방식

1955년 『첫 희곡』의 아우프바우 판본이 나오면서 비판의 목소리가 갈수록 커지자 대중, 적어도 점점 증가하고 있던 정확한 브레히트 독자들은 작가의 독특한 작업 방식에도 주목하게 되었다. "모든 것은 고칠 필요가 있다"는 브레히트 창작의 좌우명이었다. 그의 작업은 변화를 목표로 삼았는데, 그 목표는 정적인 목표가 아니라 계속 영향을 미치는 과정이었다. 그는 말한다. "진정한 진보는 진보된 것이 아니라 진보하는 것이다"[19]라고. 브레히트는 1920년대 중반부터 자신의 저술 활동 결과를 '시도'라고 불렀는데, 리온 포이히트방거는 이를 두고 이렇게 말했다. "그가 자신의 희곡을 '시도'라고 부른 것은 겸손한 척하기 위한 것이 아니다. 이 희곡들은 실제로 그의 내면세계를 관객에게 항상 다르고 새로운 방식으로 보여주려는 '시도'였다. 그는, 작가는 모름지기 아르키메데스Archimedes, 베이컨Francis Bacon, 갈릴레이Galileo Galilei가 그랬듯이 실험을 해야 한다고 생각했다."[20] 브레히트가 많은 사람을 위해 했던 두 발언을 보자. 1930년에 나온 『시도』 1집 머리말에서 브레히트는 이 개념을 이렇게 정의했다. "『시도』의 출판은 특정 작업이 더 이상 개인적인 체험이어서는(작품의 성격을 가져서는) 안 되고, 오히려 특정 연구소와 기관의 사용(개혁)에 더 초점을 맞추는(실험적 성격을 갖는) 시점에 이루어진다. 그 목적은, 여러 갈래로 갈라진 시도들을 부단히 그 연관 관계에서 설명하는 것이다."[21] 시도와 실험은 브레히트의 작업에서 중요한 기본 개념이 되었다. 1956년, 그러니까 브레히트가 사망하기 6개월 전 작가 회의 연설 메모에는 이렇게 적혀 있다. "새로운 세상을 예술적으로 우리 것으로 만들고자 한다면 우리는 새로운 예술 수단을 창조하고, 옛 예술 수단을 개조해야 한다. 오늘날 클라이스트와 괴테, 실러의 예술 수단은 연구해야 하지만, 우리가 새로운 것을 묘사하려고 할 때 그 수단은 더 이상 충분하지 않다. 예술의 실험은, 우리 나라를 바꾸고 새로 만드는 혁명적인 정당의 끊임없는 실험에 부응해야 한다. 그 실험은 정당의 실험처럼 대담하고, 정당의 실험처럼 불가피하다. 실험을 거부하는 것은 이미 이룬 것에 만족한다는 의미이며, 그것은 뒤처진다는 의미이다."[22]

이러한 견해에서 독특한 작업 태도와 독특한 작업 방식이 나온다. 여기서 브레히트의 작업 태도와 방식의 특징을 설명해 보겠다. 가장 눈에 띄는 점은 친구, 방문객, 전문가 들을 느닷없이 공동 작업자로 만든다는 것이다. 빌란트 헤르츠펠데는 "그는 사람들을 공동 작업자로 만들면서 그들을 친구로 만들었다"고 말했다.[23] 브레히트가 '공동 작업자'라고 부른 사람의 이름을 50명은 너끈히 댈 수 있다.[24] 공동 작업자로서 자질이 없는 사람은 지인 그룹에서 지워졌다. 그의 『작업일지』를 통해 잘 알려진, 미국 망명 중의 브레히트의 태도는 매우 흥미롭다. 브레히트는 헤르베르트 마르쿠제Herbert Marcuse와 레온하르트 프랑크Leonhard Frank 같은 인물과의 관계가 메마르고 비생산적이라고 하소연한다. 토마스 만과의 언쟁은 유명하다. 브레히트는 "3천 년이 그를 내려다보는 것 같았다"고 했지만, 이 "문화 담당자의 결연한 비참함"에 무력감을 느낄 때가 많았다. 토마스 만은 "그렇다, 독일에서 5천만 명이 죽어야 한다"고 했는데, 브레히트는 이 발언을 "잔인하다"고 보았다. 그때부터 더 이상 관계가 없었다.[25] 아주 예외적인 경우를 제외하고 브레히트는 중요한 미국 작가들과 교제하지 않았다. 그는 헤밍웨이, 드라이저Theodore Dreiser, 스타인벡John Steinbeck, 포크너William Faulkner, 토머스 울프Thomas Wolfe의 진가를 알지 못했으며, 가끔 더스 패서스John Dos Passos를 언급할 뿐이다. 동화同化를 잘하는 브레히트의 정신은 작품에서 소재로 사용할 수 없는 자극에는 눈을 감았다. 당연히 언어적 장애도 있었다. 미국 체류 6년 동안 브레히트는 영어를 배우려고 하지 않았다. 1947년 9월 19일 '반미 활동 조사위원회'에 소환되었을 때 그가 보여 준 영어 발음은 아우크스부르크 김나지움에서 배웠던 발음 그대로였다. 브레히트는 자신에게 유용한 것을 자기 것으로 만들었다. 낯선 것은 기껏해야 기록할 뿐이다. 세기를 여는, 가장 급진적이고 가장 중요한 제임스 조이스의 문학적 혁신의 성과를 대하면서는 그저 되블린의 발언을 되풀이하고, 루카치György Lukács와 표현주의 및 사실주의 논쟁을 벌이며 상투적으로 "지드, 조이스, 되블린"으로 조이스를 뭉뚱그려 언급했다.[26] 프란츠 카프카에 대해서는 이미 1928년에

"정말 진지한 현상"으로 보았으나, 브레히트는 칭찬보다는 비판이 더 많이 담긴 짧은 경의 표시에서 "여기서 **결코 본보기로 삼아야 할 모델을 제안하는 것이 아니**"[27]라고 느꼈다. 어쩌면 이 시대 문학의 가장 위대하다고 할 수 있는 현상에 브레히트는 감동을 느끼지 않았다. 작곡가 쿠르트 바일Kurt Weil, 파울 힌데미트Paul Hindemith, 한스 아이슬러Hanns Eisler, 파울 데사우Paul Dessau, 루돌프 바그너 레게니Rudolf Wagner-Régeny와의 공동 작업 역시 마찬가지였다. 작곡가들이 작가 브레히트나 희곡 텍스트를 더 이상 따르려고 하지 않거나, 브레히트의 음악적 이념이 작곡가들의 음악적 경향과 맞지 않을 경우, 그 공동 작업은 한계가 있었다. 브레히트는 음악에 대한 그의 이념을 '음악', 대중적이어야 하나 감정의 혼란을 일으키면 안 되는 음악 예술이라고 불렀다.[28]

타인의 텍스트를 차용하는 브레히트의 습관은 이 맥락에 속한다. 우리는 "정신적 자산 문제에서 원칙적인 느슨함"을 말하는 그의 유명한 표현을 알고 있다. 그것은 표절과 상관있는 것이 아니라, 그의 작업에 주는 자극과 큰 상관이 있었다. 1938년 되블린에게 보내는 아직 출판되지 않은 생일 축하 편지에서 브레히트는 이렇게 말한다. "작가님의 문학 작품과 작가님이 우리 주위 세계와 공동생활을 보고 묘사하는 방식에 일으킨 다양한 개혁을 제가 얼마나 부지런히 연구하고 제 것으로 만들었는지 많은 사람이 알아 주기를 바랍니다······ 저는 작가님의 작품을 향유와 교훈의 보고寶庫로 여기고 있으며, 저 자신의 작업이 거기서 뭔가 발견하기를 바랍니다. 저는 오직 착취자의 자격으로 작가님을 방문할 수 있을 뿐입니다."[29]

브레히트는 실제 현실이나 문학적으로 매개된 현실에서 영감을 받았다. 그 현실은 그에게 모델이 되었다. 가장 두드러진 예는 『갈릴레이의 생애』이다. 우리는 브레히트가 덴마크 망명 초기인 1938년에서 1939년에 이 작품을 썼음을 알고 있다. 그가 찰스 로튼Charles Laughton과 미국 판본을 만드는 중에 히로시마에 원자폭탄이 떨어졌다. 브레히트는 이렇게 말한다. "'원자 시대'가 우리 작업 도중에 처음 등장했다. 나는 새로운 물리학 창시자의 전기를 갑자기 다르게 읽었다." 모든 것은 고칠 필요가 있다. "나는 그걸 알아야겠다"는 갈릴레이의 광적인 요구는 브레히트 견해의 특징을 잘 보여 준다.[30] 그 요구는 그가 택한 소재의 특징도 보여 준다.[31]

브레히트가 하나의 플롯, 하나의 희곡 착상, 하나의

문학 소품, 하나의 시행詩行을 몇 년에 걸쳐 수정할 수 있다는 점도 그의 특이한 작업 방식에 속한다. 인쇄된 어떤 텍스트도 최종본이 아니었으며, 그 텍스트를 예전에 고친 적이 있는지 브레히트 자신도 잘 몰랐다. 리온 포이히트방거는 이 주제와 연관해 이렇게 말한다. "브레히트 자신은 자극을 준 모든 소재와 형식을 집어 완전히 자기 것이 될 때까지 공작하고 개조하고 소화하고 변화시켰다. 중국 극장의 가면, 인도 드라마의 꽃길, 고대 비극의 합창, 모든 것이 자신의 비전을 형상화하는 데 도움이 되어야 했다…… 브레히트는 자신의 모든 창작물을 잠정적인 것으로, 생성 중인 것으로 간주했다. 오래전에 인쇄에 넘긴 책과 수없이 공연한 희곡은 절대 완성작이 아니었다. 그는 다름 아닌 『도살장의 성 요한나』, 『사천의 착한 사람』, 『코카서스의 백묵원』같이 자신이 가장 좋아하는 작품들을 미완성 작품이라고 생각했다. 많은 위대한 독일인이 그렇듯 브레히트에게는 작품의 완성보다 작품에 대한 작업이 더 소중했다."[32]

포이히트방거의 이러한 평가에 동의할 필요는 없으나 브레히트의 창작 과정의 원칙적인 미완결성은 분명히 확인할 수 있다. 우리는 타자기로 친 『한밤의 북소리』

첫 원고에서 브레히트가 손으로 쓴 "타이핑할 때 수정하고 삭제할 공간을 많이 둘 것. 각 장 사이에는 백지를 끼울 것"[33]이라는 메모를 읽을 수 있다. 브레히트는 항상 수정하고, 창작한 것을 항상 의심할 준비가 되어 있었다. 브레히트의 텍스트에서 의심하는 사람의 상은 어디서나 나온다. "우리는 모든 것을 다시 한번 의심해야 한다"고 갈릴레이가 말했으며, 브레히트가 말했다.

"모든 것은 고칠 필요가 있다." 브레히트는 이를테면 토마스 만처럼 바로 인쇄할 수 있게 쓰는 작가도 아니고, 헤세와 마르틴 발저처럼 한 번 작성한 텍스트 표현은 다시 고치지 않는 작가도 아니며, 경우에 따라 삭제할 수 있는 작가이다. 그의 경우 작품의 생성 과정은 종이에 기록하면서 끝나지 않았고, 모든 단계가 새로운 시도였다. 일반적으로 모든 희곡과 시마다 수많은 손글씨, 초안과 제안, 수많은 필사 원고와 타자로 친 원고가 존재한다. 따라서 한 작품의 탄생 내에서 이례적으로 다양한 층과 단계가 존재한다. 물론 탄생 과정이 길어질수록 그만큼 많은 변형본이 존재한다. 1939년 브레히트는 『루쿨루스의 심문』을 2주일간 작업했고, 『바알』 초고에 2개월을 썼으며, 『사천의 착한 사람』은 12년 동안 썼다. 초판은 대부분 신속하게 탄생했으며, 나중의 판본은 훨씬 천천히 탄생했다. 텍스트 확인에서 실제로 가장 어려운 점은 브레히트가 여러 작업 단계에서 늘 바로 직전에 끝낸 마지막 단계에서 시작하지 않았다는 데 있다. 그는 종종 우연히 손에 잡혔거나 그 순간 수정할 필요가 있다고 생각한 텍스트를 이어서 수정했다. 극작가 한스 J. 붕게Hans J. Bunge는 이렇게 말한다. "브레히트의 작업 방식, 특히 희곡을 쓸 때 독특한 점은, 잘게 잘라 새로 짜 맞춘 원고를 깨끗하게 이어 붙이는 데 있다. 브레히트는 자신을 '이어 붙이기의 대가'라고 불렀다."[34] 미래의 문헌학자들에게 특히 절망적인 것은, 이 이어 붙이기의 대가가 잘게 자르고 나서 사용하지 않았던 부분도 마찬가지로 고이 보관했다는 점이다. 그것은 몇십 년 동안 보존되었다.

따라서 브레히트의 모든 텍스트에는 수많은 판본이 존재한다. 브레히트가 한 판본을 인쇄에 넘기기로 결정했다면, 그것이 마지막 최종 판본인지는 이미 확실하지 않았다. 어떤 경우든 원고와 첫 번째 교정쇄 그리고 두 번째 교정쇄 사이의 인쇄 과정은 인쇄 허가가 날 때까지 계속 고치는 데 이용되었다. 브레히트는 새로 출간된 텍스트를 읽으면 특히 수정하고 싶은 마음이 드는 것 같았다. 그 외에 희곡 텍스트에는 무대에서 검증받는 과정이 있었다. 주르캄프 출판사가 '최종' 판본을 인쇄에 넘겼는지 여부에 상관없이 브레히트는 연출을 하면서 단어와 용어도 수정하고, 장면을 지우고, 새 장면을 끼워 넣고, 장면 순서를 바꾸고, 옛 결말을 버리고 새 결말을 새로 썼다. 막상 최종 판본이 나오면 그것이 이미 낡은 판본이 되어 버리는 경우가 자주 있었다. 브레히트는 "시인의 말은 진실인 한 신성하다"는 자신의 유명한 문장을 자신의 작업에 적용했다. 그래서 모든 텍스트에 많은 판본이 존재하고, 앞 단계, 변형본, 미완성 원고, 무엇보다 변형본의 거듭된 수정이 있었다. 깔끔하게 서로 겹쳐 타이핑하거나 손으로 쓴 여러 표현의 선택지가 있는데 누가 이 제안 중 하나를 결정해야 한단 말인가? 브레히트는 이어 붙이기를 하면서 그때마다 특정한 종이 치수를 정확히 유지하려고 노력했는데, 한 텍스트의 생성사를 오로지 이를 통해 찾는 일도 종종 벌어졌다. 우리는 그렇게 고치기 좋아하는 브레히트가 정작 아무것도 버리지 못했음을 알고 있다. 망명 단계마다 브레히트나 그의 남녀 친구들이 원고와 그가 수집한 비평과 신문 스크랩이 든 상자를 끌고 다녔다. 1941년 5월 브레히트는 이 자료의 상당 부분을 헬싱키에 두고 떠나야 했다. 친구들이 이를 보관했는데, 이 자료는 동베를린 베르톨트 브레히트 문서보관소의 기반이 되었다. 미국에서 좀 더 안정된 거처가 생기자 브레히트는 다시 원고와 교정쇄와 신문 스크랩을 새로 모으기 시작했다. 브레히트의 『작업일지』는 그가 이 스크랩을 어떻게 이용했는지 보여 주는 한 예다. 미국에서 귀국하면서 가져온 열세 개의 짐 중 여섯 개가 이 자료와 '제본 자료'가 든 여행 가방과 상자였다.[35] 그렇기에 헬레네 바이겔이 세운 베르톨트 브레히트 문서보관소의 자료가 방대한 것을 이해할 수 있다. 더욱이 소장 자료는 브레히트 사후 기증과 자료 구입으로 더 늘어났다. 문서실의 수장 헤르타 람툰Herta Ramthun에 따르면, 문서실은 각각 175장 이상의 자료가 든 총 2,210개의 서류철을 보유하고 있다. 원고의 양은 7만 5천 장으로 추산된다. "문학적 유고 목록"이 세 권으로 출간되었는데, 거기에 1만 8,242개의 다양한 내역이 수록되어 있다.[36]

베르톨트 브레히트 문서보관소에는 아마 동시대 작가 텍스트 중 가장 중요하고 가장 방대한 자료가 보관되어 있을 것이다. 그러므로 브레히트는 문헌학자들에게 연구할 분야를 많이 남겨 놓았다고 하겠다. 비록 브레히트 자신은 문헌학자를 높이 평가하지 않았지만 말이다 (1924년 브레히트는 이렇게 말했다. "드라마가 걸어가야만 한다면 아무튼 문헌학자의 시체를 차분하게 넘어 걸어갈 것이다").[37]

예를 몇 가지 들면, 「호르스트 베셀 신화」는 **열 개**의 판본이 존재한다. 브레히트가 타자기로 친, 온전히 보존되지 않은 첫 원고는 서로 다른 네 단계에 걸쳐 작업이 이루어졌음을 보여 준다. 아홉 번째 시 판본은 서로 포개지는 적어도 세 층의 수정이 있음을 알려 준다. 1967년의 전집 이중본은 아홉 번째 판본을 토대로 최종본을 만들어 냈다.

혹은 시로 옮긴 '공산당 선언'인 브레히트의 「인간의 본성에 관한 교훈시」를 보자. 브레히트는 이 작업에 '시민적 상황의 부자연스러움'이라는 제목도 붙였는데, 그가 본보기로 삼은 글은 루크레티우스Lucretius의 교훈시 「사물의 본성에 관하여」였다. 브레히트는 루크레티우스 서사시의 형식과 "존경할 만한 시구"인 6운각의 시구도 차용했다. 초기의 전체 계획은 네 편의 '노래'를 주요 부분으로 사용하는 것이었다. 첫 번째 노래에서 브레히트는 인간 사회에서 제자리를 찾기가 얼마나 어려운지 보여 주면서 『공산당 선언』 제3장을 발췌해 실을 작정이었다. 『공산당 선언』 제1장의 운문화는 두 번째 노래의 몫이어야 했다. 세 번째 노래는 『공산당 선언』 제2장을 다루고, 네 번째 노래는 "엄청나게 심화된 사회의 야만화"를 다룰 예정이었다. 두 번째 노래는 상당히 완결된 판본이 있지만, 나머지 다른 노래들은 크고 작은 단편적 원고가 있을 뿐이다. 원고 한 장 한 장마다 한 부분의 제목이 표시되어 있고, 첫 부분이 누락된 텍스트가 많다. 몇몇 장에는 "첫 번째 노래에서", "두 번째 노래에서"라는 메모가 적혀 있다. 1967년의 전집은 브레히트가 적어 놓은 많은 수정 제안과 대안적인 표현이 담긴 두 번째 판본을 받아들였다.

텍스트 층의 확인도 어렵지만, 텍스트 집필 시기도 확인하기 어렵다. 초판본을 쓴 시기는 상대적으로 쉽게 알 수 있지만, 수많은 변형본과 수정본이 있기에 집필 시기를 확인하는 큰 문제가 시작된다. 이들 예는 브레히트 출판의 어려움을 어렴풋하게나마 설명하기에 충분할 것이다. 또 앞으로 출간될 역사–비판본 출판의 더 큰 어려움을 설명하기에도 충분할 것이다. 브레히트 역사–비판본의 과제는 텍스트를 게재하는 데 그치지 않고, 작품이 되어 가고 발전하는 생성 과정을 지금까지 없던 출판 기술 수단으로 보여 주는 일일 것이다. 한 가지 확실한 것은, 서로 다른 판본들을 나란히 배열해 비교할 수 있도록 인쇄하고 한 텍스트가 어떻게 변형되고 전승되었는지를 계통도 형식으로 정리함으로써 전문가를 위한 작품집을 내놓는 것이 매력적일 수 있겠지만, 절대 『니체의 경우』를 내놓으면 안 된다는 것이다. 또 에른스트 그루마흐Ernst Grumach가 1950년, 그러니까 괴테 탄생 200주년에 '괴테 출판에 부치는 서문'에서 지금까지의 괴테 출판에 대한 텍스트 비판을 내놓았을 때 괴테 문헌학이 확인해야 하듯이 "일종의 지진"을 일으켜서는 안 된다.[38]

당연히 그런 역사-비판본이 있어야 하고, 2026년 저작권 보호 기간 종료 시까지 브레히트 출판권을 가지고 있는 주르캄프 출판사는 그런 작품집 출판을 지원하고 장려하기 위해 할 수 있는 모든 일을 할 것이다. 그러나 지금 그러한 작품집을 만들자는 외침은 시기상조다. 프리드리히 바이스너Friedrich Beißner 같은 노련한 편집자도 참여한 독문학 전공 학자 위원회 회의를 한 번 개최했지만 다른 결론은 나오지 않았다. 그런 작품집에 대한 학문적 요구를 실현하려면 편집적인 전제가 마련되어야 하는데, 그 전제는 지금 1980년대에는 마련될 수 없다. 편지 수집과 선별과 출판, 브레히트의 일기와 메모장과 작업일지의 열람과 출판, 모든 베를리너 앙상블 공연 녹화 기록 정리가 먼저 이루어져야 한다. 브레히트의 이러한 흔적들을 출판하고 학문적으로 규명해야 한다. 또한 텍스트와 그 변형본의 집필 날짜를 찾고 확인하고 정정하려면 친구와 제자, 공동 작업자 들의 기록, 브레히트의 표현과 기록을 보는 동시대인들의 반응, 브레히트와 편지 왕래를 하고 일 관계로 얽힌 사람들의 편지와 수기의 출판도 마찬가지로 중요하다. 이 자료들을 다 정리해야만 역사-비판본을 생각할 수 있다. 이 작품집의 규모는 방대할 것이다. 첫 기획안에서 벌써 100권 이상이 예상되었다. 따라서 새로운 편집 기술 방식과 완전히 새로운 복제 방법이 발명되어야 할 것이다.

역사를 보면 교훈을 얻을 수 있다. 역사-비판본이 나오기까지 실러는 138년, 횔덜린은 100년을 기다려야 했다. 뷔히너 Georg Büchner는 최근 몇 년 동안 (문헌학적으로 결코 의혹이 없다고 할 수 없는) 첫 한 권을 얻었으며, 시인을 몇 사람 들자면 클롭슈토크 Friedrich Gottlieb Klopstock,

브렌타노Clemens Brentano, 아르님Achim von Arnim은 지금까지 그런 비판본이 없다. 카프카(1924년 사망)와 무질(1942년 사망) 같은 현대 작가는 말할 것도 없다. 1969년 열린 더블린 조이스 심포지엄에서 한 연구자는 『율리시스』 영어 텍스트를 "변질되었다"고 평가하고, 『피네건의 경야』는 "극도로 변질되었다"고 평가했다. 괴테의 경우 '바이마르 전집'이 시작되기까지 55년이 걸렸으나, 오류가 없는 괴테 텍스트는 없다고 주장하는 진지한 사람들이 있다. 브레히트가 "철학자 중 가장 위대한 재담가"라고 불렀던 헤겔Friedrich Hegel은 수십 년 준비 끝에 지금 역사-비판본이 만들어졌는데, 그중 마지막 권은 금세기가 끝나기 전에는 나오지 않을 것이다. 그 일을 한 사람들은 지금 이미 완벽한 헤겔 텍스트는 있을 수 없음을 알고 있다. 분명한 것은, 마르크스, 하이데거Martin Heidegger, 에른스트 블로흐, 루카치, 위르겐 하버마스Jürgen Habermas가 헤겔의 원본 텍스트가 아니라 학생들의 필기 노트를 읽었다는 것이다. 결론은, 한 작가의 영향은 역사-비판본에서 시작되지 않는다는 것이다.

⑥

전집 이중본

1968년 2월 10일 브레히트 탄생 70주년을 맞아 주르캄프 출판사는 1967년 브레히트의 전집을 두 가지 판본의 이중본으로 출간했다. 아마포와 가죽으로 제본된 얇은 종이 인쇄본 8권과 문고판 20권이었다. 왜 이중본인가? 이 질문에 예쁘게 제본된 판본과 특별히 저렴한 판본을 함께 만들려고 했다는 실용적인 대답 외에도 좀 더 역사적인 대답이 있다.

    최근 하인리히 뵐은 작가의 겸손함은 끝났다고 했으며, 다른 이들은 생산자와 수익자 문제를 거론했다. 문학의 사회사를 살펴보면 그것이 오래된 문제임을 알 수 있다. 왜 실러는 출판인 게오르크 요아힘 괴셴을 떠나 코타에게 갔을까? 나는 늘 그 문제에 마음이 갔다. 실러에 따르면, 괴셴은 스스로 나서서 너그러운 방식으로 그를 자주 놀라게 하고, 그가 경제적인 어려움과 질병에 시달릴 때 늘 도움을 주었다. 실러는 그런 괴셴에게 거듭 우정과 호감을 표시하고, "관대한 재정관" 괴셴에게 의무감을 느낀다고 했다. 괴셴의 관심이 곧 나의 관심이며, 평생 같이 일하고 싶다는 말도 했다. 괴셴은 실러의 별장에 자금 지원을 하고, 실러는 그에게 영원히 변치 않을 고마움을 표시했다. 1790년 10월 27일에도 실러는 괴셴에게 과도하게 고마운 마음을 표시한다. "선생님은 제게 보수를 주신 것이 아니라 보답을 하셨으며, 가장 만족할 줄 모르는 작가의 바람도 뛰어넘으셨습니다…… 영원한 선생님의 친구 실러 올림." 그러나 3년 뒤 1793년 실러는 코타와 연을 맺고, 곧 그 연줄에 완전히 얽매인다. 무슨 일이 일어난 걸까? 괴셴은 잘못을 하나 저질렀다. 물론 출판인으로서 가장 용서할 수 없는 잘못이다. '누가 당대의 가장 중요한 시인인가'라는 질문에(출판인은 이 질문에 절대 구체적인 이름을 들어 대답하면 안 된다) 괴셴은 실러가 아니라 크리스토프 마르틴 빌란트Christoph Martin Wieland를 들었다. 실러는 자신의 출판인이 빌란트 작품 출판에 오롯이 몰두하고, 거의 파산 직전까지 가는 것을 보았다.

실러는 마음이 상했다. 얼마나 마음이 상했는지 1796년 3월 코타에게 이렇게 편지했다. "우리의 의도는, 외적인 우아함에서도 괴셴의 빌란트에 맞서는 어떤 것을 내놓는 것입니다. 가능하면 괴셴의 빌란트를 그늘에 가리게 하는 것이어야 해요." 1965년 연말에 나는 출판인 게오르크 요아힘 괴셴의 전기를 읽었다. 괴셴의 손자가 쓴 전기로, 빌란트의 전집을 각각 30권으로 구성된 네 개의(!) 독립된 작품집으로 동시에 출판하려는 괴셴의 "위대한 기획"의 역사를 설명하고 있다. 10년에 걸친 이 모험적인 출판("독일의 가장 큰 서적 사업")의 과정은 출판인을 재정적, 육체적으로 한계까지 몰고 갔다. 거의 막을 길이 없었던 어려움은 텍스트를 검사하고 교정하는 지난한 작업을 할 때 빌란트가 심한 감정 기복을 보이고, 선금을 요구한 것(괴셴은 선금으로 6천 탈러를 지불했다)만이 아니었다. 그것보다는 괴셴의 출판계 동료들이 훼방을 놓아 자기들도 빌란트 작품을 출판할 권리가 있다며 줄소송을 제기해서 힘들었다. 하지만 무엇보다 오스트리아-프로이센과 프랑스의 정치적 혼란으로 독일 경제가 마비된 것이 가장 힘들었다. 1795년 바젤 평화협정이 체결되면서 비로소 그지없이 야심 찬 출판 기획의 결실이 나올 수 있었다. 전집 출간이 끝나자 빌란트는 괴셴에게 이렇게 편지했다. "제 친구 가운데 선생님만큼 저를 위해 그렇게 애써 준 사람은 없습니다."[39]

브레히트 탄생 70주년을 기리는 그 비슷한 기획이 내 눈앞에 아른거렸다. 역사적 사건이 오랫동안 생각한 기획을 추진하는 계기가 되었다. 현재 39권의 전집은 사용하기가 너무 불편한데, 브레히트는 사용되기를 요구하는 작가였다. 1966년 2월 헬레네 바이겔과 엘리자베트 하웁트만과 대화를 시작하고 나서 바로 전집을 위한 사전 작업이 시작되었다. 이 전집은 1967년 9월 30일 출간된다. 텍스트 내용과 길이가 동일한 이중본을 출간하기 위해 텍스트 전체를 새로 읽는 한편, 베를린 베르톨트 브레히트 문서보관소에 있는, 손으로 쓰거나 타자기로 친 원본과 다시 비교했다. 브레히트의 마지막 교정을 넘겨받고, 당연히 지금까지 나온 텍스트 비평을 참고했다. 가장 중요한 편집 원칙은, 옛 작품집을 방대하게 만든 중복과 이중 표현을 피하는 것이었다. 작품집에는 여러 판본과 변형본, 이본異本을 실을 수 없었다. 그러나 희곡 안에 실린 시가 브레히트가 시집 출판에 쓰려고 한 시와 다른 판본일 때는 어떻게 해야 할까? 이 작품집에서 희곡 속의 시와 노래들은 오직 희곡과 연관해 싣고, 『시집』 편에는 싣지 않았다. 한편 『시집』 편의 색인에는 희곡의 시들을 싣지 않았다. 미완성 단편의 한 부분이 처음으로 출판되었으며, 편집 작업이 끝나기 직전에 아우크스부르크 학생 신문 『디 에른테』에 실린 열다섯 살의 베르톨트 오이겐Eugen Bertold Friedrich Brecht*이 쓴 첫 작품 원고가 발견되었다. 젤라틴판으로 찍은 브레히트의 이 첫 작품의 암시적인 제목은 '성경'이었다.[40]

이 모든 작업에서 텍스트 내용은 상대적으로 별로 달라지지 않았다. 따라서 예전의 39권짜리 전집을 소유한 독자들은 안심해도 괜찮았다. 그들은 그들의 브레히트를 소유한 것이다. 유고집에서 실질적으로 새로 편집된 부분은 분리해서 편집했다. 이중본에는 영향사적 사실에 대한 주석과, 가능한 한 작품의 탄생 시기를 밝히는 주석을 새로 달았다.[41]

후세대가 이 이중본이 작품 수용사에서 차지하는 의미를 확정할 수 있을 것이다. 하지만 지금 벌써 한 가지 사실을 말할 수 있다. 독일어권 작가 전집 가운데 저자가 사망하고 나서 그렇게 짧은 시간에 그렇게 널리 보급된 전집은 없다. 브레히트는 카프카와 릴케와 마찬가지

---

* 브레히트의 본명.

로 몇몇 작품이나 장르가 아니라 전체 작품으로 큰 영향을 미친 작가에 속한다. 그렇기 때문에 이 작가들은 그들의 영향력을 확장하기 위해 전집, 그것도 공부하는 사람들을 위한 저렴한 형태의 전집이 반드시 필요하다.

⑦

브레히트의 영향에 대한 논평

훗날의 영향사를 위해 다음 사실을 유념해야 한다.

1) 1967년의 『전집』은 이중본인데, 이중 20권으로 나온 문고판은 출간 후 첫 3년 동안 10만 권이 유포되었으며, 1977년에는 13만 2천 권에 달했다. 개별 작품 중 『억척어멈과 그의 자식들』이 주르캄프 에디션에서 최초로 100만 부를 돌파했다. 1977년 현재에는 총 137만 부가 유포되었으며, 『억척어멈과 그의 자식들』의 자료집은 13만 부가 출간되었다.

2) 『독일 어문학 도서 목록』은 1967년 『전집』 이중본 출간 이후 브레히트에 대한 학문적 연구가 증가함을 보여 준다. 1967년과 1968년의 도서 목록은 143편의 브레히트 출판물을 기록한다. 그러니까 한 해 평균 71편

의 출판물이 나온 것이다. 1969년에는 74편, 1970년에는 64편, 1971년에는 88편, 1972년에는 84편이었다. 1973년 출판물은 173편으로 껑충 뛰었다가, 1974년 70편으로 다시 떨어지고, 1975년에는 101편으로 다시 올라갔다. 1945년 이후 도서 목록은 총 1,373편의 출판물을 기록하고 있다. 여기에 규모가 작은 논문과 비평은 포함되지 않았다. 그것은 거의 파악이 불가능하다.

1975년 동베를린의 아우프바우 출판사에서 게르하르트 자이델Gerhard Seidel의 『베르톨트 브레히트 도서 목록』 첫 권이 나왔다. 자이델은 서문에서 이렇게 말한다. "작가 사후 20년이 채 되지 않은 지금 전문가들도 전 세계의 브레히트 문헌을 더 이상 조망할 수 없다. 지금까지 서지학적 노력을 기울였음에도 이미 알려진 것은 다시 잊히고 있다. 주제가 중복되는 연구는 피할 수 없는 결과이다. 인쇄된 출처 문헌의 미로에서 길을 찾으려 해도 포괄적이고 믿을 만한 지도가 없다. 다양하나 종종 서로 모순되는 브레히트 출판 현황은 이 작품의 전 세계적인 영향을 인상적으로 증명하지만, 그 출판 현황을 기록하고 조망하지 못한다면 연구가 진행되는 것을 가로막고, 아직 브레히트 텍스트의 역사적-비판적 보증이 없기 때문에 연구가 붕괴되는 것을 재촉할 것이다."[42] 우리는 브레히트 작품의 "비판적" 보증을 바라는 자이델을 이해할 수 있다. 그러나 1차 문헌 도서 목록이 두 권으로 계획되어 있고, 2차 문헌 도서 목록이 또 두 권으로 계획되어 있다. 벌써 이 사실만으로도 옛날부터 전해져 오는 척도로 '역사-비판적' 에디션을 만드는 일이 얼마나 어려운지 알 수 있다.

3) 주르캄프 출판사는 브레히트 작품이 출간되고 1년 후 일종의 독자 연구를 진행했는데, 당시 브레히트 작품집 구매자의 80퍼센트가 중고등학생과 대학생임이 밝혀졌다. 『억척어멈과 그의 자식들』이 많이 팔린 이유는 학교에서 이 텍스트와 이 작품집을 썼기 때문이다. 브레히트 작품은 당연히 독일의 모든 학교에서 읽는 책에 속한다. 교과서 출판사가 내놓는 기자재와 명작선에서 브레히트는 가장 빈번히 채택되는 작가이다. 그러나 독본 작가 브레히트는 지정된 학교 시인만은 아니다. 다름슈타트의 한 김나지움 최상급반을 대상으로 한 설문 조사에서 졸업시험 수험생의 3분의 2가 브레히트를 가장 좋아하는 시인이라고 대답했다(그들이 "가장 좋아하는 시"는 「사랑하는 사람들」이다).

4) 사람들은 브레히트를 인용한다. 사설과 정치인의 연설에서 브레히트 인용이 나온다. 사람들은 친숙한 이 인용이 브레히트 작품에서 나온 것이라는 사실을 모른다. 브레히트 인용을 당연하게 여기는 경향이 있다.

5) 1971/72년의 독일어권(독일연방공화국*, 오스트리아, 스위스) 연극 무대에서 브레히트는 셰익스피어 William Shakespeare(1,311회), 몰리에르Moliere(1천 회), 네스트로이Johann Nepomuk Nestroy(808회)보다 많은 1,458회가 공연된 최다 공연 작가였다. 연방공화국의 무대 둘 중 하나가 브레히트 희곡을 공연 계획에 올리고 있다. 1973년 2월 17일 잡지 『디 후르헤』는 이 상황을 "월등한 차이로 가장 성공한 20세기 극작가"라고 논평했다.

6) 브레히트가 1920년대 말부터 전개하기 시작한 서사극 이론은 관객의 감정에만 영향을 미치는 환상극을 '그건 이랬다'는 서사적 주장을 내세우며 관객이 함께 생각하고 결론을 내리도록 유도하는 교훈적 학습극으로 대체하려는 시도다. 이 서사극 이론은 연극사가 되었다. 이중의 의미에서 그렇다. 다른 연극론과 달리 서사극 이론은 하나의 학파를 만들었다. 그 이론은 활용되고 과장되었으며, 많은 연출가에게 지금도 여전히 진행되고 있

---

* 1990년 통일 이전의 서독을 말한다.

는 역사다.

7) 이러한 운동과 전개는 브레히트를 다룬 에세이 성격의 저술에도 나타난다. 한스 마이어Hans Mayer가 그의 중요한 브레히트 책에서 내놓은 세 가지 '시도'는 본질적인 주제를 제시한다. 이 세 '시도'의 주제는 브레히트와 전통, 브레히트와 인도주의 정신, 역사 속의 브레히트(즉 브레히트의 마르크스주의적 입장)이다.[43] 최근에 나온 저술의 제목은 다음과 같다. 『1970년대의 브레히트』(G. E. 바르G. E. Bahr). 『서독 문학의 현재 발전 경향에서 브레히트가 차지하는 의미』(K. 페촐트K. Pezold). 『브레히트와 그가 1970년대 사회에서 차지하는 의미』(에리히 슈마허Erich Schumacher). 흥미로운 점은 『독일 문예학 도서목록』이 '연관과 비교' 장에서 항상 새로운 비교 지점을 제시한다는 것이다. 예를 들면, 1973년에는 "브레히트와 자연주의"(한스 요아힘 슈림프Hans-Joachim Schrimpf), "브레히트와 러디어드 키플링Rudyard Kipling"(제임스 K. 라이언James K. Lyon), "브레히트와 버나드 쇼Bernard Shaw"(카를 하인츠 쉽스Karlheinz Schoeps)가 있다. 1974년에는 "아리스토텔레스와 브레히트"(헬무트 플라샤르Hellmut Flashar), "브레히트, 프로이트, 니체"(라인홀트 그림Reinhold

Grimm), "브레히트와 카를 발렌틴Karl Valentin"(데니스 컬랜드라Denis Calandra)이 있다. 1975년에는 "베르톨트 브레히트와 베케트"(한스 마이어), "베르톨트 브레히트와 디드로Denis Diderot"(테오 북Theo Buck), "베르톨트 브레히트와 하인리히 만"(클라우스 슈뢰터Klaus Schröter), "베르톨트 브레히트와 셰익스피어"(R. T. K. 사이밍턴R. T. K. Symington)가 있다. 1976년도 브레히트 연감(존 퓌기John Fuegi, 라인홀트 그림, 요스트 헤르만트Jost Hermand 펴냄, 주르캄프 에디션 853권)은 브레히트의 라디오 이론 연구, 마리 루이제 플라이서와의 비교, 얀 크노프Jan Knopf의 「베르톨트 브레히트. 비판적인 연구 보고」를 비판한 마르틴 에슬린Martin Esslin의 글을 소개한다. 에슬린의 말을 들어 보자. "브레히트는 한 무리의 주자走者가 자신의 작품들을—혹은 자신의 작품 주석에 대한 주석들이라고 하는 편이 더 나을 수도 있다—열심히 연구하는 모습을 바라보면서 즐거워할 것이다"(위의 책, 188쪽). 1977년의 연감은 "브레히트와 카프카에 합당한 이야기"(우타 올리비에리 트레더Uta Olivieri Treder)와 "브레히트와 바그너Richard Wagner"(마리아네 케스팅Marianne Kesting)를 소개한다. 브레히트와 뷔히너, 브레히트와 실러는 아직 연구를 기다리고 있다.

8) 브레히트의 영향은 이미 오래전부터 독일어권에 치중되어 있지 않다. 무엇보다 전 세계에서 승리의 행진을 한 『서푼짜리 오페라』의 영향이 컸다. 이 희곡은 1971년 콜카타에서 벵골어 판으로 공연되었다. 브레히트 작품은 전 세계 모든 언어는 아니더라도 많은 언어로 번역되었으며, 현재 중요한 문화 언어로 폭넓은 브레히트 전집이 준비되고 있다. 문학 비평과 문예학은 브레히트 수용 현상을 따라가고 있다. 영국에서의 브레히트(존 윌렛 John Willett), 프랑스에서의 브레히트(베르나르 도르 Bernard Dort), 폴란드에서의 브레히트(안제이 비르트 Andrzej Wirth), 소비에트 사회주의 공화국 연방에서의 브레히트(케테 륄리케 Käthe Rülicke), 유고슬라비아에서의 브레히트(D. 른야크 D. Rnjak), 멕시코에서의 브레히트(D. 랄 D. Rall)와 같은 주제를 다룬 무수히 많은 연구가 있다. 뉴욕의 문예학자 리 벅샌덜 Lee Baxandall은 1971/1 『국제 브레히트 학회 연감』에 「베르톨트 브레히트의 미국화」에 대해 썼다. 벅샌덜에 따르면, 현재 미국의 의식에 브레히트가 끼친 영향은 몇 년 전만 해도 도저히 가능할 것 같지 않아 보였던 정도까지 커졌다.[44]

행운이라고 할 만한 일을 언급해야 한다. 런던 머슈언 출판사에서 존 윌렛과 랠프 맨하임이 10년 이상 사전 편집 작업 끝에 펴낸 『베르톨트 브레히트, 1913~1956년의 시』가 나왔다. 이는 영어권에서 영향을 불러올, 본보기가 되는 책이다. 영어권에서는 극작가 브레히트가 친숙하다. 브레히트는 가장 인정받는 20세기 독일 희곡 작가로 여겨진다. 피터 브룩Peter Brook 같은 셰익스피어 연출가가 수년간 점령한 영국의 새 무대는 브레히트의 극장 변혁이 가져온 자극 없이는 생각할 수 없고, 대중은 브레히트를 주로 극작가로만 알고 있을 뿐이다. 그러나 영어로 번역된 브레히트 시집을 펴낸 이들은 브레히트가 서정시인으로서 가장 위대하다고 주장한다. 그들은 서정시인 브레히트가 걸어온 길, 그러니까 그가 냉소적–낭만적인 유랑 가수이자 대도시 무정부주의자에서 망명지의 정치적 음유시인이 되고, 다시 말년의 간결하고 정곡을 찌르는 현명한 시인이 되는 길을 그리면서 자신들의 주장을 증명한다. 이 책의 편집적인 장치는 시의 배경을 평범하지 않은 금세기 역사와 연관시킨다. 브레히트의 시적인 성격을 강조하는 책이지만, 펴낸이들은 동시에 이 시적인 작품 속에 유럽의 역사, 파시즘과 파시즘의 전개가 고통 받는 개별 주체에게 미친 영향이 어떻게 충실하게 기록되고 있는지 증명한다. 존 윌렛은 이 시들을 "우리 시대의 비극"을 전하는 비밀 일기라고 부른다.

『프랑크푸르터 알게마이네 차이퉁』 편집자 카를하인츠 보러Karlheinz Bohrer는 이 책을 비평하며 "세기의 발견"을 거론한다. 보러의 말을 들어 보자. "영국의 브레히트 뒤에 갑자기 휠덜린, 슈테판 게오르게Stefan George, 발터 폰 데어 포겔바이데Walther von der Vogelweide 같은 독일 가수들의 긴 줄이 늘어서 있다."(1976년 10월 28일 자 『프랑크푸르터 알게마이네 차이퉁』)

9) 후대의 연대기 저자들은 브레히트 사망 20년 후 사회주의 국가에서보다 비사회주의 국가에서 브레히트가 더 폭넓게 수용되었다는 증거와 증명을 제시할 것이다. 그러나 수용 국면은 더 빨리 스러진다. 1976~1977년 브레히트 작품 공연 횟수는 독일 밖의 서방 국가에서 증가했지만, 독일어권에서는 감소했다. 1977~1978년 공연 시즌에는 독일어 공연이 다시 증가하기를 기대한다.

공연 횟수는 늘기도 하고 줄기도 한다. 브레히트 관련 출판물은 늘기도 하고 줄기도 한다. 판매 부수는 거의 지속적이다. 1977년 비평가들은 일종의 '브레히트-짜증'을 기록하고 있다.『프랑크푸르터 알게마이네 차이퉁』은 1977년 9월 27일 자 신문에서 그 징후를 보여 주는 두 공연에 관한 보고를 싣고 있다. 조르지오 스트렐러Giorgio Strehler는 처음으로 독일 극장에서 브레히트의 희곡『사천의 착한 사람』을 연출했으며, 몇 안 되는 진짜 브레히트 제자 중 하나인 페터 팔리치Peter Palitzsch는 오랜 절제를 버리고 브레히트의『코뮌 시절』을 연출했다. 비평가들은 두 공연이 실패했으며, 스트렐러는 높은 수준에서, 팔리치는 낮은 수준에서 실패했다고 평가했다. 헬무트 카라젝Hellmuth Karasek은『슈피겔』(1977년 10월 3일 자)에 "브레히트 금렵기를 부탁한다"[45]고 썼다.

브레히트의 영향은 연극 비평가들을 따르지 않을 것이다. 비평은 개개의 표면적인 반응일 뿐이다. 모든 문학 작품 수용은 높고 낮은 진폭 안에서 움직이고, 우리 시대에서 변동 주기는 더 짧아질 수 있다. 연구의 증가와 감소, 수용의 높고 낮은 파고는 당연히 브레히트의 현재성과 맞물려 있다.

브레히트는 (자신이 헬레네 바이겔에 대해 말했듯

이) "명성의 내리막길"에서 고전 작가가 되었다. 막스 프리슈는 이미 1955년에 "고전 작가로서의 브레히트"에 대해 썼다. 비꼬는 뜻으로 한 말이었지만, "고전 작가의 매우 무기력한 영향력"을 지적하는 프리슈의 격언은 브레히트의 경우 현실에서 증명되지 않았다. 브레히트는 고전적인 작가이다. 그러나 그것과 상관없이 브레히트는 1959년 마리아네 케스팅이 말했듯이 "분노 유발자"로서 영향을 미칠 수 있다. 케스팅의 말을 들어 보자. "브레히트는 그의 죽음을 넘어서 스캔들로 남았다. 계속 논쟁에 불을 붙이는 저 생산력 풍부한 분노의 스캔들 말이다. 그의 작품은 우리 시대의 살에 박힌 가시처럼 계속 남아 있을 것이다."[46]

페터 주르캄프는 브레히트의 작품이 왜 남을 것인지, 왜 우리 시대의 살에 박힌 가시 같은 역할을 하는지 잘 알고 있었다. 브레히트의 『시와 노래들』 선집 서문에서 주르캄프는 이렇게 말한다. "브레히트가 작가로서 시와 희곡에서 1918년 이후의 우리 민족의 역사를 쓴다는 사실은 여전히 충분히 고찰되고 있지 않다. 그러나 그 시대를 강렬하게 경험한 사람은 그의 희곡과 시를 읽으며 그 사실을 분명히 알 것이다."[47] 시대의 역사를 언어와 장면에서 보여 주는 것 역시 고전적인 태도이다. 그것은 만프레트 베크베르트가 브레히트의 고전적인 성격을 강조하는 사람들을 비판하며 말하는 "고전 작가로 가는 축성된 길"과는 아무 상관이 없다.[48]

　　브레히트의 고전성을 보는 것은 브레히트를 박물관에 두는 것을 의미하지 않는다. 그것은 브레히트를 그의 발전과 영향 속에서 이해하는 것을 의미한다.

8

고전 작가로서의 브레히트

브레히트와 고전 작가 및 고전 작품의 관계는 그의 사고와 글쓰기만큼이나 오래되었다. 한스 마이어는 초기 글에서 이미 그 점을 지적했다. 여기서는 요점만 짚겠다. 우선 라틴어의 큰 역할을 들 수 있다. 현재분사의 사용은 그 좋은 예다. 사망하기 전에 쓴 브레히트의 마지막 시 하나는 "내 책상 앞에 서서"로 시작된다. 앞에서 언급한 열다섯 살의 베르톨트 오이겐의 첫 작품에 나오는 첫 연출 지시는 "할아버지의 책상 앞에서 책을 읽으면서"이다(이러한 분사 형식 사용에 대해 의견을 묻자 브레히트는 이렇게 대답했다. "그것은 저처럼 라틴어에서 '매우 우수'를 받은 사람만 하는 겁니다"[49]). 그다음으로 브레히트와 로마 시인들의 유사성을 살펴봐야 한다. 『호라치 사람들과 쿠리아치 사람들』(리비우스Livius), 『루쿨루스 심문』(플루타르코스Ploutarchos), 『율리우스 카이사르 씨의 사업』(살루스티우스Sallustius와 수에토니우스Suetonius), 『코리올란』(셰익스피어와 플루타르코스)을 보라. 미완성 소설 『율리우스 카이사르 씨의 사업』과 최고 사령관 루쿨루스를 다룬 방송극과, 나중에 개작한 『코리올란』은 로마-평민적인 브레히트의 세 텍스트다. 이들 작품에서 지배하는 자와 억압받는 자는 지배받는 자와 억압받는 자의 관점에서 고찰되고 있다. 시 「어느 책 읽는 노동자의 의문」의 마지막에는 이렇게 쓰여 있다. "책의 모든 페이지마다 승리가 나온다. —승리의 만찬은 누가 차렸을까? / 10년마다 큰 인물이 나온다 / 그 비용은 누가 댔을까? / 이렇게 많은 보고들. / 이렇게 많은 의문들."[50]

후기 브레히트의 시 「호라티우스를 읽으면서」는 호라티우스Horatius의 송가 「나는 청동보다 오래 갈 기념비를 세웠노라Exegi monumentum aere perennius」의 해석이라고 할 수 있다. 끝으로 브레히트가 1951년 9월 26일 쓴 유명한 '위대한 카르타고'의 서약은 우리 현실의 상징으로 볼 수 있다. "위대한 카르타고는 전쟁을 세 번 했다. 첫 번째 전쟁 후 카르타고는 아직 막강했다. 두 번째 전쟁 후 카르타고는 아직 사람이 살 만했다. 세 번째 전쟁을 치르고 난 후 카르타고는 지도에서 더 이상 찾아볼 수 없었다."[51]

두 번째로 브레히트와 고전 작가의 관계를 살펴봐야 한다. 이론서 색인에는 셰익스피어와 실러, 괴테를 참고하라는 표시가 가장 많이 나온다. 나중에는 카를 마르크스와 프리드리히 엥겔스Friedrich Engels가 메티*가 말하는 고전 작가가 되었다. 메티는 "고전 작가는 가장 암울하고 잔학한 시대에 살았다. 그들은 가장 밝고 가장 믿을 만한 사람들이었다"[52]라고 했다.

1938년부터 1955년까지의 브레히트 『작업일지』 인명 색인에는 괴테 소개가 20줄, 셰익스피어 참조가 23줄 나온다. 하지만 가장 많은 참조 지시 대상 인물은 아돌프 히틀러다.

브레히트는 20년대에 조롱하듯이 이렇게 말했다. "나는 내가 고전 작가가 되기 시작하는 것을 본다." 그는 "어떤 진부한 내용을 온갖 방법으로 내던지는"[53] 옛사람들의 방식에 저항했다. 모든 고전적인 것을 대하는 그의 태도는 도전적이고 비판적이었다. 위압감을 주는 것이 중요한 것이 아니고, 오직 사용과 사용 가치가 중요하다. 브레히트의 괴테와 실러 비판은 신랄했다(그의 소네트

---

* 브레히트의 『메티. 전환의 책』에 나오는 중심인물. 중국 춘추 전국시대 송나라 출신 철학자 묵자를 가리킨다.

「실러의 보증에 대하여」의 풍자를 기억해야 한다. "마지막에 전제군주는 전제군주가 아니었다")."『아르투로 우이의 출세』에 실린 패러디 풍의 막간극(실러의 시들, 괴테의 『파우스트』 정원 장면, 셰익스피어의 『리처드 3세』 장면들)과 『도살장의 성 요한나』에서 고전주의 작가의 패러디를 보라. 희곡 작곡에서 고전주의 작곡가의 음악적 패러디도 있다. 마르크스를 공부하고 나서 비로소 브레히트는 고전주의 작가와 전통을 다른 시각으로 보게 되었다. 브레히트는 고전주의 작가들의 진보적이고 투쟁적인 정신을 강조하고, 그 작가들을 사용하는 법을 가르치려고 노력했다. 브레히트의 교훈적인 성격, 그의 희곡의 교사 역할, 후기의 교훈시 「노자가 망명길에 도덕경을 쓰게 된 경위에 대한 전설」, 「히르제의 교육」, 「선언」을 보라. 후기 브레히트는 평론가 케테 륄리케에게 이렇게 말했다. "저를 있는 그대로, 그러니까 교사로 그려 주세요."[54] 브레히트의 오랜 동료 빌란트 헤르츠펠데는 1956년 브레히트에 대해 이렇게 말했다. "상상력 풍부한 시인이자 훌륭한 투사 브레히트는 교사이자 교육자였다."[55]

    브레히트의 창작과 작업 방식의 많은 점이 그의 고

전적인 요구를 뒷받침한다. 여기서도 요점만 짚겠다. 그의 작품 탄생 과정에서 아주 작은 종이쪽지도 보관하려는 경향과 전집의 책 형태와 타이포그래피를 들 수 있다. 우리는 이미 엘리자베트 하웁트만이 말하는 '고전 작가 전집'에 대해 이야기했다. 하웁트만은 "고전 작품은 고전적인 판형이어야 한다"고 했다. 인접한 예술인 음악과의 밀접한 관계도 이 맥락에 속한다. 희곡 작가, 연출가, 연극 무대 전문가의 통합 역시 마찬가지다. 현대 연극 이론의 매끈한 구조도, 제자들과의 교류도. 희곡과 서정시 분야에서 브레히트를 계승한 작가들이 있다. 희곡 분야에서 막스 프리슈, 뒤렌마트Friedrich Dürrenmatt, 페터 바이스Peter Weiss, 하이너 뮐러Heiner Müller, 마르틴 발저, 프란츠 크사버 크뢰츠Franz Xaver Kroetz, 폴커 브라운Volker Braun, 토마스 브라슈Thomas Brasch가 있다. 서정시 분야에서는 엔첸스베르거Hans Magnus Enzensberger, 폴커 브라운, 볼프 비어만Wolf Biermann이 있다. 작품의 영속성 문제에 대한 브레히트의 고전적인 반응, 치펠과 칼레*의 지혜, K 씨**의 지혜와 메티***의 지혜를 보라.

---

* 1940~1941년 스웨덴 헬싱키 망명 중 쓴 『망명자들의 대화』에 나오는 두 망명객. 물리학자인 지식인 치펠과 노동자 칼레가 파시즘, 민족주의, 자유주의 등을 논한다.
** 브레히트가 1926~1956년 쓴 『코이너 씨 이야기』에 나오는 인물. 『K 씨 이야기』로도 알려진 작품으로 여성상, 마르크스주의, 인간의 미덕 등을 논한다.
*** 브레히트는 알프레드 포르케의 번역으로 메티(묵자)

브레히트의 예전 발언이 흥미롭다. 브레히트는 1951년 라이프치히에서 공개 연설을 했는데, 몇 안 되는 공개 연설 중 하나인 이 연설에서 그는 이렇게 말했다. "고전주의의 구호는 여전히 유효합니다. 우리는 국민 극장을 소유하거나 하나도 소유하지 못할 것입니다."[56] 당시 한스 마이어는 이 연설에 이런 주석을 달았다. "베르톨트 브레히트는 여기서 고전주의와 고전성에 대해 말하면서 자신이 독일 고전주의 작가인 것처럼 생각하고 있다. 뚜렷이 의식하면서. 독일 고전주의를 증거로 내세우면서." 한스 마이어는, 1951년 라이프치히에서 연설한 브레히트와, 1795년 유럽 혁명이 한창일 때 논문 「문학적 상퀼로트주의」에서 "고전적인 국민 작가는 언제 어디서 탄생할까?"[57]라고 묻는 괴테의 유사성에 유의하라고 요구했다.

나중에, 그러니까 1954년에 브레히트는 이 생각으로 다시 돌아왔다. 그는 이렇게 말한다. "우리는 (고전주의) 작품의 본래 사상을 알아내고, 그 민족적인 의미와 국제적인 의미를 이해해야 한다."[58]

고전 작가로서의 브레히트. 괴테 시대는 "고전적인 국민 작가"의 고전성을 모든 장르에서 '주목할 만한 일'을 해야 하는 것에 있다고 보았다. 이러한 이상은 19세기

를 접한 후 『메티, 전환의 책』을 썼다. 메티는 독일 제3제국의 현실과 왜곡된 가치관, 애국관 등을 비판적으로 성찰한다.

말까지 통용되었다. 20세기에는 서사 문학 작가 카프카와 토마스 만, 헤르만 헤세, 헤르만 브로흐, 로베르트 무질, 서정시인 릴케와 벤이 영향을 미치고 있다. 수준 있는 포괄적인 문학 장르 형식은 후고 폰 호프만슈탈Hugo Von Hofmannsthal이 몇 가지 예를 보여 준다. 그러나 더 광범위한 예는 브레히트에서 찾을 수 있다. 브레히트는 서사 문학, 서정시, 희곡 분야에서 주목할 만한 것 이상을 해냈다. 그의 산문 형식만 해도 장편소설, 노벨레, 단편소설, 동화, 전설, 설화, 전원시, 서사시, 우화, 비유담, 비유, 이야기, 짧은 이야기, 아주 짧은 이야기, 일화, 경구가 있다. 그의 서정시는 발라드, 찬미가, 비가, 격언적 단시, 스페인 서정시 형식인 글로세, 영웅 서사시, 찬가, 송가, 칸초네, 가곡(동요, 민요, 유행가, 비판적이고 풍자적인 노래), 송시, 시편, 민요조의 설화시, 소네트, 이탈리아 시 형식인 테르치네같이 다양한 서정시 형식을 망라한다(시 「사랑하는 사람들」은 테르치네 형식이다. 에른스트 블로흐에 따르면, 이 시는 셰익스피어를 읽고 나서 "수준 높은 예술"을 만들고, 『마하고니 시의 흥망성쇠』의 공연 금지를 피하기 위해 하룻밤 사이에 탄생했다).

　　브레히트는 시 기교에서 3음보 시행, 5각 양강격의

무운시, 5보격, 6운각의 시구를 구사한다. 또 운율, 억양, 각운과 모음 압운, 운문 리듬과 자유 리듬을 구사한다. 그는 형식을 지키고, 형식을 파괴한다. 묘사 대상이 중요할수록 시 형식은 더 고전적이다. 「선언」은 공산주의적 교훈시로서 "존경할 만한 시 양식"인 6운각의 시구로 쓰였다. 호라티우스의 「나는 청동보다 오래 갈 기념비를 세웠노라」의 패러프레이즈인 후기 브레히트의 시 「호라티우스를 읽으면서」[59]는 작품의 영속성에 대한 그의 의심과 회의를 모호하게 축약한 6운각 시구 형식으로 표현했다. 이에 대한 가장 훌륭한 주석을 브레히트 자신이 썼다. "위대한 도약을 하려는 사람은 몇 걸음 뒤로 물러나야 한다. 오늘은 어제의 양식을 먹고 내일로 간다. 역사는 어쩌면 깔끔한 식탁을 차릴 수도 있다. 그러나 역사는 빈 식탁을 두려워한다."[60]

4부

라이너 마리아 릴케와 출판인

"저는 앞으로 나올 제 작품을 한 출판사에 모으는 일에 관심이 많습니다."

라이너 마리아 릴케(1875~1926)

(1)

1905년 11월 8일 편지

'라이너 마리아 릴케와 출판인'이라는 나의 주제는 **한** 작가와 **한** 출판인의 관계를 곧바로 겨냥한다. 추구해야 하지만 거의 다다를 수 없는 유일한 관계라서 내 마음을 끄는 주제다. 이 주제의 기본 방향을 보여 주는 것으로 1905년 11월 8일 파리에서 릴케가 카를 에른스트 푀셸 Carl Ernst Poeschel에게 보내는 손글씨 편지(이 미출판 손글씨 편지는 프랑크푸르트 인젤 출판사 문서실에 있다)를 인용할 수 있어서 기쁘다. 푀셸은 당시 안톤 키펜베르크와 함께 라이프치히의 인젤 출판사를 운영한 인물이다. 릴케는 이 편지에서 (로댕과 세잔 예술 연구를 통해 자신의 예술을 더 잘 이해하는 법을 배우기 위해) 로댕의 집에 차린 저 "무한한 현장"에 대해 말한다. 이 편지는 작가와 출판인 관계의 특징적인 세 가지 동기를 거론한다. 릴케의 말을 들어 보자.

"존경하는 푀셸 씨. ……제가 앞으로 나올 제 작품을 한 출판사에 모으는 일에 관심이 많다는 걸 아실 겁니다." 한 출판사에 작품을 모으는 일은 본래 출판인과 작가가 늘 바라는 일이다. 예나 지금이나 출판사에 중요한 작가와 출판인의 관계는 그러나 이 소망 때문에 깨졌다.

이 편지에서 첫 번째 소망에 바로 이어서 두 번째 대목이 나온다. "다만 그 출판사는 모든 이상理想 외에도 (정상적인 수준을 넘지 않는) 일정한 금전적 보상을 하는 출판사여야 합니다. 유감스럽게도 저는 형편상 금전적 보상을 포기할 수 없습니다."

릴케가 포기할 수 없는 "일정한 금전적 보상"은 얼마나 이성적으로 보이는가. 실제로 릴케는 일평생 "일정한 금전적 보상"에 의지했다. 금세기 독일 문학의 두 거장 릴케와 카프카가 자기 일에서 얻는 소득으로 살 수 없었다는 사실은 진짜 생각해 보아야 할 일이다. 릴케는 매우 겸손하고 재정적인 일에 몹시 서투른 사람이었다. 그는 자신의 시적인 능력을 크게 생각했으나, 그 능력이 가져올 수 있는 원고료와 수입을 생각할 때는 통이 작았다. 그는 인젤 출판사가 주는 지극히 하찮은 원고료와 키펜베르크가 추가로 주는 더 작은 수당에도 과도하게 고마움을 표시했다. 죽음이 임박했음을 아는 중병 환자 릴케의 마지막 편지는 충격적이다. 바로 1926년 6월 10일 키펜베르크에게 보내는 편지다.

"1926년 6월 10일 뮈조 성에서.

친애하는 친구여, 어제 일과 관련해 급히 이 추신만 씁니다. 제가 재정적인 지체를 불평할 때마다 다음 우편이 벌써 불평을 해소하러 온다는 것은(그래서 저는 불평을 성급하게 현실로 옮긴 것을 부끄러워하지요!) 우리 사이에 귀신의 조화라고 할 만큼 대단한 일이지요. 지금 막 발몽의 신용 기관이 8일 자로 제게 ○○○프랑*이 있다고 통보했어요. 이로써 모든 일이 편하게 잘 해결되었습니다!"(출판인 편지 II 519)

첫 번째 1905년의 편지에서 한 출판사에 작품을 모으고 금전적 보상을 바라는 소망 다음에 나오는 세 번째 대목으로 돌아가자. 거기에는 이렇게 쓰여 있으며, 그것으로 편지가 끝난다.

"책의 운명과 신속한 출간이 당연히 다른 어떤 것보

---

* 릴케가 출판인에게 보낸 편지는 인쇄하면서 금전적 표시가 모두 삭제되었다. 여기서 말하는 액수는 850스위스프랑이다(원주).

다 먼저입니다."

　이것 역시 특징적이다. 표지에 인쇄된 출판사 이름과 원고료보다 책—여기서는 『기도시집』—이 출판되는 걸 보고 싶은 작가의 뜻이 우선순위를 차지한다. 이 편지는 자신과 출판인의 관계에 대한 릴케의 시각을 특징적으로 보여 주는 것 같다. 하지만 여기서 언급된 세 가지 동기는 작가와 출판인 관계 전체의 특징이기도 하다.

② 첫 출판

릴케의 첫 책 출판을 이야기하기 전에 그의 글쓰기가 처음 시작되는 지점으로 거슬러 올라가 보자. 릴케 자신이 1924년 8월 17일 헤르만 퐁스Hermann Pongs에게 보내는 한 편지(말테 자료집 11쪽 이하)에서 전기적 사실을 이야기했다. 릴케의 말을 들어 보자. "열일곱 살 무렵 저는 제 인생과 제가 실현해야 할 과제에 대해 그저 아무렇게나 상상할 정도로 전혀 준비가 되어 있지 않았습니다. 군사학교에서 5년간 교육을 받았지만 제 건강과 마음 상태에 도저히 맞지 않아 결국 중단할 수밖에 없었지요. 다음 해는 병약하고 어찌할 바 모르는 상태로 지냈어요. 육군유년학교와 그 후에 다닌 메리슈 바이스키르헨의 육군고등실업학교는 제 성향과 소질에 도움이 될 수 있는 것을 전혀 주지 않았지요…… 더욱이 소년을 엄격한 교육기관에 얼마나 완벽하게 묶어 놓았는지 저는 제 나이에 맞는 유익한 책도 모르고, 인생에 영향을 미치는 소박한 현실도 전혀 몰랐습니다." 릴케는 "저렴한 개인 교습"으로 대학입학 자격시험을 준비해야 했다고 말한다. 하지만 가장 어려운 이 시기에 그의 창조력은 가장 활발했다. "모두 잠시 후 그냥 책상 서랍에 처박아 두는 것이 좋지 않았을까 하고 후회했던 작품들이죠. 그런데도 그 작품들이 세상에 나온 이유는, 온갖 방법으로 제 안에서 나온 이유는, 지금 제게 그 작품들이 차차 성공을 거두어야 하는 어떤 것의 시작을 의미하기에는 부적당하게 보이는 이유와 같지요. 제가 어리석기 짝이 없어서 하찮은 그 작품들을 내놓았다면, 그렇게 하도록 저를 몰아간 것은 적대적인 환경에 대고 그렇게 행동할 수 있는 제 권리를 입증하려는 조급한 소망이었습니다. 이러한 시도들을 한번 내놓으면, 다른 것들도 이름을 밝히며 등장할 준비가 되어 있음을 보여 주고 싶어 하지요. 무엇보다 저는 세상에서 저에게 도움이 되는 사람들을 찾고, 당시 프라하에서 저보다 좋은 형편이라도 제가 들어가기 어렵다고 생각한 정신적 운동과 이어지기를 바랐습니다. 제 인생에서 그런 시기는 그때 딱 한 번뿐이지요. 저는 작업 안에서 싸우지 않고, 빈약한 첫 작업 결과물을 들고 인정을 받으러 떠났기 때문입니다." 릴케는 프라하 작가들이 도움을 준 이야기를 하면서 알프레트 클라르Alfred Klaar, 프리드리히 아들러Friedrich Adler, 후고 잘루스Hugo Salus, 화가 오를리크Emil Orlik와 아우구스트 자우어August Sauer를 거론한다. "저는 데틀레프 릴리엔크론Detlev von Liliencron이 큰일을 하라고 격려해 준 걸 절대 잊지 않을 겁니다. 그는 처음으로 그런 격려를 해 준 사람 중 하나지요. 그가 이따금 상냥한 편지를 보내며 너그럽게 쓴 호칭—소리 내어 읽으면 '나의 멋진 르네 마리아에게'가 되지요—을 읽을 때마다 대담한 미래를 약속하는 가장 믿을 만한 지시를 받은 것 같았답니다(저는 가족에게 이 확신을 주려 노력했지요)!"

이 시기에 릴케의 첫 시가 발표되었다. "긴 옷자락이 지금 유행이다"로 시작되는 이 시는 1891년 9월 10일 오스트리아 빈의 잡지 『인터레산테 블라트』에 실렸다. 나는 늘 릴케가 왜 이 경연에 참석했는지 의아했다(그의 시는 심사위원들의 추천을 받아 27편의 다른 기고문과 함께 인쇄되었다). 1975년 빈에서 열린 릴케 심포지엄에 참석했을 때 도서관에서 이 현상 공모 '긴 옷자락이냐 긴 옷자락이 아니냐'가 실린 잡지를 찾았다. 1891년 8월 6일 같은 잡지에 실린 공모의 내용은 다음과 같다: 거리를 쓸고 다니는 여성의 긴 옷자락은 다시 회의 일정에 올라 있다. 이 문제는 물론 재단사들만의 일이 아니라 '관청들'의 일이기도 하다. "위생국은 거리에서 긴 옷자락을 끌고 다니는 문제에 경찰이 개입해 긴 옷자락을 금지하는 가능성을 고려해야 한다고 가차 없는 판결을 내렸다." 그러나 편집국은 여성의 긴 옷자락을 보는 관청의 평가를 눈여겨 지켜보고, 이 문제를 결정하는 데 "위생국과 경찰은 올바른 주체가 될 수 없다"고 보았다. 이러한 배경을 알고 두 번 다시 인쇄되지 않은 릴케의 시를 읽어야 한다.

긴 옷자락이 지금 유행이다.
수천 번 저주를 받았으나
뻔뻔스럽게도 지금 다시
최근 잡지에 슬그머니 기어들고 있다!
그리하여 이 유행이 없앨 수 없을 만큼
널리 퍼지면
'엄격한' 위생국도
파르르 분노하리라.

이제 위생국도 개입해
무수히 많은 먼지를
우리가 꾹 참고 삼켜야 하는
이 고통을 얼른 막아야 하리라.
긴 옷자락은 한물갔다고
사람들이 생각하기 전에,
경찰까지 이 일에
심각하게 개입하기 전에,
위생국 관리들은
큰 가위를 들고
길모퉁이에 서 있다가
긴 옷자락이 보이면
급히 잘라 내야 하리라.

프라하 스미호프의 르네 릴케

여기서 우리는 청년 릴케가 '긴 옷자락이냐 긴 옷자락이 아니냐'의 문제에 그다지 관심이 없음을 알 수 있다. 하지만 릴케는 '엄격한' 위생국을 비판하고, 경찰을 비꼬고 있다. 처음 발표한 릴케의 시가 벌써 해방적인 성격을 띤다고 말할 수 있을까?

이 시의 출판에 우쭐한 열다섯 살의 릴케는 어머니에게 편지해 자신이 "완전히 문필가"(연대기 19)라고 했다. 이후 첫 시와 첫 단편소설 들이 탄생했다. 1891년과 1892년에 쓴 열네 편의 초기 단편소설은 보존되어 있으나 출판되지는 않았다.『탑』에 실린 극적 장면들도 이 시기에 탄생했다.

1892년 11월 29일 릴케는 당시 장크트 푈텐의 주립 고등학교 교수였던 오스트리아 작가 프란츠 카임Franz Keim에게 편지해 자신의 시에 대한 평가를 부탁한다.

12월 17일 열여섯 살이 된 릴케는 격려하는 평가를 한 듯한 카임에게 감사를 표하며 대답으로 시 한 편을 보낸다.

아니다! 시대가
위대한 인물을 창조하는 것이 아니라
인물이 위대한 시대를 창조한다!

12월 30일에는 장크트 푈텐의 독일어 교사 제들라코비츠에게 이렇게 편지한다. "아울러 제 여자친구인 시

문학은 완전히 쉬고 있지는 않습니다. 제 칠현금의 현은 녹슬지 않았고, 부지런한 손은 그 현에서 고운 음의 조화로운 화음을 일깨우지요. 화음은 그 어느 때보다 맑게 울립니다."(연대기 23쪽 이하)

1893년 1월 3일 릴케는 슈투트가르트의 J. G. 코타 출판사에 자신의 시집 『삶과 노래』를 보내며 동봉한 편지에서 이렇게 말한다. "프란츠 카임, 알프레트 클라르 그리고 다른 이들에게 직접 좋은 평가를 받았습니다. 지금까지 몇 편이 잡지에 실렸을 뿐이죠." 코타 출판사는 제안을 거절한다. 그것은 역사적인 오판이었을까?

그해 1893년 릴케의 성격을 특징적으로 보여 주는 일이 일어난다. 비록 그는 지난날을 돌아보며 이 일을 언급하지 않지만, 그에게 영향을 미친 일이다. 예술적 재능이 있는 발레리 폰 다피트 론펠트Valerie von David-Rhonfeld와의 우정이 시작된 것이다. 발레리의 어머니는 체코 시인 율리우스 차이어Julius Zeyer의 여동생이었다. 릴케는 한 살 위인 발레리에게 시집 『삶과 노래』를 헌정했다. 두 사람의 관계를 보여 주는 130편의 편지와 편지에 썼던 시는 남아 있지 않다. 이제 발레리와 함께 릴케의 인생에서 주로 연상이었던 여인들과의 관계가 시작된다. 안식과 고향 없이 떠돌았던 릴케는 그런 관계에서 격려와 힘을 얻었기에 그 여인들에게 애정을 바친다. 얼마 후(나는 여성과 예술가의 관계에 대한 이런 지적을 잉게보르크 슈나크Ingeborg Schnack 덕분에 얻었다) 토마스 만은 토니 슈바베Toni Schwabe의 소설을 비평하면서 이렇게 말했다. "우리는, 여성 예술가가 지극히 독특하고 흥미로운 작품을 내놓고, 언젠가 우리 가운데서 인도자와 거장이 되리라고 기대할 수 있다."(연대기 25) 릴케는 발레리의 어머니와의 관계 덕분에 또 다른 잡지 『다스 도이체 디히터하임 빈』과 연을 맺었고, 1894년에는 『융 도이칠란츠 무젠 알마나흐』와도 연결되었다. 『융 도이칠란츠 무젠 알마나흐』 첫 호에 릴케의 연작 시 「라우테의 노래」 1~6편이 게재되었다. 이 잡지는 문학과 비평, 현대 생활을 다루는 『융 도이칠란트 융 엘사스』의 편집부가 펴내는 한 달에 두 번 나오는 잡지였다. 잡지 운영자는 슈트라스부르크의 G. L. 카텐티트G. L. Kattentidt였다.

(3)

인젤 출판사 이전 릴케의 출판인

(안톤 키펜베르크에 따르면, KRS 104) 릴케는 농담으로 자기 인생을 출판인에 따라 초기 고양이 시대(슈트라스부르크의 출판인 카텐티트G. L. Kattentidt에 따라), 1899~1904년 귀공자 시대(『기수 크리스토프 릴케의 사랑과 죽음의 노래』의 출판인 악셀 융커Axel Juncker에 따라), 후기 섬 시대로 구분했다.*

릴케 문헌 목록은 키펜베르크가 인젤 출판사에 들어온 1905년까지 인젤 출판사에서 나오지 않은 19편의 작품과, 키펜베르크가 인젤 출판사에 들어온 후 악셀 융커 출판사에서 나온 20번째 작품 『기수』를 수록하고 있다.

1894년 9월 릴케의 첫 작품이 단행본으로 출간되었다. 『삶과 노래』(표지 문구는 다음과 같다. "르네 마리아

---

* 릴케는 각 출판인의 이름과 발음이 같거나 비슷한 독일어 단어 '고양이'(Katze), '귀공자'(Junker), '섬'(Insel)을 가지고 언어유희를 하고 있다.

릴케의 그림과 일기장, 엘사스의 슈트라스부르크와 라이프치히, G. L. 카텐티트, 융 도이칠란트 출판사")였다.

이에 앞서 출판인 카텐티트와 편지 왕래가 있었다. 이에 따르면 릴케가 작품 인쇄 비용을 부담한 것 같다. 이 작은 시집은 "발리 폰 R*에게" 헌정되었다. 이 시집의 시들은 1891년 린츠에서, 1892년 쇤펠트에서, 그 후 1893년 말까지 프라하에서 탄생했다. 훗날 릴케는 이 첫 작품은 중쇄를 찍지 않았다. 나중에 출간된 여섯 권의 주요 작품 선집에서도 뺐다. 아마 책이 회수된 듯, 이 책은 현재 일곱 부만 남아 있다.

두 번째 단행본은 1895년 크리스마스에 나왔다. 그 사이 프라하에서 예술사와 문학사를 공부하는 스무 살 대학생이 된 릴케는 두 번째 시집을 발표했다. 르네 마리아 릴케의 『가신家神에게 바치는 제물』(프라하 H. 도미니쿠스 출판사)이었다. 자신이 쓴 광고 문구에서 릴케는 이렇게 말한다. "이 작품은 '그 힘의 탄탄한 뿌리'를 보헤미아 지방에 두고 있으나 이를 넘어 보편적이고 흥미로운 것 속으로 우뚝 솟아 있다. 장정이 고급스러워 특히 선물용으로 좋다."

---

* 앞서 언급한 발레리 폰 다피트 론펠트를 가리킨다.

시집의 마지막 광고란은 첫 시집 『삶과 노래』를 광고하는 한편, 다음에 나올 세 번째 출판물을 예고하고 있다.

예고된 이 출판물은 자비 출판으로 나왔다. 『치커리. 민중에게 바치는 노래들』(르네 마리아 릴케 지음, 무료, 1년에 한두 번 나올 예정, 작가의 자비 출판, 프라하)이다.

릴케는 이 팸플릿을 병원, 주민 단체, 수공업자 단체에 기증했다. 제1호는 1896년 1월에 나왔고, 2호는 4월, 3호는 10월에 나왔다. 릴케는 서문에서 제목을 이렇게 설명한다. "파라켈수스는 '치커리'가 100년마다 살아 움직이는 존재가 된다고 말한다. 이 노래들에서 이 전설은 쉽게 실현된다. 노래들은 어쩌면 민중의 영혼에서 더 고결한 생명으로 자랄 수도 있다. 나 자신은 가난하다."

1896년 1월 릴케는 『융 도이칠란트 운트 융 외스터라이히』 편집을 맡는다. 그러나 구독자가 적어 별쇄본은 곧 출간이 중단된다.

1897년 라이프치히의 프리젠한 출판사에서 『꿈의 왕관을 쓰고』(라이너 마리아 릴케의 새로운 시들)와 『강림절』이 출간된다. 1898년에는 슈투트가르트의 아돌프 본츠 출판사에서 노벨레*와 단편 산문 『삶을 따라서』가 나온다. 릴케는 나중에, 그러니까 1900년 4월 22일 이 출판사에 "인쇄 전지 다섯 장 이상 분량의 모든 장편소설, 단편소설 혹은 노벨레를 우선적으로 제공한다"고 약속한다. 이 약속은 이후 릴케를 억압하는 의무가 된다.

1899년 말에는 베를린의 게오르크 하인리히 마이어 출판사에서 시집 『나의 축제를 위하여』가 출간되었다. 책의 장식은 하인리히 포겔러Heinrich Vogeler가 맡았다.

1902년에는 두 막짜리 희곡 『일상생활』이 뮌헨의 알베르트 랑겐 출판사에서 출간되었다.

릴케는 『마지막 사람들』과 『형상시집』으로 베를린의 악셀 융커 출판사와 연을 맺기 시작한다. 1906년 이 출판사에서 『기수 크리스토프 릴케의 사랑과 죽음의 노래』(라이너 마리아 릴케, 1899년 집필)가 나왔다. 이보다 앞서 발췌본이 1904년 잡지 『도이체 아르바이트, 프라하』에 게재되었다.

릴케는 이렇게 회상한다. "『기수 크리스토프 릴케의 사랑과 죽음의 노래』는 하룻밤의 선물, 가을 어느 하룻밤이 준 뜻밖의 선물이었습니다. 저는 밤바람에 흔들

---

*특이한 사건과 극적인 구성을 갖춘 중·단편 분량의 소설.

리는 두 개의 촛불 밑에서 단숨에 써 내려갔습니다. 달 위를 스쳐 흘러가는 구름이 작품을 불러냈지요. 작품의 소재는 그보다 몇 주 전 유산을 통해 손에 들어온 어떤 가족 문서가 제 안에 살며시 불어 넣어 주었지요."(말테 자료집 15)

1903년 3월 말 베를린의 출판인 율리우스 바르트Julius Bard가 출판하는 '예술. 삽화가 있는 연구서' 시리즈로 『오귀스트 로댕』이 나왔다. "그라비어 인쇄 사진 두 장과 점토 에칭의 전면 삽화 여섯 장이 수록된" 작품으로, "젊은 여성 조각가"(클라라 베스트호프Clara Westhoff를 말한다)에게 헌정하고 있다. 1년 후 릴케는 이 작품을 안타깝게 생각했다. 릴케의 말을 들어 보자. "로댕 작품을 다룬 작은 책은 (점점 명확해지는데) 제 방식으로 만들고 구성해야 하는 좀 큰 로댕 책 또는 큰 로댕 책을 빼앗고 내용을 미리 다루었기 때문입니다. 저는 둘 다 쓸 수는 없습니다. 하나를 써야 한다면, 제가 쓰려고 한 다른 하나는 침몰하지요."(1904년 3월 16일 아르투어 홀리처Arthur Holitscher에게 보내는 편지)

1904년 릴케는 두 가지 제안을 받는다. 출판인 바르트와, 모음집 『문학』을 펴낸 슈스터 운트 뢰플러 출판사가 덴마크 작가 옌스 페테르 야콥센Jens Peter Jacobsen 번역을 부탁한 것이다. 릴케는 두 제안을 거절한다. 자신이 야콥센을 번역할 생각이 있었지만, 야콥센의 작품과 편지를 덴마크어로 읽을 수 있을 때 하려고 했기 때문이다.

여기서 우리는 릴케가 대단히 적극적인 문학 활동을 펼친 만큼 출판인과의 관계도 변화무쌍하고 활발함을 알 수 있다. 릴케는 친분 있는 동료들에게 평가와 추천을 부탁하는 편지를 쓰고, 중요하다고 생각한 책이나 작가들을 위해 적당한 출판인을 지치지 않고 추천했다. 키펜베르크에게 마르셀 프루스트의 독일어 작품집을 내라고 열심히 권했으며, 개인적으로 친분이 없는 루트비히 비트겐슈타인Ludwig Wittgenstein의 『논리철학 논고』 원고를 출판할 출판인을 찾았다. 그렇게 릴케는 근본적으로 많은 출판인과 편지 왕래를 했다. 그런 출판인은 아돌프 본츠Adolf Bonz, 오이겐 디더리히스, 쿠르트 볼프, (첫 희곡을 보냈으나 거절당한) 자무엘 피셔, 브루노 카시러Bruno Cassirer, 코르피츠 홀름Korfiz Holm, 율리우스 바르트, E. J. 마이어E. J. Mayer같이 당대의 유명한 거의 모든 출판인을 망라한다. 따라서 릴케의 출판인 환경은 넓고, 이는 중요한 기본 관계에 집중하기 위해 그만큼 더 중요하다.

④

안톤 키펜베르크 이전의
인젤 출판사와 릴케

시간을 다시 뒤로 훌쩍 건너뛰어 돌아가 보자. 1900년 3월 월간지 『디 인젤』이 라이너 마리아 릴케의 시 「동방 박사 세 사람」(하인리히 포겔러의 테두리 그림과 전면 삽화 수록, 보르프스베데)을 내놓았다.

그해 크리스마스에는 이 월간지를 발행하는 인젤 출판사에서 릴케의 책 두 권이 나왔다. 『사랑하는 신에 대해서 외』(아이들을 위하여 어른들에게 건네는 이야기, 라이너 마리아 릴케 지음. E. R. 바이스의 장식)와 인젤 출판사가 베를린의 게오르크 하인리히 마이어Georg Heinrich Meyer에게서 인수한 『나의 축제를 위하여』다. 릴케와 인젤 출판사는 어떻게 인연을 맺었으며, 그 관계는 왜 오래 가지 않았을까?

안톤 키펜베르크는 릴케와 연을 맺은 후 1906년부터 비로소 릴케를 중요하게 생각했다. 키펜베르크의 위대한 업적을 폄하하는 것은 아니다. 릴케의 작품을 지원한 키펜베르크의 공적을 살펴보면서, 키펜베르크가 릴케와 인젤 출판사와의 이전 흔적을 언급하지 않음으로써 슬쩍 묻으려고 한 사실을 발견했는데, 솔직히 재미있었다. 릴케를 인젤 출판사로 인도한 사람은 작가이자 예술가인 두 사람이었다. 바로 하인리히 포겔러와 루돌프 알렉산더 슈뢰더Rudolf Alexander Schröder다.

1898년 4월 릴케는 피렌체에 있었다. 보볼리 공원에서 뜻밖에 슈테판 게오르게Stefan George를 만나 긴 대화를 하게 되었다. 게오르게는 미숙한 작품을 너무 빨리 발표했다고 젊은 릴케를 꾸짖었다. 릴케가 묵었던 브누아 여관에서 스위스 예술 애호가 슈넬리Gustav Schneeli가 남자들의 저녁 모임을 열었다. 모임이 끝나고 사람들이 릴케의 옥상 정원으로 올라왔는데 거기서 릴케는 하인리히 포겔러를 알게 되었다. 이후 포겔러는 릴케에게 "사랑하는 몽상적인 동지"가 된다. 두 사람은 나중에 베를린에서 만나는데, 여기서 포겔러는 브레멘 여행에 릴케를 초대했다. 릴케는 브레멘에서 1898년 포겔러와 크리스마스 축제를 같이 보내면서 루돌프 알렉산더 슈뢰더를 알게 되었다.

루돌프 알렉산더 슈뢰더와 그의 사촌 알프레트 발터 하이멜Alfred Walter Heymel은 둘 다 스물한 살로, 인젤 출판사를 세운 창립자였다. 먼저 잡지사를 세우고, 나중에 출판사를 세운 두 사람은 작가이자 출판인이었다. 슈뢰더의 문학적 열광에 하이멜의 엄청난 부가 합쳐지면서 출판사 설립에 아주 좋은 기반이 마련되었다.

1935년 슈뢰더는 「인젤 출판사의 초기 뮌헨 시절」을 보고했다(선집 3945쪽 이하). 슈뢰더와 하이멜은 이미 1897년부터 뮌헨에서 "우리가 (언젠가 성년이 되면) 독일에서 신기원을 열게 될 문학적이고 예술적인 성격의 잡지를 발행하자"는 계획을 논의했다. 1899년 3월 하이멜이 슈뢰더를 찾아와 오토 율리우스 비어바움Otto Julius Bierbaum을 잡지 창간 계획에 영입하자고 제안했다. 그들보다 열다섯 살 손위인 비어바움은 당시 이미 유명인이었다. 처음부터 잡지는 "출판사 또는 일종의 출판 기업"과 연계되어야 했다. 슈뢰더가 기업의 이름으로 제안한 '인젤'Insel*은 인가를 받았다.

펴낸이들은 첫 호에서 그런 이름을 지은 이유를 이

---

*독일어로 '섬'을 의미한다.

렇게 밝힌다. "우리는 이 이름으로 어딘가 부당한 배타성이나 지나치게 과시적인 고상함을 추구한다고 강조할 생각이 없었다. 오히려 우리는 **모든** 예술적인 노력은 아니더라도, **예술적인** 모든 노력이 우리 기업과 같은 기업의 고려 대상이 되면, 그 노력을 올바르게 평가하려고 한다. 우리 출판물에 '인젤'이라는 이름을 붙이면서 우리는, 곳곳에서 들리는 어떤 현대적 예술 경향의 멋진 결과에 대한 승리의 환호성에 우리가 얼마나 동의하지 않는지, 또 우리 예술 활동의 바람직한 발전을 가로막는 엄청난 내적 외적 어려움을 우리가 얼마나 깊이 의식하고 있는지 보여 주려고 했을 뿐이다."

에밀 루돌프 바이스가 성이 있는 섬을 그린 포스터를 만들었다. 이곳에서는 오직 배를 통해서만 육지에 갈 수 있었다. 그래서 돛단배가 출판사의 상징이었다.

잉게보르크 슈나크는 인젤 출판사 역사에서 이렇게 말했다. "세 명의 작가가 출판인으로서 인젤의 요람 주위에 서 있다. 이 세 사람 중 하이멜은 부자였고, 슈뢰더는 재능이 있었으며, 비어바움은 경험이 많았다. 젊은 출판사와 관련해 이는 다음을 의미했다. 비어바움의 타협적인 태도 때문에 예술적 수준이 위험에 처한 듯 보이면, 하이멜은 격려하고, 비어바움은 조정하고, 슈뢰더는 구제했다. 여기에 더해 하이멜은 상냥한 친절함과 예술 창작에 대한 깊은 존경심을 갖고 있었다. 비어바움은 사람을 보는 안목이 있었으며, 문학계의 흐름을 잘 알고 있었다. 반면 하이멜과 슈뢰더는 신참자로서 문학계에 발을 들여 놓으려고 했다."

슈뢰더는 이렇게 기억한다(선집 III, 959쪽 이하). "세기 전환기는 매우 풍족하고 행복한 시기였다. 위대한 옛 유산이 아직 살아 있어 그 시점에 자신의 본래 영향을 대중 앞에 드러내는 것 같았다. 또 수많은 새로운 힘이 활동하고 있었으며, 간과할 수 없는 여러 발전이 등장을 알렸거나 알리는 듯 보였다."

대체 무엇이 등장을 알리는 듯 보였을까? 두 가지다. 한 시대와 한 사회가 몰락하고 있다는 느낌과 동시에 새로운 문학적 힘이 싹트고 있다는 것이다. 이와 관련해 슈뢰더의 회상을 다시 인용한다. 슈뢰더는 세기말 직후 호프만슈탈과 나눈 대화를 보고한다. 두 사람은 빈의 오페른링에서 카를 광장을 지나 걸었는데, 호프만슈탈이 기라르디Alexander Girardi의 마지막 풍자 노래 이야기를 했다.

포도주가 있을 테고

우리는 없겠지

여름이 있을 테고

우리는 살아 있지 않을 테지

그러나 문학은 꽃을 피웠다. 슈뢰더는 인젤 출판사의 초창기 이야기를 하면서 그 시기의 주요 활동이 출판인 비어바움, 하이멜, 슈뢰더가 작가 비어바움, 하이멜, 슈뢰더를 보살핀 것이었다는 말은 하지 않았다. 하지만 월간지 『인젤』의 작가 명단은 통상적이지 않았으며, 출판인들의 문학적 상상력을 보여 준다.

Th. Th. 하이네Thomas Theodor Heine와 포겔러의 그림이 수록된 창간호에는 첫 번째로 루돌프 알렉산더 슈뢰더의 시 「괴테」가 실렸다. 그다음에 프란츠 블라이Franz Blei, 후고 폰 호프만슈탈, 데틀레프 폰 릴리엔크론의 텍스트와 로베르트 발저의 시 네 편이 실렸다.

2호에는 리하르트 데멜Richard Dehmel, 율리우스 마이어 그래페Julius Meier Gräfe의 텍스트가 실렸고, 3호에는 폴 베를렌이, 4호에는 다시 후고 폰 호프만슈탈과 로베르트 발저가 실렸다. 5호에는 아르노 홀츠Arno Holz, 파울 셰르

바르트Paul Scheerbart가, 6호에는 모리스 마테를링크Maurice Maeterlinck와 리하르트 샤우칼Richard Schaukal 외에 릴케의 시 「동방박사 세 사람」이 실렸다. 이들 작가는 인젤 출판사의 기둥이기도 했다. 언급한 작가들 외에도 파울 하이제Paul Heyse, 헤르만 바르, 파울 에른스트Paul Ernst, 프랑크 베데킨트Frank Wedekind, 막스 다우텐다이가 있었다.

　　인젤은 독일 현대 문학에서 가장 번창한 출판사가 될 수도 있었다. 세기 전환기의 다른 출판사에 비해 방대한 작가군을 보유한 데다가 하이멜의 재산은 든든한 경제적 토대가 되었을 것이다. 그러나 결과는 그렇지 않았다. 세 출판인은 작가였을 뿐, 궁극적으로 출판인이 아니었다. 그들은 개별 작가의 중요성을 알고 있었으나 작가들과 친밀하게 교류하지 않았으며, 그들에게 연속성도 보장하지 않았다. 예를 하나만 들겠다. 바로 로베르트 발저다. 1904년 발저의 『프리츠 코허의 작문』이 나왔다. 카를 발저Karl Walser의 스케치 열한 점이 실려 있었다. 사실 슈뢰더는 발저의 시를 출판하려고 했다. 슈뢰더의 말을 들어 보자. 발저의 시에는 "밀도와 마력과 함께 표현의 섬세함과 순수함이 깃들어 있다. 나는 우리 언어로 쓰인 작품 중 이 시와 견줄 만한 작품을 알지 못한다." 그러나 발저와의 관계는 나중에 출판사 소유주가 바뀌면서 유지되지 않았다.

릴케에 대한 슈뢰더의 기억도 흥미롭다. "우리는 거의 동년배인 릴케도 여러 면에서, 무엇보다 호프만슈탈을 변함없이 존경한다는 점에서 이미 당시 우리 그룹이라고 생각할 수 있었다. 지금 나는 우리가 그 시절 릴케의 첫 산문집 『사랑하는 신 이야기』를 인쇄해 이후 릴케가 출판사와 연을 맺도록 토대를 놓아서 기쁘다."(선집 III, 965)

그러나 이 토대는 바로 다시 흔들린다. 1901년 10월 12일 릴케는 인젤 출판사에 『시집』 출간을 제안하며 비어바움에게 "선생님이 이 책의 가장 훌륭한 시 여러 편을…… 인젤에 받아들인다면" 이 새 책은 "처음부터 '인젤'과 친척"이 되리라고 편지한다. 그가 인젤 출판사의 문을 두드리는 이유는 "이 출판사만이 고독한 책들(『사랑하는 신 이야기』도 그런 책이지요)을 품위 있게 대변하는 '예술적인 기품'을 가지고" 있기 때문이다. 릴케의 말을 더 들어 보자. "더욱이 불행하게도 지금까지 제 시집들이 잘못된 손에 들어가는 바람에 제 서정시 작품은 전혀 알려질 수 없었지요…… 저는, 장정은 장식이 전혀 없고, 크고, 진지하고, 단순해야 한다고 생각합니다. 이를테면 젊은 네덜란드 시인들의 작품처럼요. 계약은 『사랑하는 신 이야기』 때와 비슷하게 할 수 있을 겁니다. 이 새 책도 '많은 이'를 위한 책이 아니라, 인젤이 찾고 모으려고 한 소수의 사람에게 소중할 테니까요."

릴케는 비어바움에게 베를린에서 만나자고 하지만, 만남은 성사되지 않았다. 책은 인젤이 아니라, 1902년 악셀 융커 출판사에서 나왔다. 이해하기 힘든 일이다. 비어바움은 당시 릴케의 시 「동방박사 세 사람」을 열렬히 환영했기 때문이다. 비어바움은 1899년 12월 10일 릴케에게 이렇게 편지했다. "작가님은 「동방박사 세 사람」으로 우리에게 대단한 즐거움을 선사했습니다. 매력적인 시, 드물게 나오는 대성공작이에요."(편지, 미출판, 인젤 문서실)

인젤의 재정 상태는 갈수록 어려워졌다. 잡지는 대담하게 1만 부를 발행했다가 후에 3천 부로 줄였는데, 고정 독자는 400명이었다가 결국 80명으로 감소했다. 출판사는 문학적 재능 발굴과 책의 예술적 제작에 그만 힘이 소진되었다. 작가들은 하이멜로부터 원고료를 후하게 받았지만, 판매, 영업, 광고 같은 외부에 미치는 활동이 없었다. 작가들은 불만이 많아졌고, 재정 상태는 점점 어려워졌다. 작가들은 다른 출판사로 옮겨 갔다. 호프만슈탈은 피셔로 갔고, 릴케는 인젤에서 거부당했다. 하이멜은 1904년 새 회사 라이프치히 인젤 출판사의 경영권을 루돌프 폰 푈니츠Rudolf von Pöllnitz에게 넘겼다. 릴케에게 『사랑하는 신 이야기』의 2쇄를 내자고 제안한 것은 푈니츠의 공적이다. 릴케는 작품의 2부를 쓰고 싶었지만 쓰지 못했다. 1904년 1월 16일 편지에는 이렇게 쓰여 있다. "(이참에 말씀드리는데) 인젤 출판사가 관심을 보였으면 하는 다른 원고가 있습니다. 하지만 그 이야기는 1~2년 뒤에나 할 수 있을 것 같습니다." 바로 『기도시집』 이야기다. 릴케는 원고료 이야기도 한다. 『사랑하는 신 이야기』에서 딱 한 번 50마르크의 정산을 받았다면서, 만약 인젤 출판사가 "좋은 전망"을 제시하지 않으면, 악셀 융커의 제안을 받아들일 수밖에 없다고 한다.

1년 후 1905년 4월 13일 릴케는 다시 인젤 출판사의 문을 두드린다. 그 전해에 사망한 푈니츠와 주고받은 편지를 언급하며 『기도시집』을 끝냈다고 알린다. 릴케의 말을 들어 보자. "상당히 완결된 큰 시편 이야기입니다. 이 시편에는 2년도 더 전에 발표한 지난 시집 이후 제 작업의 가장 훌륭한 것과 거의 모든 진보가 들어 있습니다. 따라서 일련의 정신적 고양과 기도가…… 외적으로도 하나로 통합되어야 하는데, 기도서를 기억하여 이 책의 제목은 '기도시집'으로 하고, 부제는 '첫 번째, 두 번째, 세 번째 기도서'로 해야 합니다."

카를 에른스트 푀셸은 이 편지에 긍정적인 답장을 보낸다. 릴케는 육필 원고를 타자기로 쳐 달라고 부탁하고, 5월 16일 『기도시집』의 "인쇄에 넘겨도 좋은 완전한 원고"를 인젤 출판사에 넘겼다. 책의 인쇄 형태와 관련해서는 이렇게 제안한다. "저는 『기도시집』을 소박하나 영향력은 강력한 책으로 생각하고 있습니다. 16세기의 기도서처럼 실제로 사용되는 고결한 책으로요…… 의도적으로 고풍스럽게 보이게 하는 수단은 당연히 피해야 합니다." 릴케는 판형, 표지, 책의 인쇄된 면과 종이의 질에 대해서도 조언한다.

푀셸은 『기도시집』 제작을 진행하면서 릴케와 조판과 종이 문제를 의논한다. 이 시기에 안톤 키펜베르크가 출판사에 합류해 1905년 7월 1일 푀셸과 함께 인젤 출판사의 경영권을 인수한다. 1934년 키펜베르크는 푀셸의 생일 축하 연설에서 그 시기를 이렇게 회상한다. "1904

년 말 짧은 와병 끝에 인젤 출판사 사장님이 돌아가셨습니다. 사장님이 돌아가시기 얼마 전 대표님은 사장님을 대변하시고, 사장님이 돌아가신 다음에는 한동안 임시 사장직을 맡으셨지요. 출판사의 미래는 불확실했습니다. 대부분의 책들이 발터 티만Walter Tiemann과 마르쿠스 베머Marcus Behmer의 장정으로 대표님 소유의 인쇄소에서 인쇄되었는데, 그 책들은 외관상 통상적이지 않았습니다. 릴케, 리카르다 후흐Ricarda Huch, 호프만슈탈의 작품이 개별적으로 거기서 나왔지요…… 그러나 근간이 되는 책들은 우발적이고 너무 자의적으로 여기저기에서 끌어모은 것이었습니다. 젊은 출판사는 좁은 의미에서의 애서가 사이에서 평판이 좋았지만, 더 많은 사람에겐 속물근성과 퇴폐의 맛을 살짝 느끼게 했지요. 하지만 건물을 지을 수 있는 토대는 충분했습니다. 물론 출판사의 재정 상태는 절망적이었습니다."(KRS 38)

    1905년 인젤 출판사에서 릴케의 『기도시집』이 출간되었을 때 키펜베르크는 릴케의 중요성을 확신하지 못했던 것 같다. 그렇게 단정한다고 키펜베르크가 릴케의 작품을 위해 세운 공로와 역사적인 노력을 폄하하는 것은 아니다. 푀셀을 위한 위의 연설에서 키펜베르크는 네

가지 사건을 이야기한다. 바로 "니체 문서 보관소와 괴테 협회와 맺은 유대, 라이너 마리아 릴케의 『기도시집』 출간, 인젤 연감 탄생"이다. 키펜베르크는 당시 자신의 생각을 열정적으로 보고하면서, 인젤 연감은 출판사 작업의 특징을 보여 주고, 인젤의 가장 중요한 작가들을 소개해야 한다고 했다. 그가 출판사를 인수하고 6주 후에 『1906년도 인젤 연감』이 나왔다. 연감의 모토는 다음과 같다.

> 가장 오래된 것을 충실히 보존하고
> 새로운 것을 호의적으로 받아들인다.

이 첫 연감에 릴케는 실리지 않았다.

1906년 12월 1일 편지에서, 그러니까 다시 1년 후 키펜베르크는 후고 폰 호프만슈탈에게 보내는 편지에서 이렇게 말했다. "앞으로 제가 어떤 길을 걸어야 할지 상당히 명확해졌습니다. 제가 제대로 보았다면, 지금까지 인젤 출판사가 걸어온 길은 무엇보다 부분적으로 서로 겹치는 다음 목표들을 가리킵니다. 괴테적 의미의 세계 문학에 헌신하고, 책의 내용에 형식을 맞추고, 서적 장식 기술과 화려한 책에 대한 감각을 점차 끌어올리고, 동시대 문학은 많지는 않더라도 가능한 한 영속성을 약속하는 작품을 내놓는 것입니다…… 인젤 출판사는 문화적 사명을 실천해야 하지만, 궁극적으로는 사업체입니다. 괴테가 극단 단장으로서 금고를 채우기 위해 작가와 전문가의 눈으로 볼 때 부족한 많은 작품을 공연했듯이, 출판사도 시대를 뛰어넘어 오래가지 못할 책들을 인쇄할 것입니다."

키펜베르크는 호프만슈탈에게 앞으로의 작업 방향을 보여 주는 책들을 거론한다. 여기서도 릴케의 책과 그의 작품을 더 지원하려는 뜻은 보이지 않는다.

초반에 그렇게 거리를 두려고 한 이유는 추측만 할 수 있을 뿐이다. 『사랑하는 신 이야기』는 히트 상품이 아니었으며, 『기도시집』도 처음에는 잘 팔릴 것처럼 보이지 않았다. 키펜베르크는 이전 인젤 출판사의 "절망적인 재정 상태"를 생각했다. 아마 릴케가 공동 대표 푀셀이 좋아하는 작가라는 인상도 큰 역할을 했을 것이다. 키펜베르크와 푀셀은 갈수록 사이가 벌어져 결국 싸우고 갈라섰다. 릴케가 1905년 11월 8일 편지에서 인젤 출판사의 관심을 끌려고 했던 고백을 키펜베르크는 푀셀에게 한 것으로 생각했을 것이다. 그러나 결정적인 이유는 키펜베르크가 괴테 제국을 세울 계획이었기 때문일 것이다. 키펜베르크에게 가장 중요한 관점은 이것이다. "우리는 가장 좋은 수로 안내인을 이미 배에 태웠다. 바로 괴테다. 그 안내인은 무엇보다 우리가 배의 균형을 맞추려면 무엇을 버려야 하는지 충고했다."

⑤

릴케, 인젤, 안톤 키펜베르크

인젤 출판사 서류가 옳다면, 키펜베르크가 릴케를 위해 처음으로 한 일은 『기도시집』 계약에 서명한 것이다. 키펜베르크는 이 계약서에 1905년 12월 7일 서명하고, 릴케는 1905년 12월 11일 서명했다. 계약서에는 오늘날 우리가 보기에 독특한 조항이 들어 있다. 원고료 대신에 '지분'이 등장하는데, "계약 당사자들은 발생하는 순이익을 반분하기로" 한다. 1906년 4월 7일 키펜베르크가 처음으로 릴케에게 보내는 편지는 거의 회계상의 사무적인 이야기를 하고 있다. "작가님이 받으신 『기도시집』 부수는 나중에 남은 이익의 작가님 지분에서 정산한다고 하셨지요. 말할 필요도 없지만, 그 뜻을 기꺼이 들어 드리겠습니다." 1906년 8월 21일 키펜베르크는 릴케에게 증정본을 포함해 280부를 보냈다고 편지한다. 이 편지에서 그는 푀셸과 완전히 갈라선 사실도 알린다. 1907년 12월 31일, 그러니까 다시 1년 후 릴케는 『기도시집』 2쇄로 총 473마르크 25페니히를 벌었음을 알게 된다. 1906년의 편지 왕래 역시 한참 거리를 두고 있다. 출판인과 작가의 내밀한 관계는 이루어지지 않았으며, 갈등의 조짐까지 보였다. 1906년 11월 7일 키펜베르크는 릴케에게 퉁명스럽게 이렇게 편지했다. "존경하는 작가님! 출판 경제지에서 작가님이 새 책들의 출판을 다른 회사에 맡겼다는 걸 알게 되었습니다. 정말 유감이고, 솔직히 놀랐습니다. 다른 회사가 더 좋은 조건을 제시해서 그러셨다면 왜 저한테 그 얘기를 안 하셨는지 유감이네요." 키펜베르크는 릴케의 답장에 놀랐던 것 같다. 이제 서한집 『릴케. 출판인에게 보내는 편지』에 수록된 릴케의 이 첫 편지를 읽고 키펜베르크는 작가를 좋게 본 듯하다. 릴케의 말을 들어보자. "인젤 출판사의 상냥하고 소중한 관심"을 "무시하거나 과소평가할 생각은 없습니다. 오히려 호의적으로 시작된 귀 출판사와의 관계가 계속 이어질 수 있느냐의 여부가 제 작업에 매우 중요하다고 믿고 있습니다." 키펜베르크는 릴케의 그런 반응과 다음과 같은 말을 기대하지 않았을 것이다. "무엇보다 기쁨과 믿음을 주는 분의 손에 앞으로 나올 제 책들을 모을 수 있다면, 책들을 한곳에 묶게 하고 싶은 제 솔직한 희망은 기대보다 훨씬 더 멋지게 이루어지는 셈이 될 것입니다."(출판인 편지 1, 15) 이제 릴케는 새 책들을 다른 출판사에 넘긴 것이 아니라, 인젤 출판사가 거절한 『형상시집』 2쇄 증보판과 관련해 논의한 것이라고 해명한다. 그리고 단단히 약속한다. "『기도시집』 이후 새 작품을 끝내면 당신에게 말하리라고 마음먹었습니다. 지금 자라고 형성 중인 작품이 많지만, 빨라야 내년 초에나 인쇄할 수 있는 온전한 작품이 나올 겁니다."(출판인 편지 1, 16) 키펜베르크는 12월 12일 편지에서 이에 호응한다. 호칭은 "매우 존경하는 선생님"에서 "대단히 존경하는 릴케 씨"로 바뀐다. 키펜베르크의 말을 들어 보자. "모든 출판인이 그렇듯 이런저런 불쾌한 일이 많은데 어제 일요일, 이달 10일에 보내신 작가님의 상냥한 편지를 받았습니다. 이제 저는 작가님이 우리와 계속 인연을 이어 가는 것에 대해 의문을 품을 이유가 없으며, 앞으로도 작품을 맡길 생각이시라니 안심입니다." 릴케는 키펜베르크의 이 편지에서 "형성 중인 제 책들에 대한 믿음"(출판인 편지 1, 18)을 보았다. (1905

년 11월 8일 푀셸에게 보낸 릴케의 편지를 알고 있었던 키펜베르크의) "오해"는 결별과 계약 해지로 이어질 수 있었으나, 오히려 지속적인 관계를 다지는 계기가 되었다. 그때부터 두 사람의 편지에는 해가 갈수록 키펜베르크가 릴케의 창작을 지원하는 업무 관계가 반영된다. 두 사람은 여전히 거리를 두면서도 더 솔직하고 다정한 태도를 보인다.

편지로 접촉하기 시작했을 때 릴케와 키펜베르크는 서른 살 즈음이었다. 릴케는 『말테의 수기』 작업 중이었는데 대표작을 쓴다는 느낌이었다. (1944/1945년 집필된, 몇 안 되는 전기적 수기 중 하나인 『한 출판인의 수업 시대와 편력 시대』에서) 키펜베르크는 오히려 처음 시작이 쉬웠다고 말한다. "운명이 정한 길을 계속 걷고, '모든 권력에 맞서 자신을 유지하는 것'이 한없이 더 어려웠다. 1906년부터 1차 세계대전까지 작품의 뼈대를 세우는 10년 동안 릴케는 작품을 쓰면서 행복했지만, 그 시기를 다시 겪고 싶어 하지는 않았다." (KRS 33) 릴케와의 관계에서 (많은 다른 출판인들처럼) 키펜베르크도 대단한 작가는 외부에서 아무리 호의를 보내도 영향을 받지 않는다는 것을 경험해야 했다. 릴케는 동요하지 않고 『말테의 수기』를 썼다. 릴케와 안톤 키펜베르크, 그의 아내 카타리나 키펜베르크Katharina Kippenberg는 모두 편지 쓰기를 좋아하는 성격이기에 방대한 서한집이 탄생한 것은 놀라운 일은 아니다. 독일 문학 문서보관소는 릴케가 키펜베르크에게 쓴 500통 이상의 편지를 소장하고 있다. 이들 편지 대부분이 출판되었으며, 카타리나에게 보낸 릴케의 편지와 그녀의 답장도 출판되었다. 하지만 유감스럽게도 두 서한집은 온전히 신뢰할 수 없다. 비판적인 연구가 필요하다.

릴케와 키펜베르크 관계는 호칭과 맺음말, 인사말에서 읽을 수 있다. 이제 키펜베르크의 편지에서 1906년의 "매우 존경하는 선생님"은 더 이상 나오지 않는다. 이 호칭은 "매우 존경하는 릴케 씨", "대단히 존경하는 릴케 씨", "제가 매우 존경하는 릴케 씨", "제가 사랑하고 존경하는 릴케 씨"로 바뀌었다가 마침내 1911년 11월 29일 "사랑하는 친구"로 바뀐다. 끝맺음 말은 "삼가 올리며", "존경을 담아 삼가 올리며", "진정을 담아 삼가 올리며", "언제나 당신을 깊이 존경하며", "삼가 올리오니", "언제나 삼가 올리오니"였다. 릴케의 호칭과 맺음말은 훨씬 더 화려하다. 1907년에는 통상적으로 "존경하는 박사님"과 "진심으로 공감하며 인사드립니다", "제가 사랑하고 존경하는 박사님"과 "진심을 담아 삼가 올리며"를 썼다. 1910년 처음 방문하고 나서 "사랑하는 키펜베르크 박사님"이었다가 한 달 후에는 "사랑하는 매우 소중한 친구", "우정으로 삼가 올리오니"가 되었다. 그 후에 릴케는 상투적으로 "나의 사랑하는 친구"라고 하고, 언제나 진심으로 모든 일이 잘 풀리길 빌었다. 마지막 편지들에서는 수신자를 "나의 좋은 친구"라고 썼다. 1926년의 한 편지는 특이하게 이렇게 끝맺고 있다. "안녕히 계세요, 나의 좋은 오랜 친구. 사모님께 진심을 담아 안부를 전합니다." 키펜베르크는 50세 생일에 릴케가 "뮈조 성에서, 1924년 5월 22일, 나의 사랑하는 변함없는 친구에게"라고 쓴 편지를 받고 특히 기뻐한 듯하다. 이 편지에서 릴케는 "오랜 세월 서로 깊이 신뢰하고 기쁜 마음으로 동의한 순간들"을 이야기한다. "가정과 직업, 취미와 의무의 세계에서 정성을 쏟아 이루신 모든 일이 마음속에서 잠시 효력을 발해 자신도 모르게 마음의 짐을 다 내려놓고 편히 쉬시길 바랍니다…… 말할 수 있는 이야기는 여기까지. 다른 이야기는 이미 하고 있거나 우리 사이에 떠돌고 있겠지요. 당신과 저를 단단히 묶어 주는 제 감사의 마음도 이미 표현하고 있거나 떠돌고 있을 겁니다." 릴케는 「1924년 5월 22일 안톤 키펜베르크에게 바치는 우정」이라는 시를 썼다. 물론 나는 릴케가 『두이노의 비가』를 끝내고 키펜베르크에게 쓴 편지를 더 높이 평가하고 싶다. 우리는 그 편지로 다시 돌아갈 것이다.

시간이 상당히 드는 일이었지만 키펜베르크는 1910년 『말테의 수기』가 나올 때까지 다른 출판사에서 출간된 릴케의 작품들을 인수하려고 했다. 그동안 인젤 출판사에서 『신시집』(1907년)과 『신시집 별권』(1908년)이 출간되었다. 「고대 아폴로의 토르소」(1908년 초여름, 파리), 「바다의 노래」(1907년 1월, 카프리), 「베니스의 아침」(1908년, 파리), 「사랑하는 여인」(1907년 8월, 파리), 「이방인」(1908년, 파리), 「플라밍고」(1908년, 카프리)는 대가의 노련함이 엿보이는 위대한 시들이다. 작가를 압박했음에도 불구하고 키펜베르크는 릴케의 세 번째 시집은 손에 넣지 못했다. 『초기 시집』, 『벗을 위한 진혼곡』('벗'은 여성 화가 파울라 모더존 베커Paula Modersohn-Becker를 말한다), 『볼프 그라프 칼크로이트를 위한 진혼곡』과 마지막으로 『엘리자베스 베릿 브라우닝의 포르투칼 소네트』(라이너 마리아 릴케 옮김)가 1901년 이전에 잇달아 선을 보였다.

경제 형편을 이야기하는 릴케의 발언에는 나직한 한탄과 때때로 비판의 기색이 묻어난다. 출간된 『릴케. 출판인에게 보내는 편지』에서 그런 부분에는 주로 말줄임표가 찍혀 있다. 그 부분이 생략된 것이다. 릴케는 오랜 세월 경제적으로 어려웠으며, 작품 판매 수익은 생활비를 충당하기에도 턱없이 모자랐다. 1907년 6월 21일 릴케는 아내에게 이렇게 편지했다. "모든 걸 버렸어요. 첫째로 자동차를 버렸고, 둘째로 차 마시는 습관을 버렸으며, 셋째로 책 사는 습관을 버렸지요. 그런데도…… 지난 며칠 또 한참 계산했지만 앞으로 어떻게 될지 모르겠네요."(연대기 272)

릴케는 돈을 벌기 위해 작품 낭독을 한다. 1907년 11월 8일에서 18일까지 빈에 머물며 서점 주인 후고 헬러 Hugo Heller의 초대로 로댕론을 강연하는데, 시작하자마자 코피를 심하게 쏟았다. 릴케는 이 일을 이렇게 전한다. "그 난리 통에 호프만슈탈이 뒤쪽으로 와서 말을 건넸는데 정말 기분이 좋더라고요. 그는 '정 어려우면 제가 대신 읽을게요'라고 했어요."(1907년 11월 9일 클라라 릴케

Clara Rilke에게 보내는 편지)

1908년 2월 13일 릴케는 라이프치히에서 처음으로 키펜베르크와 만나기로 했다. 당시 브레멘에 있던 릴케는 라이프치히에 가려고 했으나 결국 가지 않았다. 키펜베르크가 배럿 브라우닝Elizabeth Barrett Browning의 소네트 번역에 300마르크를 준다고 해서 실망했기 때문일까? 아무튼 릴케는 키펜베르크에게 병이 나 기운이 없다고 편지했다. 하지만 그는 자무엘 피셔의 초대를 받아 2월 19일부터 23일까지 베를린에 갔다.

늦어도 여기서 릴케와 출판인 이야기의 소제목 '릴케와 자무엘 피셔 및 그의 아내 헤트비히 피셔Hedwig Fischer의 관계와 만남'이 나와야 하리라. 피셔 부부가 릴케에게 보낸 편지들은 남아 있지만, 아직 제대로 정리되지 않았다(몇 통은 릴케 문서보관소에 있지만, 대부분의 편지는 나니 분덜리 폴카르트Nanny Wunderly-Volkart 부인이 베른 주립도서관에 양도했다). 릴케가 자무엘 피셔와 헤트비히 피셔에게 보낸 편지는 열람할 수 있다. 헤트비히 피셔는 1952년 이 편지들을 선별해 출판했다.

이 편지들과 페터 드 멘델스존의 『S. 피셔와 그의 출판사』를 통해 릴케와 피셔 부부 관계의 역사를 더 명확히 서술할 수 있다. 페터 주르캄프는 언젠가 내게 자무엘 피셔는 서정시에 대한 감각이 없다고 한 적이 있다. 피셔는 이전에 다른 출판사에서 출간된 헤세의 시집을 인수하려는 노력도 하지 않았다. 저널리스트인 자무엘 젱거Samuel Saenger는, "영혼의 태고 영역"인 서정시는 피셔에게 기본적으로 낯설었다고 말한다. "피셔의 출판인으로서의 갈망은 릴케나 슈테판 게오르게까지 나아가지 못했다."(멘델스존, 465)

릴케는 일찍이 1897년 자무엘 피셔를 만났다. 전사前史가 있다. 릴케의 부탁으로 작가 루트비히 강호퍼Ludiwig Ganghofer가 출판인 본츠에게 릴케를 추천했다. 하지만 릴케는 10월 25일 시집은 출판하지 않는다는 본츠와 편지로 긴 논쟁을 벌였다. 그래서 다른 출판인을 더 찾다가 1897년 12월 루 안드레아스 살로메Lou Andreas-Salomé와 피셔의 저택에서 열린 문학 행사에 참석하게 되었다. 여기서 헤트비히 피셔와 맺은 우정은 릴케가 사망할 때까지 이어졌다. 헤트비히 피셔의 말을 들어 보자. "나는 릴케의 시 세계를 시간이 가면서 차차 알게 되었다. 처음에 그 세계는 낯설었고, 그 세계로 들어가는 입구를 찾는 데 한참 시간이 걸렸다. 오랜 세월 나한테는 인간 릴케가 그의 작품보다 더 가까웠다." 릴케는 나중에 그루네발트에 위치한 피셔의 집에서 자신의 시를 낭송했다. 피셔 부부를 이탈리아와 파리에서 만났으며, 계속 편지로 접촉했다. 피셔는 몇 년에 걸쳐 릴케에게 잡지 『노이에 룬트샤우』에서 함께 일하자고 했다. 호프만슈탈은 릴케가 『노이에 룬트샤우』에 자신의 산문 비평을 해 주길 바랐다.

1908년 2월 릴케는 라이프치히에 있는 키펜베르크가 아니라, 베를린의 피셔를 만나러 갔다. 피셔는 릴케에게 경제적인 지원을 제안한다. 당연히 잡지 『노이에 룬트샤우』 혹은 S. 피셔 출판사에 산문 작품을 내야 한다는 조건이 있었다.

릴케는 1908년 3월 19일 카프리에서 장장 다섯 쪽에 달하는 긴 편지를 보내 피셔의 제안이 "불가능했던 가장 행복한 가능성을" 열어 주었다고 한다. "저는 파리로 가서 집 안에 틀어박혀 그 어느 때보다 딴생각하지 않고 오로지 일만 할 겁니다." 릴케의 말을 더 들어 보자. "제 출판인과의 관계는 제가 봐도 명확하지 않습니다. 오랫동안 이렇다 할 관계가 없었지요. 하지만 지난 몇 년 자연스럽게 인젤 출판사와 연을 맺게 되었습니다. 인젤과의 관계는 우호적이고, 저도 인젤 출판사에 어느 정도 묶여 있다고 느끼지요. 이 말을 하지 않는다면 양다리를 걸치는 것 같을 겁니다…… 그동안…… 저는 형편에 몰려 사정을 밝히고, 인젤 출판사에 신뢰에 기반한 우리 관계와 저에 대한 출판사의 관심을 더 사무적으로 명확히 해 달라고 촉구했습니다…… 먼저 인젤의 의도와 제안을 알아야 제 업무적인 자유 혹은 속박을 판단할 수 있을 듯합니다. 아무튼 우선 앞으로 몇 년 안에…… 중요한 작품을 선생님께 드리기로…… 결심했습니다." 릴케는 안 그래도 키펜베르크에게 인세를 정기적으로 지급해 달라고 요구할 생각이 있었다. 이제 그는 피셔의 제안을 등에 업고 1908년 3월 11일 카프리에서 키펜베르크에게 편지를 보내 (호프만슈탈에 따르면 "아주 적은 액수의") 집세를 부탁한다. 『릴케. 출판인에게 보내는 편지』(35~41쪽) 첫 권에 실린 이 편지의 전문을 인용해야겠지만 중요한 대목만 짚기로 하자. 릴케는 라이프치히에 못 간 것을 유감스러워하며, 인젤과의 관계가 "네 권의 책"으로 "잘 다져졌지만" "더 명확하고 도움이 되는 쪽으로" 관계를 설정하고 싶다고 한다. 그는 작품 작업을 편안히 계속하지 못할까 염려한다. 물론 경제적인 부탁을 하면서도 늘 출판인의 형편을 생각한다. "제 사정을 좀 살펴봐 주십사 부탁드리지만, 당신이 이 신뢰를 사사로이 마음대로 대할 수 없으며, 오로지 사업을 생각해 태도를 정하고 수정해야 한다는 걸 잘 알고 있습니다." 이어서 "혹시 출판사가 언급한 의미에서 제게 도움이 되는 쪽으로 우리 관계를 설정할 수 있는지" 겸손하게 부탁한다. 그리고 편지는 대반전을 보인다. "사업적으로 말하면, 서정시는 불확실한 담보로, 서정시를 근거로 사전에 어떤 합의를 하는 건 무모할 수 있지요. 그렇게 볼 수 있지만, 제 서정시는 (개별적으로 최종적인 듯 보이고, 계속 그렇게 보이겠지만) 외부 세계를 개인적으로 소화하고 극복한 것이며, 그 뒤에서 다른 과제와 농축과 해결이 준비되고 있습니다. 지금 저는 작업에 집중할 시간을 확보하고 싶은데, 다음 시집을 끝내고 더 나아가 산문과 희곡도 구상하고 있기 때문이지요. 그 희곡은 크게 성장한 예술적 힘에서 어느 날 필연적으로 생겨날 거예요."

키펜베르크는 이 편지를 받았을 때 릴케의 원대한 구상 뒤에 피셔와의 경쟁이 있다는 생각은 하지 못했다. 키펜베르크는 자발적으로 나서서 앞으로 1년간 인세를 할부로 지급하겠다면서 1908년부터 3개월마다 500마르크를 보내겠다고 한다(인젤 출판사 문서실). 릴케는 "당신의 따뜻한 이해심을 보여 주는 새로운 증거"와 "가까운 미래와 연관해 우리 관계를 조정하면서도 처음부터 그 관계에 깃든 즉흥적인 생동성을 유지할 줄 아는 데"에 고마움을 표시한다. 3월 29일 릴케는 피셔에게 편지해 "인젤 출판사의 이성적인 제안을 받아들여야 했다"고 알린다. 따라서 차기작들도 인젤 출판사의 몫이 되었다. 『말테의 수기』도 마찬가지다. 릴케가 피셔에게 하는 말을 더 들어 보자. "저는 우선 앞으로 몇 년 동안 『노이에 룬트샤우』에 글을 게재해 마땅한 보상을 해 드릴 생각입니다. 사랑하는 친구여, 제가 이런 이야기를 하는 데도 제안하신 도움을 제한하실 생각은 없는지 잘 생각해 보세요."(연대기 302) 피셔는 4월 3일 처음에 했던 친절한 제안을 변함없이 그대로 견지했다. 릴케는 피셔의 지원금을 받았다. 피셔는 1909년 『노이에 룬트샤우』 2월호에 『말테의 수기』의 일부가 게재된 것으로 딱 한 번 "마땅한 보상"을 받았다. 그 후 릴케는 피셔와 편지 왕래를 하지 않았다. 그저 헤트비히 피셔와 우정의 편지를 주고받았을 뿐이다. 1922년 4월 헤트비히가 개인적으로 『두이노의 비가』의 몇 편을 『노이에 룬트샤우』에 줄 수 없느냐고 물었지만 릴케가 거절했다. 릴케가 사망하고 『노이에 룬트샤우』는 1927년 7월 릴케의 『여자 친구에게 보내는 편지』를 실을 수 있었다. 『노이에 룬트샤우』에 실린 릴케의 마지막 글이다. 1908년 12월 31일 릴케는 키펜베르크에게 다시 "외적인 생활 걱정"을 하소연한다. 키펜베르크는 "지난해의 부족분 충당에 필요한" 1천 프랑을 수표로 보내고, 출판사가 3개월마다 500마르크를 지급하기로 한 합의를 다음 해까지 연장했다(1909년 1월 2일 편지, 인젤 출판사 문서실).

그사이 『기수 크리스토프 릴케의 사랑과 죽음의 노래』가 융커 출판사에서 나왔다. 키펜베르크는 릴케가 융커와 체결한 계약에서 새로운 사실을 발견하고 릴케에게 이렇게 충고하며 사실을 짚는다. "융커 씨는 300부 한정판에만 권리가 있으며, 그 책이 다 팔리면 권리가 없어집니다. 본인이 분명하게 출판이 일회적이라고 통지했기 때문에 융커 씨는 책을 새로 낼 수도 없습니다. 그래서 작가님에게 제안하고 싶습니다. 융커 씨에게 이런 상황에서는 책을 새로 낼 수 없다고 하세요. 기회가 되면 책을 다른 작품과 묶어 다른 출판사에서 출간하겠다고요. 책은 『진혼곡』과 묶을 수도 있고, 이미 출간된 다른 작품이나 적당한 때 그 책에 어울릴 다른 작품과 묶을 수도 있지요. 제 생각에는, 한정판 이야기가 있으니, 책이 1년 후 다 팔리면 손해 볼 것이 없을 듯합니다."

릴케는 키펜베르크의 조언을 따라 『기수 크리스토프 릴케의 사랑과 죽음의 노래』의 판권을 해지하려고 했지만 쉽지 않았다. 융커가 릴케에게 편지해 『강림절』과 『꿈의 왕관을 쓰고』의 판권을 산 데다 이 작품들을 새로 출간하고 싶다고 했기 때문이다.

릴케는 1909년은 파리에서 『말테의 수기』를 마무리하며 보내는데, 9월 10일 다시 키펜베르크에게 송금을 부탁해야 했다. 바트 리폴트자우 요양에 생각보다 돈이 많이 들었기 때문이다. 9월 12일 릴케는 키펜베르크에게 『말테의 수기』가 순조롭게 진행되고 있다고 편지한다. "다음에 독일에 가면 가장 먼저 라이프치히로 갈 겁니다. 하느님이 원하신다면, 제 여행 가방 안에는 『말테의 수기』가 들어 있겠지요. 작품이 완성되는 날짜가 우리가 만나는 날짜가 돼야 하지 않겠어요? 사는 게 좀 나아지면, 저는 그 날짜를 미루기보다는 앞당길 생각입니다."(출판인 편지 1, 78)

1909년 10월 20일 릴케는 키펜베르크에게 편지해 산문을 절반 정도 썼다고 알리면서 혹시 손으로 쓴 글 혹은 자신이 구술한 수첩 메모를 타자기로 쳐 줄 수 있는 믿을 만한 사람을 아느냐고 묻는다. 키펜베르크는 10월 23일 이렇게 답장했다. "『말테의 수기』를 받아쓰게 할 수밖에 없으시다고요. 그 재난은 솔직히 제가 바라던 일입니다…… 일주일이나 혹은 더 오래 라이프치히에 머물면서 여기서 받아쓰기를 시키는 것이 가장 좋을 듯합니다. 당연히 우리 집에서 묵으셔야지요. 주무실 침실 외에도 꼭 대기 방 하나를 마음대로 쓰실 수 있습니다. 우리는 햇빛이 잘 들고 밝은 그 방이 언젠가 시인이 묵기에 안성맞춤인 방이라고 늘 생각하고 있었답니다." 릴케는 동의하고 1910년 1월 11일 파리에서 라이프치히로 온다. 그리고 1월 13일부터 31일까지 키펜베르크의 집에 묵으며 『말테의 수기』를 완성한다.

여기서 살짝 옆길로 벗어나 릴케와 괴테라는 주제를 논하게 해 주길 바란다. 예전에 괴테를 숭배했던 릴케가 무슨 연유로 괴테를 점점 거부하다가 마침내 — 하필이면 탁월한 괴테 전문가인 키펜베르크의 집에서 — 『말테의 수기』에서 신랄한 시적 공격을 퍼붓게 되었을까? 비밀은 릴케의 삶과 작업의 원초적인 갈등에서 찾을 수 있다.

릴케는 늘 그 갈등에 좌절할 위험에 처해 있는 자신과 달리 괴테는 갈등을 모범적으로 해결했다고 생각했다. 어쨌든 키펜베르크 부부는 괴테를 공격하는 릴케를 나쁘게 보지 않았던 것 같다. 『말테의 수기』의 성공으로 릴케는 제 역할을 다한 것이다. 카타리나 키펜베르크는 가끔 함께 바이마르를 찾을 때마다 남편의 괴테 열광에 릴케를 동참시키려고 했지만 그러지 못했다. 하지만 안톤 키펜베르크는 1913년 괴테의 에로틱한 시 「일기」를 낭송해 릴케의 에로틱한 성찰을 자극함으로써 그렇게 할 수 있었다. 키펜베르크는 1947년 9월 7일 릴케에 대해 쓴 유일한 논문에서 릴케를 "세상 속으로 태어난" 독일 작가라고 부르며 경의를 표하기 위해 괴테의 시를 인용한다. 작가들이 얼마나 서로에게 부당할 수 있는지는 평생 릴케의 친구가 아니었던 토마스 만이 보여 준다. 토마스 만은 "릴케와 괴테를 나란히 놓는 것"에 대해 말한다. "최고의 유능함과 삶의 실현을 아무것도 사랑하지 않는 공손한 허약함과 대조하는 것은 당연히 현대성에 그다지 기분 좋은 일은 아니지요. 괴테의 손자 발터는 이렇게 말하곤 했답니다. '뭘 하시려는 거예요? 저의 할아버지는 거인이셨고, 저는 어린 닭이에요.'* 릴케도 그렇게 말할 수

---

* 발터는 발음이 비슷한 독일어 'Hüne'(거인)와 'Hühnchen'(어린 닭)으로 자신과 할아버지의 차이를 재치 있게 표현하고 있다.

있었을 겁니다. 그러나 어린 닭이 황금알을 몇 개 낳았음을 부정할 수는 없지요."(1942년 9월 8일 해리 슬로처워Harry Slochower에게 보내는 토마스 만의 편지) 이런 표현을 재미있게 받아들여야겠지만, 이 표현 역시 내가 '괴테의 시「일기」와 그 시가 릴케에게 미친 결과'라는 주제를 자세히 연구하는 계기가 되었다.

1911년 10월 2일 안톤 키펜베르크는 릴케에게 이제부터 매달 500마르크를 받게 될 거라고 알린다. 1910년 6월 1일 출간된『말테의 수기』는 동시대 세계 문학으로 꼽히는데, 앞으로도 그럴 것이다. 작품의 획기적인 의미는 우리 현대인의 존재 문제를 처음으로 설득력 있게 성공적으로 묘사한 데 있다. 작품은 대도시 인간의 고독과 불안, 절망이라는 주제를 구체적이고 정확한 환상으로 전개한다. 1965년 비평가 페터 데메츠Peter Demtez는 이렇게 말했다. "릴케는 시인이었으며 모호한 것을 싫어했다." "『말테의 수기』에서 서정시인은 정확한 독일 산문의 새 시대를 열고, 현실에 근본적인 질문을 던지면서 동시대 사람들보다 앞서 알랭 로브그리예Alain Robbe-Grillet의 길을 걷는다. 이 작품보다 미래를 풍부하게 잉태한 작품은 없다." 우리는 오늘날 어떤 서술자가 툴리에 거리의 젊은 말테만큼 정확한 예리함을 자유롭게 구사할 수 있는지 물어야 한다. "발명과 진보, 예술, 종교와 철학에도 불구하고 삶의 표면에 머무는 것이 가능할까? 적어도 무엇이었을 이 표면조차 믿을 수 없을 만큼 지루한 소재로 덮어 여름 휴가지 호텔의 응접실 가구처럼 보이게 하는 것이 가능할까?"

1911년과 1912년 릴케와 키펜베르크의 편지는 계속 『형상시집』과 『기수 크리스토프 릴케의 사랑과 죽음의 노래』를 융커에게서 가져올 수 있는지 하는 문제를 논의하고 있다. 키펜베르크는 1911년 9월 18일 이렇게 편지한다. "솔직히 융커의 다른 대답을 기대하지 않았습니다. 융커는 북부 독일인다운 집요함으로 이 책에 매달릴 겁니다. 아마 자기 출판사의 가장 좋은 책이라고 생각하겠지요. 저도 똑같이 그렇게 할 거라고 말해야겠어요. 작가님은 일을 제대로 잘 시작하셨어요. 융커가 제안을 수용하지 않는 것은 절대 작가님 탓이 아닙니다. 조언합니다. 우리, 이 일과 관련해 더 이상 아무것도 하지 맙시다. 그의 지난번 편지에 답장하지 마세요. 전체를 미결 상태로 두자고요. 저는 『형상시집』을 생각하고 있는데, 때가 되면 수표 한 장을 내놓을 겁니다. 『기수 크리스토프 릴케의 사랑과 죽음의 노래』일은 확실하지 않네요. 며칠 후에 저작권 분야의 전문 법률가와 이 문제를 이야기하고 어떻게 해야 할지 상의하려고 합니다."

1911년 11월 29일 편지에서 키펜베르크는 출판사의 권리 문제가 불확실한 점을 이용해 『기수 크리스토프 릴케의 사랑과 죽음의 노래』를 새로 내기로 결심한 듯 보인다. 그는 릴케와 계약을 체결하고 싶어 한다. "이제 일이 다 정해졌으니 융커에게 말할 겁니다. 만약 그가 이의를 제기하면 해결해야지요. 지금 제가 계약서를 갖고 있는데, 그 계약에서 융커는 새로 출간한 책에 아무 권리도 없습니다." 1912년 1월 키펜베르크는 자기네 "30페니히짜리 책"(몇 주일 후 50페니히짜리 책이 되어 유명한 '인젤 문고' 시리즈가 된다)에 산문 두 편이나 40쪽 분량의 시 선집을 내자고 제안한다. 원고료는 1만 부가 팔릴 때마다 150마르크를 주겠다고 한다. 1월 22일 키펜베르크는 융커가 400마르크에 『기수 크리스토프 릴케의 사랑과 죽음의 노래』를 완전히 포기했다고 알린다. 그리고 이 책을 50페니히 시리즈에 넣고 싶다면서 원고료를 150마르크에서 400마르크로 올려 주었다. 1912년 6월 말 '인젤 문고'의 첫 열두 권이 나왔다. 당대의 가장 훌륭한 활자체로 조판되고, 목질 섬유가 섞이지 않은 종이로 인쇄되었다. 이 가격대의 책 시리즈에서 새로운 점은 겉표지를 탄탄한 판지로 한 것이다. 1호는 『기수 크리스토프 릴케의 사랑과 죽음의 노래』였다. 이 책은 출간 첫해 2만 2천 부가 팔렸다. 1916년에는 8만 8천 부가 출간되었으며, 1922년에는 25만 1천 부, 1934년에는 50만 부가 출간되었다. 1962년에 100만 부 이상으로 올라갔다.

키펜베르크는 릴케에게 『기수 크리스토프 릴케의 사랑과 죽음의 노래』의 출간이 진정한 릴케 붐을 불러일으켰다고 알렸다. 당연히 릴케는 베니스에서 이렇게 답장했다. "이미 4~5일 전부터 이렇게 많은 좋은 소식에 고맙다는 말을 하려고 했습니다…… 융커는 정말 자신의 한계를 모르는 것 같아요. 융커가 준 비루먹은 말을 탄『기수 크리스토프 릴케의 사랑과 죽음의 노래』는 아주 조금밖에 나가지 못했지요. 사랑하는 친구여, 당신은 이 훌륭한 크리스토프 릴케를 어떻게 달리게 했는지. 누가 그걸 예상했겠어요!"(출판인 편지 1, 176) 얼마 후 1912년 8월 9일 릴케는 베니스에서 다시 키펜베르크에게 이렇게 편지한다. "사랑하는 친구여, 당신은 진짜 헤라클레스의 척도로 일하시네요. 제가 무슨 말을 하겠어요? 금광에 용

을 파묻어 이제 『형상시집』도 해방시킨 당신의 대담함에 놀랐습니다."(출판인 편지 1, 177)

이제 릴케의 발전에서 다시 새로운 단계가 시작된다. 키펜베르크와의 관계도 마찬가지다. 1912~1913년 릴케는 『두이노의 비가』 두 편과 『마리아의 생애』를 쓸 수 있었다. 그 후 "이름 없는" 10년이 시작된다. 릴케가 영혼의 고뇌의 나라에서 살았다고 한 침묵과 실패의 세월이었다. 그러나 불모의 시간은 아니었다. 그때 「책에서, 셀 수 있는 가까운 행에서 눈을 들고」, 「거의 모든 사물에서 봄이 눈짓하네」(뮌헨, 1914년 9월), 「마음의 산에서 쉬다」(이르센하우젠, 1914년 9월) 같은 가장 아름다운 시들이 탄생했다. 특히 중요한 다음 대목을 보라.

보라, 저기 얼마나 작은지
말이 머무는 마지막 마을과 더 위를 보라
그러나 감정이 머무는 마지막 농장도
얼마나 작은지. 그대 알아볼 수 있는가?

여기서 릴케는 말이 감정에 이를 수 없고, 결국 표현할 수 없음을 강조한다.

이미 말했듯이 불모의 시간은 아니었으나 릴케는 강렬하게 시작한 『두이노의 비가』가 잘되지 않는다고 느꼈다. 『두이노의 비가』는 모든 것이 그를 몰아간 작품, 그가 자기 문학의 실현과 완성이라고 생각한 작품이었다.

다른 이야기를 하나 더 하겠다. 릴케와 쿠르트 볼프다. 1913년 12월 6일 볼프에게 보낸 편지가 보여 주듯이 릴케는 볼프와 그의 "멋진 출판사"를 높이 평가했다. 쿠르트 볼프 출판사의 책을 눈여겨보았으며, 이 출판사가 펴내는 당시 유명했던 팸플릿 시리즈 『최후 심판의 날』을 정기 구독했다. 또 쿠르트 볼프 출판사가 낼 책의 제목을 추천했으며, 1914년 1월 7일에는 인도 시인 타고르 Rabindranath Tagore를 번역해 달라는 부탁을 거절했다. 쿠르트 볼프 출판사의 작가인 적은 없었으나, 출판사 도서 목록에 릴케의 이름이 실린 적이 있다. 1914년 2월 10일 릴케는 쿠르트 볼프 출판사의 잡지 『바이세 블래터』에 "짧은 원고"를 게재한다. 로테 프리첼Lotte Pritzel의 밀랍 인형에 관한 논문이었다. 논문이 『바이세 블래터』(1914년 1호, 634~642쪽)에 게재되자 당장 키펜베르크의 경고 편지가 날아왔다. 키펜베르크는 (1914년 3월 28일) 이렇게 말했다. "솔직히 『바이세 블래터』의 필자에서 작가님 이름을 보고 정말 불쾌했습니다. 작가님은 오랜 세월 잡지 일에 거리를 두셨지요. 작가님이 우리 시대의 혼란 속에서 외부에도 두드러진 특별한 위치를 얻은 것은 그 탓도 있지요. 제가 항상 경탄하고 지지했던 이 원칙을 작가님이 저버린 걸 유감으로 생각하는 사람은 저뿐이 아닙니다. 많은 사람이 유감스럽다고 하더라고요. 사람들은 벌써 이제 어디서나 작가님이 지금까지 스스로 원했던 고립에서 나와 작품을 잡지에 미리 발표하리라고 생각합니다…… 무엇보다 저는 작가님이 인형에 관한 논문을 발표한 곳도 유감입니다. 프란츠 블라이의 잡지에는 어찌할 줄 모르는 얼치기 예술과 생산력 없는 교만이 극소수의 훌륭한 예술 옆에서 거들먹거리지요. 그 잡지는 작가님에게 절대 어울리지 않아요. 이런 제 생각을 숨겨서는 안 되겠지요. 당연한 위험을 간과해서는 안 됩니다. 그들은 작가님을 통해 그런 종류의 잡지를 돋보이게 만들려는 거예요." 의도는 분명하다. 키펜베르크는 이미 출간된 작품을 인쇄하는 것이 아니라, 작품의 첫 출판인이 되고 싶어 했다. 그런 키펜베르크를 이해할 수 있지만, 다른 한편 이 시기 특히 창작의 어려움을 겪었던 릴케를 눈여겨보고, 자신에게 그렇게 충실한 작가의 뜻을 존중해야 했다는 생각도 든다. 릴케는 이 일에 아주 단호했다. 릴케는 1914년 4월 1일 이렇게 편지했다. "그럼에도 『바이세 블래터』 투고는 즐거웠어요. 논문이 출간된 지금도 여전히 그렇습니다. 제가 평소의 경계를 넘는 그런 행동을 한 이유는 베르펠Franz Werfel에게 느낀 기쁨과 지난여름부터 여러 번 변화를 겪은 놀라움, 다음 세대에 그토록 많은 관심과 즐거움을 느끼는 데 대한 놀라움 때문입니다. 저는 뜻밖에 베르펠의 시에서 그런 놀라움을 느꼈는데, 그 후 곳곳에서 그 놀라움을 경험했습니다. 아마 제가 어딘지 저 자신을 벗어난 듯 보였을 겁니다. 자신이 어느 순간부터 습관 속에 틀어박혔다는 걸 깨달았다면 그건 태도와 자기 의무에 좋지 않지요. 절대 제가 '절제'를 포기했다는 말은 아닙니다. 하지만 그 절제는 제 안에 있지 제 주변에 있지 않아요. 설사 제가 감정이 격해 절제를 벗어났더라도, 그저 그렇게 보이는 것뿐이죠." 다음 문장은 키펜베르크만을 겨냥하지 않는다. "모든 것이, 심지어 그렇게 오랜 세월 굳게 믿었던 입장조차도 생생하고 유연해야 한다는 것은, 늘 정확하게 가장 안전한 듯 보이려고 조심하는 것보다 훨씬 더 중요하다고 생각합니다."

 1918년 릴케는 뮌헨의 키펜베르크에게 『두이노의 비가』의 육필 원고와 단편을 넘기며 보관을 부탁한다. 그는 작품을 완성하지 못할 것 같다고 한다. 2년 후 키펜베르크가 베르크 성에서 전집을 제안하며 『두이노의 비가』에 대해 물었지만 릴케는 여전히 부정적으로 대답한다.

 드디어 『두이노의 비가』의 때가 왔다. 1921년 7월 베르너 라인하르트Werner Reinhart*가 릴케를 위해 뮈조 성을 빌렸다가 아예 사 버렸다. 지난 10년 동안 계속 파리, 북아프리카, 나폴리, 베니스, 두이노, 스페인에 갔다가, 다시 파리와 두이노에 왔다가, 뮌헨, 빈, 로카르노, 바젤을 불안하게 떠돌면서 안식을 찾지 못한 릴케는 비로소 머물 곳을 찾았다. 여자친구 메를리네Merline von Derpenfeld에게 프랑스어로 쓴 편지는 그가 얼마나 신경질적이고 예민했는지 보여 준다. 그는 심지어 키펜베르크에게도 예민하게 굴었다. 릴케의 말을 들어 보자. "11월 22일까지는 그저 기다림의 시간이었어요…… 제네바에서 돌아와 키펜베르크 부부가 도착할 때까지도 역시 기다림의 연속이었지요. 키펜베르크 부부가 와서 1월 2일부터 4일까

---

* 많은 예술가와 작가를 후원한 스위스의 사업가.

지 머물러요. 그들이 많은 소식을 전해 방해하는 바람에 1월 중순까지 일에 집중하지 못할 것 같아요."(말테 자료집 121)

릴케의 불안은 갈수록 커졌다. 1922년 1월 마지막 날 릴케는 2월에는 편지를 한 통도 쓰지 않겠다고 결심한다. 그리고 2월 1일 이미 소네트의 형식을 예고하는 시 한 편이 탄생했다. 2월 2일부터 5일까지 『오르페우스에게 바치는 소네트』 1부가 탄생했다. "정신이 지극히 고분고분한" 날들에 『두이노의 비가』의 폭풍이 불어닥쳤다. 2월 9일 저녁 릴케는 키펜베르크에게 편지를 썼다. 나는 이 편지를 작가와 출판인의 관계를 보여 주는 가장 중요한 문서로 보고 싶다. 릴케의 말을 들어 보자. "사랑하는 친구여, 밤이 늦었고, 지금 펜도 제대로 쥘 수 없지만, 정신이 지극히 고분고분한 며칠을 보낸 후 — 오늘, 잠을 자려고 애쓰기 전에 지금 꼭 말해야 해요 — 저는 산 정상에 섰습니다! 드디어! '비가'가 여기 있어요. 지금 당장(혹은 당신이 좋다고 생각하는 다른 때) 출간될 수 있지요. 분량은 아마 당신도 알고 있겠지만 장편 시 아홉 편과 2부, '단상'이라고 부르려는 2부에 속하는 시 몇 편이에요. 이 시들은 규모가 더 큰 시와 시간과 여운이 비슷하지요…… 전체는 '두이노의 비가'라고 불러야 합니다. 사람들은 그 이름에 익숙해질 겁니다. 제 생각은 그래요. 사랑하는 친구여, 당신은 제게 10년을 주고 참고 견뎌 주었지요! 고맙습니다! 언제나 그렇게 생각했답니다. 고맙습니다!"

며칠 후, 2월 10일 릴케는 분덜리 폴카르트 부인에게 『두이노의 비가』의 완성을 알리고, 11일에는 투른 운트 탁시스Marie von Thurn und Taxis 후작 부인에게 알리고, 사방팔방에 『두이노의 비가』가 여기 있다고 알린다.

『두이노의 비가』뿐 아니라 중요한 시 모음집 『오르페우스에게 바치는 노래』를 쓰고, 2월 12일부터 15일까지, 그러니까 제10 비가와 제5 비가 사이에 『젊은 노동자의 편지』를 썼다. 나는 이 작품이 『말테의 수기』와 동급이라고 생각한다. 제10 비가의 구상과 제5 비가의 마지막 부분이 적힌 메모장 위에 『베르하렌에 대한 기억』이라는 수기가 있다. 여기서 한 노동자가 1916년 사망한 플랑드르 시인 베르하렌Émile Verhaeren에게 보내는 가상의 편지가 나왔다. 이 편지의 주제는 우리 시대의 주요 문제이기도 하다. 바로 권력과 통치다. "'보호자', 즉 권력에 대해 말하자면, 그것에 맞서는 수단은 오직 **하나**뿐입니다. 그 권력보다 더 멀리 가는 거지요. 제 말은, 우리에 대한 권리를 주장하는 그 어떤 권력에서든 곧바로 모든 권력, 전체 권력, 권력 자체, 신의 권력을 보려고 노력해야 한다는 겁니다."

"기독교의 여명"은 죄 혹은 벌의 문제를 다룬다. "사람들은 우리 권한의 축제를 그곳으로 옮기는 대신 왜 성性을 고향 없이 떠돌게 했을까요?"

"우리 시대의 끔찍한 거짓과 불확실성은 성性의 행복을 시인하지 않는 데서 기인합니다. 심각한 이 잘못은 갈수록 커지고 우리를 나머지 모든 본성과 떼어 놓고 있습니다."

『젊은 노동자의 편지』는 기독교적 편견의 잔해를 이야기하고 이렇게 요구한다. "저는 지금 있는 그대로의 모습으로 신에게 쓰임을 받으렵니다."

노동자는 시인이 낭송하는 시를 듣고 결론 내린다. "시들이 제 마음에 이런 움직임을 불러일으켰습니다. 언젠가 제 친구는 '현세를 찬양하는 교사를 저희에게 주십시오'라고 했지요. 당신은 바로 그런 교사입니다."

키펜베르크는 1922년 7월 21일부터 25일까지 스위스 시에르로 릴케를 찾아갔다. 그는 릴케가 삶과 창작에서 다시 결정적인 전환점을 맞이했다는 인상을 받았다. 그리고 "시인의 정령은 말할 수 있는 것의 한계까지 나아간 시인을 어떤 길로 인도할까?" 자문했다(KRS 108). 1923년 키펜베르크가 뮈조 성을 방문했을 때 두 사람은 다시 전집의 최종 편집 문제를 논의했다. 여기서 릴케는 다시 앞으로 더 나올 작품이 없다고 했다. 하지만 병이 위중한데도 완전한 폴 발레리Paul Valery 번역과 "발라딘이 그린 작가 초상화와 함께 발레 4행시를 따르는suivi des quatrains vlaisans avec un portrait de l'auteur par Baladine" 시집 『과수원』(1926년)에 수록된 프랑스어로 쓴 중요한 시들을 내놓았다. 이 시집은 그의 마지막 출간 작품이다.

　이보다 앞서 1923년 6월 짙은 초록색 모로코가죽 장정의 『두이노의 비가』 특별판이 나왔다. 1923년 10월에는 『두이노의 비가』의 일반 보급판이 출간되고, 베라 오우카마 크노프Vera Ouckama Knoop의 묘비를 위해 쓴 『오르페우스에게 바치는 소네트』가 출간되었다.

　1924년 4월 키펜베르크 부부는 시에르에서 릴케를 다시 만났다. 병은 소망보다 더 강했고, 릴케가 임종의 자리에서 한 "삶은 찬란하다"는 문장보다 더 강했다.

　안톤 키펜베르크는 릴케에게 파트너이자 조언자였

으며, 시인의 창작 과정을 인내심을 가지고 함께 걸은 동행인이며, 모든 일에서 친구였다. 키펜베르크는 릴케의 외적인 걱정을 해결해 주지도, 작업의 편안한 경제적 토대를 마련해 주지도 못했다. 그러나 경제적 형편이 달랐다면 릴케가 『두이노의 비가』를 완성할 수 있었을지 누가 알겠는가. 키펜베르크가 릴케를 위해 한 가장 중요한 일은 계속 용기를 북돋워 주고, 인내심을 보이고, 『두이노의 비가』가 나올 수 있다는 희망을 표현한 것이었다.

지금까지 우리는 릴케와 "인젤의 여주인" 카타리나 키펜베르크의 관계를 충분히 다루지 않았다. 그녀는 릴케에게 특별한 역할을 했다. 릴케가 동시대 문학인들과 유행, 경향, 동료들의 책 이야기를 할 때 그녀는 일종의 공명판과도 같은 역할을 했다. 릴케는 그녀에게는 더 솔직하게 속마음을 털어놓았다. 이를테면 릴케가 프랑시스 잠Francis Jammes, 장 지로두Jean Giraudoux, 프루스트 같은 작가들을 추천해도 소용이 없다는 이야기를 하면 인젤 출판사를 넌지시 비판하는 식이었다. 릴케는 최초로 프루스트를 발견한 사람 중 하나로, 키펜베르크에게 프루스트를 추천했었다. 카타리나 키펜베르크는 릴케의 병역 면제에도 큰 역할을 했다. 군은 1916년 1월 릴케를 이미 슈테판 츠바이크Stefan Zweig, 알프레트 폴가르Alfred Polgar, 프란츠 테오도어 초코르Franz Theodor Csokor가 일했던 전쟁기록보관소로 보냈다(체가 질버러Zega Silberer의 훗날 증언에 따르면, 거기서 일하는 근무자들은 전방의 소식에서 영웅담을 만들어 내야 했기 때문에 '영웅의 머리 손질'이라고도 불렸던 '창작 복무'를 해야 했다). 2월 15일 릴케는 키펜베르크 부인에게 "인젤 출판사는 전적으로 새로운 행보를 조직하고 실행해야 하는 곳"이라는 청원서를 내 달라고 부탁했다. 청원서를 제출하면서 출판사 사장을 포함한 인젤 출판사는 릴케가 인젤 출판사에 없어서는 안 되는 사람이기 때문에 병역 면제를 바란다고 했다. 나중에 카타리나는 실제로 구체적인 자리를 제안했는데, 릴케가 맡겨진 과제는 하지 않겠다며 거절했다. 릴케는 자발적으로 일하고 싶어 했으며, 실제로 그렇게 했다. 그는 전쟁 중에 인젤 문고와 인젤 연감에 적의 문학인 프랑스 문학과 영국 문학을 소개했다.

　이 시기에 릴케는 주로 카타리나 키펜베르크에게 도움을 청했다. 안톤 키펜베르크와의 관계는 여전히 우호적이었으나 차가웠다. 20년 동안 릴케의 작품을 자기 출판사에 모으려고 노력했던 키펜베르크는 이상하게도 프랑스어로 쓴 마지막 시집 『과수원』에는 관심을 보이지 않았다. 이 시집과 관련해 릴케가 "예상하지 못한 갈리마르의 제안"을 받아들이자 감정이 상했던 걸까? 가장 위대한 **독일** 시인이라고 생각했던 릴케가 말년에 친구들과도 점점 프랑스어로만 대화하고 편지해서 충격을 받았을까? 릴케가 시집 『과수원』에 대해 들었던 마지막 목소리가 프랑스에서 온 것에 충격을 받았을까? 그 목소리의 주인공 폴 발레리와 앙드레 지드는 릴케의 프랑스어 실력을 칭찬했었다. 아무튼 릴케는 키펜베르크가 살짝 기분이 상한 것을 틀림없이 눈치챘을 것이다. 1926년 6월 9일 카타리나에게 이렇게 편지하기 때문이다. "제 프랑스어 시집 『과수원』, 왼손에 든 이 가벼운 칠현금, 빌린 땅 위에서 누리는 뒤늦은 청춘이 6월 7일 대중 앞에 섰습니다. 제 책이 여기 있는 순간 첫 권이 당신에게 갈 겁니다."(릴케 카키 594) 카타리나도 편지에서 조금 거리를 두고 『과수원』 이야기를 한다. 그녀는 "낯설고 황홀하게 울리는 햇볕에 따뜻한 칠현금"에 대해 "간결하게" 고맙다고 한다. "시집을 읽는데 마치 요정이 장미 덤불로 변하는 동화를 듣는 듯한 느낌이 들더라고요······ 저는 그런 변신을 아주 신선하게 본답니다. 다른 언어 속에서 헤엄치는 것이 기운을 북돋워 주는 것 같아요." 두 사람이 주고받은 편지는 바로 그런 공명판이었다. 아름다운 편지 기술의 형식 뒤에서 두 사람은 반드시 해야 하는 비판하는 말이나 유쾌하지만은 않은 이야기를 할 수 있었다. "인젤의 여주인"은 그런 이야기를 들을 귀와 마음을 가지고 있었다.

⑥
릴케의 사망 이후

1926년 릴케가 사망하자 안톤 키펜베르크는 더 이상 편집자로서 릴케의 작품을 위해 개인적으로 애쓰지 않았다. 눈길을 끄는 대목이다. 이제 카타리나 키펜베르크, 인젤 출판사 직원들, 시인의 상속자들이 주도한 선집이 출간되기 시작했다. 이미 잉게보르크 슈나크는 이렇게 단언했다. 안톤 키펜베르크의 "동시대 문학 창작과의 관계"는 "다채로웠으나" "그의 일은 괴테에 집중되어 있었다. 나이가 들어갈수록 그의 출판인 활동은 이 문학의 태양 주위를 더 강렬하게 맴돌았다."

키펜베르크는 "한 사람을 공경하라"는 모토를 점점 더 중시했다. 그 말이 그의 나침반이었으며, 릴케의 사망 후 내내 그랬다. 그는 수집가와 출판인의 일치를 점점 뚜렷이 보였기 때문이다. 1920년대 중반 인젤 출판사에서 바흐의 「마태 수난곡」과 「장엄 미사」가 복제본으로 출간된 후, 인젤 출판사의 "공로로Pour-le-mérite" 가장 아름다운 책, 중세 기사의 연가 필사본이 컬러 콜로타이프 인쇄로 제작되어 나왔다. 카타리나 키펜베르크는 인젤 출판사가 괴테 작품 출판을 계속하자 이렇게 말했다. "괴테 작품 수집과 관련해 사람들은 괴테 작품 수집과 출판사가 얼마나 서로를 보완하며, 한 창조물이 다른 쪽 창조물에 얼마나 풍부한 동력을 공급하는지 느끼고 있다."

따라서 릴케 작품 관리는 카타리나 키펜베르크와 인젤 출판사의 직원 아돌프 휘니히Adolf Hünich의 손에 있었다. 휘니히는 이미 1921년에 『라이너 마리아 릴케의 초기 시, 산문, 드라마, 1894~1899』를 발행한 사람이다. 릴케는 자신의 '에커만'* 휘니히에게 바치는 반어적인 헌시를 쓴 적이 있다.

> 아, 내가 아직 어린 소나무였던 시절
> 여린 나무는 정원 구석에 있었지. 작은 에커만 이야기를
> 해 준 사람이 있었던가? 훗날 그가 자라서
> 나의 가장 어린 새싹의 구조와 강점을 발견한다고

---

* 독일 작가. 괴테 만년의 문학 조수. 저서로 『괴테와의 대화』가 있다.

가볍고 때 이르게 뿌린

수많은 시는 얼마나 짜증스러웠던가.

그가 언젠가 나를 해석할 줄 예감했더라면!

훨씬 더 사려 깊게 꽃을 피웠으리라.

나의 미래의 휘니히를 위해

내가 충분히 아름답게 푸르러지고 있는지

매일 아침 철저히 살펴보면서.

뮈조 성에서, 1922년 1월 말

이제 인젤에서 모음집이 나오기 시작했다. 1927년 가을 키펜베르크와 릴케가 오랫동안 논의했던 전집 여섯 권이 출간되었다. 원래 릴케의 50세 생일에 낼 계획이었는데 릴케가 출간을 서두르지 말라고 한 작품집이었다. 1권에는 시 1부가 실렸고, 2권의 시 2부에는 『형상시집』, 『기도시집』, 『마리아의 생애』가 실렸다. 3권에는 『신시집』, 『두이노의 비가』, 『오르페우스에게 바치는 소네트』와 함께 마지막 시들과 단편들이, 4권의 산문 1에는 『말테의 수기』를 제외한 모든 산문이 실렸다. 5권의 산문 2에는 『말테의 수기』가 실렸으며, 6권에는 번역 작품들이 실렸다. 배럿 브라우닝과 게랭Maurice de Guérin의 전 작품, 『막달레나의 사랑』, 『포르투갈 편지』, 앙드레 지드, 베를렌, 드 노아유Anna de Noailles 백작 부인, 말라르메Stéphane Mallarmé, 보들레르Charles Baudelaire, 페트라르카 Francesco Petrarca, 모레아스Jean Moréas의 작품 번역이었다.

헤르만 헤세는 릴케의 이 전집을 이렇게 비평했다. "릴케는 종종 자신을 오래 읽은 사람들을 위해 변신을 하거나 허물을 벗는 듯 보였다. 가끔은 가면을 쓰는 것처럼 보이기도 했다. 지금 전집은 놀랄 만큼 일관된 이미지를 보여 준다. 우리가 예전에 변화의 능력 혹은 변하기 쉬운 특성이라고 불렀던 것보다 시인이 자신의 본질에 보이는 충실함이 훨씬 더 크고, 이 본질의 힘이 훨씬 더 강력하다…… 보헤미아적-민요적인 청춘의 울림에서 여기까지, 오르페우스까지 온 길이 독특하고, 이 시인이 가장 단순한 것에서 시작해 성장하는 언어와 성장하는 노련한 형식 구사로 문제 속으로 점점 더 깊이 내려가고, 단계 단계마다 기적을 일구는 모습이 독특하다. 그의 여리고 의심 많고 근심이 가득한 개성은 현실을 벗어나 세상의 음악으로 가득 채워져, 마치 분수의 수반처럼 동시에 악기이자 귀가 된다."

헤세는 여기서 전집의 중요한 문학적 기능도 언급한다. 전집은 한 작가의 발전과 일관성과 통일성을 보여 준다. 1927년에는 역시 카타리나 키펜베르크가 펴낸 릴케의 『시 선집』이, 1928년에는 『초기 단편소설과 문학 소품들』이 출간되었다. 편지와 일기가 수집되고 『1902~1906년의 편지』(루트 지버 릴케Ruth Sieber-Rilke와 카를 지버Carl Sieber 펴냄)가 출간되었다. 『1899~1902년의 초기 편지와 일기』(루트 지버 릴케와 카를 지버 펴냄)가 출간되었고, 1942년에 증보판이 나왔다. 1933~1939년에는 『1907~1914년의 편지』가 출간되고, 1934년에는 『출판인에게 보낸 편지』가, 1935년에는 『1921~1926년 뮈조 성에서 보낸 편지』가, 마지막으로 1937년에는 『1914~1921년의 편지』가 출간되었다. 1939년에는 『서한 전집 6권』이 출간되었다.

1943년 12월 라이프치히 쿠르첸 거리에 있는 인젤 건물이 공습을 받아 출판사의 모든 제작 시설과 보관 창고가 파괴되었다. 1945년 4월 미국이 라이프치히를 점령하고 몇몇 출판사에 서독에서 계속 일할 기회를 줄 때 키펜베르크는 비스바덴에 인젤 출판사의 지사를 세웠다. 중요한 괴테 전집과 책들을 전시에 안전하게 보관하고 있던 곳에서 마르부르크로 옮겼다. 1945년 비스바덴의 출판사는 당국의 인가를 받았다. 키펜베르크는 사망하기 3년 전인 1947년 9월 7일 마르부르크에서 라이너 마리아 릴케 전시회를 열었다. 여기서 그는 다시 이런 결론을 도출할 수 있었다. "청년 릴케는 그의 얇은 책자 『치커리』 1호를 '민중에게 드리는 선물'이라고 불렀다. 그의 작품은 세상에 주는 선물이 되었다. 시인이 사망했을 때 20권이 채 안 되는 외국어 번역본이 있었는데, 그중에 영어 번역본은 세 권뿐이었다. 물론 릴케 문학 번역은 그 문학에 대한 지식과 능력이 있어야 가능하다는 걸 생각하면 이례적인 숫자이긴 하다. 그 후 릴케의 작품은 거의 25개국 언어로 번역되었다…… 하지만 그의 언어인 독일어로 쓰인 작품도 다른 나라에서 점점 더 많이 읽히고 있다. 두 개 언어로 된 작품 숫자가 늘고 있다. 얼마 전 영국의 한 고등학교 교사가 이런 편지를 보내 왔다. 그가 가르치는 많은 학생이 릴케의 작품을 원서로 이해하기 위해 독일어를 배우거나 더 깊이 들어가려고 노력하고 있다고."(KRS 109)

 1945~1949년 출간된 릴케 텍스트는 대부분 불법 인쇄였다. 그러니까 인젤 출판사의 허가를 받지 않고 출판

된 책이었다. 그런 일을 한 '출판인'을 잡을 수 있었다면 키펜베르크는 구호 물품 꾸러미를 보내는 벌을 주었을 것이다!

안톤 키펜베르크는 1950년 루체른에서 사망했다. 카타리나 키펜베르크는 그보다 3년 앞서 사망했다.

오랜 세월 키펜베르크와 같이 일했던 프리드리히 미하엘Friedrich Michael이 그 후 인젤 출판사를 운영했으며, 그의 뒤로 여섯 명의 출판사 운영자가 있었다.

1950년 무렵과 그 후에는 하나의 예외를 제외하고는 2차 문헌과 서한집의 시대였다. 1947년 릴케에 관해 쓴 첫 저서가 나오고, 1947년에는 3권, 1950년에는 7권, 1951년에는 15권, 1952년에는 24권; 1953년에는 30권가량이 나왔다. 1954년과 그 후 1963년까지는 25권에서 30권을 꾸준히 유지했다. 그 후 릴케 문헌은 점차 감소했다.

1945년 이후 서한집 출간은 2차 문헌 출간에 거의 뒤지지 않는다. 서한집은 원칙적으로 인젤 출판사에서 나오지 않았다. 인젤 출판사는 당시 서한집의 홍수를 감당할 능력이 없었다. 서한집은 『오에 남작 부인에게 보낸 편지』(뉴욕, 1945년)와 함께 시작되었다. 『엘리아 마리아 네바르가 전하는 라이너 마리아 릴케와의 우정』(베른), 『라이너 마리아 릴케의 마지막 우정』(파리, 1949년), 『메를리네에게 보내는 프랑스어 편지』(파리, 1950년)가 출간되었다. 인젤 출판사에서 나온 서한집으로는 『시초 백작 부인에게 보내는 편지』(1950년)와 『릴케와 마리 폰 투른 운트 탁시스의 서한집』(취리히와 비스바덴, 1951년), 『릴케와 앙드레 지드의 서한집』(파리, 1952년), 『릴케와 루 안드레아스 살로메의 서한집』(취리히와 비스바덴, 1951년), 『구디 뇔케 여사에게 보낸 편지』(비스바덴, 1953년), 『릴케와 잉가 융한스의 서한집』(비스바덴, 1959년)이 있다. 그 후 큰 소강기가 시작되었다. 릴케의 작품은 수용의 침체를 겪는다.

예외가 하나 있다고 했는데, 그것은 인젤 출판사의 공적이었다. 1955년 『전집』 1권이 나왔다. 루트 지버 릴케와 함께 릴케 문서보관소가 펴내고, 에른스트 친Ernst Zinn이 발행한 전집이다. 전집은 얇은 종이로 인쇄된 여섯 권으로, 분량이 거의 5천 쪽에 달한다. 전집을 출간하면서 인젤 출판사는 이렇게 말한다. "신뢰할 수 있는 토대를 만들기 위해 몇 년에 걸쳐 방대한 사전 작업이 필요했다. 미출판 초기 작품 선집과 함께 1899년 말까지 인쇄된 모든 청년기 작품을 수록했으며, 1899년 이후는 출간된 전체 문학 작품을 방대한 유작과 함께 묶어 내놓았다."

에른스트 친은 유용한 비판본을 만들어 냈다. 그 비판본은 신뢰할 수 있는 텍스트와 신뢰할 수 있는 생성사가 수록된 간행물이다. 이런 종류의 작품집은 금세기 독일 저자들에게 모범이 된다. 지금까지 많은 위대한 저자들이 그런 작품집을 보유하지 못했다. 이 작품집으로 루트 지버 릴케와 함께 인젤 출판사는 릴케의 작품을 바르게 전하는 중요한 일을 했다. 릴케 수용은 갈수록 침체되고 있지만 인젤 출판사는 양심의 가책 없이 그 책임이 없다고 말해도 된다.

7

릴케와 현재의 인젤 출판사

1963년 2월 19일 안톤 키펜베르크의 가장 나중에 사망한 마지막 딸과 다른 많은 사원이 인젤 출판사의 출자 지분을 주르캄프 출자자에게 넘겼다. 그 후 1965년 1월 1일부터 내가 주르캄프 출판사와 인젤을 책임지고 운영하고 있다. 내게 인젤 출판사는 릴케의 출판사였다. 한스 숄 Hans Scholl을 통해 『기수 크리스토프 릴케의 사랑과 죽음의 노래』를 접했을 때 나는 열두 살이나 열세 살이었던 것 같다. 나는 그 작품을 속속들이 알고 있었다. 지금도 기본 줄거리와 말을 타고 초원을 달리는 기수, 밤중에 성에서 전개되는 사랑의 에피소드, 터키 병사들과 싸우다 맞이하는 죽음을 묘사하는 담시 풍의 산문 스물아홉 편을 기억한다. 나는 이 발라드의 서사적-서정적 구조에서 "창문이 열려 있었나? 집 안에 폭풍이 불었나?" 같은 표현도 거슬리지 않았다. 당연히 『기수 크리스토프 릴케의 사랑과 죽음의 노래』의 이데올로기는 세기말의 바이털리즘*에 빚지고 있다. 『기수 크리스토프 릴케의 사랑과 죽음의 노래』의 시를 암송할 이유가 있었던 전쟁 중에 그 죽음은 내게 너무도 쉽게 축제와도 같은 삶의 영역에 포함되는 듯 보였다. 마찬가지로 청소년 시절부터 늘 함께한 「고대 아폴로의 토르소」같은 시들도 있다. 튀빙겐에서 나는 로마노 과르디니Romano Guardini의 잊을 수 없는 해석을 통해 『두이노의 비가』를 그야말로 '체험했다.' 나중에는 '뮈조의 릴케' 강연에서 프리드리히 바이스너 Friedrich Beißner의 역시 흥미로운 탈신화화로 이 작품을 다시 '체험했다.' 이러한 해석의 변화는 나의 릴케 이해에 도움이 되었다. 『두이노의 비가』는 내게 확인할 수 있는 문학적 현실이 되었다. 이 작품으로 릴케는 내게 카프카와 브레히트, 조이스와 프루스트와 마찬가지로 세기의 문학적 풍경에 우뚝 솟은 산 정상으로서 편입되었다.

우리가 릴케의 책을 작업하는 데에는 두 가지 어려움이 있었다. 사람으로 인한 어려움과 객관적 어려움이

---

* 생명 현상은 초경험적인 생명력의 운동에 의하여 창조, 유지, 진화된다는 이론.

었다. 사람으로 인한 어려움은 릴케의 상속인들 때문이었다. 그들은 아직 출판되지 않은 릴케의 유고, 문서보관소와 그곳의 원고, 판본, 이본異本 들에 대한 권리를 가지고 있었다. 신판, 특별판, 라이선스 판을 낼 때도 반드시 그들의 동의가 필요했다. 인젤 출판사는 옛 계약에 따라 기존의 책을 인쇄할 수 있었으나 오직 기존 형태로만 인쇄할 수 있었다. 1965년과 그 이후에 무엇이 필요한지는 명확했다. 릴케를 새로운 젊은 세대와 가까워지게 하려면 작품 선집과 특별한 주제로 편성된 특별판이 필요했다. 무엇보다 저렴한 판본을 낼 필요가 있었다. 이와 함께 침체된 릴케 수용과 릴케 연구 감소를 통해 드러난 객관적인 어려움도 타개해야 했다. 1945년 릴케의 딸 루트Ruth Rilke의 첫 남편 카를 지버가 사망했다. 루트는 1948년 빌리 프리체Willy Fritzsche와 재혼했다. 루트 프리체 릴케와 그녀의 남편과 연락하는 것은 처음부터 복잡했다. 나는 그들이 사는 피셔후데를 두 번 찾았다. 인젤 출판사를 인수한 후 1963년쯤 처음 갔고, 1966년 7월 두 번째로 갔다. 두 번째 방문에서는 루트 프리체 릴케 여사와 대화도 할 수 없었다. 프리체 씨가 혼자 대화를 이끌었다. 대화라기보다 루트 여사가 써 놓은 질문에 대한 독백 같은 대답에 가까웠다. 이 방문에서 우리가 릴케 사망 40주년인 1966년을 위해 준비한 출판 계획을 의논했다. 그러나 상속인들은 다른 출판사에서 내는 라이선스 판본, 그러니까 문고판 출판은 물론, 주르캄프 출판사에서 내는 문고판에도 동의하지 않았다. 한참 줄다리기 끝에 세 권짜리 릴케 선집 출간 문제를 논의했다. 베다 알레만Beda Allemann의 서문이 실린 2,100쪽의 이 선집은 아마포 제본으로 가격은 36마르크였다. 새 선집은 릴케의 위상을 규정하고, 오늘날의 독자들에게 중요한 작품들을 내려고 했다. 1966년 7월 11일 피셔후데의 이 대화에서는 상속인들이 이의를 제기한 베다 알레만의 서문 텍스트도 논의했다. 유고집의 주요 작품도 고려해야 하는 『선집』 세 권의 편성도 논의했다. 나는 릴케의 영향을 다루는 1967년도 인젤 연감 이야기도 했다. 비록 명확한 대답은 못 들었지만, 이후 세 권의 선집은 출간할 수 있었다. 선집은 1966년 '열아홉 개 출판사의 책'* 시리즈의 특별판으로 나왔다. 우리는 한정판으로 3만 부를 찍는 권리를 얻었다. 양이 너무 많다고 생각했으나 3년 안에 완판되었다. 상속인들은 우리에게 추가 인쇄 권리를 주지 않았다. 우리는 릴케의 영향을 입증해야 하는 연감에 실을 '릴케에 대한 증

---

* 1950~1970년 독일의 열아홉 개 출판사가 중요한 철학자와 작가의 저서를 좋은 장정과 저렴한 가격에 출판해 많은 독자에게 알리고자 진행한 공동 프로젝트.

언의 목소리들' 편찬도 준비했다. 릴케 전문가 야코프 슈타이너Jacob Steiner가 편찬을 맡았다. 슈타이너는 편찬을 시작하며 로베르트 무질이 일기에 쓴 다음 말을 인용했다. "릴케와 호프만슈탈에 대한 나의 평가는 얼마나 자주 바뀌었던가. 여기서 나는 결론을 얻었다. 객관적인 평가란 존재하지 않으며, 오직 '생생한' 평가만이 있다고." 슈타이너는 릴케에 대한 증언을 편찬하면서 동시대인들의 **생생한** 평가를 전하려고 했다. 당연히 소위 '긍정적인' 목소리만 전할 수는 없었다. 그러지 않으면 편파적이고 학문적으로 신뢰할 수 없는 영향의 반영이 될 테니까. 비판의 목소리는 반드시 전해야 했다. 나는 1966년 10월 6일 상속인들로부터 이런 전보를 받았다. "연감 사업과 관련해 우리는 엄중하게 말합니다. 릴케 출판인은 릴케의 추억과 작품에 최대한 충직한 태도를 보일 의무가 있습니다. 특히 릴케와 상속인들이 인젤 출판사와 그렇게 오랜 세월 맺은 계약 관계를 생각해 선생님께서, 낯선 출판인이 서슴없이 할 수 있는 일을 하기보다는 하지 않기를 호소합니다." 여기서 원칙적인 점이 거론되고 있다. 나는 1966년 10월 18일 편지에서 내 의견을 다음과 같이 전했다. "작품에 대한 충직한 태도는 칭찬은 공개하고 비판은 억누르는 것을 의미하지 않습니다. 릴케의 작품은 중요하고, 앞으로도 수십 년 동안 중요할 것이기에 자연스럽게 비판가도 불러내지요. 괴테와 실러가 생존 시 받았던 비판을 생각해 보세요. 그건 아주 자연스러운 일입니다. 각 세대마다 문학 작품을 보는 자기 관점이 있으며, 종종 그전 세대의 작품과 비판 논쟁을 벌이면서 자기 생각을 표현하지요. 그래요, 그것이 일반적이지요…… 헤르만 헤세는 언젠가 제게 자신을 비판하는 글이 주르캄프 출판사에서 나오면 좋겠다고 했습니다. 그러면 적어도 비판 수위를 조정하고, 바깥에서 볼 때도 출판사가 보증하는 작품의 장점 속에 비판을 녹아들게 할 수 있다고요. 당신은 이를테면 저보다 낯선 출판인이 릴케 비판을 더 서슴없이 출간할 수 있다고 보시지요. 저는 그 생각이 틀리지 않다고 봅니다. 하지만 현재 이 논쟁은 일정 수준에서 벌어지기 때문에(이를테면 페터 데메츠를 보세요), 릴케 작품의 영향을 위해서는 그런 비판이 친정에서 나오는 편이 훨씬 더 좋습니다."

나는 이 편지에 답장을 받지 못했다.

1968년에 뮌헨의 한 저작권 변호사 사무실에서 프리체 씨와 그의 두 변호사 그리고 우리 변호사가 마지막으로 담판을 벌였다. 법원 최고장이 말하듯이 "릴케 상속인들과 인젤 출판사의 계약 관계에서 파생되는" 법적, 경제적, 문학적 문제를 상세하게 논의했다. 이런 대화가 반드시 필요했다. 예전 계약은 새로운 미디어를 통한 작품의 보급 가능성을 조정하지 못했기 때문이다. 뮌헨의 이 대화를 마지막으로 상속인들과 연락이 끊어졌다. 연락이 없는 채로 몇 년이 흘렀다. 그리고 1972년 11월 27일 우리는 루트 프리체 릴케와 빌리 프리체가 자살했다는 소식을 들었다.

세월이 흘러 루트 프리체 릴케 개인을 더 많이 알게 되고, 끊임없이 부침의 변증법을 겪는 릴케의 수용에서 새 경험을 한 지금, 나는 그녀를 달리 본다. 루트를 처음 알았을 때 그녀는 이미 병이 있었고, 우리 세상은 더 이상 그녀의 세상이 아니었다. 루트 릴케와 그녀의 남편은 불치병으로 오래 끄는 죽음보다 자살을 선택했다. 그녀는 모든 사람에게 고유한 자기 죽음을 허용하라는 릴케의 부탁을 실현한 것이다.

루트 릴케는 1927년부터 카타리나 키펜베르크와 함께 아버지의 작품 작업을 했다. 바로 릴케가 "유대인의 친구"요 "유대인 자손"이었던 나치 시절이 도래했다. 그때 "유약한 자" 릴케는 "강철처럼 강한" 쪽에 가까웠던 시대의 우상에 배치되는 인물이었다. 개인들은 그의 작품과 몇몇 시를 여전히 좋아했지만, 공적으로는 그렇지 않았다. 그의 작품은 금서가 되었다. 나중에 그러한 침체와 금지를 겪은 이 수십 년 동안 어떻게 새로운 이해가 무르익고, 새로운 수용이 준비되었는지 연구할 필요가 있다. 그러나 『전집』이 출간되지 않았다면 그러한 수용이 있을 수 있을까? 그 『전집』 출간의 전제를 마련한 사람이 바로 루트 릴케다. 그녀는 1948~1949년 바이마르를 떠났다. 멋진 집과 정원, 대체할 수 없는 물건 등 모든 개인 재산을 두고서. 단 하나 릴케 문서보관소를 구하기 위해서. 수십 년 동안 그녀는 문서보관소를 구축했다. 원고와 판본, 변형본 들의 수집과 보관, 원고와 수많은 편지 들을 수집하고 사들이는 건 그녀의 일이요 필생의 사업이었다. 이 문서보관소가 없었다면, 보관소를 사용할 수 없었다면, 에른스트 친의 『전집』 출간 작업은 가능하지 않았을 것이다. 인젤 출판사를 새로 세우고, 키펜베르크가 도피하고 라이프치히에서 비스바덴으로 이사하는 토대도 없었을 것이다. 우리는 독일민주주의공화국*이 릴케 문서보관소에 어떤 활동을 보장했는지 물어야 한다. 이

---

*1990년 통일 이전의 동독을 가리킨다.

국가의 공식적인 문화 정책은 릴케 문학에 거의 관심이 없었기 때문이다. 그 점은 당시 우리 독일연방공화국*에서 문학의 죽음을 선포한 설교자들도 마찬가지다. 독일민주주의공화국에서 릴케의 작품은 소련이 라이너 마리아 릴케를 (진보적인) 작가로 인정한 후에 비로소 다시 존재를 인정받았다. 이런 상황에서 『전집』 발간은 가능하지 않았을 것이다. 따라서 성공적인 수용의 토대도 있을 수 없었다.

나는 그런 사실과 성찰을 통해 루트 릴케를 달리 보게 되었다. 지금 나는, 많은 어려움이 있었으나 그녀의 공적은 근본적으로 릴케 작품의 새로운 수용 토대를 마련한 것임을 알고 있다.

루트 릴케가 죽기 사흘 전 나는 그녀에게 편지를 한 통 보냈다. 아마 그녀는 그 편지를 읽지 않았을 것이다. 나는 릴케의 영향력 부재의 증거로 1972년 11월 24일 자 『프랑크푸르터 알게마이네 차이퉁』에 실린 '축출'이라는 제목의 다음 시사 촌평을 보냈다.

"라이너 마리아 릴케를 언급하지 않고 문학 이야기를 할 수 없었던 시기는 그리 오래되지 않았다. 그사이 상황이 정반대로 달라졌다. 오늘날 문학 토론에서 릴케는,

---

*통일 이전의 서독을 가리킨다.

'구식이다', '획일적이다'라는 평판을 듣지 않기 위해 사람들이 조심스레 피하려는 이름에 속한다. 그러한 변화의 이유는 분명히 댈 수 있다. 릴케가 한 시대의 우상으로서 그 시대의 철학과 마찬가지로 지평선 너머로 사라졌다는 사실은 의심의 여지가 없다. 그러나 이 일은 그것으로 완전히 해명되지 않는다. 오히려 모든 시대의 특징은 그 이상理想뿐 아니라 축출을 통해서도 드러나는 것 같다. 현재 릴케는 많은 이들에게 그저 이름에 불과하다."

릴케는 한 시대의 우상으로서 지평선 너머로 사라졌을까? 더 겸손하게 말해 보자. 이 10년 세월의 특징이 릴케의 축출일까? 릴케 상속인들과 겪은 우리의 어려움은 객관적인 어려움과 맞물려 있다. 앞에서 말했듯이 야코프 슈타이너, 클라우스 요나스Klaus Jonas 같은 릴케 연구가, 특히 『지도니 나데르니에게 보내는 편지』를 펴낸 베른하르트 블루메Bernhard Blume는 연구를 계속할 수 없었다. 릴케 문서보관소의 미출판 자료를 정리하고, 그것을 학문적인 장치에서 인용하고 증명하고 발표할 기회가 없었기 때문이다. 편집자 두 명이 인젤 출판사를 상대로 소송을 준비하기까지 했다. 이는 하나의 근본적인 어려움이었다. 다른 어려움은 1960년대 후반의 문학 및 문학 논쟁 상황에 있었다.

　전적으로 필요한 문학의 사회적 중요성을 둘러싼 큰 논쟁에서 라이너 마리아 릴케는 '시민 문학'의 대변자로서 전체 독문학자, 대학생, 고등학생 들 그리고 극복할 테지만 일부 문학 비평가와 편집 분야 지성인 들의 외면을 받았다. 우리 시대의 전문가들은 문학, 특히 릴케가 쓴 시적인 문학을 요구하지 않았다. 그들은 종종 발터 베냐민의 이름으로 이념화를 하면서도 베냐민이 릴케를 칭찬했다는 사실도 개의치 않았다. 베냐민은 1913년 8월 4일 허버트 벨모어Herbert Belmore에게 이렇게 편지했다. "나는 공동체, 그것도 신앙인들의 친밀한 공동체에서만 진정으로 고독할 수 있다고 생각합니다. 고독 속에서 그의 자아는 자신에게 가기 위해 이념에 맞서 떨치고 일어나지요. 릴케의 시 「예레미아」를 아세요? 거기서 그 이야기를 멋지게 하고 있답니다."

　상속인들이 자살하고 문학에 대한 평가가 변화하는 그 시기에 릴케의 손자 크리스토프 지버 릴케Christoph Sieber-Rilke와 그의 아내 헬라 지버 릴케Hella Sieber-Rilke(결혼 전 성은 하르트비히Hartwig)가 유산을 상속받았다. 릴케의 손자는 릴케의 딸 루트 릴케와 그녀의 첫 남편 카를 지버의 아들이다. 크리스토프 지버 릴케와 그의 아내는 릴케와 그의 작품에 직접적인 연관이 있었다. 릴케와 우리 시대의 관계, 릴케와 인젤 출판사의 관계에도 연관이 있었다. 인젤 출판사의 기회가 돌연 달라졌다. 출판사는 1975년 릴케 탄생 100주년 준비를 위해 이 기회를 이용했다. 이제 출판사는 다시 계획을 짤 수 있었다. 우선 세 권의 작품집을 새로 출간하고, 단행본과 문고판, 릴케를 둘러싼 논의를 다시 활성화할 자료집을 출간하기로 했다. 마지막으로 릴케가 놀라운 방식으로 자신의 생애와 작업의 문제점들을 요약해 놓은 『유언』과 같은 중요한 신간 출판과 함께 릴케의 육필 시 선집의 복사 인쇄본을 출간하기로 했다. 무엇보다 열두 권의 릴케 작품집을 기획하고 출판하는 것이 중요했다. 이 작품집은 에른스트 친의 여섯 권짜리 작품집 복사본이지만, 각 장에 새로운 색인을 달았으며, 누구나 이 작품집을 친의 작품집의 색인과 상관없이 이용할 수 있다.

지금 1977년에 릴케 작품의 생명력은 어디에 있을까? 나는 그 생명력이 세 가지 점에 있다고 본다.

1. 릴케는 언젠가 엄격한 군사학교 시절 나이에 어울

리지 않게 "오래 살아남을 큰 고독의 경험"을 했다고 한 적이 있다. 1903년 루 안드레아스 살로메에게 보내는 편지에서는 파리가 "내게 군사학교와 비슷한 경험"이라고 했다. 릴케는 우리 현대 도시인의 이 절망적인 쓸쓸함과 고독을 어느 누구도 뛰어넘을 수 없을 만큼 정확히 표현했다. 그것은 독자에게 이 두 가지를 견디고, 어쩌면 이겨 낼 수 있다는 희망을 준다.

   2. 우리를 익명으로 지배하는 우리 시대는 이름도 모르는 컴퓨터의 조종을 받고 있으며, 명확하지 않은 의사 결정 과정으로 달려가고 있다. 그렇기 때문에 우리는 환상과 감성이 필요하고, 새로운 감수성이 필요하다. 우리 권력자들은 미래의 요구보다는 그날그날의 요구에만 몰두하고 있다. 그러나 『젊은 노동자의 편지』가 말하듯이 우리는 "그들보다 더 가야" 한다. 페터 데메츠는 "나는, 사고에 굶주린 나라에서 릴케는 감수성의 마술사로서 과거보다 더 미래가 있다고 본다"라고 했다. 나는 그런 데메츠의 말이 옳다고 생각한다.

   3. 세 번째 지점은 두 번째 지점과 밀접하게 연결된다. 내가 제일 좋아하는 시는 「고대 아폴로의 토르소」이다. 이 시에는 이런 구절이 나온다. "너를 보지 않는 곳

은 한 군데도 없기 때문이다. 너는 너의 삶을 바꾸어야 한다." 릴케에서 변화를 촉구하는 호소는 드물지 않다. 소네트 「변화를 원하라」를 보고, 편지와 『두이노의 비가』 제9 비가의 두 대목을 보라. 편지(1915년 6월 28일 『편지』 485쪽 이하)에는 이렇게 쓰여 있다. "우리의 사명은 오직 변화를 불러오는 동인動因으로서 순수하고 위대하고 자유롭게 서는 것이 아닐까요? 우리는 그 일을 그렇게 형편없이 불완전하게 믿고, 제대로 못하지 않았나요? 1년 전부터 그것이 문제이고 고통이지요. 더 강력하고 더 가차 없이 하는 것이 과제입니다. 그런데 어떻게?!" 1922년 제9 비가에 "더 강력하고 더 가차 없이"라는 대목이 나온다.

> 대지여, 그대가 원하는 것은 이것이 아닌가?
> 우리 안에서 **눈에 보이지 않게** 다시 살아나는 것
> 언젠가 눈에 보이지 않게 되는 것, 그것이 그대의 꿈이 아닌가? —
> 대지여! 보이지 않음이여!
> **변용이 아니라면**, 무엇이 그대의 절박한 사명인가?

변용, 변화의 사명은 릴케의 작품에 스며 있다. 그 사명은 직접적으로 또 간접적으로 묘사된다. 릴케의 마지막 시 중 하나로 1924년 3월 초에 집필된 「산책」 역시 마찬가지다.

> 나의 눈길은 나보다 앞서 햇빛 비치는 언덕과
> 막 걸음을 뗀 길에 머문다.
> 그렇게 우리가 잡을 수 없었던 것이
> 볼거리 가득한 그것이, 멀리서 우리를 붙잡는다 —
>
> 그리고 우리를 변화시킨다. 비록 우리가 도달하지 못하더
>   라도
> 채 예감하지 못하나 우리 자신인 것으로
> 신호가 불고 있다, 우리의 신호에 대답하면서……
> 그러나 우리는 그저 마주 부는 바람만 느낄 수 있다

나는 오늘과 내일의 우리 상황이 이 시에 묘사되어 있다고 본다. 우리가 선택한 길을 갈 때 우리는 혼자가 아니다. 저 멀리 있는 것, 지나간 것, 신화적인 것, 그날 하루를 넘어서는 모든 것이 우리를 돕는다. "그렇게 우리가

잡을 수 없었던 것이 우리를 붙잡는다." 그리고 그것이 우리를 변화시킨다. 우리는 고정된 존재가 아니며, 독단적인 존재가 아니며, 우리 자신 안에 갇힌 존재가 아니며, 완성된 존재가 아니다. "머무름 속에 스스로를 가두는 것은 이미 굳어진 존재다"라고 『오르페우스에게 바치는 소네트』(2, XII)는 말한다. 우리는 이따금 신호를 인지하면서도 변화를 느끼지 못할 때가 많다. 우리는 그저 우리가 다른 것과의 관계를 받아들이지 못하게 막는 것, 마주 부는 바람을 느낄 뿐이다. 그러나 단어들의 운율뿐 아니라 '바람과 있다', '신호와 도달하다'의 의미를 통해서도 우리의 희망이 표현된다.

　　1922년 3월 13일(『편지』, 760쪽 이하) 편지에서 릴케는 젊은 청년의 부름에 대한 답으로 자신에게 **예술**이 무엇인지 다시 한번 요약한다. 그는 젊은이들이 현재의 어려움과 마주하여 "바깥쪽으로 피하지 않고, 더 깊은 곳으로 피했으며……" "사물의 무게를 마음의 캐럿으로 달려고 시도했다"라고 말한다. 거기서 "인간의 비길 데 없는 유일한 특혜가 가장 철저하게" 증명되었기 때문이다. "그곳에서 인간은 눈에 띄지 않는 것, 하찮은 것에 그의 관계의 은밀한 위대함을 주입할 수 있다." 릴케는 젊은 편지 발신인과 생각이 같다. "예술은 무엇보다 예술가를 다시 세우고자 합니다. 예술은 아무도 자기한테 오라고 부르지 않아요. 나는 늘 예술에게 영향은 전혀 중요하지 않다고 봅니다. 하지만 마르지 않는 원천에서 억누를 수 없이 솟아 나온 예술의 형상화가 묘하게 조용하고 비범하게 사물들 사이에 서 있는 가운데, 예술이 이기적이지 않은 타고난 천성, 자유, 집중성으로 자기도 모르는 새 인간의 **모든** 활동에 모범이 되는 일이 일어날 수도 있습니다."

이기적이지 않음, 자유, 집중성─이 세 가지는 자유, 평등, 박애라는 다른 세 가지와 어깨를 겨룬다. 오늘날 우리 국가 체제에서 자유는 단단히 자리 잡았고, 복잡한 문제인 평등은 계속 더 고민해야 한다. 반면 우리는 박애의 영역은 제쳐 놓고 있다. 이기적이지 않음, 자유, 집중성을 말하면서 릴케는 우리에게 어떤 길을 가리켜 보여 주고 있을까?

5부

로베르트 발저와 출판인

"나는 발전하지 않는다. 어쩌면 굵은 가지와 잔가지를 절대 뻗지 않을지도 모른다. 어느 날 나의 존재와 처음 시작始作에서 어떤 향기가 흘러나올 것이다."

로베르트 발저(1878~1956), 『야콥 폰 군텐』

① 고독한 사람

내가 '헤세와 출판인', '릴케와 출판인', '브레히트와 출판인'을 주제로 강연한다고 하면 놀랄 사람이 별로 없을 것이다. 그러나 '로베르트 발저와 출판인'이라는 강연 주제의 경우, 대중에게 알려지지 않은 사실이 그들의 호기심을 자극하기를 바랄 뿐이다. 몇 해 전부터—정확히 20년 전부터—나는 문학 강연에서 작가가 글을 쓰는 동기에 관한 대목이 나올 때마다 한 작가의 문장을 인용하면서 그 문장의 주인은 알려지지 않은 독일어 작가 중 가장 위대한 작가라고 소개한다. 바로 로베르트 발저다. 발저의 문장 하나를 맥락에서 빼내 인용한다. "창작에서 손을 떼는 순간 나는 죽을 것이다." 우리는 이 문장으로 다시 돌아갈 것이다. 이 문장은 우리 주제에 매우 중요하다.

사람들은 바로 물을 것이다. 로베르트 발저라는 작가는 누구인가? 하지만 이 질문에 대한 답은 간단하지 않다. 아무튼 나는 이 작가를 사랑한다. 독일어는 바로 이 작가를 위해 'Dichter'(시인)라는 뛰어난 표현을 만들었다. 나는 1976년까지 그의 작품의 판권을 얻기 위해 애썼으나 뜻을 이루지 못했다.

나의 첫 노력을 보여 주는 일화를 하나 들겠다. 1959년 3월 페터 주르캄프가 사망하고 처음 스위스에 체류하면서 나는 로베르트 발저의 작품을 관리하던 카를 젤리히Carl Seelig에게 출판 문제를 의논하기 위해 찾아가도 좋은지 물었다. 젤리히는 이미 2년 전에 헤리자우 요양병원에서 세상을 떠난 발저의 후견인이었다. 젤리히는 방문을 거절했다. 그는 출판사에 기분이 상해 있었다. 페터 주르캄프를 비롯해 1945년 이후 다른 모든 출판인이 발저 작품의 인수와 출판을 아주 위험한 모험으로 생각해 꺼렸기 때문이다. 나는 몬타놀라로 헤르만 헤세를 찾아갔을 때 카를 젤리히가 내 방문을 받아들이지 않은 이야기를 했다. 그러자 헤세는 자리에서 벌떡 일어나 이렇게 말했다. "그는 당신의 방문을 받아들여야 해요!" 헤세는 일어나 작업실로 가서 채색 수채화가 그려진 특유의 작은 편지지에 그의 친구 젤리히에게 편지를 썼다. 친절하지만 강한 어조로, 출판인을 만나라고. 독일로 돌아오는 길에 만남이 성사되었다. 젤리히의 모습이 아직도 눈에 선하다. 그는 분별 있고 기지가 많고 완고한 문학가로, 상냥한 사람이었다. 온화하고 선량하고 고상한 태도는 내가 직접 만난 적이 없는 발저와 닮았을 것 같았다. 나 역시 인생 최대의 실수를 저지른 출판인에 속한다. 나 역시 로베르트 발저의 전집 출간을 약속하지 않았다. 그럴 수 없었다. 그런 모험을 하기에 나는 너무 젊었고, 출판인으로서 경험이 너무 부족했다. 아무튼 우리는 발저의 작품 선집을 출간하기로 합의했다. 발터 횔러러Walter Höllerer가 주관한 이 선집은 1960년 주르캄프 총서 시리즈로 나왔다. 3년 후 나는 다시 젤리히에게 방문을 타진했다. 하지만 답장을 받지 못했다. 이 충직한 사람은 1962년 2월 15일 취리히 벨뷰 광장에서 출발하는 전차에 올라타려다가 떨어져 치명적인 부상을 당했다. 그 후 오랜 세월 발저의 작품은 관리 주체가 명확하지 않은 채로 있다가 다시 몇 년이 지나 제나바와 다름슈타트에 있는 홀레 출판사에 권리가 넘어갔다.

+ 로베르트 발저는 누구인가?

발저는 당시 알려진 그의 작품에 경탄한 프란츠 카프카보다 다섯 살 위다. 자신이 쓴 한 이력서에서 발저는 자신을 이렇게 소개하고 있다. "발저는 1878년 4월 15일 베른 주 빌에서 8남매 중 끝에서 두 번째로 태어나, 열네 살까지 학교에 다니고, 금융업을 배웠다. 여섯 살에 빌을 떠나 바젤에 살면서 폰 슈파이어 주식회사에서 일했으며, 슈투트가르트의 '독일 출판사 연합'에서 일자리를 얻었다." 발저는 열네 살 무렵 최초의 단편 「연못」을 썼다. 현재 남아 있는 이 작품에는 "나는 혼자 있기 좋아한다. 그때 생각이 찾아온다"I bi gärn elei. Do chöme eim d'Gedanke라는 베른 사투리로 쓴 중요한 문장이 들어 있다. 소년 시절 발저는 읽고 또 읽었다. "읽는 것은 나에게 일종의 천성이 되었다. 삶이 나를 부정했기에 나는 읽기 시작했다. 독서는 나의 성향과 성격을 긍정하는 친절함을 가지고 있었다." 늘 **무언가를 읽고 있는 사람**, "내면이 뜨거운 사람" 발저는 연극배우가 되려고 했다. 그러나 슈투트가르트에서 당시 유명했던 배우 요제프 카인츠Josef Kainz 앞에서 연기를 선보인 결과 부정적인 평가를 받았다. 열여섯 살 때 그는 누나에게 이렇게 편지했다. "연극배우 일은 잘 안됐지만…… 신이 원하신다면, 나는 위대한 시인이 될 거야." 발저는 30년 세월이 흐르면서 그런 시인이 되었다. 그리고 1929년 51세에 베른의 주립 요양병원 발다우에 들어갔다. 발저 앞에는 정신착란증에 시달렸던 프리드리히 휠덜린*의 운명이 있었다. 발저가 휠덜린을 두고 한 말은 그다운 말로, 자신의 운명을 예언하는 듯하다. "휠덜린은 마흔 살에 건강한 의식을 잃는 것이 적절하다고, 그러니까 배려심이 있다고 생각했다." 그는 휠덜린과 연관해 이런 말을 하기도 했다. "같은 일이 내게도 일어날까?" 그런 일이 그에게 일어났으며, 그도 '배려심'이 있었다. 1933년 그는 헤리자우 요양병원으로 이송되어 1956년 사망할 때까지 그곳에 있었다. 거기서 그가 쓴 작품은 나오지 않았다. 물론 카를 젤리히가 발저와 산책하면서 나눈 대화를 기록하긴 했다. 그러나 젤리히의 『로베르트 발저와의 산책』은 오늘에 와서야 중요한 문학 작품이자 시적인 수작업手作業을 들여다보게 해 주는 책으로 재발견되었다. 젤리히의 책은 정신적인 규모에서 실러,

---

* 1770~1843. 독일 시인. 1807년 정신착란 진단을 받은 후
사망할 때까지 36년 동안 요양 시설에서 지냈다.

괴테, 레싱, 클라이스트의 유명한 대화를 상기시키는 책이기도 하다.

시민성의 가면을 쓴 이 남자, 겸손 부자이자 실패 전문가 발저의 두 문장은 내게 생각할 거리를 준다. "아무도 나를 대하며 마치 나를 잘 아는 것처럼 행동할 권리는 없다." 발저는 삶이 끝나갈 무렵 지난날을 돌아보면서 이렇게 말했다. "제 주변에는 늘 마치 해충이라도 되는 듯 저를 쫓아 버리려는 음모가 있었지요. 사람들은 자신의 세계에 맞지 않는 모든 것을 고상하고 거만하게 쫓아냈습니다. 저는 한 번도 감히 거기로 밀고 들어가 보려고 하지 않았어요. 저는 눈을 깜빡여 그 안을 들여다볼 용기조차 없었지요. 그래서 저는 시민적 존재의 가장자리에서 제 인생을 살았습니다. 그것도 그 나름대로 좋지 않았을까요?"(산책 37) 이러한 경험은 로베르트 발저의 운명을 넘어 우리에게 많은 생각을 하게 한다.

1976년 현재, 발저의 섬세하고 나직한 시문학에는 너무 묵직한 『전집』이 정성스럽고 세심하게 편집되어 나왔다. 이제 방대한 열두 권의 작품에 『편지』를 수록한 제13권이 더해졌다. 요헨 그레펜Jochen Greven이 펴낸 이 작품집은 한 스위스 재단의 지원을 받아 아니에르/제네바의 코소도 출판사에서 나왔다. 실제로 발저의 작품이 완전하게 출판되어 있다. 세기의 장편소설 『타너 가의 남매들』, 『야콥 폰 군텐』, 『조수』. 단편소설, 이야기, 환상적인 산문 들. 『프리츠 코허의 작문』. 문학 소품 『시인의 삶』, 『장미』, 『호수 나라』. 스케치, 단편, 단편 희곡, 시. 이 모든 작품이 주석과 상세한 설명, 독서 도움말, 편집 보고, 상세한 후기, 꼼꼼한 색인, 작가 연보와 함께 나왔다. 고급 아마포로 싸 멋지게 인쇄된 열세 권의 발저 작품 2천~5천 부가 서점가로 35~40스위스프랑에 나와 있다. 게다가 카를 젤리히의 친구 로베르트 메힐러Robert Mächler가 쓴 훌륭한 전기도 있다. 메힐러의 전기는 발저의 삶의 흔적을 직접적인 증언을 통해 서술하고 있다. 그러니까 발저의 작품, 이 매혹적이고, 우아하고, 고집 세고, 생각하게 만들고, 때로는 기이하고, 때로는 심연 앞에서 유쾌한 작품, "풍자와 재치의 회오리 돌풍"이 있는 작품, 군중과 대도시, 문명의 기술, 기술 문명의 소용돌이 속에 사는 개인과 고독한 사람이라는 큰 주제가 담긴 작품이 출판되어 있다.

로베르트 무질은 1914년 발저의 『이야기들』을 비평하면서 발저의 작품을 카프카의 『관찰』과 『화부』와 비교했다. 무질은 비난하듯 카프카가 발저와 어투가 너무 비슷하다고 꼬집었다. 무질의 말을 들어 보자. "발저의 특이한 양식은 특이한 것으로 남아 있어야 하며 어떤 문학 장르로 분류할 수 없다. 카프카의 첫 작품 『관찰』은 발저의 『이야기들』보다 먼저 쓰였지만, 나는 카프카의 작품을 읽고 로베르트 발저 유형의 특별한 경우처럼 느껴져서 불쾌했다." 1929년 발터 베냐민은 발저를 최고 법정에 소환하며 이렇게 말한다. 발저의 인물들은 "정신착란을 겪은 인물들이다…… 그들이 지닌 행복하면서도 섬뜩한 점을 한마디로 이렇게 말할 수 있다. 그들은 모두 치유되었다고." 베냐민은 "가장 실패한 작가처럼 보이는 이 작가는 엄격한 카프카가 좋아하는 작가였다"라고 말해 로베르트 발저라는 문학계 소문을 만든다. 우리 시대에 발저의 작품을 영어로 번역한 크리스토퍼 미들턴Christopher Middleton은 발저를 말년의 딜런 토머스Dylan Thomas와 비교한다. 또 마르틴 발저는 이 "온화한 방랑자이자 대단한 지각생"의 독특함을 칭찬한다. 마르틴 발저의 말을 들어 보자. "그는 가장 온화한 방식으로 자기 자신을 유희에 끌어들여, 세상이 자신에게 부딪치게 만들고 그 세상이 열어 보이는 색깔들을 묘사한다."

발저의 작품은 그렇게 출판되어 있다. 위대한 인물들의 칭찬을 받으면서. 동료 작가들이 이처럼 이구동성으로 칭찬하는 경우는 없다. 발저의 작품은 그렇게 출판되어 있다. 그의 작품은 자신을 집어 읽으라고 권한다. 하지만 실제로 그렇게 하는 사람이 왜 이리 적은 걸까? 왜 로베르트 발저는 그와 같은 반열에 있는 작가 카프카, 헤세, 릴케, 토마스 만, 베르톨트 브레히트와 같은 금세기의 다른 위대한 작가들처럼 존재감이 없을까? 이 작가의 독특한 존재는 분명 충분하지 못한 수용, 태만한 문학비평, 무지한 문예학과 무관하지 않다. 발저의 표현에 따르면, 발저는 "그가 앉을지 설지 확실히 알 수 없는" "고독한 사람"이었다. 어떤 경우든 수용과 영향은 그의 작품의 운명과 출판의 역사에 달려 있다. 이와 함께 우리의 주제 '로베르트 발저와 출판인'은 의미를 얻는다.

②

"……나는 작품을 쓰기
시작했다"

로베르트 발저와 당대 출판인의 관계는 매우 흥미롭다. 오직 뛰어난 범죄소설만이 그 해답을 미리 말해 줄 수 있다. 발저의 경우는 먼저 이렇게 요약해 말할 수 있다. 20세기의 위대한 독일어 작가 가운데 이 위대한 무명 작가처럼 당대의 주요 출판인 및 출판사와 그토록 변화무쌍한 접촉을 가진 작가는 없었다. 또 이 작가처럼 인젤과 안톤 키펜베르크, 쿠르트 볼프, 부르노 카시러, 자무엘 피셔, 에른스트 로볼트 같은 중요한 출판인들이 그의 작품을 한두 편 출판하고 포기하는 일을 당한 작가도 없었다. 발저가 작금의 그가 되고, 위대한 작가**이면서** 헤리자우 요양병원 환자가 된 데는 이런 경험 탓도 있다. 1926년 『노이에 취르허 차이퉁』이 '우리 가운데 진가를 인정받지 못한 작가가 있는가?'라는 주제로 설문 조사를 했는데, 발저는 이 조사를 계기로 자신의 절망적인 상황을 두고 이렇게 빈정댔다. "나의 출판인들은 내게 말한다. 내게 매료되었다고."

우리의 연구는 다섯 가지 출처에 의존한다.

1. 로베르트 메힐러의 사실적인 뛰어난 전기 『로베르트 발저의 생애』.

2. 로베르트 메힐러가 공동 작업해 1975년 외르크 셰퍼Jörg Schäfer가 펴낸 『편지』(『편지』는 보존된 편지의 약 5분의 4인 411통의 편지를 수록하고 있다. 하지만 편지 대부분이 분실 혹은 파기되었기 때문에 보존된 500통의 편지는 로베르트 발저가 주고받은 편지의 일부분이라고 할 수 있다).

3. 카를 젤리히의 『로베르트 발저와의 산책』.

4. 요헨 그레펜이 펴낸 『전집』의 부록에서 전하는 편집 보고.

5. 취리히 '카를 젤리히 재단의 로베르트 발저 문서보관소'. 즉, 엘리오 프륄리히Elio Fröhlich와 이 문서보관소 소장 카타리나 케르Katharina Kerr의 보고.

빌, 바젤, 슈투트가르트에서 거주한 후 로베르트 발저는 1896년 9월 30일 취리히에서 존재를 알렸다. 베를린과 뮌헨 여행을 제외하고 그는 여기서 10년을 살았다. 이 기간 그는 취리히에서 열일곱 번 집을 옮기고, 아홉 번 직장을 옮겼다. 『타너 가의 남매들』에는 이렇게 쓰여 있다. "나는 늘 그만두고 싶은 자유로운 마음에서 직장과 직무를 버리고 나왔다. 거기 남았다면 경력과 어떤 앞날이 기다리고 있었을지 모르겠으나 아마 나는 죽어 버렸을 것이다." 취리히 시절 후반에 그는 1901년 시폐의 '슈타인뵈클린' 건물에 문을 연 '무직자를 위한 사무실'에서 일했다. "나는 어디든 내가 있던 곳을 바로 다시 떠났다. 나의 젊은 힘을 망치는 것이 마음 편하지 않았기 때문이다." 발저는 공적 서류에 자신이 주로 '외판원', 상점 점원으로 일했다고 적었다. 이 직업은 그의 문학적인 연구 열망의 영원한 대상이 되었다. 그렇다, 외판원을 묘사하며 작가 발저가 불타올랐다. 자화상이든 동료의 초상화든 상점 점원은 그의 첫 작품들의 인물이 되었다. 발저의 첫 작품 『프리츠 코허의 작문』에는 다양한 외판원 상이 나온다. 그 시절 발저는 "가늘고 긴 종이쪽지에 작은 시들을 쓰기" 시작했다. 고찰 『한 젊은이』에는 이렇게 쓰여 있다. "나는 조용한 수작업을 하려고 그렇게 했다. 하지만 비밀스러운 점이 있었다. 나는 시를 짓기 시작했던 것 같다. 나는 가난했기 때문에 더 부자처럼 느끼기 위해 아름다운 부업이 필요했다." 같은 텍스트에서 그는 더 말한다. "불안과 불확실함, 독특한 운명에 대한 예감이 펜을 잡아 나 자신을 제대로 비출 수 있는지 시험하게 했던 것 같다." 여기서 우리는 창조적인 것의 비밀, 즉 무엇이 작가를 움직여 글을 쓰게 만드는가, 하는 큰 문제에 대한 소중한 증거를 얻는다. 불안, 불확실함, 독특한 운명에 대한 예감이 이 작가의 특징적인 심리 풍경이다.

발저는 표현 강박과 마찬가지로 자신의 심리적 성향을 진지하게 생각했다. 글쓰기는 그에게 절대 무의식적인 행위가 아니었다. 그에게 글쓰기는 애초부터 지극히 의식적인 집중 행위였다. 이와 관련해 전집 12권에 수록된, 1920년 발저가 쓴 네 통의 이력서 중 하나가 핵심 증거를 제시한다. 거기서 주목할 만한 대목이 나온다. "슈투트가르트에서 1년 있다가 그는 걸어서 튀빙겐, 헤힝겐, 샤프하우젠 등등을 거쳐 취리히로 돌아왔다. 그는 보험회사와 은행에서 일하고, 아우서질과 취리히베르크에서 살면서 시를 썼다. **부업으로 한 것이 아니었다. 그는 시**

를 쓰기 위해 매번 먼저 직장을 버렸다. 아마 예술이 위대한 어떤 것이라는 믿음에서 그렇게 한 것 같다." 발저는 그런 태도로, 그런 강렬함으로 첫 시와 서정적 산문과 서정적 단편 희곡 들을 썼다. 그에게 글쓰기는 일종의 죽음이었다. 그는 글을 쓸 때면 죽는 느낌이 들었다. 별과 달, 밤, 나무들의 아름다움이 그를 괴롭혔다. 1900년 잡지 『디 인젤』에 게재된 단편 희곡 『시인』에서 우리는 이런 구절을 읽을 수 있다. "나의 느낌들은 나를 다치게 하는 화살촉이다. 가슴은 다치고 싶어 하고, 생각은 지치고 싶어 한다. 나는 달을 한 편의 시 속에 짜 넣고, 별들을 한 편의 시 속에 짜 넣어 그 안에 나를 섞고 싶다. 언어의 모래밭 속 물고기처럼 감정들을 버둥거리고 죽게 만드는 것 외에 내가 그 감정들로 무엇을 해야 할까? 창작에서 손을 떼는 순간 나는 죽을 것이다. 그 생각을 하면 기쁘다. 안녕!"

그의 나이 열일곱 살에서 스무 살 사이에 약 50편의 시와 다른 서정적 텍스트가 탄생한 듯 보인다. 스무 살 생일이 지나고 발저는 40편의 시를 노트에 적어 베른의 일간지 『분트』의 문학 편집자 요제프 빅토어 비트만Josef Viktor Widmann에게 보냈다. 비트만은 당시 가장 명망 높은 스위스 문학 비평가였다. 몇몇 예외를 제외하고 문학 비평가들이 젊고 새로운 문학을 지원했다는 소식은 드물다. 따라서 이 경우는 칭찬의 뜻에서 이야기해야 한다. 1898년 5월 8일 비트만은 『분트』의 일요판에 '서정시 첫 작품'이란 제목으로 발저의 시 여섯 편을 작가의 이름을 밝히지 않고 게재했다. 친절하지만 살짝 거만한 소개 글을 덧붙였다. 비트만은 그 글에서 미래의 희망을 의미하는 "새롭고 독특한 재능들이 꽃피는" 현상이 스위스에 "유독 많은" 데 기쁨을 표시하면서 이렇게 말했다. "이렇게 일찍 받은 인정이 스무 살의 저자가 충실한 작업과 부지런함으로 천부적 재능을 대가의 예술로 발전시키는 자극제가 되기를 바란다." 발표된 이 여섯 편의 시 제목은 발저 작품의 전형적인 특징을 보여 준다. 제목은 「밝음」, 「침울한 이웃」, 「잠자리에 들기 전에」, 「작은 풍경」, 「출구 없음」, 「늘 창가에서」이다. 이미 이 제목으로 발저의 작품을 해석할 수 있다. 어둠과 밝음, 이웃의 침울한 모습, 자연 풍경을 사랑하는 사람, 몽상가이자 잠자는 사람, 늘 창가에 서서 관찰하는 사람. 삶에서 출구를 찾지 못한 사람.

작품 발표는 중요한 결과를 가져왔다. 독자 가운데

한 사람이 프란츠 블라이였다. 블라이는 신인을 발굴하기 좋아하는 오스트리아 작가이자 비평가, 에세이 작가, 편집자이기도 했다. 그가 신문 편집부에서 무명 작가의 주소를 받아 두 사람이 만났다. 프란츠 블라이와 로베르트 발저 두 사람 다 이 만남을 기록했다. 블라이는 "발저는 반은 편력 여행 중인 수공업 직공이고, 반은 사환이었으며, 온전히 시인이었다"고 말한다. 발저는 블라이가 계속 시를 쓸 거냐고 물었을 때 자신이 어떻게 대답했는지 기억한다. "그것 말고는 저는 할 일이 별로 없습니다." 물론 이런 말도 했다. 그것은 언제나 "충만함"에 달려 있고, "저 같은 점원도 다른 사람들처럼 충만함을 잘 느낄 수 있지 않겠어요?"

블라이는 발저가 글을 쓴 노트도 가져갔다. 블라이는 루돌프 알렉산더 슈뢰더, 알프레트 발터 하이멜, 오토 율리우스 비어바움의 친구였다. 슈뢰더, 하이멜, 비어바움은 이미 1897년부터 잡지를 계획했고, 여기서 1899년 10월 1일 잡지 『디 인젤』이 나왔다. 1899년 10월 이 잡지의 첫 호에 발저의 시 네 편이 실리고, 다음 호에 잇달아 그의 시, 산문, 단편 희곡 들이 실렸다. 이제 발저는 『디 인젤』의 작가 동아리, 그러니까 루돌프 알렉산더 슈뢰더,

후고 폰 호프만슈탈, 셰르바르트, 데틀레프 폰 릴리엔크론, 리하르트 데멜, 라이너 마리아 릴케, 프랑크 베데킨트, 막스 다우텐다이, 앙리 반 데 벨데Henry van de Velde의 그룹에 들어간 것이다.

후고 폰 호프만슈탈도 초기에 발저의 작품에 경탄한 사람 중 하나다.

루돌프 알렉산더 슈뢰더는 1935년 에세이 「인젤 출판사의 초기 뮌헨 시절」에서 이렇게 기억하고 있다. "세기 전환기는 매우 풍족하고 행복한 시기였다. 위대한 옛 유산이 아직 살아 있어 그 순간 자신의 본래 영향을 대중 앞에 드러내는 것 같았다. 또 수많은 새로운 힘이 활동하고 있었으며, 간과할 수 없는 여러 발전이 등장을 알렸거나 알리는 듯 보였다." 슈뢰더는, 옌스 페테르 야콥센, 슈테판 게오르게, 릴케를 새로운 힘이라고 보았다. "당시 우리처럼 젊고 우리 그룹과 우리 잡지를 자주 찾는 손님이었던" 로베르트 발저도 그 새로운 힘에 속했다. 슈뢰더의 말을 들어 보자. 발저의 시에는 "밀도와 마력과 함께 표현의 섬세함과 순수함이 깃들어 있다. 나는 우리 언어로 쓰인 작품 중 이 시와 견줄 만한 작품을 알지 못한다." 슈뢰더 역시 1935년 이 글을 쓰면서 작가 발저가 존재감이 없고, 베른 태생인 작가의 고국 스위스에서도 그의 작품 보존을 위한 제대로 된 노력이 없었다고 생각했다. 슈뢰더는 잊힌 무명 작가 발저를 언급하기 위해 그의 시를 인용한다. 슈뢰더의 에세이에서 유일하게 인용된 작품이다. 발저의 그 시를 읽어 보자.

그리고 갔다

그는 모자를 가볍게 흔들었다
그리고 갔다, 방랑하는 나그네 이야기다.
그는 나무에서 나뭇잎을 뜯었다
그리고 갔다, 스산한 가을 이야기다.
그는 미소 지으며 두루 자비를 베풀었다
그리고 갔다, 황제 이야기다.
그는 밤중에 문을 두드렸다
그리고 갔다, 마음의 깊은 아픔 이야기다.
그는 울면서 자기 가슴을 가리켰다
그리고 갔다, 가난한 남자 이야기다.

잡지 『디 인젤』은 금세 폐간되었다(작가이기도 했

던 세 발행인은 너무 방만한 경영을 했다. 주로 자신들의 작품을 인쇄했을 뿐 아니라, 1만 부를 발행했는데 구독자는 400명에 불과했다. 또 멋진 장정을 고집했으나 비용이 너무 많이 들어 판매가 제작 비용을 따라가지 못했다). 1902년 마지막 호에도 발저의 이야기 두 편이 실렸다. 여왕의 연회 식탁에서 덕담으로 내일이나 모레 세상을 전복시킬 생각이라고 선언한 「천재」, 학생들이 교사를 구금하고 소녀들이 소년들을 압박하는 완전한 해방이 실현되는 「세상」이다. 하지만 모든 것이 무위로 돌아가고 "우리도 더 이상 글을 쓸 수 있는 것이 아무것도 없었다."

발저는 한 편지(로볼트 출판사에 보내는 1912년 12월 12일 자 편지)에서 루돌프 알렉산더 슈뢰더와 비어바움이 자신을 인젤에 추천했다고 말했다. 슈뢰더는 발저를 당시 라이프치히의 인젤 출판사를 운영했던 루돌프 폰 푈니츠와 연결해 주었다.

3

로베르트 발저의
첫 출판사 인젤

로베르트 발저의, 날짜가 가장 빠른 보존된 편지 가운데 1902년 1월 6일 베를린 샤를로텐부르크에서 "매우 존경하는 푈니츠 씨"에게 보내는 편지가 있다. "어제 제 글을 보냈음을 확인하며 이와 연관해 지금까지 제가 쓴 모든 작품(드라마, 산문, 시)을 넘기는 대가로 적은 액수의 돈(200마르크)을 주실 수 있는지 여쭙습니다. 오래가진 않을 테지만 저는 지금 유감스럽게도 돈이 좀 궁한 형편입니다."

발저가 출판인에게 보내는 이 첫 편지는 독특하다. 그는 지금까지 쓴 전 작품을 넘기는 대가로 당시 적지 않은 금액을 요구하면서 "지금 돈이 궁한 형편" 이야기를 한다. 그 형편은 평생 그를 따라다닐 터였다. 푈니츠 씨는 제안을 거절했다. 발저는 출판인의 이 첫 거절에 충격을 받았고, 당장 특유의 반응을 보였다. 그는 집을 옮겨 베를린을 떠나 누나가 교사로 일하고 있는 빌 호숫가의 토이펠렌으로 갔다. 그는 누나와 평생 가깝게 지냈는데 『타너 가의 남매들』은 이에 대한 의미 있는 증거를 보여 준다.

발저는 빌 호수에서 편집자 비트만에게 이렇게 편지했다. "저는 이 근처에서 살고 싶습니다. 그러니까 살아야 합니다. 혹시 제게 뭔가 쓸 거리를 주실 수 있는지요. 저술 일이든지, 다른 이의 글을 필사하는 일이든지⋯⋯ 방금 떠나온 베를린에서 문학으로 돈을 좀 벌려는 희망은 물거품이 되었습니다." 비트만의 답장은 남아 있지 않지만, 계속 글을 쓰라고 격려하고, 발저의 글을 『분트』에 게재할 용의가 있다고 했던 것 같다. 발저는 취리히로 돌아와 슈피겔가세 23의 숙소로 들어갔다. 이 거리는 요한 카스파어 라바터Johann Caspar Lavater가 괴테에게 깊은 인상을 준 『사람을 보는 눈과 이웃 사랑 증진을 위한 관상학 단편』을 썼던 곳이자, 게오르크 뷔히너가 병을 앓다 사망한 곳이며, 훗날 레닌이 혁명을 준비하고, 1916년 클럽 '카바레 볼테르'가 다다이즘 운동을 시작한 곳이다.

1902년 3월 23일 『분트』에 발저 자신이 편집하고 '구성한' 산문들이 게재되었다. 서두에는 이렇게 쓰여 있었다. "이 작문을 쓴 소년은 학교를 그만두고 바로 죽었다."

　　이번에도 프란츠 블라이가 발저를 격려했다. 블라이는 1903년 11월 3일 이렇게 편지했다. "라이프치히, 린덴슈트라세 20에 있는 인젤 출판사에 작가님의 아름다운 시와 산문 모음과 두 편의 시극詩劇을 보내 책으로 내게 하세요." 발저는 그렇게 했고, 푈니츠 씨에게 "인젤 출판사에서 펴내면 좋을 작품 목록"을 보냈다. 희곡 『소년들』, 『시인』, 『재투성이 아가씨』, 『백설 공주』, 선별한 시 30~40편, 『프리츠 코허의 작문』이었다. 발저는 푈니츠 씨에게 모음집 『프리츠 코허의 작문』을 특히 눈여겨봐 달라고 부탁한다. "가장 좋은 산문들"이라면서. 얼마 후 1904년 1월 발저는 푈니츠 씨에게 화가이자 삽화가인 형 카를 발저Karl Walser에게 산문의 삽화를 맡기고 싶다고 제안했다. 푈니츠 씨는 아무 답도 주지 않았다. 프란츠 블라이가 다시 나섰다. 블라이는 발저에게 인젤 출판사의 알프레트 발터 하이멜에게 도움을 청하라고 조언했다. 발저는 『프리츠 코허의 작문』과 '아주 기꺼이' "이 산문 작품"에 삽화를 그리고 싶어 하는 형을 추천했다. 하이멜은 "발저의 책을 적극 옹호한다"는 메모와 함께 이 편지를 푈니츠 씨에게 넘겼다. 이것으로 결정이 났다. 1904년 5월 발저는 『프리츠 코허의 작문』을 출판하겠다는 인젤 출판사의 약속을 받았다. 그는 당장 책이 어떤 모습이어야 할지 정확히 아는 작가처럼 반응했다. 1904년 5월 잇달아 보낸 편지는 그런 희망을 서술한다. "더욱이 저는 책이 방대할수록, 따라서 세계 시장에서 더 많이 선을 보일수록 더 성공할 수 있다고 생각합니다." 1904년 11월 책이 출간되었다. 출판된 로베르트 발저의 첫 저서로, 오늘날 구하기 힘든 희귀본이다. 이중 제목 위 왼쪽에는 이렇게 쓰여 있다. "책의 내용: 프리츠 코허의 작문. 외판원. 화가. 숲. 카를 발저의 스케치 열한 점." 오른쪽에는 이렇게 쓰여 있다. "프리츠 코허의 작문. 로베르트 발저가 전함. 라이프치히의 브라이트코프 운트 헤르텔 인쇄." 카를 발저의 열한 점의 스케치는 문학 텍스트에 성공적으로 삽입된 모범적 삽화로 볼 수 있다.

『프리츠 코허의 작문』은 두 편의 중요한 비평을 불러왔다. 우선 편집자 비트만이 바로 의견을 표명했다. "2년 전 당시 새파랗게 젊은 스위스 시인 로베르트 발저는 우리 신문 일요판에 재능 있는 중학교 학생의 문체를 흉내

낸 단편 산문을 게재하면서 그것이 일찍 죽은 소년이 남긴 작문이라고 주장했다. 그때 많은 독자가 미심쩍은 듯 고개를 저으며 그 작품을 받아들인 편집자를 겨우 용서할 수 있었다. 그러니까 편집자도 일찍 죽은 '프리츠 코허'의 존재를 믿었고, 어쩌면 '실제로 재능 있는 소년'이 쓴 글을 교육학적, 심리학적으로 흥미로운 기록으로 여겨 출판의 기회를 주는 것이 독실한 믿음의 의무라고 생각했을지도 모른다. 이렇게 이해하려고 애쓰면서. 그러나 로베르트 발저는 『프리츠 코허의 작문』 다음에ー마찬가지로 우리 일요 신문에ー『외판원』, 『화가』, 『숲』이라는 작품을 잇달아 내놓았다. 발저가 자신이 저자임을 밝힌 이 작품들의 짐짓 꾸민 듯한 소박한 표현은 중학생의 작문이라고 주장했던 글과 아주 비슷했다. 예쁜 곱슬머리뿐 아니라, 철사처럼 뻣뻣한 머리도 완전한 대머리도 점점 더 세차게 고개를 저었다. 하지만 많은 독자는 작품이 '터무니없다'고 생각하면서도 끝까지 읽을 수밖에 없는 데 가장 화를 많이 냈다. 독특한 생각을 서두르거나 강조하지 않고 마치 초록색 당구대 위에서 부드럽게 구르는 당구공처럼 또르르 굴러 나오게 하는 발저의 방식에는 암시적인 데가 있다. 꿈의 마법이 독자를 둥둥 떠 곁

을 스쳐 지나가는 아름다운 것의 예감으로 감싼다."(『분트』, 베른, 1904년 12월 9일, 344호)

특별한 두 번째 비평가가 의견을 표명했다. 이제부터 발저와 동행할 그 비평가는 헤르만 헤세였다. 헤세는 1909년 9월 5일 자 『바젤 뉴스』 일요판에 이렇게 썼다. "그의 작은 첫 책, 형 카를 발저의 유쾌한 스케치가 수록된 요염하게 우아한 책…… 나는 당시 겉모습이 귀엽고 독특해 책을 사서 짧은 여행 중에 읽었다…… 이 기묘하고 반쯤 소년 같은 작문들은 처음에 수사학적 재능이 있는 젊은 풍자가가 쓴 유희적인 작문과 문체 연습처럼 보였다. 이들 작문의 눈에 띄는 매혹적인 점은 세련되게 아무렇게나 툭 던지는 유창한 진술, 가볍고 귀엽고 사랑스러운 문장과 문장의 요소 들을 놓는 기쁨이다. 독일 작가가 그런 기쁨을 보여 주는 경우는 놀라울 만큼 드물다. 언어에 대한 논평도 몇 개 있다. 이를테면 외판원을 다룬 재미있는 작문에는 이런 문장이 나온다. '유능한 외판원은 펜을 종이에 대면서 생각을 가다듬으려는 듯, 혹은 노련한 사냥꾼처럼 겨냥하려는 듯 잠시 망설인다. 그리고 발사한다. 철자와 단어와 문장 들이 천국의 들판 위를 날듯 휙휙 날고, 문장 문장마다 대부분 아주 많은 것을 표현하는 우아한 특성이 있다. 편지를 쓸 때 외판원은 진정한 장난꾸러기다. 그는 순식간에 수많은 박식한 교수를 놀라게 할 문장 구조를 생각해 낸다.' 이 작은 첫 책에는 이러한 교태와 수다, 단어의 유희와 가벼운 풍자 외에도 사물에 대한 사랑과 인간에 대한 진정하고 아름다운 사랑, 존재하는 모든 것에 대한 예술가의 사랑이 이따금 말솜씨 좋은 산문의 가볍고 서늘하게 밝은 측면에 순수한 문학의 따뜻하고 진심 어린 빛을 반짝 던진다." 헤세는 카를 발저의 스케치가 "독특하고 태평하고 익살맞게 주름진 신선한 작은 나뭇잎"으로, 책과 잘 어울린다고 평가했다.

아주 유명한 스위스 문학 비평가가 자발적으로 수용하고 비평한 책. 발터 라테나우Walther Rathenau의 칭찬을 받은 성공작 『페터 카멘친트』를 내놓고, "그는 청춘에 대한 청춘의 권리를 요구한다"고 말한 테오도르 호이스Theodor Heuss의 인정을 받은 후 『수레바퀴 아래서』로 다시 논의되고 있는 젊은 작가 헤세가 "순수한 문학"이라고 지적한 책. 이러한 강력한 반응은 발저의 책에 탄탄대로를 열어 주었다고 생각해야 마땅하다. 그러나 현실은 어땠던가? 발저의 나중 작품의 중요 관점이 모두 담겨 있는 그의 책은 어떤 영향을 미쳤던가? 『프리츠 코허의 작문』에는 자신을 성찰하는 작가의 내면세계가,「외판원」에는 사회적 관점이,「화가」에는 예술의 관점이,「숲」에는 발저의 희망과 자연이 담겨 있다. 출판사는 초판 1,300부를 인쇄했다. 선금은 250마르크였으며, 카를 발저는 자기 지분을 포기했다. 1년 후 발저는 자기 책의 운명을 알게 되었다. 그는 등기우편(1905년 4월 13일)으로 계약에서 합의한 원고료 100마르크를 더 달라고 요구했다. 출판사는 (1905년 4월 15일) "지금까지 겨우 47권이 팔렸다!"고 답장했다. 훗날 『산책』에서 발저는 이 나머지 원고료를 끝내 받지 못했다고 주장했다.

    1905년 여름 안톤 키펜베르크가 인젤 출판사의 경영을 인수했다. 그는 동시대 문학을 받아들이기 힘든 사람이었다. 특히 로베르트 발저의 텍스트를 받아들일 수 없었다. 계약에 따르면 출판사는 시와 희곡을 포함한 두 번째 책을 출판할 의무가 있었지만, 키펜베르크는 이 계약 조항을 지킬 마음이 없었다. 키펜베르크는 발저의 책을 바로 "헐값 처분"하라고 했는데, 발저는 카를 젤리히와 산책하면서 그런 창고 대방출 책을 서베를린 상점에서 보았다고 했다. 유감스럽게도 인젤 출판사도 발저가 "주변 사람들이 그를 반대하는 음모를 꾸몄다"라고 말하는 경험의 증거이다. 발저와 같은 해에 태어나고 막스 라인하르트Max Reinhardt의 비호를 받았던 슈바벤 극작가 카를 폴묄러Karl Vollmöller는 발저에게 이렇게 말했다. "당신은 외판원으로 시작했고, 영원히 외판원으로 남을 것입니다." 폴묄러는 『프리츠 코허의 작문』이 인젤 출판사에서 나오고 나서 격렬하게 음모를 꾸몄다. 발저가 유수의 출판사와 맺은 이 첫 인연 이야기는 특징적이고, 글자 그대로 '섬뜩하게' 전형적이다. 발저는 처음에 열광했던 출판인이 책의 판매가 저조하자 정신을 차리는 일을 경험했다. 출판인은 처음에 연을 맺고 싶어 했다가 상한 과일을 버리듯 인연을 끊고, 계약을 이행할 생각조차 없었다. 우리는 발저와 출판사 및 출판인의 첫 관계에서 책(더욱이 첫 작품)의 실패로 작가가 출판인 앞에서 굴욕을 당하고, 온전하지 못한 작가와 출판인 관계로 인해 작가의 창작이 마비되는 것을 볼 수 있다. 젤리히의 『산책』에 따르면, 1941년 3월 21일 발저는 계속 이 주제를 언급한다. 그는 부르노 카시러가 "고트프리트 켈러처럼" 쓰라고 요구했다며 폭소를 터뜨리더니 이렇게 말한다. "저처럼 작가가 첫 작품으로 바로 인정을 못 받으면 불행한 거예요. 그럼 모든 출판인이 어떻게 하면 가장 빠르게 성공할 수 있는지 충고할 권한이 있다고 생각하지요. 이 유혹적인 귓속말은 허약한 본성을 이미 여럿 파멸시켰지요."(산책 31쪽 이하) 발저는 그런 "귓속말"의 유혹에 넘어가지 않았다. 그러나 그는 인정받지 못해서 파멸한 허약한 본성의 소유자였다.

④

브루노 카시러
—"친애하는 출판인"

1905년 봄 발저는 세 번째로 베를린에 왔다. 이번에는 인젤 출판사에 나온 첫 출판물 『프리츠 코허의 작문』의 성공 순풍을 받으면서 자유 문필가의 실험을 할 수 있다고 확신했다. 단편소설 『두 남자』에는 이렇게 쓰여 있다. "어느 날 그는 창작과 타고난 본성에 몸 바치기 위해 하찮으나 탄탄한 직장에서 도망쳤다. 무모하지는 않아도 대담한 일이었다. 모험적이고 저돌적이며 어떤 의미에서 목숨이 위험한 행동을 한 것이다…… 그는 어둡고, 구불구불하고, 좋은 일은 별로 없는 반면, 나쁜 일을 많이 약속하는, 흐릿한 조명에 의심을 불러일으키고, 드문드문 뜨내기들이 사는 예술가와 집시의 거리, 자유 문필가 혹은 독립적인 작가의 영역으로 가는 그 거리에 수줍게 발을 들여놓았다…… 그에게 정신은 모든 것이었으며, 생존은 더 이상 아무 의미가 없었다. 그는 불현듯 크게 웃고, 환성을 지르고, 기쁨에 겨워 이리저리 뛰어다니고 싶었다. 얼마나 뜨겁게 얼마나 진심으로 위험을 무릅쓰고 목숨을 건 그 삶을 사랑했던가! 그는 자기도 모르는 새 결연한 태도가 되어 즐거운 표정으로 활발하게 길을 계속 걸었다." 발저는 아직 첫 작품의 실패와 인젤 출판사에서의 결과를 짐작하지 못하고 있었다. 베를린에서는 샤를로텐부르크 카이저 프리드리히 가에 방 세 개짜리 아틀리에 아파트에서 사는 형 카를 발저의 집에서 살았다. 당시 카를 발저는 점점 명성이 높아져 가는 예술가였다. 그는 세르반테스Miguel de Cervantes, 클라이스트, 하우프Wilhelm Hauff, E. T. A. 호프만E. T. A. Hoffmann의 작품에 삽화를 그리고, 헤르만 헤세와 후고 폰 호프만슈탈, 크리스티안 모르겐슈테른Christian Morgenstern 같은 동시대 작가의 작품에 삽화를 그렸다. 또 막스 라인하르트의 무대를 자주 설계하고, 훗날 외무부 장관이 된 발터 라테나우와 출판인 자무엘 피셔, 미술상 파울 카시러Paul Cassirer의 집을 벽화로 장식했다(로베르트 발저는 「화가의 삶」에서 이를 묘사했다. 형은 동생의 작품을 좋아하지 않았다).

+ 『타너 가의 남매들』

어쨌든 로베르트 발저는 형 카를 발저를 통해 미술상 파울 카시러의 사촌인 출판인 브루노 카시러와 연이 닿았다. 이 출판사와의 서신 왕래는 남아 있지 않아서 우리는 두 가지 추측에 의지해야 한다. 카를 발저는 브루노 카시러에게 동생을 눈여겨보라고 하고, 『타너 가의 남매들』 원고를 주었다. 카시러는 이 원고를 1903년부터 카시러 출판사의 편집을 맡고 있던 크리스티안 모르겐슈테른에게 넘겼다. 모르겐슈테른은 원고를 심사했는데, 첫 부분이 마음에 들지 않았으나 완결성에 깊은 인상을 받았다. 그는 발저에게 상세한 비판을 담은 편지를 썼다. "달갑지 않은 내용이 일부 포함된" 이 편지의 마지막에 그래도 긍정적인 말을 한다. "작가님이 언어적으로 높은 수준, 최고의 수준에 오르리라고 기대합니다." 모르겐슈테른과 발저는 방대한 양의 편지를 주고받았다. 두 사람은 사이가 좋았다. 1907년 봄에 카시러 출판사에서 발저의 첫 장편소설 『타너 가의 남매들』이 출간되었다. 또다시 헤르만 헤세가 한 평론에서 이 책을 언급했다. "이번에 나는 따뜻한 마음으로 책을 읽었다. 더 이상 단순히 문체상의 관심이 아니라 작가의 본질 자체에 매료되어 읽었다. 그 본질은 휙 부는 틈새 바람에 영혼처럼 반짝 빛나듯 보이는가 하면, 반쯤 의도적인 냉정한 태도로 숨는 듯 보인다. 또다시 독일 작가들이 보통 경시하는 거리낌 없고 나직한 산문의 흐름을 즐기고, 또다시 황홀할 만큼 유쾌한 요소와 진심으로 감동적인 요소가 나란히 있는 것을 보았다. 그리고 또다시 태평하고 뻔뻔한 요소에 화가 났다……책이 얼마나 사랑스럽던지 그 장점과 결점을 한참 깊이 생각해야 했다."

발저는 1905년 9월까지 베를린에서 살았다. 1905년 10월부터 1906년 1월까지는 오버슐레지엔에 있었다. 우리는 이 4개월의 시기로 돌아갈 것이다. 1906년 1월 초 발저는 다시 베를린으로 돌아왔다. 여기서 인젤 출판사가 전하는 실망스러운 소식을 들어야 했다. 『타너 가의 남매들』이 비교적 좋은 반응을 얻자 알프레트 발터 하이멜이 다시 발저에게 인젤 출판사에 원고를 달라고 했다. 그러나 발저는 1908년 2월 1일 인젤의 거절 편지를 받는다. 안톤 키펜베르크의 결정이었다. 이야기와 동화 모음집이었는데, 키펜베르크는 이렇게 말한다. "작품을 모아 책으로 내도록 권하기에는 작품이 너무 고르지 않은 듯합니다. 특히 저희 출판사에서 이전에 냈던 단편뿐 아니라 새로 보내주신 단편 역시 일부분 너무 가벼운 상품입니다." 여기서 우리는 벌써 말할 수 있다. 이제 이런 고전적인 오해가 늘 발저를 따라다닐 거라고.

하이멜이 발저의 시를 출판하려고 애썼지만(발저는 하이멜에게 보내는 1907년 3월 편지에서 S. 피셔 연감이 시집의 모범이라고 했다), 키펜베르크의 뜻이 인젤 출판사에서 관철되었다. 1906년 발저는 두 번째 장편소설을 쓰지만 출판되지 않았으며 원고도 사라졌다. 1907년 1월 다른 장편소설 계획이 언급되지만 실현되지는 않았다.

+ 『조수』

1907년 6~7월 발저는 6주 만에 『조수』라는 장편소설을 썼다. 그사이 베를린에서 형 카를과 헤어져 자기 집을 얻었다. 후기 산문 『일종의 노벨레』*에는 이렇게 쓰여 있다. "나는 당시 책을 쓰려고 비싸진 않아도 비교적 말끔하고 훌륭한 집을 얻었다. 처음에는 글이 잘 써지지 않았다. 한 달 정도 지나자 상황이 알맞은 생각을 발견하게 해 주어 짧은 시간에 장편소설 한 편이 펜에서 흘러나왔

---

* 노벨레는 특이한 사건과 극적인 구성을 갖춘 중·단편 분량의 소설을 이른다.

다. 그 소설을 한 회사가 거부했지만, 다른 회사가 만족스러운 듯 사업 기획에 넣었다." 우리는 카를 젤리히의 『산책』을 통해 두 회사와의 사정을 알 수 있다. 가족 잡지 『디 보헤』와 1904년부터 『가르텐라우베』를 펴냈던 베를린의 셰를 출판사가 발저를 장편소설 공모에 초대했다. 발저는 그것이 소설을 빨리 쓴 진짜 동기였다고 말한다. 그는 대담하게 8천 마르크를 달라면서 소설을 넘겼지만 동봉한 편지도 없이 원고가 바로 회송되었다. 그는 출판사 사무실을 직접 찾아가 그 의미를 물었다. 출판사 사장은 너무 터무니없는 원고료를 요구했다고 하고는 발저에게 "멍청이", 문학을 하나도 모른다는 말을 들어야 했다.

전기적인 사건 두 가지가 『조수』의 토대가 된다. 1903년 7월 말 발저는 취리히 인근 베덴스빌에 조수로 취직했다. 고용주는 자신의 발명에 스위스연방 특허권을 따냈으나 파산한 32세의 기계 기술자였다. 발저는 1904년 초 베덴스빌을 떠나 다시 취리히로 이사했다. 고용주가 임금을 한 번도 주지 않았기 때문인 듯하다.

두 번째 전기적인 사건은 앞에서 말한 1905년의 4개월과 연관이 있다. 발저는 '종업원 교습소'를 다닌 후 오버슐레지엔의 담브라우 성에서 자리를 얻었다. 단편소설 『토볼트』와 산문 『하인』에서 발저는 금 단추가 반짝이는 연미복에 래커 칠을 한 단화를 신고 연회 시중을 들어야 하는 '무슈 로베르'에 대해 보고한다. 그는 성을 동화처럼 묘사한다. "모든 방이 마법의 방 같은 데가 있었고, 정원은 마법의 정원이었다. 부드럽고 조심스럽고 신중한 등불을 들고 있는 내가 꼭 마법의 램프나 기적의 램프를 든 알라딘 같다는 생각이 들었다." 발저는 "웃기는 것은 그가 하인 일 외에 작가 활동을 한 것이다"라는 사실도 알고 있었다. 물론 성의 거주자들에게는 이 사실을 비밀에 부치려고 했다. 인젤 출판사에 담브라우 성으로 편지를 보낼 때는 "회사 직인"이 없는 봉투를 사용해 달라고 부탁했다. 로베르트 메힐러는 전기에서 발저가 1920년 12월 14일에 보낸 편지의 복사본을 실었다. 편지에서 발저는 정원의 탑으로 장식된 건물 사진을 두고 이렇게 쓰고 있다. "당신은 지금도 취리히 호숫가 베덴스빌에 있는 호화 주택 '금성'을 보고 계십니다. 예전에 저는 이 건물에 조수로 들어간 적이 있습니다. 여기서 토블러* 가족이 살았으며, 여기서 브루노 카시러 출판사에서 나온 단순한 장편소설이 전개되었지요. 사실 그 소설은

---

*『조수』에 등장하는 엔지니어이자 발명가. 소설의 주인공 요제프 마르티는 6개월간 토블러의 조수로 일하면서 이 발명가 가족의 파멸을 지켜본다.

장편소설은 아니고, 그저 스위스 일상생활의 한 단면일 뿐입니다." 젤리히의 『산책』에서 발저는 『조수』를 완전히 전기적인 기억에서 썼고, 허구와 상상은 아주 조금 넣었을 뿐이라고 했다. "『조수』는 전적으로 사실주의적인 소설입니다. 저는 새로 고안할 필요가 거의 없었어요. 삶이 그것을 마련해 주었거든요."(산책 59) 그러나 여기서도 예술가적 사건이 중요하다. 산문 『발저가 발저를 말하다』에서 발저는 엔지니어 두블러Carl Dubler의 조수로 일할 때 "이 경험 조각에서 '현실 소설', 그러니까 실제 활동에서 작품이 나오리라고" 예감하지 못했다고 말하기 때문이다.

커다란 종이 197장에 빽빽이 쓴 이 소설의 육필 원고는 다행히 남아 있다. 원고는 소설이 실제로 단숨에 쓰였음을 보여 준다. 다른 텍스트와 달리 이 소설 원고에는 수정하고 삭제한 부분이 눈에 띄게 적고 미미하다.

『조수』는 1908년 5월에 나왔는데 표지는 카를 발저의 색채 스케치가 장식했다. 작가의 말을 들어 보자. "『조수』의 표지. 익살맞고 반어적인 벽돌로 지은 이 정원 돌담, 지금도 내가 같이 그려야 했다고 개인적으로 믿고 있는 이 돌담은 미소를 자아내는, 너무나도 미소를 자아내는 점이 있었다. 머리와 모자 위에 우산을 펼치고 있는 조수는 거의 익살맞게 보였다. 나는 이 깔끔한 벽돌에 손을 대지 않았어야 했을지 모른다. 그 벌로 아주 말쑥하고 좋은 책은 성공하지 못했다. 나의 친애하는 출판인이 나와 자신에게 점점 더 말수가 적어진 일을 생각하면 돌이켜 봐도 솔직히 안타깝다."(논문, VIII, 183쪽)

발저가 왜 이 책이 실패했다고 하는지 이해하기 어렵다. 소설은 발저의 책 중 가장 성공한 작품이기 때문이다. 브루노 카시러는 3쇄를 찍었는데(2쇄는 이미 1908년에 찍고, 3쇄는 1909년에 찍었다), 인쇄할 때마다 1천 부씩 찍었다. 이 책은 1936년 장크트 갈렌의 슈바이처 뷔혀프로인데 출판사에서 재인쇄되고, 1953년 카를 젤리히가 선별한 『산문 문학』으로 다시 나오고, 이어서 독서회용 책과 문고판이 나왔다.

긍정적인 평가도 없지 않았다. 다시 요제프 빅토어 비트만이 "로베르트 발저의 스위스 장편소설"을 고트프리트 켈러와 비교했다. 비트만의 말을 들어 보자. 이 소설의 독특한 특징의 하나로 "그의 인물들, 인물들의 가정생활, 독자 주위를 어슬렁거리는 작가의 은밀한 웃음을 들 수 있다." 또 한 사람 헤르만 헤세는 나중에(『노이에 취르허 차이퉁』, 1936년 8월 9일 자) 이렇게 말했다. "이 소설은 세기 초의 분위기가 가득한데도 시간을 넘어서는 우아한 진술과 일상적인 것을 혼과 신비의 영역으로 옮겨 놓는 섬세하고 의도 없이 유희하는 마법으로 우리 마음을 바로 다시 사로잡는다…… 『조수』는 발저의 모든 작품이 그렇듯이 놀이하는 유희가 없지 않다…… 윤리적인 것이 문제될 때도 보이는 이러한 유희, 미적인 것에 대한 이러한 만족은 도덕적인 것에 편안하게 거리를 둘 뿐 아니라, 판단이나 설교도 겸손하고 다정하게 포기한다. 유희처럼 보이는 겉모습 뒤에는 더 이상 유희적이지 않은 순수한 유미주의, 열정 없이 바라보는 순간 삶은 연극으로서 웅대하고 아름답기에 삶 전체를 긍정하는 태도가 곳곳에서 엿보인다."

다른 스위스 작가 알빈 촐링거Albin Zollinger는 그것을 다르게 본다. "나는 말로 표현할 수 없는 발저의 마법은 결국 보고 말하는 그의 현학적인 확고함으로 소급된다는 사실을 발견했다." 촐링거는 발저의 특별한 "철저한 사실주의"를 말한다. "꿈같은 것의 밑바닥에는 진실에 대한 광신이 있다. 몽유병적인 솔직함과 확신으로 분위기 있는 풍경이 지어진다. 우리는 풍경의 영혼적인 것에서 우리 자신을 발견하고, 지리적인 것에서 고향을 발견한다…… 소설은 서서히 몰락하는 시민 가정을 묘사한다. 발저가 이 몰락의 진행을 그리는 방식과 더불어 그 성격 묘사 기술은 대가답다고 할 수 있다…… 그는 상징으로 암시하는 절제된 방식으로 불행의 분위기를 마적인 것으로 고조시킬 줄 안다. 병행과 반복, 원, 더 정확히 말하면 나선형으로 도는 행렬의 기술을 얼마나 잘 알고 있는지!…… 독자의 두려움은 늘 앞서 생각하지만 시인은 늘 다르게 전개하고, 우리는 그 개연성이 더 크다는 사실을 발견한다."

나는 요제프 마르티라는 이 조수에서 점점 더 우리 시대의 인물을 보게 된다. 스위스의 평화로운 전원은 피상적이고 스산해 보인다. 이 책에는 전복의 징후가 보인다. "그것은 전체적으로 20세기의 모습이었다"라는 대목은 핵심을 짚는다. 그는, 스스로 말하듯 "몰락의 감지자"인 작가는 해체되는 이 사회를 인지한다. 그의 책은 기교가 없는 듯 보일 뿐이다. 실제로는 카프카와 제임스 조이스가 그렇듯 형식이 해체되어 있다. 베르너 베버Werner Weber가 올바르게 지적하듯이 "의지할 곳 없는 형식"

은 의지할 곳 없는 분위기와 실제 현실과 어울린다. 당시 독자는 이 작품의 "지진계 같은 성격"을 알아보지 못했다. 실제로 『조수』가 지진계 같은 성격을 갖고 있기 때문이다. 이 소설은 과거에 있었고, 현재 있으며, 앞으로 올 상황을 알리고 있다. 발저는 (『산책』에서) 이를 자신의 말로 이렇게 표현한다. "그래요, 작가들은 종종 미래를 앞서 느끼는 아주 긴 코를 가지고 있지요. 그들은 마치 돼지가 송로 버섯 냄새를 맡듯이 다가올 사건의 냄새를 맡는답니다."(산책 62) 이런 말도 있다. "세계사는 천재적인 작가의 입으로 징후를 미리 알리지요."(산책 78) 우리는 우리 시대에서 발저의 예언이 70년이 지나 실현되는 것을 경험하고 있다.

+ 『야콥 폰 군텐』

『조수』가 적으나마 3쇄까지 나온 데 고무된 듯 브루노 카시러는 같은 해 출간될 세 번째 장편소설 전에 발저의 『시집』을 출판했다. 애서가용의 아름다운 이 시집은 300부가 인쇄되었는데, 손으로 뜬 종이로 제본되고, 카를 발저의 부식 동판화 열여섯 점이 실려 있다. 우리는 대중이

예약 가격 30마르크의 이 책을 어떻게 받아들였는지 알 수 있는 자료를 가지고 있지 않다.

발저는 세 번째 장편소설 『야콥 폰 군텐』*을 1908년 한 해에 썼다. 소설은 1909년 봄 카시러 출판사에서 출간되었다. 우리는 작품의 탄생 배경을 알지 못한다. 이 시기의 편지와 기록이 없고, 원고도 사라졌기 때문이다.

이 다섯 번째 책은 성공할 가능성이 상당히 있었다. 『조수』 3쇄가 나왔고, 당시 독일 유수의 잡지에 발저의 문학 소품들이 게재되었다. 발저 자신도 신문과 신문 발행인들과 관계가 있었다. 지크프리트 야코브존Siegfried Jacobsohn과 그의 『샤우뷔네』, 카를 셰플러Karl Scheffler와 그의 잡지 『쿤스트 운트 퀸스틀러』, 피셔 출판사에서 『노이에 룬트샤우』를 펴냈던 오스카르 비에Oscar Bie, 빌헬름 셰퍼Wilhelm Schäfer와 그의 잡지 『라인란데』, 에프라임 프리슈Efraim Frisch의 『노이어 메르쿠어』와 『짐플리치스무스』와 인연이 있었다. 브루노 카시러는 2년 동안 적은 액수지만 발저의 월세를 내주었다.

그러나 기대했던 성공은 찾아오지 않았다. 초판은 아주 천천히 팔렸다. 그리고 30년 동안 다시 인쇄되지 않았다(1950년에야 다시 출간되었다).

---

* 우리나라에서는 『벤야멘타 하인학교—야콥 폰 군텐 이야기』라는 제목으로 나왔다.

『야콥 폰 군텐』은 발저의 친구들에게도 엇갈린 평가를 받았다. 우리는 나중에 카프카가 이 책을 "좋은 책"이라고 했다는 걸 알게 된다. 막스 브로트는 여러 번 발저의 책이 카프카가 가장 사랑하는 책이었다고 얘기했다. 또다시 헤르만 헤세가 책을 칭찬한다. "방금 발저의 새 책 『야콥 폰 군텐』이 왔다. 발저는 오래된 이야기를 한다. 야콥은 코허이고, 타너이고, 조수 마르티이고, 로베르트 발저다. 어투도 그대로다. 세상을 성찰하면서 바라보며, 동시에 이 행동이 불필요하고 사치스럽다고 느낄 수 있는 지적인 즐거움이 있다…… 발저는 자기 본질의 어두운 지점을 반복해서 거의 범죄자처럼 맴도는 점에서 크누트 함순을 연상시킨다. 일기 형식은 작가의 고백 욕구에 부합한다. 본래 한 작가에게 당연히 있어야 하지만 대부분 당연하게는 없는 점은 표현의 독창성과 인물 등장의 솔직함이다. 발저는 그것을 가지고 있다."

하지만 이러한 목소리는 드물었다. 비판의 목소리가 갈수록 늘어났다. 발저의 멘토 요제프 빅토어 비트만조차 이 소설 앞에서 당황했다. 요제프 호프밀러Josef Hofmiller는 강하게 비판했다. 호프밀러는 『쥐트도이체 모나츠헤프테』(1909, II, 253)에 이렇게 썼다. "나는 로베르트 발저의 새 장편소설을 대하면서 지난번 소설보다도 더 어떻게 해야 할지 알 수 없었다. 힘도 활력도 없는 이런 글을 되는대로 써 대는 것은 도저히 참을 수 없다."

『야콥 폰 군텐』은 작가에게 진정한 실망을 안겨 주었다. 발저는 책을 친구들과 멀어지게 했다. 책은 시장에서, 세상에서, 문학 논의에서 깨끗이 사라졌다. 하지만 이 책에서 모든 것을 발견할 수 있지 않은가! 소설을 프랑스어로 번역한 마르트 로베르Marthe Robert는 『야콥 폰 군텐』의 동화적인 구조를 지적한다. 그녀에 따르면 야콥은 마법에 걸린 변장한 왕자님으로, 세상을 향해하고 여러 시험을 이겨 내야 한다. 소설에서 묘사된 벤야멘타 학원은 시험의 장소가 되고, 신화적인 특성이 있다. 성서적 동기, 가난한 사람을 돕는 사람이 되는 부유한 젊은이의 동기도 확인해야 한다. 이 일기 소설은 교양소설 내지 교육소설이기도 하다. 벤야멘타 학원은 일종의 "교육학적인 영역"이다. 로베르트 메힐러는, 훗날 작가가 된 알베르트 슈테펜Albert Steffen이 1907년 10월 30일 김나지움 학생일 때 발저를 방문한 일을 전한다. 슈테펜은 이렇게 보고한다. "책상 위에 괴테의 '빌헬름 마이스터'*의 고풍스러운 대형 판본이 놓여 있었다." 책이 펼쳐져 있었는데

---

*『빌헬름 마이스터의 수업시대』와 『빌헬름 마이스터의 편력시대』를 말한다.

분명 많이 이용한 듯 보였다. "발저는 괴테의 문체에 대해 말했다. 여기서 나는 그가 내용뿐 아니라 형식 때문에도 『빌헬름 마이스터의 편력시대』를 연구했다는 결론을 내렸다. 괴테의 책은 발저가 계속해서 앞에 놓은 교과서였다." '빌헬름 마이스터'와의 연관은 많은 것을 시사한다. 삭막한 기계화와 상업화, 정신의 몰락을 한탄하는 책에서도 발저는 자신의 세상을 앞서 있다. 발저는 그의 학원을 "인생의 현관방"이라고 불렀는데 우리는 지금 그런 발저를 이해할 수 있다.

이런 상황에서 발저와 두 카시러의 관계는 손상될 수밖에 없었다. 1907년만 해도 브루노 카시러는 인도 여행을 하라고 발저의 손에 수표를 쥐여 주려고 했다. 하지만 발저가 거절했다. 나중에는 자무엘 피셔가 "폴란드에 가서 그것에 관한 책을 쓰라고"(산책 89 이하) 했다. 발저는 거절했다. 그러자 피셔는 고집을 부려 터키 여행을 권했다. 발저는 이렇게 대답했다. "작가들은 상상력이 있는데 왜 여행을 해야 하지요?" 발저는 한 산문에서 이렇게 자문한다. "도대체 자연이 외국에 간다는 말인가?" 『산책』에서는 이렇게 말한다. "그래요, 오직 자기 자신으로 가는 여행만이 중요합니다!"(산책 90) 미술상 파울 카시러가 베를린에서 쾨니히스베르크로 가는 기구 여행에 초대한 적이 있었다(발저는 한 논문과 『산책』[산책 59쪽 이하]에서 이 여행을 묘사했다). 그 후 관계가 끊어졌다. 발저는 크리스티안 모르겐슈테른과도 사이가 틀어졌다. 모르겐슈테른이 그의 책을 비판했기 때문이다. 1913년 카시러는 발저가 새 이야기에 300마르크의 선금을 달라고 하자 이를 거절했다. 다시 음모가 있었다. 화가 막스 슬레포크트Max Slevogt가 발저, 칼크로이트Leopold von Kalckreuth 백작, 파울 카시러와 식탁에 앉아 있는 자리에서 그럴 필요가 없는데도 발저를 놀렸다. 발저의 책은 다 실패작이고, 하나같이 독자를 지루하게 만든다고. 그리고 발저에게 "스탕달 류의 작가"가 되라고 권했다. 발저는 지난날을 돌아보며 "제가 무슨 대답을 해야 했을까요?" 자문했다. "거기서 저는 제 모든 실패 속에 앉아 그의 말이 옳다고 인정할 수밖에 없었습니다."(산책 102)

1909년부터 1912년까지의 행적에 대한 기록은 전혀 남아 있지 않다. 우리는 베를린에서 발저가 어떤 상태였으며, 어떤 일이 있었는지 친구들의 몇 가지 보고, 발저의 고찰과 문학, 나중에 카를 젤리히와 나눈 대화로 추론해야 한다. 이 시기 발저는 점점 지쳐 가고 있었다. 발저를 찾은 번역가 페가 프리슈Fega Frisch는 발저의 상태가 "황폐했다"고 말한다. 발저는 돈이 없었으나 "사랑스러운 한 여인"이 그를 2년 동안 보살폈다. 발저는 고트프리트 켈러처럼 글을 쓰라는 출판인과 편집자 들의 충고에 가장 상처를 받았다. 형 카를과의 관계도 흔들렸다. 카를의 아내가 적당한 연애 이야기를 쓰는 것이 좋겠다고 충고하자 그 관계는 최악으로 치달았다. 발저는 새로운 출판인과 연을 맺고 싶었지만 잘되지 않았다. 뮌헨의 게오르크 뮐러와의 관계가 그랬다. 발저는 뮐러의 요청에 『소품집』을 보내고 300마르크의 선금을 받았으나 뮐러가 돌연 작품을 출간하지 않겠다고 했다. 발저는 나중에 로볼트 출판사에 이렇게 편지한다(1912년 12월 10일, 58쪽). "뮐러는 일을 시작할 마음이 없는 듯했습니다. 저는 그것이 화근처럼 보이더군요." 1925년 발저는 과거를 돌아보며 고찰 『일종의 결투에 대하여』에서 이렇게 말한다. "나는 베를린에서도 책을 읽었다. 거기서 장편 소설 여섯 편을 썼는데 그 가운데 세 편은 찢어 버려야 한다고 생각했다." 크리스티안 모르겐슈테른이 이 소설 중 적어도 한 권을 읽고 비판했던 것 같다. 로베르트 메힐러는 이를 이렇게 설명한다. "발저의 형에 따르면, 자기비판보다는 출판인을 찾는 데 실패한 것이 작품을 없앤 원인이었다." 발저의 심리를 아는 사람은 형의 증언을 진지하게 받아들일 것이다. 1917년 발저는 고찰 『눈 속의 귀향』에서 마지막 베를린 시절의 감정 상태를 이렇게 서술한다. 자신은 잘못을 저질렀으며, 이룰 수 없는 많은 것을 원했다고. "허약함과 피로가 밀려왔다…… 그러니까 헛된 노력이 나를 병들게 한 것이다." 물론 다시 "밝은 무대"로 나와 "유쾌하고 너그러운 창작 활동에서 만족"을 구하라고 격려한 사람들도 있었다. 발저는 스위스로 돌아가자고 결심했다. "굴욕적인 귀환이었지만 나는 그 어느 때보다 미래에 낙관적이었다. 나는 때려눕혀졌다고 생각하지 않았다. 오히려 문득 나를 정복자로 부르자는 생각이 들었다."

1913년 3월 발저는 고향 빌로 돌아왔다. 중간에 누나 리자 발저Lisa Walser의 집에 잠시 머물렀다. 기간은 짧았으나 큰 성과가 있었다. 여기서 훗날 여자친구가 되는 프리다 메르메트Frida Mermet를 알게 되었기 때문이다. 발저는 이후 7년간 빌에서 산다.

⑤

에른스트 로볼트와 쿠르트 볼프

1912년 후반 아직 베를린에서 살 때 발저는 형의 주선으로 출판인 에른스트 로볼트를 알게 되었고, 베를린에서 쓴 논문과 고찰 들을 로볼트와 출판하기로 약속했다. 로볼트가 처음 출판한 책들을 아는 사람은 이러한 약속에 놀랄 것이다. 힘들었던 베를린 시절에 탄생한 발저의 산문들은 로볼트의 취향에 맞을 수 없었기 때문이다. 처음 연을 맺은 이 시기에 대한 기록은 남아 있지 않다. 발저의 편지는 로볼트가 이미 로볼트 출판사를 떠났을 때 비로소 시작된다.

여기서 역사와 전사前史를 짚어 본다. 브레멘 출신인 에른스트 로볼트는 1908년에 파리, 라이프치히의 E. 로볼트 출판사를 세웠다. 물론 이때는 실제 현실보다는 출판인의 상상 속에 존재하는 출판사였다고 할 수 있다. 출판사는 1910년 6월 30일에 비로소 사업자 등록을 했는데 한 가지 중요한 보완을 했다. 과묵하고 돈을 잘 내는 동업자 쿠르트 볼프가 생긴 것이다. 활기와 활력이 넘치고, 새 일을 도모하기 좋아하고, 삶을 즐기는 에른스트 로볼트와 감수성이 풍부하고, 내성적이고, 교양 있는 미학자 쿠르트 볼프의 관계는 오래갈 수 없었다. 무엇보다 쿠르트 볼프는 문학을 생각하고 로볼트는 문학을 만든다는 생각과 의도는 궁극적으로 분리할 수 없는 출판인의 책임에 비추어 실현될 수 없었다. 3년간 이어진 갈등에 종지부를 찍은 갈등은 프란츠 베르펠Franz Werfel의 『세계의 벗』 원고에 대한 이견 때문에 벌어졌다. 로볼트는 이 책을 출판하려고 했으나 볼프는 거절했다. 결별은 격렬했으며, 변호사는 파트너들과 대화할 때 늘 따로따로 해야 했다. 처세에 능하고 노련한 볼프가 더 강자였다. 로볼트는 1912년 11월 1일 1만 5천 마르크의 보상금을 받고 자신의 이름을 딴 출판사를 떠나야 했다. 로볼트 출판사는 마치 혜성처럼 날아올랐다가 1913년 2월 15일 볼프가 쿠르트 볼프 출판사로 사업자 등록을 하면서 사라졌다.

그러니까 로베르트 발저에게 이런 일이 벌어진 것

이다. 출판인이 약속을 하고, 그래서 작가가 그 약속을 상기시켰는데, 출판사 이름은 아직 남아 있으나 출판인이 떠나고 없는 상황이 벌어진 것이다. 그런 출판인을 만난 것도 발저에게 뼈아픈 실망을 안겨 주었다. 발저가 아직 베를린 샤를로텐부르크에서 로볼트 출판사에 보낸 첫 편지들은 무례한 어조를 띤다. 1912년 11월 7일 자 편지를 보자. "존경하는 선생님. 보내신 편지는 아주 이상하고, 내용은 조롱과 조소처럼 들리더군요. 저한테 받지도 않은 돈을 받았다고 얘기해 달라고 요구할 수는 없지요. 아무튼 저는 지금까지 선생님에게 한 푼도 받지 않았다고 얘기할 필요가 있습니다. 그동안 저는 공손하게……"

로볼트 출판사는 11월에 발저에게 『논문들』 출판을 위해 인쇄 견본을 보내며 되도록 수정을 많이 하지 말아 달라고 부탁했다. 발저는 다시 명확하게 의견을 밝힌다. "어제 보내신 선생님 편지 내용에 전적으로 동의합니다. 전에도 말하려고 했는데 문제는 수정하지 않겠습니다. 따라서 그대로 조판하셔도 됩니다. 작품을 싣는 순서는 보내주신 목차대로 하셔도 됩니다. 친절하게 보내주신 조판 견본은 아주 좋더라고요. 다만 글자가 좀 너무

무겁고 큰 것 같기는 해요. 저는 글자가 좀 더 작고 가벼우면 좋을 것 같습니다…… 독일식 모델에는 찬성하지 않아요. 저는 더 섬세하고 부드러운 조판을 생각하고 싶네요! 죄송하지만 그런 견본을 좀 만들어 주세요."(1912년 11월 26일) 1912년 12월 10일 발저는 로볼트 출판사에 카를 발저의 삽화가 들어간 『이야기들』과 역시 카를 발저의 삽화가 들어간 두 편의 단편 희극 『재투성이 아가씨』와 『백설 공주』 출간을 제의했다. 형에게는 1,500마르크, 자신에게는 600마르크(이중 300마르크는 『짧은 이야기들』에 그 액수의 선금을 준 게오르크 뮐러에게 보냈다)를 선금으로 달라고 했다. 로볼트 출판사는 제의를 받아들였고, 『논문들』 외에도 『이야기들』과 두 단편 희극도 출간할 용의가 있다고 알렸다.

    게오르크 뮐러가 잠시 일을 어렵게 만들었다. 발저는 이렇게 말한다. "뮐러가 보낸 편지에는 분노와 비참함이 뒤섞여 있더군요. 그는 조금 화가 났는데 그래서 우리는 살짝 우쭐하지요. 그는 불같이 화를 내지만 아마 옳은 행동이 아니라고 느낄 겁니다. 권리는 계약이 있는 곳에 있으니까요. 저는 뮐러가 뒤늦게 격렬하게 쏜 300마르크의 선금을 돌려 주었습니다. 그러니까 그의 라이프치히 보증인에게요. 이 점을 주목해 주세요. 부탁하지도 않은 돈을 누군가의 머리에 던지는 것은 어리석고 잔인한 짓이지요. 이 일에서 뮐러가 보이는 행동은 저급합니다. 저는 그 남자가 마음에 들지 않아요. 그를 떠나서 기쁩니다." 1912년 12월 22일에 보낸 이 편지 추신에서 발저는 이 선금을 다시 언급한다. "이 300마르크는 우스꽝스러우며, 우리의 합의와는 아무 상관이 없습니다. 이 돈은 '뮐러는 사업 방식이 거칠다'라고 말하고 있습니다."

발저의 특징을 보여 주는 대목이라서 자세히 인용했다. 발저는 한편으로는 계속 궁핍에 시달리고 돈이 필요하지만, 선금보다 책을 내는 책임을 더 중요하게 생각한다.

그밖에는 예전과 똑같이 책의 판형과 장정에 세심한 노력을 기울인다. 다시 발저는 연필 메모로 적어 두었던 긴 판형을 부탁한다. "긴 그림이 더 우아하고 고상하게 보인다"면서. 그리고 종이. 그와 그의 형은 "비교적 얇고 매끈한 종이를 좋아합니다. 죄송하지만 우리에게 견본을 좀 보내 주세요." 발저는 이 세 권의 책을 낼 계획에 몰두한다. 이제 신문이나 잡지에는 작품을 내지 않으려고 한다. 그는 1914년 3월 빌에서 빌헬름 셰퍼에게 이렇게 편지한다. "저는 정치적-직업적, 경제적-예술적 이유에서 얼마 동안 잡지와 일체 접촉을 끊고 다시 조용히 글을 씁니다. 얌전하게 비밀 서랍을 위해서. 이렇게 말하고 싶네요. 뭔가 위대한 것에 이르고자 하는 저의 욕구이기도 하죠…… 그러니까 작가는 가끔 머리를 완전히 어둠 속, 신비한 것에 처박아야 한다는 말입니다."

신비한 것. 발저는 내면이 병들었다고 느꼈고, 신뢰 없이 돌아왔다. 세상과는 적이 되고 소외되었다고 느꼈다. 산문 『플로베르』에서 그는 이렇게 말한다. 지금 그는 삶을 시작했던 곳, 예전에 편안했기 때문에 새삼 편안해진 그곳에 다시 살았다고. 그는 이러한 반복이 마음에 들었다. 한때 있었던 어떤 것의 회복은 다시 집에 들어오는 것과 같았다. 그렇게 발저는 빌에서 병이 나았다고 느꼈다. 한동안 아버지 집에서 살았다. 당시 여든 살이었던 아버지는 1914년 2월 9일 세상을 떠났다. 제1차 세계대전이 발발하자 발저는 8월에 국민병 대대에 배정을 받아 입대해 쥐라와 발리스에서 국경 근무를 해야 했다. 그의 수기 『군인』과 『군대에서』는 막스 프리슈의 근무 일지와 비슷하다. "군인은 하루 종일 무슨 생각을 그리 많이 할까? 군인은 사람들이 군국주의라고 부르는 것이 순조롭게 진행되도록 아무 생각도 하지 않거나 의도적으로 조금 생각해야 한다." 발저는 8년 동안 빌 호숫가에서 살았다. "나는 8년 동안 같은 곳에 눌러앉아 살면서 내내 편안한 동료 시민이 되는 걸 거부했다." 1912년 11월 그는 초판의 보존용 판본에서 편집한 『논문들』 원고를 로볼트 출판사에 보냈다. 프란츠 블라이가 출판사와의 이 접촉에 다시 손을 쓴 듯 보인다. 책은 1913년 봄에 출간되었는데, 당장 표지에 쿠르트 볼프의 이름이 인쇄되었다. 발저는 출판사의 이러한 변화에 대해 통보를 받지 못했다. 1914년 출간된 『이야기들』도 쿠르트 볼프 출판사 이름으로 출판되었다.

발저의 다음 발표작 『소품집』은 아름답고 시적인 작은 산문 모음집이다. 작품의 모티브는 빌 주변에서 얻었는데, 세상은 목가적인 풍경으로 묘사되지만, 그 풍경은 계속 나락으로 이어진다.

이 모음집은 처음에 빌헬름 셰퍼를 위해 편집되었다. 셰퍼는 이 모음집을 '라인 지방 문학을 기리는 여성협회'에 보냈다. 발저는 셰퍼와 헤르만 헤세의 추천으로 1914년 이 단체가 주는 상을 받았다. 여성협회는 뒤렌 공장주의 아내로 영향력 있는 수집가였던 이다 쉴러Ida

Schöller가 이끄는 단체였다. 이 상은 1955년 스위스 실러 재단이 주는 상을 받을 때까지 발저가 받은 유일한 상이다. 카를 젤리히는, 발저는 이때 받은 상금을 뒤렌 은행에 예금했는데 나중에 인플레이션으로 돈이 휴지 조각이 되어 버렸다고 보고한다. 여성협회를 위해서 『소품집』의 초판이 쿠르트 볼프 출판사에서 1천 부 정도 인쇄되었다. 작가는 이 1천 부에 일일이 서명해야 했다. 이번에도 형 카를 발저가 초판의 표지와 제목이 적힌 페이지에 삽화를 헌정했다. 1915년 2쇄로 표기된 초판이 쿠르트 볼프 출판사에서 출간되었다.

발저와 쿠르트 볼프의 관계는 활기차고 활발한 적이 없었다. 오랜 기간 볼프의 문학 부문 조언자였던 쿠르트 핀투스Kurt Pinthus가 『소품집』을 높이 평가하긴 했다. 핀투스는 『애서가를 위한 잡지』(신 시리즈 제7권 1915년, 196번째 열)에서 "여기서 무거운 것과 비극, 문제 있는 것은 삶에서 모두 떨어져 나가고 완전함과 충만함, 가난과 포식이 추함도 팡파르도 울리지 않는 하나의 달콤한 조화 속에 녹아 스러진다." 책은 성공하지 못했다. 여성협회가 조판 비용을 부담해 과도한 지출이 없었는데도 쿠르트 볼프는 발저의 책을 더 내지 않았다. 발저는 1918

년 5월 10일 다시 쿠르트 볼프 출판사에 이렇게 편지한다. "방금 새 산문집을 끝냈습니다. 세심한 작업으로 27편의 산문을 묶은 '실내악'이지요…… 자신 있게 말씀드릴 수 있는데, 이 책은 탄탄하고 완결되고 기분 좋은 전체를 이루고 있습니다…… 저는 '실내악'을 진지하게 귀 출판사에 내놓는다고 자부합니다. 이 책을 저의 가장 훌륭한 책의 하나로 여기기 때문이지요…… 이 스물일곱 편의 작품은 정신과 인간성, 유머와 교훈, 미래에 대한 비전을 다루고 있습니다. 저는 작품마다 눈에 띄게 완결된 고유한 형식과 특별한 본질이 있다고 믿습니다. 계약 조건으로는, 귀 출판사가 책을 출간할 의향이 있는 경우, 계약 체결 시 500마르크의 원고료를 저자에게 주시는 것으로 했으면 합니다." 쿠르트 볼프 출판사는 이 제안을 받아들이지 않았다. 출간된 출판사 서한집에는 그 후 발저와 관계를 이어가는 그 어떤 징후도 보이지 않는다. 쿠르트 볼프와 쿠르트 볼프 출판사의 나중 역사가들은 로베르트 발저를 중요한 작가로 생각하지 않았다. 『쿠르트 볼프. 한 출판인의 서한집 1911~1963』을 펴낸 베른하르트 첼러Bernhard Zeller는 카프카, 하임Stefan Heym, 트라클Georg Trakl, 슈타들러Ernst Stadler, 베르펠, 에른스트 블라스Ernst

Blass, 슈테른하임Carl Sternheim, 시켈레René Schickele, 하인리히 만, 카를 크라우스Karl Kraus를 거론하며 이렇게 요약했다. "대략 이들이 쿠르트 볼프 출판사에서 계속 활발하게 활동한 작가들이었다." 1966년의 이 요약 결산에서 로베르트 발저가 빠져 있는 것은 특징적이면서도 안타까운 일이다.

6

작품 활동이 활발했던 빌 시기

발저에게 빌은 진짜 회복의 시기였다. 그때도 경제 사정이 좋지는 않았다. 그는 재외 스위스인을 경제적으로 지원하는 제네바 소재 '러시아를 위한 지원과 채권자 스위스 연합'에 선금을 달라는 신청서를 제출했다. 돈이 필요한 이유는, 그저 책 한 권을 완성하려는 게 아니라 "저의 전 문학 작품을 깔끔히 정리"하는 게 중요하기 때문이라고 밝혔다. 발저는 1920년 무렵 최고의 작품을 썼다고 느꼈다. 1921년 4월 메르메트 부인에게 쓴 편지를 보자. "지난여름 최고의 작품을 썼는데, 올해 출판할 수 있었으면 좋겠어요. 빌에 이렇게 오래 살지만 절대 후회하지 않을 거예요. 첫째, 사는 게 아주 멋졌기 때문이죠. 둘째, 직업적으로 또 인간적으로 한 단계 더 발전하는 시기였기 때문이에요." 이 시기의 특별한 사건 두 가지를 언급해야 한다. 작가 에밀 시블리Emil Schibli(『로베르트 발저에 대한 추억』)는 친구인 발저가 돈을 좀 벌게 해 주려고 호팅겐의 독서클럽 낭독회를 주선했다. 발저는 이 행사를 위해 1920년 11월 8일 빌에서 취리히까지 걸어갔다. 행사 날 독서클럽 회장 한스 보트머Hans Bodmer는 작품 하나를 시험 삼아 낭독해 보라고 했다. 보트머는 발저가 낭독을 잘하지 못하는 걸 보고 『노이에 취르허 차이퉁』 편집자 한스 트로크Hans Trog에게 대신 낭독해 달라고 했다. 그런 기막힌 일이 벌어졌다. 청중에게는 발저가 병이 났다고 했다. 첫 줄에 앉은 발저에게 이 무슨 모욕이란 말인가!

빌 시기까지 발저는 작품을 수정하지 않고 처음 쓴 그대로 인쇄에 넘겼다. 이제 방식을 바꾸었다. 『연필 스케치』에서 그는 그 방식을 이렇게 설명한다. "어느 날 나는 바로 펜으로 쓰면 신경이 예민해진다는 걸 깨달았다. 그런 나를 달래기 위해 나는 연필로 쓰는 방법을 선호한다. 물론 돌아가는 길이고, 노력을 더 많이 쏟아야 했다. 하지만 그 노력이 왠지 즐거운 일처럼 보여서 연필로 쓰면서 건강하다는 느낌이 들었다. 그때마다 내 영혼에 흡족한 미소와 함께, 작품 활동을 하며 그렇게 신중하게 먼 길을 돌아가는 나 자신을 편안하게 살짝 비웃는 마음이 찾아왔다. 무엇보다 연필로 쓰면 더 몽상적이고, 더 차분하고, 더 편안하고, 더 사려 깊게 일한다는 느낌이 들었다. 나는 설명한 작업 방식이 나에게 독특한 행복으로 크게 자란다고 믿었다." 카를 젤리히는 발저의 "연필 시스템"을 보여 주는 500장 이상의 증거에 관해 이야기한다. 발저가 연필로 쓴, 거의 읽을 수 없을 정도로 깨알같이 작은 글자로 쓴 글들이다. 요헨 그레펜은 발저 전집을 펴내면서 이 마이크로그램을 연구하고, 이 글이 암호로 쓴 비밀문서가 아니라, 정교하게 다듬은 일종의 개인적인 속기록 같은 독일어 텍스트라고 단언했다. 이 연필 방식을 도입하면서 발저는 원고 작업 과정도 바꾸었다. 이제 그는 원고를 인쇄에 넘기기 전에 텍스트를 철저하게 수정하고 손질했다.

1916년 8월 취리히의 라셔 출판사가 '스위스의 특성과 예술에 대한 글' 팸플릿 시리즈에 원고를 줄 수 있는지 발저에게 물어 왔다. 출판사는 노벨레를 원했다. 발저는 8월 30일 기꺼이 '스위스의 특성과 예술에 대한 글'에 "적합한 글을 쓸" 용의가 있다고 답장했다. "그 글은 당연히 이미 출간된 작품이 아닐 것입니다." 그리고 원고료 이야기를 하면서 작은 판면으로 전지 한 장당 50프랑을 달라고 한다. 발저는 작품이 전지 서너 장 분량일 거라고 했다. 1916년 10월 5일 발저는 "기분 좋은 가능성"에 접근한 듯 보인다. 그는 라셔 출판사에 '산문들'이라는 18쪽 분량의 작품을 보내면서 작품이 세심하게 다루어지고 무엇보다 되도록 빨리 출판되기를 바랐다. 그는 꼼꼼하게 수정했음을 강조하고 이렇게 말했다. "제 생각에 이 작은 책자는 좋은 인상을 주고, 그 내용은 분명 어떤 영향을 끼칠 것입니다. 저는 이 작품이 훌륭하다고 확신하고, 그래서 선생님 손에 맡기는 거라고 분명히 말씀드릴 수 있습니다. 작품 하나하나를 집중적인 노력과 세심한 주의를 기울여 썼습니다. 선생님을 위해 멋진 작품을 만들어 내려고 애를 많이 썼지요. 더 진지한 성격의 작품도, 더 유쾌한 성격의 작품도 있지만, 확신하건대 모두 질적으로 일정 수준에 올라 있지요."

이번에도 카를 발저가 표지를 디자인했다. 작품은 1916년 『산문』이라는 제목으로 출간되었다.

라셔 출판사는 '스위스의 특성과 예술에 대한 글' 시리즈를 내는 특별한 목적이 있었다. 출판사의 말을 들어 보자. "우리 출판사는 이 시리즈로 무엇보다 현재 큰 관심을 요구하는 민족주의적인 문제를 다루는 모음집을 팸플릿이나 책의 형태로 출판하고자 한다." 발저의 작품은 전의傳義적인 의미에서 이에 어울린다. 하지만 발저에게 이 작품은 다른 의미가 있었다. 그는 여기서 처음으로 새로 탄생한, 이전에 인쇄된 적이 없는 산문들을 모아 펴냈다. 이러한 편집은 발저의 다양한 주제와 모티브를 보여준다. 특히 전형적인 발저의 형식도 일화와 도덕적인 이야기, 언어 유희적인 해학 소설, 동화적인 우화, 추억과 판타지로 매우 다양하다. 우리는 멋진 작품을 만들어 냈으며, 전 작품이 질적으로 일정 수준에 올라 있다는 작가의 말에 동의할 수 있다.

1년 후인 1917년 4월 프라우엔펠트의 후버 출판사에서 1916년 마무리한 산문 『산책』이 나왔다. 발저는 동봉한 편지(1917년 3월 12일)에서 또다시 이렇게 쓴다. "여기 귀 출판사에 내놓는 작품의 제목은 "스케치와 노벨레"여야 합니다. 저는 이 작품이 노력과 인내의 아름답고 충실한 결실이라고 자신 있게 말할 수 있습니다." 그 외에 발저는 베른의 A. 프랑케 출판사에 다른 작은 산문을 준 사실을 후버 출판사에 알렸다. 그 작품은 부활절에나 나올 거라고 했다. "첫 출판과 두 번째 출판 사이에 충분한 시간을 두기 위해" 그랬다면서. 그러니까 짧은 시간 간격으로 작품이 출간된 것이다.

이 시기에 탄생한 세 번째 모음집의 전사前史는 추적할 수 없다. 프랑케Alexander Francke와 주고받은 편지가 모두 없어졌기 때문이다. 이 시기의 산문은 다 서로 비슷하다. 모두 아무것도 아닌 암시와 사소한 모티브에서 시적인 유희를 벌이는 발저의 섬세한 감각을 보여 준다.

⑦

1933년 이전의 마지막
저서 출판

발저의 마지막 산문 모음집 세 편은 1915년에서 1924년까지의 작품을 망라한다. "1918년, 후버 출판사, 프라우엔펠트와 라이프치히"라고 인쇄된 첫 모음집 『시인의 삶』은 1917년 11월 출간되었다. "1919년"으로 인쇄된 두 번째 모음집 『호수 나라』는 1920년 취리히의 라셔 출판사에서 출간되었다. 발저의 생전에 마지막으로 출간된 세 번째 모음집 『장미』는 1925년 로볼트 출판사에서 출간되었다.

+ 『시인의 삶』
프라우엔펠트의 후버 출판사는 『산책』을 펴냈지만, 발

저는 모음집 『스케치와 노벨레』로 출판사와 이견을 보여 이 작품을 회수했다. 그는 1917년 5월 28일 성령강림절 아침에 빌에서 후버 출판사에 다음과 같은 편지를 보냈다. "존경하는 선생님"(후버 출판사에 보내는 보존된 모든 편지에 이 호칭이 나온다. 딱 한 번 '매우 존경하는 선생님'이라고 하지만 이름은 언급하지 않는다. 이는 개인적인 접촉이 전혀 없었음을 의미한다), "방금 새 책을 끝냈습니다. 55쪽의 원고로 스물다섯 편의 산문으로 구성되었는데, 이 책에 「마리아」가 들어 있지요. 책 제목은 "시인의 삶"입니다. 제 생각에 이 책은 지금까지 제가 쓴 책 중 가장 밝고 시적인 작품인 듯합니다. 분량은 작고 우아한 인쇄 판면으로 약 220장 정도가 될 것 같습니다. 시인의 서술 방식을 다룬 작품들만 세심하게 선별해서 전체적으로 낭만적인 이야기처럼 읽히지요. 선생님께 더 탄탄한 형식과 가능한 한 마음에 드는 언어를 보여 드리기 위해 작품을 새로 썼습니다. 초판의 원고료는 500프랑으로 생각하고 있습니다. 돈은 책이 나올 때 주시면 됩니다. 출간은 가능한 한 빠르게, 그러니까 당연히 올해 나오면 좋겠습니다. 혹시 관심이 있으신지요? 있으시다면, 열흘 안에 수락이든 거절이든 결정을 내리실 수 있는지요?" 발저는 추신에서 다시 이 책을 "개인적으로 특히 좋아한다"고 하고, 그래서 『스케치와 노벨레』는 나중에 나와야 한다고 했다. "아마 『스케치와 노벨레』는 더 중요하고, 『시인의 삶』은 더 우아할 겁니다." 후버 출판사는 긍정적인 반응을 보여 원고를 받아들이고 1917년에 출간하고, 소위 『스케치와 노벨레』는 이듬해 봄에 출간하려고 한다. 이번에도 발저는 "인쇄 견본", 조판과 종이 견본을 부탁한다. 그는 종이 선택에는 동의하지만, 출판사가 제안한 인쇄 활자에는 동의하지 않는다. 그런 활자를 쓰면 책이 "불만을 줄" 거라면서. 로마 글자체는 원하지 않는다. "저는 **소박하고, 유서 깊고, 존경스럽고, 학교 독본을 생각나게 하고, 단순하고, 정직하고, 전통적인 것에 걸맞게 따뜻하고 무엇보다 둥근, 개혁되지 않은 독일식 고딕체를** 추천합니다." 이를테면 페터 베렌스Peter Behrens 같은 개혁가를 연상시키는 것은 원하지 않는다. 모나고 딱딱한 것이 아니라 사랑스럽고 부드러운 것을 원한다. 발저는, 조판은 부드럽고, 둥글고, 겸손하고, 따뜻하고, 정직하게 보여야 한다고 생각했다. "가능하면 1850년에 인쇄된 책처럼 보여야 합니다. 다른 말로 하면, 이 점과 관련해 격렬하고 간절한 제 바람은 비현대성입니다!" 그의 말을 더 들어 보자. "우리는 지난 몇 년 제국의 서적 산업 분야에서 보이는 세련된 저속함이나 저속한 취미를 절대 모방하면 안 됩니다. 혹시 제가 **하나나 둘 혹은 세 가지 시험**을 할 수 있을까요?" 그는 불필요한 장정, 이니셜, 가운데 넣어야 하는 페이지 표기 등을 자세히 설명하고, 인쇄는 검은색이 좀 더 짙고 "힘찬 모습"이어야 한다고 한다. 내가 보기에 출판사는 이 집요하고 구체적이고 아주 세부적인 점까지 챙기는 작가의 소망을 잘 들어준 것 같다. 출판사는 1917년 6월 23일 이렇게 편지한다. "이 우아한 작은 책자에 대한 작가님의 애정 어린 조언에서 대단한 관심이 느껴집니다. 저는 그 관심이 작가님이 우리 출판사를 신뢰하기 시작했다는 증거라고 생각합니다. 우리는 작가님을 실망시키지 않도록 모든 노력을 기울일 것입니다."

발저와 후버 출판사가 7월에 주고받은 편지는 양측이 장정에 합의했음을 보여 준다. 발저는 약속대로 500프랑을 선금으로 받았다. 카를 발저는 책 표지 그림을 그려 달라는 부탁을 받았다. 발저는 국경 경비대 군인으로 복무하며 교정지를 읽었다. 책은 "1918년 인쇄"로 표시되었으나 그보다 빨리 1917년 11월에 출간되었다.

수록된 스물다섯 편의 산문은 대부분 독일과 스위스 신문에 미리 발표되었다. 발저는 단행본으로 내기 위해 작품을 많이 고쳤다. 하지만 "모든 작품을…… 새로 썼다"는 말은 과장이다. 작품의 순서는 발저의 전기를 따르는데 거의 모든 작품이 시인 혹은 예술가를 다루고 있다. 두 번째 이야기에는 이렇게 쓰여 있다. "우리 두 사람은, 시인인 너는 화가인 나 못지않게 인내심과 용기, 힘과 끈기가 필요하다." 한 텍스트의 제목은 '비트만'이다. 자신을 "발굴한 사람"에게 헌정한 것이다.

「예술가」라는 이야기는 다음과 같이 시작된다. "이 글의 저자는 몇 년 전 희극 비슷한 걸 썼다. 하지만 저자가 갈기갈기 찢어 버려서 작품을 영원히 무대에 올릴 수 없었다. 절대 만회할 수 없는 손실이다!" 그리고 이 희극의 내용을 설명한다. 뮌헨에서 뷔르츠부르크까지 도보로 여행한 이야기다. 「마리」는 고향 빌에서 살았던 두 집 중 한 집과 주인집 여자 아케레트Flora Ackeret 부인을 묘사한다. 작품에서 이 부인은 반디 부인으로 나온다. "반디 부인은 조용하고 고상한 면이 있었다. 물론 나한테 말할 때는 좀 너무 영악스러웠다. 그녀는 책을 많이 읽었다. 그런데 그녀가 좋아하는 작가는…… 내가 좋아하는 작가는 아니었다." 반디 부인이 "착실하지 못한 뜨내기 생활"을 한다고 비난하면 그는 통지와 편지, 메모를 써 편지통에 넣었다. 「토볼트의 삶에서」는 그가 "어떤 백작 소유의 성에서 하인으로 일할 때" 이야기를 한다. 「새 장편소설」에서는 모임에서 또 거리에서 계속 중요한 새 소설이 대체 언제 나오느냐는 질문을 받을 때 그가 느끼는 분노와 부끄러움, 두려움을 묘사했다. 이 작품에는 이런 문장이 나온다. "나의 출판인은 모든 면에서 훌륭한 사람이었다. 나는 그런 출판인에게 갈수록 큰 걱정거리가 되었다. 옆에 앉으면 그의 눈에 내가 끔찍한 아이처럼 비치는 듯, 한결같이 몹시 슬프고 낙담한 표정으로 나를 바라보곤 했다. 그래서 내가 화가 났다는 걸 누구나 쉽게 이해할 것이다." 그는 출판인과 나눈 대화를 인용한다. 출판인은 그에게 이렇게 말했다. "성공적인 새 소설을 가져오는 것이 아니라면 굳이 저를 찾아오실 필요는 없습니다. 저는 방대한 새 소설을 실제로 내놓는 대신, 내놓겠다고 약속만 하는 소설가를 보면 기분이 좋지 않아요. 그러니까 좋은 새 소설을 제 책상 위에 놓을 수 있을 때까지 저를 찾아오는 건 좀 삼가세요." 이야기의 일인칭 화자 '나'는 그러므로 "소설을 쓰기보다 약속하는…… 소설가가 겪는 비참함을 알게" 되었다. 결론은 "나는 충격을 받았다." 다음 이야기의 제목은 「재능 있는 사람」이다. 재능 있는 사람은 지원과 보살핌을 받았다. 그의 마음속에 점차 두둑한 선금과 지속적인 원고료를 요구하는 권리가 고개를 쳐든다. 재능 있는 사람은 아주 편안한 신사가 된다. 하지만 재능 있는 사람은 그 누구도 그를 지원할 의무가 없다는 사실을 깨달았다. 그래서 성실하고 용감해지기 위해 기운을 냈다. 그것이 재능 있는 사람을 북돋웠다. 재능 있는 사람은 "오직 그 덕분에 처참하게 파멸하지 않았다." 한 작가가 집을 구하는데 직업이 뭐냐는 질문을 받자 시인이라고 대답한다. 「목공품」에서는 한 작가가 작품 착상을 얻으려고 헛힘만 쓰다가 마침내 "침대 밑으로 탐험 여행을 떠나자는 우스꽝스러운 생각을 하게 되었다. 하지만 누구나 그에게 미리 말해 줄 수 있지만, 결과는 제로나 마찬가지였다!" 로베르트 발저는 이 "제로"에서부터 그의 목공품을 만든다. 어느 날 작가는 늘 약점과 실수를 보이는 나날의 전쟁터에서 절망하고 불안한 마음으로 집에 온다. 그러다 난로, 이 강하고 힘이 넘쳐 보이는 겁쟁이를 보았다. 그는 난로에게 한바탕 연설을 한다. 「난로에게 말 걸기」는 이렇게 끝난다. "알아 둬. 나는 어떤 평판보다 내가 해야 하는 과제가 더 중요해. 나는 내가 없으면 안 된다는 알량한 평판보다 그 과제가 더 중요하다고. 자리보전이나 하는 자는 아마 좋은 일을 한 적도 없을걸." 다음 산문에서 그는 단추에게 말을 건다. 「단추에게 말 걸기」에서 그는 단추를 꿰매다가 문득 단추의 봉사하는 힘과 자신이 단추에게 고마워한 적이 없었다는 사실에 마음이 갔다. "너는 행복하구나. 겸손함은 스스로 행복하고, 충직함은 자기 자신 안에서 편안함을 느끼기 때문이지." 산문 「노동자」는 순수한 자화상이라고 볼 수 있는 멋진 작품이다. "그는 나름 섬세하고 고결한 사람이었다…… 그는 신분이 낮아서 소박한 옷차림으로 다녔다. 아무도 그를 존경하지 않았고, 아무도 그를 눈여겨보지 않았다. 그는 그래서 좋다고 생각했고, 그래서 기뻤다…… 책 한 권을 읽으면 몇 주일, 몇 달 동안 자연스러운 행복을 맛보았다. 그럴 때면 정령과 생각 들이 마치 마음씨 고운 여인들처럼 다정하게 다가왔다. 그는 이 세상보다 정신의 세계에서 살았다. 그는 이중생활을 했다." 그리고 이 노동자의 일과를 묘사한다. "그는 마치 군인처럼 조용히 살았다. 자기 자신보다는 다른 어떤 것을 위해 살았다. 저녁이 되면 생각들이 그를 찾아왔다…… 세월이 가면서 그의 지식은 점점 더 섬세해졌다…… 그의 사회정치적인 견해를 이야기하자면, 그런 것을 갖기에 그는 너무 외톨이였다…… 그는 아름다운 모든 것을 사랑했다. 그는 여인들을 사랑했으며…… 그는 그렇게 살았고, 그렇게 사랑했다." 그리고 다음 대목이 나온다. "그의 내면에는 어떤 고결함이 깃들어 있었다. 기회가 되자 그는 다음의 '작은 산문 두 편'을 썼다." 그는 횔덜린이 "집의 안주인"*과 나누는 대화를 상상한다. 그 대화는 그가 자신의 집주인 여자들과 해야 하는 대화와 비슷하다. 안주인이 그에게 말했다. 횔덜린, 그건 불가능해요. 당신이 원하는 것은 생각조차 할 수 없는 일이에요. 이 이야기는 이렇게 끝난다. "그녀는 그에게 그렇게 말했다. 그러자 횔덜린은 그 집을 나와 한동안 세상을 떠돌다가 치유 불가능한 정신 착란에 빠지고 말았다." 『시인의 삶』에 실린 마지막 작품에서 그는 어떻게 시인이 되느냐는 문제를 파고든다. 그것은 외적인 조건과 연관이 있다. 사람은 돈을 벌어야 한다. 그래서 "사물에 관심이 있는 사람"은 바로 "점원"이 되었다. "물론 그는 아주 일찍부터 작은 종이쪽지에 틈틈이 시를 쓰기 시작한 듯 보인다." 왜 그랬을까? 그 문제도 분석한다. 그리고 이 시인의 삶에서 직장과 거주지가 매

---

* 횔덜린은 부유한 은행가 집에서 가정교사로 일하다가 그 집 부인을 사랑했다.

우 자주 바뀐다는 사실을 거론한다. 사람들은 그것도 이해할 수 있다. 왜냐하면 "시를 짓는 소명이 있다고 느끼는 젊은 영혼은 자유와 유동성이 필요하기 때문이다." 그는 자유가 없으면 작가의 능력 전개가 불가능하다고 생각했다. 또 시인에게는 날씬함이 어울린다. "시를 짓는 것은 뚱뚱해지는 것을 의미하지 않으며, 단식과 결여를 의미한다." 시인은 호화로운 생활을 할 수 없다. 지출은 놀랄 만큼 적다. 재봉사와 의사는 그로 인해 돈을 벌지 못한다. 대신 구두장이는 그의 헤지고 구멍 난 신발을 고치고 수선해야 한다. 시인은 혼자 성장했다. "우리가 프롤레타리아적 시인의 삶이라고 부르고 싶은 이 삶"에서는 모든 종류의 일이 중요한데, 다음과 같은 것도 중요하다. "자유와 감금된 상태, 구속되지 않은 상태와 속박, 곤궁, 필요, 절약과 사치스럽고 뻔뻔하고 즐거운 낭비와 유쾌하고 탐닉하는 향유, 힘들고 고된 노동과 무위도식하고 빈둥빈둥 놀고 그날그날 되는대로 멋대로 살고 숨 쉬는 삶, 엄격한 의무 수행과 유쾌하고 발그레하거나 파르스름하거나 연둣빛이 도는 어슬렁거림과 산책과 방랑 생활!"

    책의 직접적인 영향력은 클 수 없었다. 전시와 전후

시기였다. 하지만 두 가지 반응을 기록해야 한다. 이번에도 전문 비평가가 아니라 작가와 시인이었다. 오스카 뢰르케는 1913년 11월 클라이스트 상을 받고, 그의 『시집』이 1916년 S. 피셔 출판사에서 출간된 시인이다. 뢰르케는 1917년 10월 1일 피셔 출판사에 편집자로 들어왔다. 당시 모리츠 하이만과 공동 편집자였다. 뢰르케는 『노이에 룬트샤우』(1918년, 2권, 1238쪽)에서 발저의 『시인의 삶』을 비평했다. 뢰르케의 말을 들어 보자. 발저는 "대상이 없이 서술 자체를 소위 창조했다…… 발저는 인간과 동시대와 주위 세계의 저자 불명의 시문학을 발견한다. 인물의 성격을 공들여 다듬지 않아도 된다. 모든 시간, 모든 숲, 모든 방, 모든 여행, 머무는 모든 곳이 성격이기 때문이다. 모든 대상의 성격을 자신의 눈으로 예리하고 온화하고 대담하고 노회하고 너그럽고 겸손하고 경솔하고 부드럽고 뻔뻔하고 몽상적이고 인내하면서 묘사하는 그의 주인공 — 오, 그런 시선에는 무엇이 다 필요한가 — 오직 그의 주인공 시인만이 그 가운데 홀로 거의 눈길을 받지 않고 서 있다…… 발저는 사실을 말로 붙잡아 두는데, 그 말 안에는 오직 사실의 영적 내용만이 붙잡혀 있다. 이따금 그는 몹시 수다스러워진다. 오직 지치지 않기 위해,

간단히 말해, 밀리지 않기 위해 의식적이지만 의지가 없이, 단호하지만 눈에 띄지 않게, 밝지만 너무 튀지 않게 그렇게 한다. 목적도 요점도 없이 수다를 떠는 듯 보이지만 그는 철자까지 자제하고 있다. 자연은 그토록 강인해 의식으로 인해 파괴되었음에도 여전히 자연인 듯 그렇게 확실하고 완전하게 보인다. 발저는 그런 자연의 순박함을 그린다." 여기서 뢰르케는 한 시인의 삶을 묘사하는 이 산문집의 특징과 작가 로베르트 발저의 심리 상태의 특징을 정확히 포착하고 있다.

    두 번째 목소리는 개인적인 논평이다. 헤르만 헤세가 사망하고 나는 그의 부인 니논 헤세의 허락을 받아 헤세의 소장 도서 중 한 권을 기념으로 가질 수 있었다. 나는 발저의 『시인의 삶』 초판본을 골랐다. 그 책에는 "다정한 인사와 함께 헤르만 헤세에게 드립니다. 로베르트 발저"라는 헌사가 적혀 있었다. 책 속에 헤세가 손으로 쓴 비평 초안이 들어 있었다. 초안은 이렇게 시작된다. "로베르트 발저는 우리 세대의 스위스 작가 가운데 가장 사랑스러운 작가다." 발저의 책에는 1918년 11월 『노이에 취르허 차이퉁』(그레펜은 1917년 11월 25일이라고 말한다)에 실린 헤세의 비평도 들어 있었다. 헤세는 이 비평에서 『시인의 삶』의 "주인공"을 아이헨도르프Joseph von Eichendorff의 『어느 건달의 일생』의 건달과 비교한다. "한 시인과 그의 책에 관해 말하면, 그의 언어에서 군데군데 아이헨도르프와 『어느 건달의 일생』이 생각난다. 그런 일이 이례적으로 아주 많다. 사람은 계속 오해를 받기 때문에 나의 말은 잘못된 생각을 불러올 수 있다. 나는 로베르트 발저의 매혹적인 작은 책 『시인의 삶』을 『어느 건달의 일생』과 비교하지만, 그렇다고 발저가 낭만주의자나 '신낭만주의자'이며, 재능과 행운으로 예전의 시적 처방전을 다시 사용한다고 주장하는 것은 아니다. 그저 이미 많은 섬세한 실내악을 연주한 이 로베르트 발저의 목소리가 이 작은 새 책에서 이전 작품보다 더 순수하고 더 달콤하고 더 둥둥 떠도는 듯 울린다고 말하는 것이다." 여기서도 헤세는 발저의 양식의 분명한 특징을 짚고 있다. 헤세는 자신의 고찰을 특유의 통찰로 끝맺는다. "발저와 같은 시인이 '지성을 주도'한다면 전쟁은 일어나지 않을 것이다. 발저의 독자가 10만 명만 되면 세상은 더 좋아질 것이다. 세상이 어떻든 세상은 발저와 같은 사람과 그의 『시인의 삶』과 같은 아름답고 사랑스러운 작품이 있다는 사실로 인해 존재할 이유가 있다."

1917년 발저가 헤세에게 쓴 편지 두 통이 남아 있다. 첫 번째는 1917년 11월 15일에 쓴 편지다. 헤세는 당시 독일포로후원센터에 있었는데, 아마 발저에게 이 시대에는 작가도 활동적이어야 하고 무언가를 해야 한다고 말한 것 같다. 이에 발저는 이렇게 답장했다. "로베르트 발저가 '싸우는' 대신 고상한 게으름뱅이의 삶, 건달의 삶, 속물의 삶을 산다는 소리가 커졌습니다. 정치가들은 저를 못마땅하게 여기지요. 하지만 대체 사람들은 무엇을 원하는 걸까요? 신문과 잡지에 게재한 논설로 어떻게 위대한 것과 선한 것을 이룬다는 걸까요? 세상이 혼란에 빠지면 2만 명의 미친 햄릿이 아무리 애써도 거의 혹은 전혀 도움이 되지 않을 겁니다." 그는 비슷한 생각을 표명한 헤르만 헤세가 자신을 이해하리라고 확신했다. 1917년 12월 3일에는 이렇게 쓴다. "친애하는 헤르만 헤세. 저는 쥐라 지방을 도는 도보 여행과 눈썰매 여행에서 방금 돌아왔습니다. 아직도 여행에서 느낀 아름다운 인상과 행군의 따뜻함으로 충만하지요. 지난주에 『노이에 취르허 차이퉁』에서 『시인의 삶』을 해석한 작가님의 아름답고 고결한 짧은 글을 읽었습니다. 아마 많은 사람한테서 서평을 대단히 잘 쓰신다는 말을 들으셨을 겁니다. 저 역시 아이헨도르프의 『어느 건달의 일생』이 매우 높은 가치가 있다고 믿습니다. 하지만 이 걸작에서는 멍청하고 착한 청년이 주인공이고, 그 안의 모든 것이 순수하고, 진짜 소박하고, 저류底流도 지류支流도 없고, 무서운 것도 나오지 않으며, 스트린드베리August Strindberg적인 것도 나오지 않고, 일그러진 것도 병든 것도 나오지 않으며, 비열한 것도 반역적인 것도 나오지 않고, 섬뜩한 것도 나오지 않지요. 그래서 독자는 그야말로 진짜 난처하지요. 작가님께 진심으로 감사드리며 저의 유럽 전쟁 방과 외교관 방에서, 다시 말해 대표 의원 방에서 경의를 표하며 마음을 담아 인사드립니다."

『시인의 삶』을 이렇게 자세히 논하는 이유는 이 두 중요한 목소리 외에는 이 책에 별다른 반응이 없었기 때문이다. 이 두 목소리도 발저 텍스트의 "아름다운 점"을 지적하지만, 동시에 매우 민감한 문제점도 드러난다. 개인, 예술가는 주위 세계와 갈등을 빚고 있다. 발저의 텍스트에는 예술가 유형을 사회와 연결하려는 시도가 보이지 않는다. 반대로 행마다 소외를 이야기한다. 요헨 그레펜은 구체적인 사회적 연관 문제를 논할 때 발저의 서술 태도가 반어적이고 성찰의 의문으로 가득하다고 말한다.

이는 올바른 지적이다. 발저는 서사 문학 작가로서 소박한 사람처럼 행동하고, 체험과 기억에서 글을 바로 퍼내는 것 같지만, 사실 그의 서술은 인위적이며 내면을 섬세하게 추상화해 투사한 것이다.

+ 『호수 나라』

『시인의 삶』이 출간되고 바로 발저는 프라우엔펠트의 후버 출판사와 다시 접촉했다. 1917년 봄 그는 후버 출판사와 『시인의 삶』 이후 큰 작품 여섯 편을 내놓기로 합의했다. 이번에도 동봉한 편지가 흥미롭고 특징적이다. "저는 제목이 단순하고 품위 있으면서도 감각적이고 본원적인 생생함을 띠고 있어 모든 점에서 적합하다고 생각합니다. 제가 보기에 이 제목은 객관적이면서도 다채롭고 우아한 듯합니다. 간단히 말해서 제목은 다루고 있는 것, 바로 지역을 가리키지요. 그 외에도 이 단어에는 어떤 마법적인 울림이 있습니다. 선생님께서 이 제목에 동의하시길 바랍니다." 발저는 빠른 결정을 내려 달라고 촉구한다. 1918년 2월 18일 군대에 입대해야 했기 때문이다. 그는 후버 출판사에 상당한 액수의 계산서를 내놓는다. 그는 책에 수록된 모든 문장을 공을 들여 하나하나 세심하게 검토하고, 형식과 내용에서 첫 출판물에 비해 현저한 개선을 이루었다고 했다. 한 달 반을 "한 가지 일에만 집중적으로 매달렸다." 그래서 이 새 책 원고료는 800프랑을 달라고 한다. 또 통 크게 후버 출판사 외의 다른 출판사에는 어떤 제안도 하지 않을 거라면서 후버와 앞으로 나올 책을 같이 생각하고 싶고, 벌써 다음 책에 힘을 쏟고 있다고 한다. 그 책은 "좀 더 큰 서사적 연관(장편소설)이 될 것입니다". 1918년 3월 28일 발저는 작가로서 제안을 했는데 대답을 주지 않은 출판사와 일하는 것은 어렵다고 강하게 항의한다. 출판사가 원고의 출판을 결정하는 데 통상 2~3주일의 시간이 필요하니까 선의를 보여주기 위해 당분간 후버 출판사의 손에 원고를 맡기겠다는 말도 한다. 하지만 『호수 나라』는 "어떻게든 어딘가에 숙소를 찾아야 한다"고 촉구한다. 그는 후버 출판사의 망설임에 신경이 쓰인다. 발저의 말을 들어 보자. "『호수 나라』가 제게 중요하지 않은 듯 행동하시네요. 이 일은 제게 아주 중요합니다. 저는 비록 아주 차분하지만 절대 일이 그런 식으로 굴러가게 두지 않을 겁니다. 그럴 수도 없고요. 이 모든 일에서 제가 선생님과의 인연을 소중하게 생각한다는 걸 아실 겁니다. 거절이든 수용이든 편안하게 말씀해 주세요. 제 일과 생활은 사상누각이 아닙니다. 하지만 적절한 때 대답이 없으면 책을 돌려 달라고 할 수밖에 없습니다. 경의를 표하며 마음을 담아 올립니다."
후버 출판사는 당장 반응해 원고를 거절했다. 벌써 다음 날 1918년 4월 1일 발저는 라셔 출판사에 『호수 나라』 출간을 제안했다. 책은 200~300쪽 분량으로, "여기 빌에서 지금까지 이룬 예술 창작의 가장 중요한 산문 여섯 편을 담고 있다"고 한다. 발저는 다시 제목이 감각적이고 단순하다며 이렇게 설명한다. "저는 유럽적 혹은 순수하게 현세적인 제목이라고 말하고 싶습니다. '호수 나라'는 스위스, 오스트레일리아, 네덜란드 혹은 다른 곳 어디에나 있을 수 있지요." 그리고 명확한 조건을 내거는데, 검토에 2주일을 주면서 수락 여부를 결정하고, 원고료 800프랑은 계약 체결 시 지급해도 되고, 수익의 지분을 달라고 한다.

발저는 라셔 출판사에 40통 이상의 편지와 엽서를 보냈다. 나는 그 편지와 엽서에서 출판인 막스 라셔Max Rascher를 지칭하는 개인적인 호칭을 찾지 못했다. 상투적인 호칭은 언제나 "매우 존경하는 선생님"이었다. 하지만 발저의 이 편지들은 한 가지 점에서 흥미롭다. 출판사를 대하는 발저의 침착한 태도는 분명 연기된 것이지만, 그는 자신감과 자기 작업에 대한 확신이 있었다. 발저가 이 편지들에서 얼마나 사업 수완이 좋은 체하는지 놀라울 정도다.

라셔 출판사는 원고를 받아들였지만 역시 사업적인 고려가 있었다. 당시 카를 발저는 작가인 동생보다 더 성공한 예술가였다. 출판사는 카를 발저의 삽화가 수집가들의 책 구매에 중요한 자극제가 될 거라면서 스케치 몇 점을 삽화로 달라고 부탁했다. 로베르트 발저는 주저하면서 동의했다. 1918년 4월 17일 자 편지를 보자. "솔직히 말씀드리면, 저는 『호수 나라』에는 삽화가 전혀 어울리지 않거나, 조금, 그러니까 아주 조금 어울린다고 믿습니다. 작가가 여지를 너무 조금 남겨 놓았기 때문이지요. 달리 표현하면, 작가 **자신이 글 쓰는 펜과 언어적인 말로 이미 그림을 그리고 삽화를 그리기** 때문입니다." 발저는 『호수 나라』는 "정신적인 책"이라서 삽화가 없는 쪽이 더 낫다고 주장했다. 형이 출판사가 제시한 금액에 만족할지 의심스럽다는 말도 했다. 그리고 책을 삽화 없이 라셔 출판사에서 나오는 '유럽의 책 모음집' 시리즈에 넣자고 제안했다. 발저는 다시 삽화 수록을 경계한다. "이는 직업인과 예술가에게 너무—어떻게 얘기해야 할까요—형제간의 사적인 인상을 줄 겁니다." 편지가 오가고 발저는 가끔 퉁명스러워져서는 형이 책 삽화 분야의 대가이며 특히 외국에서 인정받고 있다면서 형이 받아야 할 금액을 아주 높게 부른다. 또 자신이 쓴 많은 작품을 형이 좋아하지 않았다는 말도 한다. 『호수 나라』는 형의 취향이 아니다, 자신은 형에게, 예술가 카를 발저에게 압력을 넣지 않겠다고 한다. 오직 형이 자유로운 결정과 "선생님께서 제시한 좋은 사업적 토대 위에서" 일을 하는 경우에만 가능하다고. 발저는 출판인이 선택한 로마 글자체를 원하지 않았지만, 출판사는 자기 의견을 관철했다. 카를 발저는 제의를 수락하고 동판화 다섯 점을 제작했다. 하지만 동판화는 『호수 나라』의 직접적인 모티브가 아니라, 텍스트와 무관한 빌 주변에서 얻은 모티브를 그렸다. 이 점에서 로베르트 발저가 옳았다고 할 수 있다.

형 카를이 병이 나는 바람에 책 출간이 늦어졌다. 출간 연도가 1919년으로 인쇄되었지만 1920년 가을에야 나올 수 있었다. 애호가를 겨냥한 600부의 "호화 인쇄본"이었다. 모든 책에 서명을 했는데, 특이하게도 작가가 아니라 삽화가가 서명을 했다. 발저는 계속 원고료와 나머지 원고료를 독촉해야 했다. 1919년 5월 8일 자 편지를 보자. "올해도 작가로서 살아 갈 수 있다면 저는 기쁠 것이며, 그 누구에게도 화를 내지 않고 무대에서 퇴장하겠습니다. 그러니까 일자리를 하나 얻어 군중 속으로 사라지겠다는 말입니다. 저는 여기서 6년을 살면서 절약하느라 사람이 할 수 있는 모든 것을 했습니다. 저를 모방하려는 모든 사람이 성공하길 바랍니다."

이 시기에 『토볼트』라는 장편소설이 탄생했다. 발저는 원고를 라셔 출판사에 보내면서 "스위스의 작품, 그러니까 스위스 풍의 작품"이라고 자랑했다. 아마 라셔 출판사가 작품을 되돌려 보냈는데, 발저가 원고를 분실했거나 없애 버린 듯하다. 발저가 라셔 출판사에 보낸 '생쥐'라는 제목의 원고도 없어졌다.

『시집』의 신판과 1919년 카시러 출판사에서 나온 『희극』 단행본 자료도 없다. 발저는 12월 13일 헤르만 마이스터 출판사에 "선생님께서 앞으로 세상으로 날려 보낼 의향이 있다는 기분 좋은 가정 아래" "사랑스러운 작은 제비"라는 "미니어처 책" 한 권을 보낸다.

빌 시기의 마지막 몇 년은 개인적으로 위기의 시기

였다. 1916년 11월 17일 조현증을 앓던 형 에른스트Ernst Walser가 베른의 발다우 요양병원에서 사망하고, 1919년 5월 1일에는 지리학 교수였으나 신경 질환으로 일을 할 수 없게 되었던 둘째 형 헤르만 발저Hermann Walser가 사망했다. 두 형의 운명은 발저에게 심각한 충격을 주었다. 그는 언젠가 자신도 "퇴장해야 한다"는 것을 알았다. 아마 그래서 이 시기에 결혼하려고 했던 듯하다. 그러나 결혼을 단호히 추진하지는 않았다. 단편 「벨기에 미술 전람회」에서 우리는 그의 경험 방식의 특징을 보여 주는 다음 문장을 발견할 수 있다. "사랑에서는 실패가 다행스러운 일이다."

발저는 계속 혼자 힘으로 일하며 지내야 했다. 빌은 "직업적으로 인간적으로 더 발전을 이루는 하나의 정거장"이었다. 그러나 가난과 빌이 더 이상 창조적인 자극을 주지 않을지 모른다는 두려움의 압박이 더 컸다. (『산책』에서) 카를 젤리히가 왜 빌을 떠났느냐고 묻자 발저는 이렇게 대답했다. "당시 저는 몹시 가난했습니다. 빌과 빌의 주변 지역에서 얻는 모티브와 장식적 배경도 점차 고갈되기 시작했어요."(산책 21)

베른 국립문서보관소의 보조 사서 자리가 들어오자

발저는 당장 수락해 1921년 베른으로 이사했다.

발저는 『산책』에서 이렇게 말했다. "저는 가난뱅이로 베른에 왔습니다. 은행에 넣어 둔 수천 마르크가 인플레이션으로 휴지 조각이 되었기 때문이죠. 그래요, 당시 저는 상당히 고독하게 살았고, 사는 집을 자주 옮겼지요. 분명 열두 번 이상 이사했을걸요."(산책 77) 지금 우리는 열네 곳의 주소를 알고 있다. 발저가 말하는 "수천 마르크"는 '라인 지방 문학을 기리는 여성협회'가 준 상금 5천 마르크를 가리킨다.

발저는 사서 자리에서 오래 견디지 못했다. 무슨 말을 해서 상사의 기분을 상하게 해 6개월 후 해고당했다. 그는 다시 자유롭게 떠돌며 가난하지만 창조적인 프리랜서가 되었다. 일련의 산문 작품이 탄생했다. "나는 힘차고 활기 넘치는 도시가 주는 인상 속에서 빌에 있을 때보다 덜 목동처럼 쓰고, 국제적인 것에 초점을 맞추고. 더 남성적으로 쓰기 시작했다. 나는 빌에서 지나치게 수줍어하는 문제를 썼다." 특히 『테오도어』와 『연인』이라는 작품이 거론된다.

모음집 『연인』은 알려지지 않은 채로 남았다. 이 제목의 산문이 1921년 7월 잡지 『벨트뷔네』에 실렸다.

발저는 1922년 취리히에서 장편소설『테오도어』의 원고를 낭독했다. 로베르트 메힐러는 1922년 3월 8일 바크 조합회관에서 열린 이 낭독회를 다음과 같이 자세히 보고한다. "발저는 적포도주를 한 모금 마시느라 자주 낭독을 멈추었다. 그럴 때마다 청중은 빙긋 웃었다. 마지막에 아주 따뜻한 박수갈채가 쏟아졌다." 그러나 출판인들은 박수갈채를 보내지 않았다. 발저가 원고를 어떤 출판사에 보냈는지 더 이상 일일이 추적할 수 없다. 아무튼 그는 원고를 라서 출판사에 보냈고, 출판사는 바로 거절했다. 그러자 발저는 스위스 작가협회에 도움을 청했다. "존경하는 선생님. 본 회원은 감히 동봉한 원고 두 편, 혹은 그중 한 편을 선생님 작품담보은행에서 담보로 잡고 돈을 빌려 주실 의향이 있으신지 묻습니다. 지금까지 이와 연관해 출판사와의 계약은 없습니다. 지금까지 나온 책들은 아마 아실 것입니다. 크기가 좀 작은 산문 몇 편은 신용 거래의 고려 대상이 아닌 듯합니다. 이런 일로 출판인을 찾기는 어렵네요." 스위스 작가협회는 기본적으로 긍정적인 반응을 보였다. 협회는 생긴 지 1년이 된 작품담보은행에서 1,500프랑을 당장 송금했다. 그리고 발저 본인이나 협회가 출판사와 계약을 체결해 대출금을 갚을 수 있게 되면 1천 프랑을 더 송금하기로 했다. 대출금을 갚을 때까지 작품의 모든 수익금은 협회가 갖기로 했다. 협회는 발저에게 카시러 출판사에서 출간된 세 편의 첫 장편소설을 찾아와야 한다는 요구도 했다. 1924년 봄에 쓴 편지 초안이 남아 있는데, 발저는 카시러에게 권리를 다시 사겠다고 선언한다. 카시러의 답장은 남아 있지 않다. 그사이 협회의 중개로 관심을 보이는 새 출판사가 나타났다. 취리히의 그레트라인 출판사였다. 하지만 출판사의 소유주 콘줄 하우실트Konsul Hauschild는 정작 발저와 합의를 할 수 없었다. 그래서 이 시도는 실패로 돌아갔다. 그 후 막스 리히너Max Rychner가 그의 잡지 『비센 운트 레벤』에 작품 20쪽 분량을 실었다. 그러자 스위스 작가협회는 발저와의 협정에 따라 원고료를 요구했다. 너무 과도한 요구였다. 협회는 그렇게 할 법적 권리가 있었지만, 발저는 관료주의적 편협성에 마음이 상했다. 그래서 1924년 7월 22일 작가협회에 이렇게 편지했다. "존경하는 선생님. 조용히 생각한 끝에 저는 이것으로 당신의 협회에서 탈퇴를 선언하며 경의를 표하며 서명합니다." 발저는 다시 『테오도어』를 출간할 출판사를 찾으려고 했다. 프란츠 블라이가 다시 에른스트 로볼트와 연결해 준 것 같다. 아무튼 발저는 원고를 로볼트 출판사에 보냈지만, 출판사는 원고를 받아들이지 않았다. 원고는 지금까지 행방이 묘연하다! 여성 작가 리자 벵거Lisa Wenger가 작가협회를 위해 작성한 소견서를 통해 우리는 이 텍스트의 내용을 조금 알고 있다. 1927년 5월 17일 발저 자신이 소설가 오토 피크Otto Pick에게 이렇게 썼다. "몇 년 전 저는 부족한 장편소설을 하나 썼습니다. 취리히에 있는 스위스 작가협회가 이 소설에 상당한 액수의 돈을 대출해 주었지요. 하지만 그 후 제가 새로운 멋진 장편소설을 쓰지 않고, 오히려 상당히 경쾌하고 즐겁고 편견이 전혀 없는 논문을 많이 썼다고 취리히 협회는 온 세상에 대고 발저는 게으르다고 떠들어 댈 권한이 있다고 생각했답니다." 그는 전혀 게으르지 않았다. 아주 많은 짧은 산문이 탄생했고, 계속 이 산문들을 잡지에 게재하려고 노력했다. 그렇게 그는 "노벨레를 보내는 원고료에 굶주린 영혼"이 되었다. 발저가 1926년 12월 27일 브레멘의 쉬네만 출판사에 보낸 다음 편지는 지금까지 알려지지 않은 그 귀중한 예다. "존경하는 선생님! 100마르크를 먼저 보내 주시면 저는 기꺼이 선생님 잡지에 기고할 용의가 있습니다. 저는 천성이 아주 믿음직스러운 사람이지요. 여기 베른에서는 뮌트시* 한 병에 100 프랑을 받습니다. 기고문을 그저 '소지하는 것'으로 만족하는 평론도 있습니다. 라카르다 후흐Ricarda Huch는 당연히 제 존경을 받고 있지요. 하지만 그게 무슨 보증이 되겠어요? 선생님께서 이 편지에 기분이 상하지 않으셨다면 로베르트 발저는 기쁠 것입니다." (대답은 알려지지 않았다. 발저의 명함이 여성 작가 알마 로게Alam Rogge의 유고 중 '진본의 편집본' 서류철에서 발견되었다. 로게는 당시 잡지『니더작센』을 운영했다.)

  ＋　『장미』
『호수 나라』가 출간되고 5년 후 드디어 다시 책이 출판되었다. 발저 자신이 발표한 마지막 작품『장미』다. 이 원고가 어떻게 로볼트 출판사에 왔는지는 알 수 없다. 이 마지막 저서 출판의 전사前史 전체를 알 수 없다. 1925년 5월 발저가 막스 브로트에게 보낸 편지에 에른스트 로볼트가 곧 베른으로 온다는 말이 나오는데, 발저는 브로트에게 혹시 프란츠 블라이와 이야기할 수 있느냐고 묻는다. 그러니까 로볼트와 친구 사이였던 프란츠 블라이가 다

---

*베른의 유명한 맥주.

리를 놓았을 수 있다. 주고받은 편지도 없고, 원고도 남아 있지 않다. 발저는 예전부터 로볼트를 높이 평가했던 듯하다. 로볼트는 인젤 출판사에서 출판 계획이 실패로 돌아가자 발저의 작품을 자신의 출판사와 나중에는 쿠르트 볼프 출판사에서 출판하려고 했다. 그 후 로볼트는 출판사에서 나왔고, 발저의 권리는 쿠르트 볼프 출판사에 남아 있었다. 그러니까 로볼트는 기본적으로 그때까지 발저를 거절하지 않은 유일한 출판인이었다! 아마 그래서 1924년 봄 발저가 새로운 산문과 대화 형식의 원고를 보낸 것 같다. 그때까지 발표된 적이 없는 텍스트들이었다. 로볼트가 원고를 받아들여 헬러아우의 야코프 헤크너 출판사에서 책이 인쇄되었다. 이번에도 표지는 카를 발저가 그렸다. 하지만 로볼트 출판사에서 나온 이 책은 성공하지 못했다. '수채화'라는 제목의 산문집 출간을 제의했던 취리히의 오렐 퓌슬리 출판사에서도 성공하지 못했다. 1925년 12월 발저는 테레제 브라이트바흐Therese Breitbach에게 이렇게 편지한다. "저는 매우 섬세하고 민감한 사람들에게 이상하고 어쩌면 상당히 무례하기까지 한 편지들을 썼습니다. 제 작품을 실은 신문들도 있었지만, 무슈 출판인들Messieurs les editeurs 혹은 출판사 우두머리 나리들은 저에 대해 아무것도 알고 싶어 하지 않습니다. 그들은 걱정이 많고, 기분이 좋지 않고, 의기소침하고, 비관적이기 때문이지요. 제 동료들은 출판인들에게서 이미 많은 돈을 갈취했습니다. 그래서 출판인들은 발저를 위한 돈은 한 푼도 없지요." 1926년 1월 오토 피크에게 보내는 편지를 보자. "독일의 몇몇 문학 회사들이 제 작업의 대가를 한 푼도 주지 않습니다. 이를테면 로볼트가…… 제 작은 책 『장미』는 파문을 받은 듯 보입니다. 이 책이 실패했다고 로볼트는 순수한 게르만인으로서 제게 오만 가지 무례한 언행을 하고 있습니다."

모음집 『장미』는 실패의 감정에 맞서고, 자신을 지키고, 외톨이라는 의식에 충실하고자 하는 작가의 시도로 읽을 수 있다. 그러나 이 텍스트는 동시에 대가의 면모도 보여 준다. 텍스트에 반영된 사적인 상황은 중요하지 않다. 작가는 언어와 유희적인 형식을 통해 현실 세계 뒤에 두 번째 세계를 세우고 있기 때문이다. 언젠가 장 파울이 말했듯이 여기서 발저는 "이 세계 속 두 번째 세계의 창조자"이다.

⑧

"실패라는 사악하고 위험한 뱀"

1926년 1월 출판인 브루노 카시러의 형 파울 카시러가 총으로 자살한다. 파울 카시러에 대한 발저의 기억, 1926년 1월 15일 테레제 브라트바흐에게 보내는 편지에서 전하는 기억은 자신의 실패에 대한 기억뿐이다. 발저의 말을 들어 보자. 어느 날 저녁 카시러가 그를 "멍청이"라고 불렀다. 『타너 가의 남매들』은 "엄청난 성공과 동시에 엄청난 실패"를 거두었다. 파울 카시러는 자신의 사업 분야인 예술보다 문학에 더 조예가 깊은 사람이었다. 발저는 브루노 카시러가 1913년 자신의 논문 출판을 거절하면서, 출판할 경우 달라고 했던 선금 300마르크를 손에 쥐여 준 일을 절대 잊지 못한다.

발저는 베른에서 창작 활동이 없지 않았다. 작은 산

문이 연이어 탄생했다. 오늘의 전집이 이를 증명한다. 그러나 발저는 출판인을 더 이상 찾지 못한다. 잡지들도 그의 글을 받아들이기보다 거절하는 경우가 더 많다. 그는 실패의 저주를 받은 듯 보인다.

실패의 감정이 자신을 마비시키기 시작한다고 느낀 로베르트 발저는 계속 더 싸운다. 그는 1926년 5월 14일 오토 피크에게 이렇게 쓴다. "저에게는 작가로서, 시인으로서 저 자신을 주장하는 것이 중요합니다." 그는 발터 무슈크Walter Muschg가 오렐 퓌슬리 출판사의 편집자라는 걸 알고 무슈크에게 자신을 출판사에 추천해 달라고 부탁한다. 하지만 무슈크는 바로 전에 오렐 퓌슬리 출판사를 나온 상태였다. 희망이 다시 물거품이 되었다. 1926년 4월 13일 발저는 "독일제국에서는 (그의) 시가 원칙적으로 인쇄되지 않을 것"이며, 대신 체코슬로바키아에서는 가능하리라는 걸 알았다. 체코에는 친구 오토 피크와 막스 브로트가 있었다. 상황이 악화된다. 1927년 5월 30일 발저는 테레제 브라이트바흐에게 이렇게 편지한다. "요즘 잘 지내지 못하고 있어요. 그러니까 그럭저럭 지낸다는 말이죠. 늘 예상하고 있었지만 제 작가 생활에 위기 같은 게 찾아온 것 같아요. 어찌하다 존경을 받고 유능하다는 둥 인정을 받다가 예술 모임이나 다른 모임들에서 흔히 말하듯 갑자기 내쳐진 거죠." 그는 출판인은 믿을 수 없는 사람이라고 한탄한다. "이를테면 어떤 출판인, 그러니까 처음에 출판인인 척하는 사람에게 원고의 일부를 보내면, 바로 소식을 뚝 끊어 버리지요." 1927년 5월 발저는 스물일곱 번 글을 실을 수 있었던 『베를리너 타게블라트』로부터, 그의 주장에 따르면 "철썩 얻어맞고 쫓겨났다. 독일에는 나를 위한 기회가 더 이상 없을 것 같다"고 말한다. 오스트리아에서도 사기를 당했다. "예쁜 신을 신은 발로 내 원고를 밟으며 즐거워하는 백작 부인들이 있을 것 같은 아름다운 빈에서요. 문학을 정말로 진지하게 생각하기보다 위장 홍등가를 조심스럽게 운영하는 듯한 어떤 '가짜 출판사'가 원고를 보내 달라고 했어요. 그런데 그 출판사가 아예 존재하지도 않는 회사더라고요. 저는 빈에서 더 이상 아무 소식도 못 들었습니다."(1927년 5월 31일 리히너에게 보내는 편지) 발저에게 출판인은 점점 더 욕설과 동의어가 된다. 오토 피크와 막스 브로트가 출판인 촐나이Paul Zsolnay에게 발저의 시 출간을 부탁하려고 했다. 발저는 브로트에게 이렇게 편지한다. "촐나이는 그저 건달 소설 편집인일 뿐이에요. 서정시를 내야 한다는, 그러니까 출판해야 한다는 요구에 벌써 토끼처럼 줄행랑을 치지요. 아무튼 저는 유쾌하게 감동을 받았습니다. 그러니까 당신이 이따금 저를 여느 출판인과 마찬가지로 시 앞에서 부들부들 떠는 악동에게 추천하려는 것에 동의한다고요…… 만약 건달 놈에게 편지를 쓰신다면, 부탁인데 아주 짧고, 진지하고, 너그럽게, 부탁하기보다는 오히려 거만하게 쓰세요. 출판인의 눈에 무뢰배로 보이는 작가는 출판인을 옴에 걸린 돼지처럼 대해야 합니다. 저와 관련해 빈의 이 문화 중개인을 대하실 때는 당당하고 섬세하고 아무렇지 않은 듯, 큰소리 탕탕 치듯 행동하세요. 저는 이 멍청이 놈에게 당분간 어떤 글도 주지 않을 겁니다. 안 그러면 그놈은 냄새 고약한 오만 속에 침몰할 테니까요. 제 생각에 우리가 출판인들을 어떻게 대하는지가 중요한 것 같아요. 저는 책 출간은 실행되지 않았을 때 아름답고 흥미로운 것 같습니다. 책이 인쇄되면 그 책은 시인에게는 무덤이죠, 그렇죠." 책의 역할을 이보다 더 부정적으로 말하는 작가가 또 있을까? 하지만 로베르트 발저는 그런 평가를 **할 수밖에** 없지 않았을까? 그는 출판된 자신의 마지막 책이 "파문"을 받았다고 생각했다. 원고 여러 편이 출판사에서 분실되었다. 촐나이는 그의 시를 거절했다. 베를린의 블로흐 에르벤 출판사의 명작선 『씨앗과 추수』는 발저의 시집을 예고했지만 시집은 출간되지 않았다. 발저는 편집부 쪽에서도 굴욕을 당했다. 그는 카를 젤리히에게 이렇게 설명했다. "어느 날 『베를리너 타게블라트』의 문예란 편집부가 반년 동안 아무 글도 쓰지 말라고 권하는 편지를 보냈더라고요. 그때 제가 얼마나 놀랐는지 상상해 보세요! 저는 절망했습니다. 그래요, 그 말이 맞았어요. 저는 글을 쓸 수 없었어요. 장작이 다 탄 난로처럼 불이 꺼졌지요. 그런 경고에도 계속 글을 쓰려고 애를 썼어요. 하지만 억지로 짜낸 글은 형편없었습니다. 저는 언제나 제 안에서 조용히 저절로 자라날 수 있었던 것, 어떻게든 체험한 것만 쓸 수 있었어요. 당시 목숨을 끊으려고 여러 번 어설픈 시도를 했답니다. 하지만 제대로 된 매듭조차 묶을 수 없었지요."(산책 26)

헤르만 헤세는 "남자가 50세 무렵 겪는 위기"를 겪고 묘사했다. 오늘날 누구나 소위 '중년의 위기'를 이야기한다.

발저가 "심각한 불안 증세"를 겪고, "그를 경멸하는

목소리"를 들은 것이 놀라운 일인가. 연상의 여성 두 명이 발저의 우울한 상태를 누나에게 알렸다. 누나가 달려와 동생을 정신과 의사 발터 모르겐탈러Walter Morgenthaler 박사에게 데려갔다. 의사는 바로 그날, 1929년 1월 14일 발저를 베른의 발다우 요양병원에 입원하게 했다. 의사의 소위 진단서는 일곱 문장으로 이루어져 있다. "발저 씨는 매우 우울하고 심각하게 억제되어 있었다. 그는 자신의 병을 정확하게 이해하고 있었으며, 일을 할 수 없다면서 일시적인 불안을 하소연한다." 환자는 자기 병을 정확하게 이해하고 있었다. 그 병은 두 가지다. 그는 불안을 느끼고, 작가로서 더 이상 일을 할 수 없었다. 여기서 이상한 점이 있다. 발저는 자신의 병을 '정확하게 이해했기에' 스스로 요양병원에 들어갔다. 요양병원 책임자 말처럼 조현증 진단은 처음부터 확실했다. 그러나 조현증에 대해 약간의 지식이 있는 사람이라면 지금까지 얻을 수 있는 보고에서 그러한 심리 상태의 뚜렷한 양상을 확인할 수 없다. 요양병원장 뮐러 박사는 병원에 "입원한 순간부터 환자의 전적인 시적 불임증"이 있었다고 단언했지만, 그 환자 기록은 잘못된 것이다. 발저는 이 요양병원에서 계속 일했기 때문이다. 요헨 그레펜은 1970

년 발표한 연구 보고에서 이 시기에 적어도 83편의 산문과 78편의 시가 탄생했다고 말한다. 더욱이 이 텍스트들은 이전의 다른 작품보다 "심지어 더 '정상적'이고, 이를테면 덜 기교적인 문체를 보여 주며, 베른의 많은 발저 비평가들을 당황하게 만든 비약적인 연결이 더 드물다." 로베르트 메힐러는 그의 철저한 전기에서 이 텍스트들에서 보이는, 자신을 작가로 이해하는 발저의 확고한 자기 이해와 "'조현증' 진단은 합치되기 어렵다"(251쪽)고 지적한다. 이는 올바른 지적이다. 발저는 1933년 4월 취리히의 라셔 출판사와 『타너 가의 남매들』 신판 출판에 합의할 수 있었다. 1933년 발저와 잘 지냈던 발다우 요양병원장이 은퇴했다. 후임자의 이름은 야코프 크래지Jakob Klaesi 교수였다. 새 병원장은 요양병원 조직을 개편하면서 발저도 다른 요양 기관에 보내려고 했다. 그는 환자가 자발적으로 발다우에 머무르려는 것을 수상쩍게 생각했다. 발저는 다른 요양 기관으로 옮기고 싶어 하지 않았다. 그러니까 자유를 선택하고 싶어 한 것이다. 작가는 오직 자신이 선택한 자유로운 상태에서만 글을 쓸 수 있기 때문이다. 1929년 2월 24일 환자 기록에 벌써 이렇게 적혀 있다. "오늘 발저는 되도록 빨리 요양병원에서 퇴원하고 싶다는 생각을 밝혔습니다. 경제적인 이유 때문이었어요. 그는 돈을 좀 벌어야 한다면서 여기서 아주 잘 지내서 버릇이 잘못 들까 두렵다고 하더라고요. 그의 일, 작가 활동을 다시 시작해야 한다며, 여기서는 일을 할 수 없다, 자유로워야 한다, 바깥에 있어야 한다고 주장했습니다."(1957년 5월 14일 발다우 병원장이었던 뮐러가 젤리히에게 보낸 편지)

발다우 요양병원은 발저를 데리고 있으려 하지 않았다. 요양병원을 바꾸는 데는 경제적인 문제도 있었고, 이 문제로 발저 가족 사이에 논쟁이 벌어졌다. 카를 발저는 헤리자우로 옮기는 데 찬성하지 않았다. 하지만 발저가 가장 좋아하는 누나 리자가 이송을 관철했다. 1933년 중반 로베르트 발저는 헤리자우 요양병원으로 옮기는 것을 다시 거부했다. "일이 다 정해졌는데 그가 갑자기 여행하지 않겠다면서 다른 요양병원으로 갈 이유를 모르겠다고 선언했다. 자신은 원하는 것을 스스로 결정할 수 있다, 퇴원하고 싶다, 어쨌든 병원을 바꾸기는 싫다고 했다." 이 "정신병자"는 얼마나 이성적이고 합리적으로 반응하는가! 그의 말을 따랐더라면, 우리는 한 시인이 더 발전하는 모습을 볼 수 있었을 것이다. 무책임한 행동, 그렇다, 분노를 자아내는 행동을 발저의 전기작가 로베르트 메힐러는 기록하지 않았다. 우리는 그것을 발다우 요양병원장이었던 뮐러가 카를 젤리히에게 보낸 편지에서 알게 된다. "마침내 약간의 폭력을 써서 그를 여행 보낼 수밖에 없었습니다." 1933년 6월 19일 로베르트 발저는 그의 고향 주州에 있는 요양병원으로 이송되었다. 이것으로 작가로서의 그의 삶은 끝났다. 발저는 불과 며칠 전에도 어떤 편집부에 가장 최근에 쓴 산문 출판을 제의했었다. 그날 이후 그는 한 줄도 더 쓰지 않았다. 원고나 작품 구상도 없었다. 그는 젤리히에게 이렇게 말했다. "요양병원에서도 작가로서 글을 쓰라고 요구하는 건 허튼소리고 야비한 짓입니다. 자유는 시인이 창작을 할 수 있는 유일한 토대거든요."(산책 26)

나는 여기서 로베르트 발저의 심리 상태를 묘사할 수도 없고, 그러고 싶지도 않다. 이 일은 언젠가 이루어져야 한다. 그러나 발저의 위기와 일종의 병을 유발했던 원인은 단언할 수 있는데, 우리 주제와 밀접한 연관이 있다. 그래서 나는 다음 다섯 가지 추측을 좀 더 자세히 증명하고 싶다.

1) 로베르트 발저의 기본적인 실존적 불안. 2) 주변 사람들과 사회와의 친밀하지 못한 관계. 3) 출판인과의 관계. 4) 동료 작가들과의 관계. 5) 치명적으로 다가온 실패.

1) 로베르트 발저의 기본적인 실존적 불안. 발저의 정확한 독자 엘리아스 카네티Elias Canetti는 오늘날 이를 이렇게 본다. "시인으로서 로베르트 발저의 특이함은 그가 그의 모티브를 한 번도 이야기하지 않은 데 있다. 그는 모든 시인 중 가장 은폐된 시인이다. 그는 늘 잘 지내고, 모든 것에 매혹을 느낀다. 하지만 그의 몽상은 차갑다. 그 몽상은 그의 인격의 한 부분을 드러내기 때문이다. 그래서 그 몽상은 섬뜩하기도 하다. 그에게 모든 것은 **외적인** 자연이 된다. 그는 그 자연의 고유한 것, 가장 내면적인 것, 불안을 일평생 부정한다. 나중에야 비로소 그가 감추었던 모든 것에 복수하는 목소리가 생겨난다. 그의 문학은 불안을 숨기려는 끊임없는 시도다."(카네티, 『인간의 영역』, 250쪽) 발저의 모든 작품은 아니더라도 많은 작품에 그의 실존적 불안이 보인다. 그의 대담한 위장 시도는 이렇다. "내가 나의 가슴속에 가둔 인간에게 나에

대한 그릇된 이미지를 주는 것만큼 기분 좋은 일도 없다. 그것은 어쩌면 부당할 수도 있지만 대담하고, 그래서 어울린다."(JvG)「피델리오」라는 제목의 이야기에는 이런 대목이 나온다. "오늘 나는 이기적이다. 아니다, 나는 너무 심하게 나를 부정하고 싶지는 않다. 나는 단어가 금지되었다면서 그 단어를 취소한다. 나는 몸을 바칠 이유를 여전히 발견하지 못했다." 그의 자화상으로도 볼 수 있는「한 남자의 초상」에 다음과 같은 대목이 있다. "양심적이고 신의 있고 성실한 사람들은 언제나 가장 심하게 내면의 감시를 받는다. 진정으로 알고 공감하는 사람도 마찬가지다. 좀 더 무심했더라면 그는 더 사교적이고 더 유쾌하게 보일 수 있었을 것이다. 아마 다정한 사람의 면모를 보이기도 쉬웠을 것이다. 따라서 그는 자신이 그렇게 보이고 싶지 않은 사람이었으며, 종종 실제 그가 아닌 사람처럼 보였다."「헬블링의 이야기」끝부분에서 우리는 발저의 실존적 불안을 분명히 알게 된다. "나는 원래 세상에서 혼자 살아야 하나 보다. 나 헬블링 말고는 다른 어떤 생명체도 없는 세상에서 말이다. 태양도 없고 문화도 없는 그곳에서 나는 높은 바위 위에 벌거벗고 있다. 폭풍우도 없고, 파도조차 없고, 물도 바람도 없고, 길거리도 은

행도 돈도 없고, 시간도 호흡도 없는 세상. 그러면 나는 어쨌든 더 이상 불안하지 않을 것이다. 불안도 없고, 의문도 없고……" 여기서 발저는 그의 불안을 분명하게 드러낸다. 같은 소설에는 이렇게 쓰여 있다. "나는 진짜 아픈 걸까? 나는 부족한 게 너무 많다. 사실 모든 것이 부족하다. 나는 불행한 사람일까?" 발저는 늘 외톨이다. 그는 그 어떤 것에도 구속되지 않은 상태를 감수한다. 그의 마지막 저서 『장미』에는 내게 정말 많은 걸 말해 주는 대화가 숨어 있다. 대화 형식의 「사랑하는 남자와 모르는 여인」이다. 두 사람은 서로 스쳐 지나가다가 걸음을 멈춘다. 그에게는 모르는 여인 곁을 스쳐 지나가는 것이 "부자연스럽게" 여겨진다. 모르는 여인이 그에게 늘 혼자 다니느냐고 묻는다. 그는 이렇게 대답한다. "사실입니다. 나는 어느 소녀에게도 위험하지 않아요. 나는 나의 것이 아니고, 절대 혼자 다니지 않지요. 나는 사슬에 묶여 있는데 그것이 너무나 행복해서 그릇된 짓을 저지를 수 없지요. 나를 걱정하지 않는 한 여인이 늘 나와 동행해요. 그녀가 어떤 사람이든 어떻든 내 주위를 떠돌고 있지요. 그녀는 나와 이야기할 때면 바로 명랑해지지요. 사실 나는 나하고 말할 때 오로지 진지한 말만 하라고 하거든요.

나는 그녀를 내가 가장 생각하고 싶은 모습으로 소유하고, 그녀의 모습으로 내가 원하는 것을 하고, 종종 그녀를 쫓아 버립니다. 하지만 그녀를 잃을까 두려워할 필요는 없어요. 내가 그녀를 얼마나 사랑하는지, 내가 그녀를 어떻게 대하는지 안다면 아마 그녀는 기분이 좋지 않을 거예요. 하지만 그녀가 나한테 생각하지 말라고 금지할 수 있을까요? 그녀와 연관된 가장 사소한 생각도 다 나를 강하게 만든답니다." 여기서 시인은 그의 뮤즈가 아니라, 문학의 힘과 그의 본래 상대인 시문학을 이야기하고 있다. 그에게 이러한 관계는 실재하지만, 그녀는 주위 세계에 비현실적으로 보일 수밖에 없다. 유희적인 역설은 그의 강점이며 그를 보호하는 장치다. 발저의 수기보다는 편지가 이에 대해 더 많은 이야기를 해 준다. 이를테면 발저는 편지 상대에게 "못난 소인이 저 높은 곳에서 내려다보며"라고 하면서 말을 건다. 막스 리히너에게 보내는 편지를 끝맺으면서 "열성적으로 섬기는 당신의 군주, 당신의 신분이 고귀한 하인 드림"이라고 하거나, "충직한 신하의 충성에서 우러나온 경의를 표하며 자비롭게, 즉 완벽하게 다정하게"라고 쓴다. 그의 과장과 조롱, 경멸과 왜곡, 기이한 행동, 이따금 보이는 거짓은 그러한 실존적 불안을 막는 방패이다. 1949년 어느 날 발저는 카를 젤리히와 산책하다가 한 수도원 앞에 이르렀다. 수도원에서 젊은 사제가 밖을 내다보는 모습을 보고 발저가 말했다. "저 사람은 바깥을 그리워하고, 우리는 안을 그리워하지요."(산책 122)

2) 주변 사람들과 사회와의 친밀하지 못한 관계. 앞에서 말한 내용과 주변 사람들과 관계를 잘 맺지 못하는 발저의 어려움은 밀접한 연관이 있다. 그의 본질적인 특징의 하나는 불신이다. 처음부터 그랬다. "제 주변에는 마치 해충이라도 되는 듯 저를 쫓아 버리려는 음모가 늘 있었지요." 다른 곳에서는 이렇게 말한다. "겸손은 내가 가진 유일한 무기이며, 나의 하찮은 위치에 잘 어울린다." 외톨이고 절대적인 것을 추구하려 애쓰는 이 발저는 자신이 사회와 이어 주는 끈을 찾을 수 없음을 알고 있다. 1907년 집필된 「쿠치」에는 이런 대목이 나온다. 쿠치의 옷장에는 미완성 희곡 세 편이 있다. 그는 일종의 높은 사람이다. "그는 남을 잘 믿지 못한다. 어쩌면 이유가 있을지 모른다. 그는 최고의 것을 추구하기 때문이다. 아주 높은 것을 추구하는 사람은 주변 사람들과 허물없이 지

낼 수 없다…… 쿠치는 그렇게 가난하고, 세상을 등지고 살고…… 그는 다른 사람들과 같은 사람이 아니다. 대다수 사람들이 다른 사람들과 같은 사람들이 아닌 것과 마찬가지다." 이 대목 역시 많은 사실을 알려 준다. 대다수 사람들은 사람이 아니다. 이로 인해 로베르트 발저는 괴로워한다. 그것이 그의 절망이다. 로베르트 메힐러는 그의 전기에서 이와 연관해 이렇게 말한다. "물론 그는 사회가 병들었다고 생각했다. 그가 건강했기 때문에 이로 인해 그가 병이 난 것 같다."(231)

사회와 거리를 두는 태도는 뚜렷하다. 발저는 예술가에게 "인간 사회와 긴장 관계"를 가지라고 요구하기까지 한다. 그런 관계가 없으면 예술가는 빨리 느슨해진다. 예술가는 이 사회의 응석받이가 되면 안 된다. "응석받이가 되면 예술가는 기존 현실의 뜻을 따라야 할 의무가 있다고 느끼기 때문이다." 이것 역시 발저의 특징을 잘 보여 주는 문장이다. 발저는 고트프리트 켈러와 마찬가지로 작가는 민중 앞에 거울을 대야 하고, "앞으로 올 사건"을 감지해야 한다고 생각한다. 그는 카를 젤리히에게 속마음을 털어놓았다. "저는 한 번도, 가장 가난했을 때도 사회에 저를 판 적이 없습니다. 제게는 언제나 개인적인 자유가 더 소중했지요."(산책 126) 자신을 팔지 않는 것은 발저의 특징이며 저항적 태도이다. 그의 "원고료 요구"는 심사숙고한 것이고 적절하고 적당하지만, 그는 부당한 원고료를 받기보다는 차라리 출판을 포기했다. 스위스 라디오에 양보한 적이 한 번 있다. 하지만 신랄한 말을 내뱉는다. "문학예술에서는 당분간 어디서나 착취 시스템이 존재할 것이다. 그것에 저항할 수 있는 가능성은 **아직** 없다."(메힐러, 193) 발저는 1926년 10월 4일 툰의 예술협회장 아돌프 셰어 리스Adolf Schaer-Ris에게 오늘 "생존을 위해 싸우고" 있다면서 이렇게 편지했다. "제가 돈이 있다면, 부자라면, 공손한 대우를 받으리라 확신할 수 있겠지요. 그러나 그렇지 않기 때문에, 게다가 사람들이 도덕적으로 비판하는, 평판이 나쁜 독신이기 때문에, 혹시 제가 악마 같은 가난뱅이poverer diabel로 보이지 않을까 두렵습니다. 오늘날 얼마나 겉모습을 중시하고 사람을 겉모습으로만 평가하는지…… 회장님도 잘 아실 겁니다. 제 이름은 방패, 튼튼한 집, 성이 전혀 아니며…… 우리 일의 물질적 측면은 무엇인지 생각해 주십사 부탁하는 이유는, 저를 거지로 본다고(비방은 세상에서 강력한 것이지요) 표정으로 말하는 저의 시민적인 적들 때문입니다. 그들이 만약 제가 회장님께서 소중히 여기는 도시에서 낭독하며 200프랑 이하를 요구하면, 품위가 손상되지 않을까 두렵다고 회장님께 솔직히 털어놓게 했지요. 저의 문학은 몇 년 전 베른―그 후 저는 내내 여기서 살고 있습니다―현지 일급 신문에서 그야말로 박살 나게 공격받았지요." 1944년 5월 카를 젤리히가 형편이 어려운 희곡 작가 게오르크 카이저Georg Kaiser를 위해 모금을 했다고 하자 발저는 원칙적으로 큰돈만 받아야 한다고 주장했다. "적은 돈은 조롱과 체면 손상을 불러오지요. 저는 비열한 기부자들에게 '감사합니다'merci!라고 하느니 차라리 곤경 속에 웅크리고 앉아 있겠어요. 시중을 받기보다는 자기가 직접 일하는 편이 항상 더 나은 법입니다."(산책 81) 발저는 자신의 기준이 있었다. 한번은 작가로 살려면 돈이 얼마나 필요하냐는 질문을 받자 그는 1년에 1,800프랑으로 생활할 수 있다고 대답했다. 그는 작가들, 그러니까 "이 나라에서 과거에도 앞으로도 없을 민주주의자이자 서사 문학 작가인"(산책 96) 고트프리트 켈러와 콘라트 페르디난트 마이어Conrad Ferdianad Meyer의 기준도 연구했다. 1940년 9월 10일 발저는 카를 젤리히에게 이렇게 말했다. "괴테와 뫼리케에게서 확인해 보세요! 그럼 자신을 살짝 비웃는 법을 배울 수 있습니다."(산책 30) 발저는 한 가지 점에서 경탄하는 괴테를 계속 연구했다. 발저의 말을 들어 보자. "생애 전반에 걸쳐 적절한 작업 공간을 마술처럼 불러내는 괴테의 사회적 본능과 천재적 재능은 정말 대단해요. 다른 작가들은 그것이 없지요. 괴테는 문학 창작에 지치면 지리학과 식물학, 장관 일과 극장 경영에서 새 힘을 얻었습니다. 그는 다시 젊어지기 위해 늘 다른 원천을 발견했지요."(산책 36쪽 이하)

3) 출판인과의 관계. 우리 연구는 발저가 "무슈 출판인들과 겪었던 비참한 경험"에 집중한다. 우리는 발저가 그를 성공한 작가로 만들고, 출세시키고, 모범적인 작가를 본받으라고 설득하는 출판인의 행동을 "허약한 본성을 이미 여럿 **파멸시킨**" "유혹적인 귓속말"이라고 불렀음을 기억하고 있다. 발저는 출판인들을 고발하며 출판인들과의 교제에는 "전염병 같고 병적이고 질병과 비슷한 신뢰할 수 없음"이 퍼져 있다고 했다. 출판사에서는 곳곳에서 "쥐덫 혹은 늑대 잡는 덫"에 걸리고, 원고가 사라지거나 사기를 당한다. 발저는 1927년 이렇게 쓴

다. "나한테서 원고를 얻으려는 출판인들은 멍청한 놈들이다. 그들은 **나를 대할 때 정직하지 않기에** 아무것도 얻지 못하기 때문이다." 촐나이는 "건달 소설 편집자"이며, 로볼트는 "무례한 언행" 때문에 "순수한 게르만인"이다. 대부분의 출판인들은 어차피 문학을 하나도 모른다. 로베르트 발저는 창작하는 사람, 창조적인 사람, 모욕당한 사람, 실망한 사람, 절망한 사람이다. 그러나 창작을 그만둔 다른 발저는 출판인들을 공정하게 평가하기도 한다. 다시 1940년 9월 10일 젤리히의 『로베르트 발저와의 산책』에 대단한 기록이 나온다. 발저는 오래전 일과 한다스의 이름과 프리드리히 대왕의 자세한 생애, 나폴레옹과 괴테, 켈러를 비롯한 많은 사람을 정확하게 기억하고 있다. 그리고 다음 대목이 나온다. "출판인들이 저마다 잘나가는 시대가 있다는 걸 아세요? 중세에는 인쇄소 프로베니우스와 프로샤우어가 그랬고, 시민계급이 부상하는 시대에는 코타, 전쟁 전의 달콤한 시대에는 카시러 형제들, 제정에서 해방된 젊은 독일에서는 자미 피셔 Sami Fischer, 전후의 도박판 같은 시대에는 모험적인 에른스트 로볼트가 그랬어요. 이 출판인들에게는 모두 자기 사업에 필요하고 큰돈을 벌 수 있는 시대적 배경이 있었지요."(산책 29) 출판인의 성공 비결을 이렇게 정확하게 설명하는 작가는 많지 않다. 출판인은 그의 시대와 그 시대 작가와 연결되어 있다. 출판인이 출판사를 제대로 설계했다면, 그의 출판사의 역사는 그 시대의 문학사와 일치한다. 발저의 평가는 놀라움을 자아낸다. 더욱이 글 쓰는 인생 내내 출판인들과 좋지 않은 경험을 한 그가 그런 평가를 한 것이 놀랍다. 이것이 병자, 미친 사람의 판단일까? 1940년 9월 10일의 기록은 또다시 놀랍게도 이렇게 끝난다. 젤리히와 발저는 왜 오직 독신자만 요양병원에 있느냐는 문제를 두고 대화했다. 혹시 관능의 억압이 두뇌에 나쁜 영향을 끼치는 걸까? "선생님 말씀이 맞을 수도 있습니다!" 발저는 카를 젤리히에게 이렇게 말하고 말을 이었다. "사랑이 없으면 인간은 끝이지요."(산책 30) 그날 저녁에도 발저는 여느 때와 마찬가지로 정신병원으로 돌아갔다.

4) 동료 작가들과의 관계. 발저의 태도는 그의 경험에서 나온 결과였다. 발저의 조롱은 그를 가장 많이 지원한 작가, 공개적으로 그를 가장 자주 가장 많이 칭찬한 작가, 그와 그의 작품을 적극적으로 지지했던 작가 헤르만

헤세를 가장 많이 겨냥했다. 하지만 다른 작가들과도 점잖게 교류하지 않았다. 이를테면 "시인" 한스 뮐렌슈타인Hans Mühlenstein은 부자 아내의 돈으로 매우 생산적인 여행을 하고, "매우 숭고한" 생각을 축음기에 털어놓은 "천재"다. 일찍이 평론에서 발저를 좋게 평가했던 알빈 촐링거도 그의 조롱을 피할 수 없었다. "위대한 인물", "모범적인 인물"이지만 카시러에게 보내는 한 편지에서 발저에 대해 아주 부정적인 말을 한 카를 슈피텔러Carl Spitteler 역시 비판을 받는다. 토마스 만에 대해서는 "성공의 건강법"을 비꼬았다. "토마스 만은 젊었을 때부터 모든 것을 다 가지고 있었다. 시민의 평온, 안정, 가족의 행복, 인정, 다 가지고 있었다. 심지어 망명조차 그를 넘어뜨릴 수 없었다. 그는 해외 지점에 파견된 부지런한 지배인처럼 낯선 땅에서 계속 글을 썼다. 그렇게 나온 요셉* 소설은 건조하고 땀 흘려 쓴 듯 보이지만, 놀라운 초기 작품들처럼 아름답지 않다. 그의 후기 작품에는 어딘지 방의 공기가 느껴진다. 작품을 쓴 사람도 늘 열심히 책상에 앉아 회계 장부를 들여다보는 사람처럼 보인다. 하지만 그의 시민적인 질서와 모든 세부 사항을 정확한 자리에 놓는 거의 자연과학적인 노력은 존경심을 자아낸다." 우리

---

*『요셉과 그의 형제들』을 말한다.

는 여기서 발저가 토마스 만에 맞서 자신의 모습을 어떻게 구상하는지, 그가 얼마나 토마스 만을 경탄하고 시기하는지, 그러나 얼마나 토마스 만과 같은 작가는 되고 싶지 않은지 알 수 있다. 여기 그것을 이룬 사람, 성공한 사람이 있다. 바로 이어서 발저의 다음 문장이 나온다. "실패가 얼마나 많은 사람을 **예상보다 이르게 무덤 속에 묻었는지!**" 1952년 크리스마스에 젤리히와 발저는 "곤텐의 살인자 아나 코흐Anna Koch"*를 두고 장황하게 논쟁을 벌였다. 발저는 살인을 저지른 그 여자는 저급한 정열에서 그렇게 행동한 게 아니다, 그녀는 처형당했다고 했다. 발저는 자신은 사형제도를 강력하게 반대한다며, 처형은 월권이며, 그는 월권을 혐오한다고 했다. 점심을 먹는데 발저가 혀가자미를 자르면서 물었다. "대체 누가 살인자죠? 말해 줄 수 있으세요?" 젤리히는 "아니요, 그 경계는 너무 모호하지요!"라고 대답했다. 발저가 한참 침묵하다가 이렇게 말했다. **"성공한 작가도 나름 살인자가 아닐까요?"**(산책 135) 이 대목에서 발저가 누구를 생각했는지 나오지 않는가? 하지만 그가 성공한 어떤 작가를 자신의 "살인자", 성공하지 못한 자신을 "예상보다 이르게 무덤으로" 보낸 살인자로 생각했는지는 그저 추측할 수 있을

---

* 자신을 버린 연인의 새 여자를 살해한 여자. 1849년 스위스 아펜첼 이너로덴 주에서 처형된 마지막 사형수.

뿐이다.

그의 공격은 헤르만 헤세를 가장 강하게 겨냥한다. 1904년 헤세의 『페터 카멘친트』와 발저의 『프리츠 코허의 작문』이 출간되었다. 후고 발이 보고하듯이 『페터 카멘친트』는 헤르만 헤세의 이름을 "단번에 전 독일에 알렸다." 후고 발의 말을 들어 보자. "이제 헤세는 그에게 어울리는 곳, 광장에 섰다. 멀리서도 그를 알아볼 수 있었다." 반면 『프리츠 코허의 작문』은 완벽한 실패작이었다. 그러나 헤세는 로베르트 발저에 대해 이렇게 말했다. "발저와 같은 시인이 '지성을 주도'한다면 전쟁은 일어나지 않을 것이다. 발저의 독자가 10만 명만 되면 세상은 더 좋아질 것이다." 하지만 발저에게는 이 10만 명의 독자가 없었다. 발저가 헤르만 헤세에 대해 한 말을 보면 어쩐지 그가 헤세의 성공에 자기 실패의 책임을 지운다는 인상을 받게 된다. 발저는 1943년 5월 "취리히 사람들"을 두고 즉흥적으로 이렇게 말한다. "취리히 사람들은 제 시에 전혀 주목하지 않았습니다. 당시 그들은 모두 헤세에 열광했지요. 그들은 헤세 등에 난 혹 위에서 소리 없이 저를 밀어 떨어뜨렸어요." 이 표현은 아주 분명하다. 여기서 거의 적의 상像이 모습을 드러낸다. 헤세를 공격하는 것은 번지수를 잘못 짚은 것이기 때문에 그에 대한 발저의 폭발은 특징적이다. 하지만 그것은 조롱 그 이상이고, 그의 발언은 악의 그 이상이다. 1937년 6월 27일 젤리히와 발저는 '돌 식탁'이라는 음식점에서 점심을 먹었는데 창밖으로 멀리 보덴제 지역이 내다보였다. 헤세가 십수 년 전 살았던 곳이다. 바로 이 풍경이 발저에게 다음과 같은 본질적인 문제를 생각하게 한다. 우리는 그런 발저의 상상력에 경탄하고, 그의 낙심을 이해할 수 있다. "**제 비운이 무엇인지 아세요?**" 발저는 자신의 비운과 자신이 왜 요양병원에 있는지 그 원인을 진지하게 생각한다. 발저의 말을 들어 보자. "잘 들으세요! 저한테 이래라저래라 지시하고 저를 비판해도 괜찮다고 믿는 사랑스러운 사람들은 모두 헤르만 헤세의 광적인 추종자들입니다. 그들은 저를 믿지 않아요. 그들에게는 오직 이것이냐 아니냐 둘 중 하나밖에 없지요. '헤세처럼 써라. 그러지 않으면 너는 영원히 실패자다.' 그런 식이죠. 그들은 저를 그렇게 극단적으로 판단합니다. 그들은 제 작업을 믿지 않아요. 그것이 **제가 요양병원에 있는 이유**입니다." 발저는 생각을 이어 간다. "제게는 늘 후광이 없었어요. 후광이 있어야만 문학에서 출세할 수 있습니다. 영웅 정신, 인내하는 정신, 그 비슷한 어떤 후광 말이에요. 그럼 벌써 성공으로 가는 사다리가 있지요…… 사람들은 저를 무자비하게 있는 그대로 봅니다. 그래서 아무도 저를 진지하게 생각하지 않는 거예요." 그러니까 그가 요양병원에 있는 이유는 사람들이 그의 특성을 믿지 않고, 그의 작업을 믿지 않기 때문이다. 그는 로베르트 발저가 아니라 헤르만 헤세가 되어야 한다는 것이다. 카를 젤리히의 수기는 그 날도 대단한 논평으로 마무리된다. 실패는 그의 불행이다. 하지만 실패로 인해 사람은 창조적이 될 수 있다. 발저의 말을 들어 보자. "행복은 시인에게 좋은 소재가 아닙니다. 행복은 너무 스스로 만족합니다. 주석이 필요 없어요. 행복은 고슴도치처럼 몸을 둥글게 말아 잠을 잡니다. 반면 괴로움, 비극과 희극, 그런 것들은 폭발력으로 충만합니다. 그것은 로켓처럼 하늘 높이 올라가 온 세상을 비추지요."(산책 17쪽 이하) 이 '수기'의 두 페이지에서 비운과 괴로움은 심연과 실패, "내가 요양병원에 있는" 이유로 간주된다. 그러나 비운과 괴로움도 폭발력을 가지고 있다. 적절한 시기에 불을 붙이면 그것은 온 세상을 밝힐 수 있다.

5) 실패가 예정된 미래. 발저의 마지막 저서 『장미』의 산문 한 편을 인용한다. 「쿠르트」라는 산문의 주인공 쿠르트는 거친 사람이었다. 그는 행실을 고쳐 속물이 되었다. 어딘가에 결혼한 사람만 볼 수 있는 음악극 극단이 있었다. 그는 카페에서 쿠니군데를 만났다. 바로 "나의 정신은 신혼 잠자리에서 부활을 축하할 것이다"라는 믿음이 생겼다. 그 후 그는 고트프리트 켈러의 나쁜 예(독신 생활을 말한다)를 따르지 않았으면 좋겠다는 편지를 받았다. 쿠르트는 마을의 풍만한 한 여자를 뜻대로 할 수 있다는 말에 재빨리 반응했다. 따라서 이제 그는 예술 작품을 찾듯이 아내를 찾아야 했다. 그리고 다음 문장이 나온다. "아이를 하나 만들고 생산물을 출판사에 내놓으면 가장 좋을 것이다. 출판사는 아마 제의를 거절하지 않을 것이다. 이 얼마나 전도유망한 미래인가!"

단지 기혼자가 되고, 아이를 만들기 위해 원하지 않는 결혼을 한다. 출판사에 보내려고 아이를 만들고, 출판사는 이를 거절하지 않을 것이다. 실패자로서 피할 수 없고 변경할 수 없이 출판인들에게 계속 거절당하는 발저가 느끼는 운명을 이보다 분명하게 묘사할 수는 없다. 자신의 실패를 비꼬는 그의 괴로움은 아직 억제되고 있다.

1925년 여름에 탄생한 산문 「폐허」에는 이렇게 쓰여 있다. "우리는 시인의 경력을 위해 상인의 경력을 포기한 한 젊은이를 알고 있다. 그런 행동으로 인해 하늘과 인간 사회는 젊은이를 가혹하게 벌했다. 그는 작가가 되었고, 그런 사람으로서 한없이 실패했다." 작가와 "그런 사람"으로서 실패하다. 그러한 성격 규정과 연관은 그를 마비시킬 수밖에 없었다.

발저는 직업 비평가로부터 자신을 지킬 줄 알았다. 1946년 7월 17일 그는 카를 젤리히에게 문학 비평에 대해 이렇게 말했다. "웃고 침묵하는 것, 그것이 그런 경우 최선의 방책입니다. 고약한 냄새도 잠시 참을 수 있어야 하지요."(산책 107) 그러나 비평가는 위험한 존재다. "왕뱀은 자신의 힘을 의식하고 있는 보아뱀처럼 작가들의 몸을 칭칭 감고 자기가 원하는 때 원하는 방식으로 질식시켜 죽입니다."(산책 102)

발저는 한 가지 점에서 몹시 민감했다. 그의 언어가 비판받을 때였다. 어쩌면 그 언어를 이해하고 평가하기 위해서는 변화된 시대, 사람들이 금세기의 현대 예술을 경험하는 시대가 필요했을지도 모른다. 발저가 한 여배우에게 책을 선물했는데 그녀는 이렇게 말하며 책을 돌려주었다. "이야기를 쓰기 전에 먼저 독일어를 좀 배우세요."(산책 117) 그때 그가 얼마나 상처를 받았을까. 심지어 요양병원에서도 "존경해 마지않는" 주임 의사 힌리히젠Otto Hinrichsen 박사가 주는 모욕을 고스란히 참아야 했다. 스스로 중요한 시인이라고 생각했던 이 의사는 『타너 가의 남매들』의 언어를 꼬투리 잡아 그를 부드럽게 꾸짖었다. 첫 몇 페이지는 좋다, 나머지는 "터무니없다"고.

그렇게 발저는 요양병원에서도 실패의 압박을 받았다. 그는 카를 젤리히에게 이런 결론을 내린다. 당연하다. "그래요, 실패는 사악하고 위험한 뱀이에요. 실패는 예술가 내면의 순수한 것과 독특한 것을 무자비하게 목 졸라 죽이려고 합니다."(산책 66)

여기서 우리는 중심 모티브를 얻을 수 있다. 처음 요양병원에 들어가면서 발저는 "질병을 정확하게 이해하고" 있었다. 실패자이자 "귓속말"로 인해 파멸한 사람인 그는 사악하고 위험한 뱀의 영향을 받았다. 하지만 뱀이 그의 순수한 것과 독특한 것을 목 졸라 죽이고, 세상이 폭력으로 그를 다른 요양병원에 처박아 벗어날 기회를 더 이상 주지 않자 로베르트 발저는 글쓰기를 그만두었다. "창작에서 손을 떼는 순간 나는 죽을 것이다. 그 생각을 하면 기쁘다. 안녕!"[1]

    1933년 7월 19일 로베르트 발저는 헤리자우 요양병원으로 이송되었다. 거기서 23년을 살았다. 그는 창작에서 손을 뗐다. 그리고 1956년 12월 25일 산책하다 사망했다.

9

첫 번째 죽음에서 두 번째 죽음까지
1933년부터 1956년까지
로베르트 발저의 생애

로베르트 발저가 글쓰기를 포기하고 삶을 포기한 후 작가의 작품이 살아남은 것은 한 남자의 공적이다. 발저의 작품을 높이 평가했던 카를 젤리히는 작가의 운명에 관한 소식을 들었다. 그는 작가를 돕기로 결심하고 발저의 작품을 위해 활동하려고 했다. 첫 산책을 같이 하면서 벌써 선집 계획을 털어놓았다. 발저는 거절했다. 그의 책을 위한 때는 지나갔다, 그는 문학 사업에서 더 이상 어떤 역할을 할 생각이 없다면서. 나중에는 뜻을 굽혔다. 그래서 1937년 가을 카를 젤리히가 펴낸 발저의 『위대한 작은 세계. 선집』이 취리히 오이겐 렌치 출판사에서 나왔다. 발저는 아는 체하지 않았다. 딱 한 번 빈정대는 어조로 렌치의 선집으로 "돈을 많이 벌었느냐"고 젤리히에게 물었을 뿐이다. 1940년에는 아라우의 자우어랜더 출판사에서 발저의 선집이 출간되었다. 1944년에는 카를 젤리히가 펴낸 『고요한 기쁨』이 '올텐의 애서가' 간행물로 나왔다. 같은 해 바젤의 슈바베에서 다시 카를 젤리히가 펴낸 『불행과 가난의 행복에 대하여』가 나왔다. 젤리히는 58세의 시인과 처음 만난 1937년 7월 26일부터 그가 사망할 때까지 이어진 '로베르트 발저와의 산책'을 기록한 수기로 시인의 유일무이한 초상을 보여 주었다. 바로 미친 사람의 가면 뒤에 숨은 현자로서의 예술가 상이다. 여기서 우리는 계속 이 수기를 인용했다. 수기가 작가와 그의 작품의 시학에 대한 신뢰할 만한 증거를 제공하기 때문이다. 젤리히의 수기가 없었더라면 이전에 전해진 로베르트 발저의 초상은 불완전하고, 그가 요양병원에 입원한 진짜 미친 사람으로 문학사에 수록될 위험이 있었을 것이다. 만약 산책하자고 하지 않았더라면 젤리히는 발저의 그런 발언을 끌어내지 못했을 것이다. 젤리히가 친구의 병을 얼마나 조심스럽게 다루고, 얼마나 쉽게 발저를 격려해 자기 병에 대해 말하게 했는지. 나는 젤리히 책의 가장 흥미로운 인상 중 하나는, 요양병원 입소자 발저가 얼마나 사려 깊게 생각하고, 얼마나 확고하고 정확하게 정치적 판단을 내리는지 보여 준 것이라고 본다(스위스 동향인, 독일인, 국가사회주의의 탄생, 우상 스탈린을 두고 한 말은 정말 대단하다. 스탈린에 대해 한 말을 들어 보자. "노예 같은 사람들에 에워싸여 그는 결국 더 이상 정상인처럼 살 수 없는 우상이 되었습니다. 어쩌면 그의 내면에 천재적인 것이 숨어 있을지도 모르지요. 하지만 민중으로서는 평범한 사람의 지배를 받는 편이 더 좋습니다. 거의 언제나 천재 안에는 민중이 고통과 피와 치욕으로 치러야 하는 사악함이 도사리고 있거든요").(산책 147) 발저가 아직 얼마나 칭찬하고, 얼마나 사랑하고, 얼마나 정중할 수 있는지("우리는 모든 비밀을 파헤치려고 해서는 안 됩니다") 모른다. 그가 먹고 마시는 것을 얼마나 좋아했는지(젤리히의 책은 일종의 맛있는 음식 기록 장부이기도 하다. 163페이지에 음식과 음료, 맛있는 식사의 즐거움에 관한 이야기가 70번가량 나온다) 모른다. 그러나 산책의 끝, 그날의 끝은 언제나 다시 정신병원으로 돌아가는 것이었다.

헤리자우에 이송되었을 때 발저는 유산으로 상속받은 6,296스위스프랑의 재산이 있었다. 그 돈은 7년 동안의 요양병원 입원비로 쓰인 것 같다. 젤리히는 모금 운동을 하고, 신문과 방송을 통해 문학상을 제안하고, 스위스 작가연합에 평생 명예 표창을 건의했다(헤르만 헤세는 신청 이유를 이렇게 설명했다. 이 명예 표창은 발저에게 "문학과 독일어의 역사에서 확고한 자리를 마련하는 데" 도움이 될 것이다. 이 작가는 "스위스의 저작물 개념을 확대하고, 지금까지 우리나라에서 거의 알려지지 않은 풍부한 뉘앙스를 가져왔다"). 물론 청원은 받아들여지지 않았다. 카를 젤리히는 발저와 대화하며 계속 조심스럽게—의사들의 충고를 어기고—요양병원에서 나오라고 했다. 하지만 발저는 더 이상 그럴 생각이 없었다. 발다우에서 헤리자우로 강제 이송될 때 주위 세상은 그에게 불리한 결정을 내렸다. 이제 그는 이 주위 세계를 거부했다. 요양병원 체류가 재정적으로 보장된 것은 카를 젤리히 덕분이다. 이 일에 분명 양심을 가책을 느꼈을 누나 리자는 젤리히에게 동생의 문학적인 권리 관리를 위임했다. 나중에, 그러니까 1944년 5월 26일에 카를 젤리히는 발저의 "공적인 후견인"amtlicher Vormund이 되었다. 『로베르트 발저와의 산책』에서 'Nach-Mund'*였던 사람에게

---

* 저자는 여기서 '앞에, 전에'를 뜻하는 'vor'와 '뒤에, 후에'를 뜻하는 'nach'로 언어유희를 하고 있다. 우리말에서 후견인은 뒤를 보아 주는 사람이지만, 독일어에서 '후견인'을 뜻하는 'Vormund'은 'vor'와 '입'을 뜻하는 'Mund'의 합성어다. 그러니까 남의 입을 앞에서 대변하는 사람이다. 운젤트는 젤리히가 『로베르트 발저와의 산책』에서 발저의 'Vormund'라기보다는 오히려 그의 말을 따라 기록하는 'Nach-Mund'였

는 멋진 명칭이다.

"우리는 산책하도록 정해졌다." 발저의 60세, 70세, 75세 생일은 그렇게 지나갔다. 75세 생일인 1953년 4월 15일 발저는 오히려 기분이 좋지 않아 보였다. 명예 표창에 대해 의견을 구하자 그는 이렇게 대답했다. "저와 상관없는 일입니다!" 여느 평일과 마찬가지로 그는 성실하게 집안일을 했다. 방바닥을 쓸고, 오후에는 종이봉투를 접었다. 카를 젤리히는 발저의 생일에 부드럽게 눈이 내리기 시작했다고 적는다. "슈타이너 박사가" ─ 여교사이다 ─ "그녀의 아이들에게 로베르트 발저가 겨울과 눈, 냉기에 대해 얼마나 아름답게 썼는지 이야기해 주었다. 아이들은 분명 발저 씨가 겨울을 그렇게 좋아하고, 오늘 생일을 맞았기 때문에 눈이 오는 거라고 했다."(산책 147)

발저는 모르는 사실인데, 1953년 여름 젤리히는 발저 생존 시에 작가 로베르트 발저에게 꼭 필요한 일을 했다. 제네바와 다름슈타트의 홀레 출판사에서 발저에게 열광한 편집자 울리히 리머슈미트Ulrich Riemerschmidt를 찾은 것이다. 젤리히는 이 출판사와 산문 문학 전집 출판 계약을 체결했다. 홀레 출판사의 공동 소유주는 헬무트 코소도Helmut Kossodo였다. 그는 1956년 출판사의 이름

다고 말한다.

을 자신의 이름 코소도로 바꾸고, 로베르트 발저 전집 판권을 얻었다. 발저의 『산문 문학』 1권은 1953년 출간되었다. (젤리히가 간직하고 있던 미출판 텍스트가 수록된) 2권은 1954년 나왔으며, 1년 뒤인 1955년 『조수』의 재판이 3권으로 나왔다. (4권과 5권은 1959년과 1961년에 출간되었다.) 적으나마 원고료가 들어왔다. 여기에 1955년 스위스 실러 재단이 주는 상금도 들어왔다. 마침내 발저는 젤리히의 청원으로 노년 연금도 받았다. 그렇게 보장받지 못한 사람의 말년은 보장을 받았다.

분명 의도한 것은 아닌 듯한데 젤리히는 한 산책의 마지막 기록에서 우리 논제에 중요한 증거를 내놓는다. 1955년 크리스마스. 비 오는 흐린 아침. 클라이스트에 대해 사소한 이야기를 하는데 발저가 슈투트가르트에서 서점 수습생으로 있을 때 클라이스트의 『홈부르크 왕자』를 본 것을 기억했다…… 그리고 초년생을 위한 문학상 이야기가 나왔다. 77세의 발저는 이런 이유를 대며 주장했다. "일찍부터 버릇을 잘못 들이면 젊은 작가들은 영원히 소년으로 머물러 있습니다. 남자가 되려면 괴로움과 오해와 싸움이 필요하지요. 국가는 시인의 산파가 될 필요가 없습니다." 이 무슨 말인가! 오직 발저의 경우에만 신뢰를 보여 주는 지원이 필요했다는 말인가! 젤리히는 다시 말을 잇는다. 발저는 1955년 노벨문학상을 받은 아이슬란드 작가 할도르 락스네스Halldor Laxness의 행동이 정말 재미있다고 했다. 발저는 락스네스의 작품을 읽은 적이 없지만 한 잡지에서 특징적인 사진 한 장을 보았다. 그는 "스톡홀름의 축하 모임에서 락스네스가 춤을 추면서 스웨덴 공주를 대담하게 이리저리 돌리는 모습을 생각하면 지금도 웃음이 나온다고 했다. 발저는 숲길에서 연미복을 입은 락스네스가 시골 총각처럼 빙글빙글 도는 모습을 시연해 보였다. 락스네스가 마치 '동양을 안았는데 이제 서양도 내 품 안에 있다!'라고 승리의 환호성을 지르고 싶은 것 같았다고. 바로 얼마 전 락스네스는 소련 사람들에게 상을 받았기 때문이다."(산책 168쪽 이하) 인생의 마지막 순간—1년 뒤 발저는 세상을 떠났다!—그의 실패가 질투심에 투영되어 다시 떠오른다. 성공한 사람들은 부패한 사람들이다. 그들은 동양의 품에 안긴 후 서양의 품에도 안기기 때문이다!

로베르트 발저의 죽음을 서술하는 대목은 심금을 울린다. 발저는 카를 젤리히 없이 혼자 산책했다. 1956년 12월 25일이었다. "눈 쌓인 언덕에 누워 있는 고인은 겨울과 가볍고 유쾌한 눈송이의 춤을 사랑했던 시인이다. 어린아이처럼 고요와 순수함과 사랑의 세계를 갈망했던 순수한 시인이다."(산책 175) 발저의 양복 안주머니에는 편지 세 통과 그의 앞으로 온 엽서 한 장이 들어 있었다. 엽서에는 로베르트 발저의 이름이 적혀 있었다.

여기서 겸손한 카를 젤리히는 발저의 양복 안주머니 속에 (발저의 여자 형제와 여자친구 메르메트에게 보내는) 이 편지들과 엽서 외에도 자신이 친구, 피후견인, 자신이 맡은 유작 작가에게 보낸 원고료 영수증도 들어 있었다는 사실은 기록하지 않았다.

베르너 베버Werner Weber는 『노이에 취르허 차이퉁』(1956년 12월 29일 자)에 로베르트 발저의 죽음을 이렇게 논평했다. "마음을 휘젓는 소식이었다. 우리는 이 시인의 작품과 함께 살았으며, 그가 이미 이 세상을 떠났음을 느꼈다."

⑩

로베르트 발저와
로베르트 발저 문서보관소

로베르트 메힐러의 발저 전기 서문은 이렇게 시작된다. "1962년 2월 15일 작가이자 비평가 카를 젤리히는 취리히 벨뷔플라츠에서 출발하는 시내 전차에 올라타려다가 떨어져 치명적인 부상을 당했다." 로베르트 발저는 그런 죽음을 상상할 수 있었을 것이다. 카를 젤리히 사망 후 처음에 발저의 권리 문제는 불명확하고 모호했다. 그 후 변호사 엘리오 프뢸리히Elio Fröhlich 박사가 취리히 카를 젤리히 재단을 세우고, 헌신적으로 로베르트 발저 문서보관소를 설립했다. 문서보관소의 과제는 전집의 편집적인 준비를 하고, 유고를 수집·선별하고 마지막으로 편집하는 것이어야 했다.

    우리는 1976년도의 일을 이렇게 기록할 수 있다. 로베르트 발저의 전집이 나왔다고. 이 전집은 본보기가 될 만한 정확히 편집된 전집이다. 만약 마르타 뒤셀Martha Düssel 여사가 없었더라면 코소도 출판사에서 전집이 나올 수 없었을 것이다. 그녀는 코소도 출판사가 어려워지자 출판사의 주식을 인수했다. 그녀가 발저의 작품을 위해 물질적으로 또 개인적으로 쏟은 노력은 인정받아 마땅하다.

1975년과 1976년 코소도 출판사와 체결한 라이선스 계약으로 『타너 가의 남매들』, 『조수』, 『야콥 폰 군텐』이 주르캄프 총서 시리즈로 나왔다. 1977년에 주르캄프 총서는 카를 젤리히 재단과 라이선스 계약을 체결해 카를 젤리히의 『로베르트 발저와의 산책』을 제554권으로 내놓았다.

로베르트 발저 문서보관소장 카타리나 케르는 「1956년 작가 사망 이후 로베르트 발저의 수용」이라는 보고서를 내놓았다(이 보고서는 나중에 『로베르트 발저 기념집』(프랑크푸르트, 1976년)에 수록되었다). 카타리나 케르는 로베르트 발저 연구에서 "현저한 도약"을 감지할 수 있다고 했다. 부분적으로 맞는 말이다. 이제 문학 비평과 문예학, 관심 있는 독자들은 꼼꼼하게 편집된 전집에 의지할 수 있게 되었다. 카타리나 케르는 이렇게 단언했다. "1956년 이후 열세 편의 인쇄되거나 인쇄되지 않은 박사학위 논문, 연구서, 석사학위 논문이 나왔으며, 대학교수 자격 취득 논문 한 편, 사실적인 전기 한 권, 발저와 그의 작품을 다룬 일련의 논문과 많은 비평과 평론이 나왔다." 이러한 결실이 정말 그녀가 말하는 "현저한 도약"일까? 그러한 도약은 이제 도래할 것이다.

이 마지막 장은 인쇄 직전에 썼다. 출판인은 작가로서, 또 그의 책을 인쇄하는 인쇄소와의 긴밀한 관계 덕분에 인쇄 과정 마지막 순간에 소식 하나를 끼워 넣을 수 있었다. 1977년 11월 24일 취리히의 엘리오 프륄리히 박사가 코소도 출판사의 마르타 뒤셀이 권리를 반환한 후 카를 젤리히 재단을 대신해 로베르트 발저 작품에 대한 판권을 취리히 주르캄프 출판사에 양도하는 계약에 서명했다는 소식이다. 주르캄프 출판사는 1978년 로베르트 발저 탄생 100주년을 맞아 로베르트 발저의 전집 문고판을 내놓을 것이다. 1960년부터 걸어온 긴 길이었다!

이제 로베르트 발저의 작품은 저렴한 판본으로 많은 독자에게 제공될 것이다. 이제 그의 작품은 더 이상 전문가들만 인정하는 다크호스가 아니라, 당연히 금세기의 위대한 작가 반열에 들어갈 것이다. 『야콥 폰 군텐』의 문장을 떠올려 보라. "언젠가 나의 존재와 첫 시작始作에서 어떤 향기가 흘러나올 것이다."

6부

직업으로서의 출판인

독일 출판인은 한 번쯤 칭찬받아야 한다. 그러나 누가 그 일을 해야 할까? 누구보다 먼저 감사를 표해야 할 독일 대중은 잘 알려져 있듯이 칭찬해야 할 일이 있으면 침묵을 지킨다. 그들은 불평과 불만이 있을 때만 공론의 장을 찾는다. 독일 작가들도 난국을 타개할 생각이 별로 없는 듯하다. 그들에게 출판인은 대부분 전통적인 적수요 구두쇠요 선인세에 인색한 인물이다. 더욱이 오해받을까 두려워하는 작가가 많다. 출판인을 칭찬하는 것은 출판인의 환심을 사려고 애쓰거나 최소한 출판인에게 어떤 호의를 요구하는 것으로 보일 위험이 있기 때문이다. 하지만 나는 출판인에 대한 칭찬은 한 번은 꼭 이루어져야 한다고 믿는다. 오늘날 일련의 독일 출판인들은 좁은 사업의 틀을 벗어나 점차 확장되는 독일 문화의 세계로 올라가려는 아름다운 의지를 보여 주었다. 나는 그들에게 더 많은 인정과 박수를 보내야 한다고 말하고 싶다.

여기서…… 몇몇 출판인들은…… 엄청난 업적을 이루었다. 나는 감히 말한다. 그들은 본래의 창조자들인 시인들보다 지난 수십 년 독일 문화 의식의 향상에 더 기여를 많이 했다고. 이 새로운 출판인 유형을 심리적으로 해석하고 예술적으로 묘사하는 것은 (다른 기회에!) 더 자세히 다룰 만한 매력적인 주제일 것이다. 나는 출판인은 대부분 예술가의 모든 감성을 지녔으나 창조력은 없는 어중간히 창조적인 사람이라고 생각한다. 출판인은 작품을 선별하고 중개하는 안목으로 개성을 드러내는 것으로 만족해야 한다. 출판인과 무대 감독, 미술품 수집가 등 선별하는 사람은 모두 자신이 특별히 좋아하는 기호를 통해 자신의 프로필을 만들기 때문이다. 심지어 다른 사람이 창조한 작품이 그들의 배열 감각을 통해 비로소 개성을 얻기도 한다.

이 몇몇 인물들은 독일 출판계를 다시 교육한 사람들이다. 독일 국민은 문화를 담당하는 그들의 존재를 모르면 안 된다. 그들의 업적은 분명히 존재하고 실천되었다. 그것을 언어로 다시 파헤치는 것은 어려운 일일 것이다. 그러나 나는 그들이 이룬 공로의 빛 속에서 한 사람 혹은 다른 사람을 또렷이 떠올릴 수 있다. 이를테면······

슈테판 츠바이크, 독일 출판인에 바치는 찬사

①

출판인의 가장 중요한 과제

사랑하는 하인리히 마리아 레디히 로볼트Heinrich Maria Ledig-Rowohlt*

 1987년 프랑크푸르트 도서전. 베르텔스만 출판사는 50세를 맞은 젊은 동료 마티아스 베크너Matthias Wegner를 위해 파티를 열었지. 어두운 영국식 정장에 큼직한 분홍 카네이션과 분홍 실크 목도리로 꾸민 자네는 빛나는 중심이었지. 많은 사람이 자네를 둘러싸고 있더군. 그들은 우정을 부르는 자네의 매력에 끌려 자네와 이런저런 이야기를 하고 싶어 했지.
 우리는 한쪽 구석으로 자리를 옮겼지. 내가 개인적으로 할 이야기가 있었거든. 부탁할 일도 있었

---

* 로볼트 출판사를 설립한 에른스트 로볼트의 아들. 아버지의 뒤를 이어 로볼트 출판사를 운영하며 활발히 활동했다.

고. 나는 방금 대학 지도부와 대화를 나누고 온 참이었지. 그 자리에서 대학이 내 제안을 수용해 새로운 강연 시리즈를 개설하자고 결정했다네. 사회 활동, 경제, 산업, 무역, 문화계 인사들이 각각 자신의 업무 분야 이야기를 하는 강연이지. '경험으로서의 직업'이라는 주제로 말이야. 그 강연을 제안하면서 나는 1919년 혁명이 일어나던 겨울 뮌헨 자유 학생 연합의 요청으로 막스 베버가 했던 '직업으로서의 정치'라는 강연을 생각했다네. 베버는 직업에서 위대한 성과를 내려면 세 가지 자질이 필요하다고 했지. (자기 일에 대한 열정적인 헌신이라는 의미의) 열정과 (결정의 결과를 감당한다는 의미의) 책임감, 그리고 균형감이 필요하다고. 베버는 말했지. "정치란 열정과 균형감을 가지고 단단한 널빤지를 강하게 서서히 뚫는 작업이다." 나는 자네에게 물었지. 우리 직업도 "단단한 널빤지를 강하게 서서히 뚫는 작업"이 아닐까? 자네는 망설이더군. 자네는 언젠가 편지에 이렇게 쓴 적이 있었지. "나는 학문이라는 단어 앞에서 조금 소심해진다네." 그러면서 "말할 수 없는 것에 대해서는 침묵해야 한다"는 비트겐슈타인의 말을 인용했지. 자네는 늘 이론 앞에서 망설였어. 열정과 책임감, 균형감. 그래, 이 세 가지는 자네도 인정하려고 했지. 그건 분명하고 당연하다고 말이야. 자네는 자네 아버지가 가끔 걸려 넘어진 건 균형감을 잃었기 때문이라는 말도 했어. 하지만 우리 두 사람은 곧 안심할 수 있었지. 에른스트 로볼트는 바로 "넘어지면서 배운다"는 괴테의 통찰을 따랐으니까.

나는 자네에게 물었지. 지금 조용한 라비니에서 볼테르 주치의*가 머물던 제네바 호수가 내려다보이는 멋진 별장에서 "직업으로서의 출판인"에 관한 글을 써보지 않겠느냐고. 아니, 자네는 생각도 하지 않는다고 했지. 그리고 내 생일에 했던 말을 다시 되풀이하더군. 절대 잊을 수 없는 "한 출판인에게 바치는 사랑 고백" 말일세. 자네는 말했어. 자기는 문필가가 아니라고. 하지만 나는 이미 해당 주제로 책을 여섯 권이나 썼다고. 그중 "우리 직업에 대한 가장 아름다운 책"을 모르는 사람은 우리 출판계 사람이라고 할 수 없다"고 말일세. 이런 말도 했지. "자네의 새로운 경험을 바탕으로 우리 직업에 관해 다

---

* 제네바에서 활동한 18세기의 저명한 스위스 의사 테오도르 트롱샹(Théodore Tronchin)을 말함. 볼테르, 디드로, 루소 등 프랑스 계몽주의자들과의 이야기를 남겼다.

시 글을 써보게. 구체적으로 주르캄프 출판사라는 토대에서 '우리 출판인의 멋진 직업'에 대해 써 보라고."

직업으로서의 출판인. 누구나 자기 앞에 있는 원고를 조판하고 인쇄하고 제본할 수 있다. 그렇게 만든 책을 광고하고, 주문이 들어오면 책을 구매자와 독자에게 보낼 수 있다. 누구나 그렇게 할 수 있다. 역사를 보면 많은 사람이 그런 시도를 했다. 취미로 시작했다가 전문 출판인이 된 사례도 여럿 있다. 작은 출판사일수록 출판인은 반드시 있어야 하는 존재다. 1인 출판사는 언제나 한 출판인에 의해 운영된다. 반면 대형 출판 그룹은 출판인이 없어도 된다고 생각한다. 출판 그룹이 출판하는 책에서도 그런 생각이 엿보인다.

독일연방공화국*에서 소규모 출판사 혹은 1인 출판사는 해적 출판을 제외하면 1천 개 정도일 것으로 추정된다. 1986년 4월 2일 우리 협회 기관지 『독일 출판 경제 신문』에 이런 기사가 실렸다. "페터 로만은 함부르크 분트부흐 출판사의 해고 통지를 억지 익살로 받아들이고 같이 해고된 동료와 합심해 새 회사를 차렸다." 그러므로

---

*1990년 독일 통일 이전의 서독을 가리킨다.

누구나 출판인이 될 수 있다. 물론 역사적 통계는 성공보다 파산 사례를 더 많이 보고한다. 작가들이 자신의 책을 직접 출판하려는 시도는 대부분 실패했다. 1945년 이후 설립된 많은 새 출판사는 대부분 잡지를 새로 창간하면서 명시적으로 또 강령적으로 "새로운 문학 세상"을 만들겠다고 선포했다. 그러나 오늘날 그 출판사들은 없어졌거나 무의미해졌다. 혹은 출판 그룹에서 명목상의 이름으로만 남거나 그룹의 지극히 작은 일부분 간판으로 남아 있기도 하다. 그러므로 출판인이 되는 것은 그리 쉬운 일이 아니다.

얼마 전 성공한 출판인 하인츠 프리드리히Heinz Friedrich는 자신과 자신의 출판사를 두고 놀라운 말을 했다. 나는 『일요일의 세상』(1986년 3월 30일 자)이 뮌헨에 있는 '독일 문고판 출판사'(DTV) 대표 프리드리히의 말을 정확히 기재했기를 바란다. 『일요일의 세상』에서 프리드리히는 이렇게 말했다. "저는 출판인이 아닙니다. 저는 독자와 글쓴이 편에 있습니다. 책으로 제 호기심을 채우는 것이죠. 우리는 책이 좋아서 책을 내는 출판사입니다." '독자와 글쓴이 편에 있기에 출판인이 아니다.' 놀라운 발언이다. 그 말은 출판인의 일은 읽고 쓰는 것에서 동기 부여를 받지 않는다는 뜻이기 때문이다. 그러니까 출판인은 책을 만드는 감각적인 즐거움이 아니라, 책을 그저 이윤 추구의 대상으로 본다는 것이다. 존경하는 동료 프리드리히가 도대체 무슨 의도로 그런 말을 했는지 생각해본다. 프리드리히는 『문화의 재앙: 서구 문명에 대한 추도사』라는 책을 썼다. (그 후 그는 바이에른 예술 아카데미 회장으로 오라는 명예로운 초빙을 받아들였다. 그 기관은 참으로 '서양'의 기관이었다!) 그는 최근 몇 년 "전면적인 상업화"와 "이윤을 위한 판매 증진 목적의 종이 인쇄물 소비" 강하게 비판했다. (그러나 독일 문고판 출판사의 월간 신간 생산량은 줄지 않았다. 그를 위한 나의 바람과 달리 "이윤 추구 매출"도 줄지 않았다). 하인츠 프리드리히는 "나는 출판인이 아니다"라고 했다. 그렇다면 과연 출판인은 무엇을 하는 사람인가?

테오도어 W. 아도르노는 출판인 페터 주르캄프의 업적이 "모순적"이라고 보았다. 아도르노에 따르면, 주르캄프는 "팔 수 없는 것을 팔고, 성공을 추구하지 않는 것에 성공을 찾아주고, 낯선 것을 가까운 것으로 만든다." 이 말은 출판인의 직업을 설명하는 특별히 구체적인 지침은 아니나 이 직업의 모순을 짚고 있다. 낯선 것을 가까운 것으로 만들고 정신적인 것을 위해 경제적으로 일하는 시도는 출판인의 직업과 연관이 있다. '출판인'과 '출판하다'의 어원은 무엇일까? 독일어에서 '출판하다'를 뜻하는 'Verlegen'은 원래 '책의 인쇄 비용을 미리 지급하다, 내놓다'라는 의미였다. 14세기에 '출판인'을 뜻하는 'Verleger'는 원자재를 조달하고 신용으로 비용을 융자해주고 미리 내놓는 출판 시스템 운영자를 의미했다. 한편 노동자들은 가내 수공업으로 그 원자재의 질적인 향상을 만들어냈다. 18세기에 그런 분산형 기업은 종종 'Fabrik'이라고 불렸다. '공장'을 뜻하는 'Fabrik'은 수공업자와 예술가를 뜻하는 라틴어 'faber'와 함께 '만들다'라는 의미의 'fabricare'에서 유래했다. 실제로 이 시스템은 공장제 수공업과 함께 초기 자본주의 공장 제도의 중요한 토대이다. 'Faber'와 대장장이의 손재주에는 언제나 운이 따르기 마련이라는 건 일찍이 증명된 사실이다. 로마 역사가 살루스티우스Sallustius가 전하는 정치가 아피우스 클라우디우스Appius Claudius의 격언을 보자. "모든 인간은 자기 행운을 만드는 대장장이다"(suae quisque fortunae faber est). 분명 출판인도 자기 행운을 만드는 대장장이일 것이다.

우리는 독일 문고판 출판사의 복제본 덕분에 『그림 형제 사전』을 집에서 접할 수 있다. 'verlegen'(출판하다)과 'Verleger'(출판인)에 대한 설명은 빽빽이 인쇄된 세 페이지 반에 실려 있다. 이를 통해 우리는 '다른 사람 책의 인쇄 비용을 부담하다'라는 'verlegen'의 본래 의미가 오늘날까지 유지되고 있음을 알 수 있다. 물론 사전의 어원 설명은 'sich verlegen'(자리를 옮기다), 'hinlegen'(놓다), 'auslegen'(진열하다, 해석하다), 'zusperren'(잠그다), 'widerlegen'(반박하다) 등 많은 의미를 제시한다. 증명할 수 있는 가장 오래된 용례는 "옮겨서 없애다"(durch verlegen beseitigen)이다. 특징적으로 다른 의미 뉘앙스를 하나 인용하자면, 루터는 'Verlegen'을 'Widerlegen'(반박하다)의 의미로 즐겨 사용했다. 그는 출판인을 자신의 적으로 보았다. 루터는 이렇게 말했다. "보라, 이 출판인들이 비기독교적인 아첨으로 거룩한 교황에게 어떻게 경의를 표하는가." 이런 말도 했다. "신을 모독하는 자와 출판인 들이 품위 있는 교사들에게 폭력과 부당한 짓을 저지른다." 루터는 "비기독교적이고 이단적인 출판인" 이야기를 했다. 여기서 우리는 출판인들이 새로운 기계식 책 제작 방식이 발명되자마자 그 덕분에 저서가 널리 전파될 수 있었던 사람들의 공공연한 비판을 받았음을 알 수 있다. 루터와 종교 개혁은 새로운 책 제작 방식이 없이는 생각할 수 없다.

그런데 책에는 애초부터 또 다른 동반자가 있었다. 바로 카산드라다. 새로운 매체가 등장할 때마다 책의 종말이 예견되었다. 특히 20세기에 들어서 라디오와 무성영화, 유성영화, 텔레비전이 등장하고, 오늘날 새로운 미디어 시대에 이르러 위성 방송, 음성 및 영상 녹화 카세트, 화상 디스크 등이 등장하면서 책의 종말이 더 많이 거론되고 있다. 1970년 캐나다의 미디어 전문가 마셜 매클루언은 책의 종말이 1980년에 올 거라고 예언했다. 그러나 1980년 12월 31일, 사망한 것은 책이 아니라 마셜 매클루언이었다. 그가 운영하던 토론토의 '문화와 기술 연구소'도 문을 닫았다. 이제 격변하는 우리 시대에서 책은 새로운 경쟁자들을 만났다. 하지만 경쟁은 즐거움을 주고 창의성을 자극하는 법이다.

50년 전, 소설가 헤르만 브로흐는 현대 소설이 저급하고 감상적인 대중적 문화 생산물 키치의 물결에 맞서 영웅적인 싸움을 벌이고 있다고 말했다. 그리고 종국에는 키치가 소설을 짓눌러 버리지 않을까 하는 두려움을 토로했다. 그러나 그런 일은 일어나지 않았다. 적어도 아직은 일어나지 않았다. 새로운 매체와 그 매체 안에서 끊임없이 벌어지는 허영심의 대목장에서 키치는 점점 더 유력한 미학이 되고, 점점 더 일상의 도덕이 되고 있다. 상황이 그렇기에 반대 운동이 활발하게 일어날 것이다. 독자와 독서는 그런 시대의 흐름에 저항하는 강력한 도구다. 외부에서 조종하는 프로그램이 범람할수록 사람들은 개인적이고 자율적인 독서 행위를 더 갈망한다. 컴퓨터가 우리의 일상 속 깊이 들어올수록 우리는 컴퓨터가 우리를 지배하지 않고 우리가 컴퓨터를 지배하도록 주의해야 한다. 체스 컴퓨터는 수많은 해결책을 알고 있으나 직관은 없다. 인간은 계산기가 아니다. 인간의 자유의 원천은 여전히 책이라는 매체의 시적 정신일 것이다.

물론 우리는 시대의 변화를 인정해야 한다. 앞으로 변화하는 정보 전달 방식에서 종이가 필요하지 않을 수 있다는 사실을 받아들여야 한다. 그러나 시간이 흘러도, 수십 년 수백 년이 흘러도 남는 것, 유효한 것은 여전히 책이라는 매체일 것이다. 그러므로 우리 출판인들은 스위스 작가 아돌프 무슈크Adolf Muschg의 말을 담담하게 받아들인다. 무슈크는 우리가 "구텐베르크와 비디오 사이

무인지대에 정착한 공룡"이라고 했다. (하지만 반대 움직임도 이미 나왔다.『매니저 잡지』1986년 1월호에는 이런 기사가 실렸다. "공룡의 아들들이 온다. 피퍼 출판사와 주르캄프 출판사에서 두 아들이 개성 강한 선대의 유산을 이어받는다.")

우리는 그렇게 쉽게 멸종되고 싶지 않다. 우리는 "책을 만드는" 열정적인 욕망에 사로잡혀 있다. 책을 만든다는 것은 작가들이 느끼고 경험하고 꾸며내고 연구하여 거르고 창조한 언어의 그물망을 토대로 이루어지는 일이다. 하지만 책을 만든다는 것은 책이 정신적인 재산으로 다시 독자의 손에 들어가기 전에 시장에서 "상품"이 되는 단계를 존중하고 사랑하는 것이기도 하다. 한 사회학자가 말하듯이 그 단계는 책이 "상업 자본주의적 이용 가치의 도구"가 되는 단계이다. 그것은 베르톨트 브레히트가 모순어법으로 탁월하게 표현하듯이 "책이라는 신성한 상품"이 되는 단계이다.

그러므로 출판인은 책을 만드는 열정과 능력이 있는 사람이다. 그는 작품의 창조적인 탄생 과정, 책의 외양과 그 본질에 관심이 있다. 그뿐 아니라 책이 상품으로 변모하는 경제적, 기술적 과정과 책이 세상에 미치는 소통적 영향과 개별 독자에게 미치는 개인적인 영향에도 관심이 있다. 출판인은 작가와 독자 사이에서 책이라는 상품을 선정하고, 책의 판매 가격을 정하면서 벌써 그 상품의 물질적 가치를 확정한다. 그러나 그는 책의 정신적 가치가 물질적 가치를 영원히 훨씬 더 능가하리라는 것을 알고 있다.

이와 관련해 폴 발레리의 말을 들어보자. 발레리는 콜레주 드 프랑스에서 진행된 "시학 강의" 취임 강연에서 문학사에서 영광의 한 페이지를 장식하는 데 필요한 일을 하는 사람들을 두고 이런 추측을 했다. "그들이 그런 일을 이루었다면 이는 언제나 서로 독립적이라고 볼 수 있는 두 조건이 함께 영향을 미쳐 이룬 것이다. 그중 하나는 당연히 작품 자체의 생산이다. 다른 하나는 생산된 작품의 진가를 알아보고, 작품이 명성을 얻도록 힘을 보태고, 전달과 보존, 영원한 가치를 보장하는 사람들이 작품의 어떤 가치를 생산하는 것이다."(폴 발레리, 『문학의 이론』, 주르캄프 총서, 474권, 207쪽)

출판되는 책의 양을 살펴보자. 1951년 독일연방공화국에서 출간된 신간과 재판 도서는 총 1만 4,094권이었으며, 1986년에는 6만 3,679권이었다. 이 중 좁은 의미의 순수 문학 작품 신간과 재판은 약 9천 권에 달한다. 이 모든 책을 읽을 수 있는 사람은 아무도 없다. 출판인과 편집자, 서점 직원, 비평가, 도서관 사서, 독자도 읽을 수 없다. 출판 통계를 좀 더 세부적으로 보면, 재판을 제외한 진정한 신간은 6,188권인데 그중 절반이 번역서다. 현재 연방공화국에서 약 6천 명이 글을 쓰고 발표한다. 그러니까 통계에 따르면, 독일 작가는 2년에 책을 한 권 발표한다. 물론 정말 창조적인 과정에 대해서 통계는 말해주는 것이 없다.

이를테면 긴터 그라스Günter Grass의 소설 『암쥐』는 그 전 작품과 8년의 간격을 두고 나왔다. 페터 한트케의 신작 『반복』도 그 전 작품과 3년의 간격을 두고 나왔다. 반면 토마스 베른하르트는 1년에 초연 연극 두 편과 책 세 권을 내놓았다. 마르틴 발저는 1985년 네 권을 발표했다. 그러나 막스 프리슈와 볼프강 쾨펜 같은 작가는 오랫동안 신작을 내놓지 않았다.

상품이 된 모든 책이 "신성한 상품"이 되는 것은 아니다. 표지 두 장 사이에 들어간 모든 것이 고결한 정신적인 가치를 얻는 것도 아니다. 많은 책, 어쩌면 대다수 책이 12월 31일의 벽을 넘지 못한다. 한 계절의 벽을 넘지 못하는 책도 많다. 출판계에서는 시즌 판매가 없어서 그 책들은 출판사로 돌아가 대형 고서점과 중고서점과 할인 매장으로 보내진다. 여기서 과잉 생산, 질이 양으로 전환되는 문제, 시장 조작의 가능성과 함께 문학의 상업화 이야기를 할 수 있지 않을까? 분명 그런 위험이 존재한다. 그러나 강력한 두 기관이 그런 위험을 통제하고 있다. 우선 문학책의 창조자인 작가는 글을 쓸 때 시장 법칙을 신경 쓰지 않는다. 작가는 자신의 경험을 쓰고, 자기 자신을 쓴다. 문학 출판인은 그것에 적응하는 데 이골이 나 있다. 두 번째 기관은 구매자와 독자 자신이다. 지난 10년 독자는 점점 더 깨어 있고, 성숙해지고, 어쨌든 더 까다로워졌다. 어쩌면 책과 경쟁하는 다른 매체의 등장으로 그렇게 된 것일지도 모른다. 독자는 위기와 방향을 모색할 때 책은 여전히 스스로 해결책을 찾는 데 도움을 주는 가장 훌륭한 매체라는 사실을 그 어느 때보다 분명히 깨닫고 있다. 출판사는 자사의 책들을 시장에 내놓을 수 있을 뿐이다. 구매를 결정하는 것은 구매자의 몫이다. 따라서 출판사는 책을 내놓으면서 민주주의적 조정에도 직면한다. 이는 비교적 적은 비용으로 이루어진다.

    출판인의 가장 중요한 과제는 끊임없이 출판사를 생

각하는 것이다. 그러니까 출판인은 출판할 작가와 작품을 결정하고, 자신이 선택한 작가와 연대하고, 그의 책을 위해 공공연히 힘쓰고, 그 작가와 동일시하자고 결정해야 한다. 출판인은 아닌 것은 아니라고 말해야 하고, 확신할 수 없는 작가와 원고는 포기해야 한다. 출판인은 "자신의 책들"과 "자신의 작가들"과 더불어 출판 프로그램을 짜야 한다. 그런 고백을 하는 상황에서 문학 작가들 사이에 민감한 관계나 난처하고 냉랭한 관계가 생길 수 있음을 유의해야 한다.

여기서 우리는 "자신의" 책이라는 소유격 표현에 주목해야 한다. 출판인은 어디서 "자신의" 책과 "자신의" 작가를 발견할까? 원고를 수용하거나 거절하는 "확실한" 원칙이 있을까? 출판인이 가장 많이 받는 질문이다. 그러나 출판인은 종종 질문자에게 실망을 줄 수밖에 없다. 일관된 원칙은 존재하지 않는다. 중요한 건 작품의 본질과 형식이다. 브레히트는 작품의 본질과 관련해 "한 가지 제한"을 제시했다. "전쟁을 찬미하거나 불가피하다고 주장하고…… 민족 간의 증오를 조장하는 글"은 안 된다고. 형식, 그러니까 겉모습과 외양은 내용의 표현으로 평가될 수 있어야 한다. 그런데 출판인은 자신이 선택한 원고를 어떻게 "자신의" 책으로 만들고, "그의" 책은 독자의 손에서 어떻게 "독자 자신의" 책으로 변모하여 독자에게 영향을 미칠 수 있을까? 책의 영향을 두고 카프카는 "책은 우리 안의 얼어붙은 바다를 깨는 도끼"가 되어야 한다고 말한다. 토마스 만은 1917년 반어적으로 이렇게 말했다. "우리는 책에서 항상 오직 우리 자신을 발견한다. 그런데도 늘 큰 기쁨을 느끼며 작가를 천재라고 부르니 참으로 이상하다."

그렇다면 이제 출판의 세 단계를 살펴보자.

1. 작가와 원고의 탄생.

2. 원고는 책이 되고, 상품이 된다.

3. 상품은 독자의 손에서 다시 정신적인 자산이 된다.

②

작가와 원고의 탄생

글쓰기 과정이 쓰지 않는 것과 함께 시작되듯이 출판 과정은 출판하지 않는 것과 함께 시작된다.

1986년 2월 28일 페터 한트케는 신작 『반복』을 끝냈다. 원고에는 각각 집필 날짜와 바깥 온도, 12시 20분에 집필을 끝냈다는 기록이 표시되었다. 다음 날, 그러니까 3월 1일은 토요일이었는데 한트케가 내게 전화로 일요일에 자신이 있는 잘츠부르크로 와서 원고를 읽을 수 있느냐고 물었다. 나는 거절할 수밖에 없었다. 150페이지에 달하는 빼곡히 쓴 원고였다. 그걸 자세히 읽으려면 며칠은 걸릴 터였다. 더욱이 제네바로 출장을 가야 하는데다가 그다음 며칠은 유레크 베커Jurek Becker의 새 장편소설 『브론슈타인의 아이들』 원고를 읽어야 했다. 3월 8일에 베커와 만나기로 약속했기 때문이다. 그래서 한트케에게 원고를 보내 달라고 부탁했다. 가능하면 원본을 보내라고 했다. 한트케는 원본 원고를 보냈다. 그런데 원본이 우편으로 잘츠부르크에서 프랑크푸르트로 오는 도중 분실되었다. 원고는 지금까지도 행방이 묘연하다. 그래서 급사가 잘츠부르크에서 복사본을 받아 와야 했다. 복사본은 3월 13일 프랑크푸르트에 도착했다. 나는 읽고 또 읽었다.

새 문학 작품을 원래의 원고 상태로 읽는 건 언제나 특별한 경험이다. 작가가 직접 쓴 철자와 단어, 줄, 문단 구분, 장들, 밑줄, 개인적인 메모에는 순수한 어떤 것이 깃들어 있다. 천진난만한 것, 손대지 않은 것, 때 묻지 않은 것, 그렇다, 백지 같은 어떤 것이 깃들어 있다. 그것은 오롯이 작가와 그의 첫 독자만 누릴 수 있는 것이다. 3월 16일 일요일 나는 한트케의 집을 찾아갔다. 그것은 출판인에게 운명의 순간이다. 이야기인 동시에 이야기에 관한 탐구인 한 시적 작품에 매료되는 순간이다. 소설의 주인공은 고향을 찾고 이야기하는 과정에서, 이야기의 신화에서 그 고향을 발견한다. 신화는 곧 언어요 담화요 이야기다. 이 작품의 서사 구조는 세 부분으로 구성된 제단화와 비슷하다. 제목 "반복"은 '예전에 이랬다'를 반복하는 것을 의미하지 않는다. "반복"은 시작을 다시 불러오는 것, "시작하라"는 촉구를 의미한다. 우리는 텍스트에 대해, 구체적으로는 텍스트의 구조와 장르 표시, 부제에 관해 이야기했다. 그런 다음 판형과 장정, 표지 디자인 같은 책의 외관 문제를 논의했다. 한트케는 그런 문제에 특별한 구상을 품고 있었다. 그는 마치 고고학자처럼 단어를 다루면서 자신의 경험을 한 층 한 층 파헤쳐 발굴한다. 그는 표지도 그런 고고학적인 발굴 과정을 보여 주고, 마찰로 인해 음영이 생기고 구조를 보여 주기를 원했다. 책의 정가와 출간 일정도 논의했다. 원고료는 별다른 논의 없이 이미 정해져 있었다. 한트케는 책이 서점에 유통되기 2주일 전에 첫 표본을 받고 싶다고 했다. 그 2주 동안 혼자 책을 갖고 싶다는 것이다. 그날 저녁 나는 비행기로 다시 프랑크푸르트로 돌아왔다. 공항에는 라이문트 펠링거Raimund Fellinger가 마중 나와 있었다. 펠링거는 나중에 잘츠부르크로 날아가 한트케와 텍스트의 문제들을 편집자의 입장에서 다시 의논할 예정이었다.

이미 말했듯이 그것은 출판인에게 운명의 순간이다. 하지만 작가들과 그런 시간을 갖지 못할 때도 있다.

이를테면 원고가 아직 작가의 능력에 걸맞은 최고의 언어적 형식을 보이지 않을 때 우리는 작가에게 원고를 다시 다듬고 길이를 줄이고 새로 쓰라고 제안해야 한다. 잠시 놓아두었다가 나중에 다시 작업하라고 제안해야 할 때도 있다. 혹은 작가에게 작품이 실패했다고 설명해야 할 때도 있다. 이를테면 그의 희곡이 공연될 수 없다고 알려야 하는 경우다. 스위스식 어법이나 오스트리아식 어법은 피해야 할까? 막스 프리슈의 언어는 스위스 방언과 독일 문어 사이의 긴장에서 생명력을 얻는다. 그는 풍자하거나 특정 인물의 성격을 보여 주려는 목적으로 의도적으로 방언을 사용할 때가 많다. (그는 『슈틸러』에서 스위스 독일어를 두고 이렇게 말했다. "……울림이 아름다운 소리는 아니나 흙냄새 나는 매우 사랑스러운 언어다.") 독일민주공화국*에서도 출판될 수 있도록 특정한 문장들을 삭제해야 할까? 출판인이 절대 용납할 수 없는 일도 많다. 이를테면 출판사 소속의 한 작가가 동료 작가들을 부당하게 비판하거나 모욕하는 경우가 그렇다. 생존한 사람이 모욕을 당하면 우리 법과 많은 국가의 법에서 인간의 존엄성을 존중해 인격과 개인의 권리를 법적으로 보호하기 때문이다. 정치인도 마찬가지다. 그런데

---

*통일 이전의 동독을 가리킨다.

책에서 그 법을 위반하는 경우, 작가가 아니라 그 책을 출판한 출판인, 그러니까 대중에 공개한 책임이 있는 출판인이 법의 처벌을 받는다. 특히 출판인이 출판사의 소유주로서 개인적인 책임이 있으면 그렇다. 책 제목을 정하는 문제는 한없이 복잡하다. 물론 대부분 작품을 집필하는 과정에서 자연스럽게 제목이 나온다. 하지만 종종 이상한 제목이 나오기도 한다. 이를테면 한 젊은 작가의 단편집에 "니베스"라는 제목을 달 예정이었다(판매 가능성이 거의 없는 제목이다). 혹은 "하가 추사"라는 제목을 달 수도 있었다(발음도 어렵고 신화 사전을 찾아봐야 '마녀'라는 뜻임을 알 수 있는 제목이다). "파도"나 "연인" 같은 제목은 "암쥐" 같은 독특한 제목과 마찬가지로 제목에 대해 저작권 보호를 받을까? "다음 해 예루살렘에서"나 "반복" 같은 일반적인 표현은 제목으로 법적 보호를 받을 수 없다. 그러나 이미 시장에 나와 있는 책의 제목과 같거나 비슷한 제목의 책을 출판하는 것은 불공정 경쟁 행위이다.

출판인이 작가의 작업에 필요한 물질적, 경제적 기반 마련에 어떤 도움을 줄 수 있는지 하는 문제는 광범위한 주제이다. 그 해답은 작가의 수만큼이나 다양하다. 어떤 작가는 막 탄생 중인 작품에 출판사가 관심을 보인다는 이유로 선금을 원한다. 반면 선금을 1마르크만 받아도 마비되어 글을 한 줄도 못 쓰는 작가도 있다. 앞의 작가는 선금을 출판사가 자신의 경제적 가치를 인정해 재정적으로 참여한 것이라고 이해한다. 따라서 투자가 보상받을 수 있도록 출판사가 작가와 작품을 위해 활동하라고 요구한다. 반면 다른 작가는 선금에서 명백한 종속을 볼 뿐이다. 인세를 매달 나눠서 달라고 하면서 가능하면 몇 년 동안 그렇게 달라는 작가가 있는가 하면, 인세 정산서에 적힌 정확한 금액을 한꺼번에 받고 싶어 하는 작가도 있다. 대다수 작가는 출판인에게 정가는 비교적 낮게 책정하고, 출간 부수는 가능한 한 많이 하고, 인세는 가능한 한 많이 달라고 요구한다. 비합리적으로 많은 초판 부수를 요구하고, 오로지 자신의 책에 광고 예산을 많이 책정해 달라는 작가도 많다. 출판 계약서에는 출판인이 "복제 및 유포"할 의무가 있다고 되어 있다. 그 이상도 그 이하도 아니다. 하지만 "유포"란 무엇을 의미하는가? "비용을 커버하는" 유통과 광고, 홍보, 베스트셀러 목록 등 책을 위한 광범위한 재정적 투자이다. 하지만 책을 위해 개별적이고 개인적으로 애쓰고 비평과 대중에게 책을 "인정받으려는" 시도도 의미한다. 작가의 그런 요구는 종종 시장의 법칙과 서로 충돌한다. 당연히 모든 작가가 토마스 베른하르트의 모토를 따르지는 않는다. 베른하르트는 이렇게 말했다. "돈 문제가 걸리면 천재도 또다시 과대망상이 된다." 작가와 돈 문제. 출판인이 마주해야 하는 광범위한 주제다. 세법상 작가는 사업자다. 부가가치세 납부 의무가 있다. 세금의 측면에서 오랫동안 책으로 "수익 없음"으로 분류되었더라도 책이 한 번 성공하면 그 수익은 가차 없이 과세 대상이 된다. 손실을 보전하거나 이익을 이월시켜주는 배려는 없다. 작품이 탄생하기까지 몇 년이 걸렸을 수 있으며, 이후 몇 년 동안 새 작품을 내놓지 못할 수 있다는 건 고려되지 않는다. 원고료, 권리 지분, 자산 형성, 세금, 사회 보험과 노년 보험. 이 모든 문제를 작가는 사업가처럼 혼자 처리해야 한다. 작가가 글을 쓰는 동기는 당연히 돈을 버는 게 아니다. 작가는 글을 쓰지 않고서는 존재할 수 없다. 우리 세계에 맞서 자신의 세계, 다른 세계를 내놓을 수 없다면, 작가는 자신의 특별한 창조적 민감성으로 인해 망가지고 말 것이다. 막스 프리슈는 이를 "자신을 지키기 위해 어쩔 수 없이 글을 쓴다"라고 표현했다.

헤르만 브로흐가 동료 소설가 프랑크 티스Frank Thiess 에게 보낸 편지에서 설명한 상황은 계속 되풀이된다. 브로흐의 말을 들어 보자. "저는 호사스러운 직업을 수행할 수 없습니다. 그러기에는 제가 짊어져야 할 책임과 짐이 너무 큽니다. 그래서 이 소설(『몽유병자들』 3부작을 말한다)의 판매 가능성과 제가 작가로 성공할 가능성은 아주 중요하고 두려운 문제지요." 브로흐는 그걸 이루지 못했다. 그의 글쓰기의 철학적 기본 개념이 대중성을 가로막았다. 언어와 형식, 실험에 대한 지나친 요구가 대중성에 장애가 되는 작가들도 있다. 그런 작가들은 "판매 가능성"을 이유로 기조를 바꾸어야 할까?

이 모든 질문은 지극히 정당하고 필요하며 본질적인 문제다. 그 해답을 알고, 가능하면 문학 출판사의 첫 번째 원칙을 지키기 위해서는 출판 경험이 필요하다. 어쩌면 공포에 맞서고 업무를 동시에 처리하는 능력이 필요할 수도 있다. 여기서 문학 출판사의 첫 번째 원칙은 문학 문제에서는 작가에게 최종 결정권이 있다고 보되 다른 분야에서는 작가를 객관적으로 설득해야 한다는 것이다. 출판인은 작가를 위해 존재한다는 두 번째 원칙도 중요하다. 출판인은 낮에도 밤에도, 사무실에서도 집에서도, 평일에도 공휴일에도 작가를 위해 존재한다. 출판인은 작가가 공적으로 인정받고, 상과 훈장을 받고, 갈채를 받거나 공연 초연을 하고 항의를 받을 때 작가 곁에 있다. 작가가 비평으로 인해 힘들어하거나 책이 압수당할 때도 마찬가지다. 출판인은 작가가 주택이나 아파트를 매입하거나 임차할 때 조언자가 된다. 때로는 자녀의 대부가 되기도 하고, 때로는 결혼식 증인이 되기도 한다. 12월 24일에 먼 외국의 수도에서 결혼식이 거행되더라도 꼭 참석해야 한다. 때로는 작가의 장례식에서 추모 연설을 하기도 한다. 이를테면 스위스의 아레 강이나 오스트리아의 호수, 이탈리아나 스페인 지중해, 혹은 캘리포니아 태평양에서 작가들과 수영도 한다. 테니스와 체스를 하거나 스키를 탈 때는 조심해야 한다 (이기는 것이 지는 것일 때가 종종 있다!). 출판인은 (파이프 담배를 피우는!) 작가들을 슈미트 독일 총리와의 대화에 초대하기도 한다. 생일날 작가들을 불러 모으고, 재단을 설립하고, 유산을 떠맡고, 본보기가 되는 유고 기록 보관소를 세우기도 한다.

사랑하는 하인리히 마리아 레디히 로볼트, 자네는 그런 관계들을 이상적으로 잘 관리해왔지. 자네가 사랑한 자네 출판사 작가들과 다른 출판사 작가들은 계속 그걸 확인해 주었지.

제임스 볼드윈James Baldwin*은 자네가 "지성과 경이, 지혜의 산물"이라고 감탄했지. 볼드윈은 영어로 이렇게 말했지. "레디히는 무엇보다 별로 출판인처럼 보이지 않아서 인상적이었다. 출판인을 보는 내 견해는 거의 전적으로 뉴욕 매디슨 애비뉴에서 생겼다. 나는 출판인을 생각하면 언제나 이마와 손바닥이 땀으로 축축해지면서 짭짤한 땅콩과 드라이 마티니 속 올리브가 생각나고, 마티니의 즐거운 영향으로 말이 많아지면서 동의했던 어떤 불행한 계약들이 떠오른다. 그들은 출판인이 아니었다. 그 사람들은 단지 술을 어떻게 마셔야 하는지 알고 있다. 실제로 드라이 마티니를 다시는 입에 대지 않겠다고 결심한 날이 왔다. 지금도 나는 마티니를 보면 몸이 부들부들 떨린다. 지금 독일에서 레디히를 처음 만났다. 첫인상은 집안사람들이 무모한 사업을 벌여 큰 손해를 입을 때마다 의지하는 유쾌하고 게으르고

---

* 1924~1987. 인종과 정체성, 성, 계급, 종교 등 복잡하고 민감한 주제를 다룬 미국의 흑인 작가.

부유한 친척처럼 보였다. 찰스 디킨스가 틀림없이 좋아했을 그런 사람 같았다. 나는 토마스 만이 그를 어떻게 보았을지 궁금했다. (사실 궁금해할 필요도 없었다.) 나중에서야 깨달았다. 내가 레디히에게서 그렇게 놀랍게 여기고 따뜻하게 느낀 점은 그의 대단한 관대함이었다. 진실하고 깊고, 계산이 전혀 없는 관대함이었다. 그러면서도 그 관대함은 묘하게 경이로우면서도 지혜로운 지성의 산물이었다."

존 더스 패서스*는 자네의 "다채롭게 생기를 불어넣는 에너지"를 칭찬했지. 인류의 운명을 늘 가슴에 품고 사는 이 작가는 자네에 대한 기억을 함부르크 대홍수 이야기를 하면서 시작했다네. 패서스는 영어로 이렇게 말했어. "나는 그 사람을 딱 한 번 만났다. 1960년대 초 함부르크를 물바다로 만든 큰 폭풍이 몰아치기 며칠 전이었다. 그가 저녁 식사에 초대했다. 사무실이 있는 작은 교외 마을로 오라고 했다. 그의 친구들과 동료들이 함께한 자리였다. 내가 독일과 독일어를 잘 몰랐기 때문일 수도 있지만, 만약 선서하고 증언해야 한다면 우리는 그날 저녁을 분명 서커스 천막 안에서 보냈다고 맹세할 수 있

---

* 1896~1970. 실험적인 서술 기법과 사회 비판적 시각으로 미국 자본주의, 노동자 계층, 부패한 정치 등을 심도 있게 다룬 미국의 모더니즘 소설가.

다. 대화의 공중곡예사들, 줄타기 묘기, 광대들, 무모한 도약, 대포알처럼 툭 튀어나와 전혀 뜻밖의 국가의 국기를 흔드는 이상한 사람들. 레디히 로볼트 씨는 몇 번의 깔끔한 공중제비로 커다란 공식 살롱의 기다란 측면을 굴러가면서 행사를 시작했다. 손님들이 저글링 묘기, 날쌘 손놀림, 다채로운 언어로 공중부양을 펼치는 가운데 위스키와 기막히게 훌륭한 음식, 라인 포도주, 샴페인이 오갔다. 정말 다채로운 에너지였다! 파티가 나이트클럽으로 옮겨 갈 즈음 나는 그만 잠에 굴복했다. Danke schön(감사합니다). Grüss Gott(안녕하세요), 레디히 로볼트 씨."

헨리 밀러Henry Miller*는 자네를 "나의 용감하고 완벽한 친구", "라인베크의 헨리 왕자"라고 부르며 자네가 "소중한 가치를 알아보는 대담한 감각"을 지닌 "만족을 모르는 배고픈 독자"라고 보았지. 밀러는 영어로 이렇게 말했어. "라인베크의 헨리 왕자의 60세 생일을 맞이해 파리에서 그에게 갔다. 주님을 찬양하라! 아름다운 사람, 상냥한 영혼, 이해심 깊은 마음. 가치를 알아보는 예리한 감각을 지닌 욕심 많

---

*1891~1980. 자유로운 문체로 성(性), 자본주의의 병폐, 예술가로서의 고뇌 등을 묘사한 미국의 소설가.

은 독자. 『뉴욕 타임스』를 포함해 모든 것을 읽는다. 밤새도록 먹고 마시고 노래하고 춤추고 앞으로 뒤로 공중제비를 넘고 마음이 내키면 케이크워크 춤*도 출 수 있다. 언제나 정각에 사무실에 나와 비서 세 명에게 동시에 받아쓰기를 시킨다. 열정에 차 있고, 아이디어가 넘쳐흐른다. 율리우스 카이사르 같은 사람이지만 그의 손짓이나 호출에 움직일 군대는 없다. 우리는 프랑스 남부 소미에르 한복판 야외에서 만났다. 그를 보자마자 나는 우리가 피를 나눈 형제라는 걸 알았다. 우리는 프랑스와 독일에서 짧은 여행을 함께 했다. 달려드는 모기떼와 카오스(가르 지방), 달의 반대편에 있는 뮐른, (말을 타고) 카마르그 같은 낯선 곳을 여행했다. 세트에 있는 폴 발레리 묘지 방문은 특별했다. 우리는 거기 앉아 죽음의 형제와 영혼의 윤회를 두고 이야기했다. 어디서 먹거나 마시든 헨리 왕자는 말하고 또 말한다. 마치 『아라비안 나이트』나 『폼페이 최후의 날』을 읽는 것 같다. 비올라, 하모니카, 첼레스타**를 위한 음악적인 말. 그가 건드리는 것은 모두 기억과 향수, 데자뷔의 마술적 특색을 띤다. 마지막으로, 그렇지만 마찬가지로

---

* 19세기 미국 남부에서 흑인들이 백인 상류층을 풍자하며 추던 과장되고 우아한 스타일의 춤.
** 종소리 비슷한 소리를 내는 작은 건반 악기.

중요한 탁구가 있다. 로볼트 출판사에서 치는 탁구! 그는 모든 직원에게 권하고 명령까지 하면서 그의 저자, 다시 말해 나와 탁구를 하라고 한다(Tous ses employées invités, commandés même, de jouer avec son auteur, c'est-a-dire, moi). 그와 같은 출판인이 또 어디 있겠는가? 그들은 버팔로와 함께 사라져버렸다!"

왕자의 태도에는 뭔가 있어. 이 점에 대해 헨리 밀러와 마르틴 발저는 의견이 일치하지. 발저는 자네에게서 "하인리히 왕자*의 체질을 가진 팔스타프**"를 본다네. 발저는 이렇게 말했지. "내 기억엔 세 번째로 마인츠였던 것 같다. 마찬가지로 1953년 47그룹*** 모임에서 나는 낭독을 했다. 강연장을 나가려면 넓은 계단을 지나서 가야 했다. 그 계단이 직각으로 꺾이는 지점에서 우연히 그가 내 옆에 서게 되었다. 그는 나를 처음 보는 것이었다. 그가 물었다. '로베르트 발저와 친척이세요?' '아니요.' 그러자 그가 말했다. '아쉽군요, 그랬다면 로볼트가 함부르크

---

* 1862~1929. 독일 황제 빌헬름 2세의 동생. 유명한 해군 제독이었다.
** 셰익스피어의 희곡 『윈저의 즐거운 부인들』에 나오는 인물. 유쾌하고 허풍이 심하나 인간적인 매력이 있다.
*** 1947년 제2차 세계대전에서 패전한 독일에서 새로운 문학 방향을 모색하고자 결성된 모임.

행 차비를 대드렸을 텐데.' 그를 낮에 본 것은 그것이 마지막이었다. 그다음부터는 늘 밤에만 만났다. 저녁이 아니었다. 그는 언제나 끈질겼다. 이 밤도 아무 소득 없이, 다시 아무 소득 없이 흘러가겠구나 싶은데도, 똑똑하게 너무 늦지 않게 잠자리로 도망가야 하는데도 절대 달아나지 않는 사람이다. 그런 짓은 하지 않는다. 그는 자신의 목소리를 내놓는다. 쉰 목소리가 아니라 상당히 갈라진 소리다. 그는 밤중에 파란 해마가 그려진 넥타이를 내게 선물한다. 자울가우에서 새벽 다섯 시경 더 이상 아무것도 없는데도 그는 동이 트기 직전 그만 자리를 떠나야 하자 가나안 사람처럼 거의 그대로 남은 술병 하나를 두고 간다. 위스키는 그를 위대한 영국 연설가로 만든다. 그때는 그레이엄 그린Graham Greene*도 제시간에 침대로 갈 수 없다. 고급스러운 바에서도 그는 맥주를 얻어낸다. 그는 어떤 밤의 둥근 천장도 짊어진다. 그에게는 정치 이야기를 들고 가야 한다. 그는 밤의 모든 모퉁이에서 친구들을 만난다. 억지로 끌려온 사람들은 까다롭지 않다. 우리의 대화는 성냥갑처럼 깊다. 가을의 낙엽처럼 목표가 뚜렷하다. 그가 기침하

---

*1904~1991. 영국의 소설가, 극작가, 문학 평론가.

면 우리 눈에는 눈물이 고인다. 하지만 그와 춤을 추고 싶다면 반드시 여성이어야 한다.

그는 하인리히 왕자 체질을 가진 팔스타프다. 만약 견뎌야 할 밤의 수호성인이 아직 없다면 그를 추천하고 싶다."

그레고르 폰 레초리Gregor von Rezzori*는 작가가 자신의 출판인과 진짜 친구가 될 수 있는지 하는 어려운 문제를 파고들지. 사랑하는 하인리히 마리아 레디히 로볼트, 나도 이 문제와 얼마나 자주 마주해야 했는지 모른다네. 레초리는 그 관계가 결국 "서로 무조건 동일시하는 것"이라고 한다네. 레초리는 이렇게 말했어. "동일시는 모든 사랑의 토대이자 원천이다. 사랑(아픔을 이미 겪은 사랑뿐 아니라, 이제 진심으로 함께 아파하는 사랑)은 격언이 말하듯 눈을 멀게 하는 것이 아니라, 오히려 보게 만든다. 감정 경험이 편협한 평범한 사람에게는 지나치게 과장된 감정을 표현하는 광대의 행동처럼 (혐오스럽고 도덕적으로 위험하게 보이지는 않더라도) 우스꽝스럽고 쓸데없는 것으로 보이는 것이 자비를 깨달은 사람에게는 (그리고 마침내 그 모험을 함께하는 사람에

---

* 1914~1998. 동유럽 부코비나 출신으로 독일어로 작품 활동을 한 작가.

게는) 숨 막힐 만큼 대담한 영적 모험으로 다가온다. 고통에 찬 하인리히의 얼굴을 떠올리면 (우리는 지금—안타깝게도!—대부분 서로 멀리 떨어져 지내고 있다), 그렇게 자주 울부짖느라 벌어지고 여전히 바르르 떨리는 윗입술 주변에 언뜻 경험에서 우러나오는 그의 느긋한 미소가 떠오른다. 오직 '자아의 심연'을 깊이 탐구함으로써 얻을 수 있으나 바로 어두운 자율성을 선사하는 경험 말이다. 그러니까 바들바들 떠는 실험용 쥐 안에는 해부학자 선생(Monsieur le vivisecteur)의 악마성이 깃들어 있는 것이다. 모든 것은 아이러니하게 굴절되고, 너그러우면서도 어두운 그림자의 영역에만 특화되어 있지도 않다. 한마디로 인간적이다."

다른 한편 롤프 호흐후트Rolf Hochhuth*는 하인리히 마리아 레디히 로볼트를 "지난 3년 나를 지배했던 지배자"와 동일시했다네. 호흐후트는 이렇게 말했어. "내가 어떤 감정을 느꼈다면 그건 다시 이런 것이었다. 이 남자가 곁에 있으면 마음이 평온해진다는 것이다. 더 정확히 말하면, 내 오른쪽에서 반걸음 앞서 걷는 이 남자와 스키 선수처럼 앞으로 숙이

---

*1931~. 독일 작가.

고 대부분 영국식 정장으로 덮인 넓은 등을 보면 나는 마음이 평온해진다. 내가 익히 알고 있는 걸음걸이로 레디히가 대중이라는 짐승의 굶주린 아가리로 들어가는 동안 그 등은 마치 유연한 장갑판처럼 나를 그 짐승으로부터 보호해 준다는 느낌이 든다. 나는 그 걸음걸이를 레디히를 처음 만나기 오래전부터 알고 있었다. 그러니까 윈스턴 처칠을 보여 주는 주간 뉴스에서 보았다. 두 사람의 걸음걸이는 보폭이 좁고 아주 빠르고 매우 단단해서 말아 접은 우산이 거의 보도에 닿지 않는다. 애초에 우산은 비가 올 때를 대비해 든 것이 아니다. 지금 유행하는 지루한 남성복에는 칼을 차고 나갈 수 없으니까 든 것이다. 우리는 심지어 꽃무늬를 수놓은 그리스 코르푸식 바지 멜빵도 윗옷 속에 숨겨야 한다. 내 생각에 두 사람의 걸음걸이는 그들의 말보다 그들의 사람 됨됨이를 더 정확히 보여 주는 것 같다. 예민하고 몽상적이고 소심한 사람들이—처칠은 플랫폼에서 기차를 기다릴 때 기차가 굉음을 내며 지나가면 늘 쇠기둥 뒤에 숨었다—행동으로 '걸음을 내디딜' 때 그들의 걸음걸이는 결단이 필요했음을 말해 준다."

문예학자 한스 마이어는 자네를 "처음에 도저히 참을 수 없었다"고 공개적으로 밝혔으나 결국 "친구"로 인정했지. 마이어는 작센발트에서 산책하면서 자네를 알게 되었지. 마이어의 말을 들어보자고. "아주 조용하고, 가슴에는 카네이션을 달지 않았다. 갑자기 그가 자기 출판사에서 나온 성공한 책들을 본래 아주 좋아한다는 생각이 들었다. 성공을 거둔 그 책들에서 세상은 아침에는 아직 잘 돌아가고 있다. 그는 그 책들을 두고 친한 사람들이 모인 자리에서는 가끔 농담도 한다. 그러니까 자신의 감정을 살짝 부끄러워하는 섬세한 사람이다. 하지만 그러면서도 하인츠 레디히는 제임스 서버James Thurber*와 사울 스타인버그Saul Steinberg** 그리고 그들 중 가장 훌륭한 시네Siné***! 같은 인물의 블랙 유머를 알아보는 예민한 후각을 지닌 사람이기도 하다. 출판인 로볼트 자신이 그런 그림 이야기를 보관하고 탐욕스럽게 즐기는 것이다. 맬패스David Malpass****와 시네를—거의—비슷한 사랑으로 끌어안고 있는 사람.

---

* 1894~1961. 미국의 소설가, 만화가.
** 1914~1999. 루마니아 출신의 미국 화가, 풍자 화가.
*** Maurisce Alber Sinet. 1928~2016. 프랑스 화가, 풍자가.
**** 1956~. 미국의 경제 분석가이자 전직 정부 관료. 2019~2023년 세계은행 총재를 역임했다.

그 사람은 그 분야를 훤히 알고 있다. 지금 나는 하인츠 레디히를 더 잘 알게 되었다고 생각한다. 그에게 즐거운 존경심마저 느낀다. 그는 모든 중요한 일에서 신뢰할 수 있다. 그런 신뢰성은 수많은 사소한 일에서 산만한 성격과 무난히 공존한다. 그는 기본적으로 품위가 있다. 정작 자신은 그렇다는 걸 의식하지 못한다. 음모는 애초에 가까이 올 수도 없다. 그는 음모를 이해하지 못하고 그래서 본능적으로 음모가 힘을 못 쓰게 만들기 때문이다. 그는 열정적으로 일하는 사람이자 뛰어난 조직자이다. 레디히는 모든 위대한 조직자들이 그렇듯 하루 일과에 꼭 필요한 서류도 제때 올바른 순서로 정리하지 못하지만, 넘치는 아이디어로 국제적인 출판사를 수월하게 이끌 수 있다." 그렇게 작가들의 신뢰를 받는 출판인이라면 자신의 직업을 아주 능숙하게 수행할 수 있지.

직업으로서의 출판인. 가장 중요한 건 작가와의 관계다. 그 관계는 어떤 것일까? 우정인가, 정신적으로 비슷한 사람들 사이의 끌림인가, 어떤 목적을 위한 동맹인가, 곤경을 극복하려는 협의회인가? 호의인가, 보호인가, 의무인가? 즐거움인가, 환상인가, 거짓인가? 나는 "거짓의 시대는 지나갔다"(한트케)는 말을 읽은 적이 있다. "쌍방의 애증 관계"(베른하르트)라는 말도 읽었다. 하지만 계속 이런 말을 읽는다. "나는 당신과 깊이 연결된 느낌입니다." "당신이 찾아오면 정말 좋습니다. 수표를 들고 오는지 들고 오지 않는지는 부차적인 문제지요." "당신의 넓은 등은 제 작품에는 정말 이상적입니다. 당신의 넓은 등 뒤에 있으면 보호받는 느낌이 들어요. 실존에 너무도 중요하기에 사람을 파멸시킬 수 있는 사소한 일들과 거리를 둘 수 있으니까요"(마리안네 프리츠). 출판인은 그런 긴장을 어떻게 견딜 수 있을까? 출판인을 강하게 만들고, 감탄하게 만들고, 사랑하게 만드는 것은 창작의 신비에 대한 경외심이다. 괴테의 『친화력』(하필이면 "선택적 친화력"에서!)에서 오틸리에가 일기에 옮겨 쓰는 격언이 있다. "다른 사람의 큰 장점에 우리가 쓸 수 있는 유일한 대응책은 사랑이다." 물론 괴테의 이 말은 실러의 편지에 나오는 말을 살짝 바꾼 것뿐이다. 실러는 1796년 7월 2일 『빌헬름 마이스터의 수업시대』를 두고 괴테에게 이렇게 편지했다. "이 기회에 정말 생생하게 깨달았습니다…… 뛰어난 사람 앞에서는 사랑하는 것 말고는 다른 자유가 없습니다."

규모가 좀 있는 출판사에서 (나의 경험으로 보면, 장기적으로 작가에게 그런 지원을 할 수 있는 건 규모가 있는 출판사뿐이다) 작가와의 그런 관계는 출판인 혼자 감당할 수 없다. 여기서 중요한 역할을 하는 사람은 문학 출판사의 편집자다. 편집자도 작가와 교유한다. 편집자는 원고를 읽고, 검토하고, 선별하고, 거부하고, 거절한다. 최종적으로 원고를 받아들이려면 출판인의 승인을 받아야 한다. 편집자의 일은 다른 사람들, 그러니까 작가, 펴낸이, 번역가를 위한 것이다.

※ 편집자는 다음을 읽고 검토한다.
자신이 담당하는 분야의 작가들이 보내는 원고, 출판인이 전달하는 원고, 동료 편집자가 교차 검토를 부탁한 원고. 청탁하지 않았는데 들어온 원고도 검토한다. 그런 원고는 연간 약 1,500건에 달한다. 하루에 약 5~10편이 들어오는 셈이다.

※ 편집자는 다음을 읽고 검토한다.

자신이 검토를 요청한 외국어책. 그 외국어책의 평가를 다른 사람에게 맡기고 그 책의 번역본을 읽고 검토할 수도 있다. 편집자는 "자신이 담당하는 작가들"이 신문과 잡지, 화보, 명작선 등에 발표한 글을 읽는다. 출판 환경에서 올바른 방향을 찾기 위해 다른 출판사의 책도 읽어야 한다.

※ 편집자는 쓰면서 읽는다.
편집자는 작가에게 원고의 수정이나 축약 혹은 확대를 제안하기 위해 읽으면서 메모한다. 그러려면 작가의 특징을 파악하는 능력이 필요하다. 작가의 특징을 파악하려면 다시 언어와 문체, 주제에 차별화하여 맞추는 능력이 필요하다.

※ 편집자는 읽으면서 쓴다.
편집자는 내부용 평가서, 출판사 내부의 홍보팀과 영업팀, 대리인들에게 책을 소개하는 글을 쓴다. 책을 알리는 글, 책날개 글, 안내서, 광고 문구를 쓴다. 작가들과 원고 마감일이나 제목 표현을 두고 연락하고, 교정쇄와 조판본을 읽고, 수정하고, 최종 인쇄 승인을 독촉한다.

약 1,300개의 출판사에 약 2,500명의 편집자가 일하고 있다고 추정된다. 그중 약 3분의 1은 여성, 3분의 2는 남성이다. 항상 그랬던 것은 아니다. 예전에 S. 피셔 출판사와 페터 주르캄프 출판사에는 여성 편집자가 없었다. 현재 여성 편집자의 수는 점차 증가하고 있다.

출판사가 집중하는 전문 분야에 따라 편집자의 일도 달라진다. 아동서적이나 요리책, 정원과 집, 등산이나 체스에 관련 전문 서적을 담당하는 편집자는 각각 다른 자격 요건이 필요하다. 이는 학술 서적, 그러니까 법학, 임학, 자연과학, 의학, 경제학을 전문으로 내는 출판사에 특히 중요하다. 실용서적을 출판하는 출판사의 편집자 일은 또 다르다. 실용서적 분야에서는 시장의 빈틈을 찾아내고, 트렌드에 주목하고, 사람들 관심의 추이를 관찰해야 한다. 실용서 편집자는 (부디 그러지 않기를 바라는 문학 편집자와 마찬가지로) 토마스 베른하르트의 다음 말에 감동하면 안 된다. "우리가 어떤 방향을 선택하느냐 하는 것이 중요하다. 결정하는 순간 그 결정은 틀린 것이다."

몇몇 문학 출판사는 인문과학책도 출판한다. 이 경우에도 편집자는 특별한 전문 지식이 필요하다. 이를테면 사회심리학, 사회언어학, 기호학, 민족학, 민족 심리학, 시스템 이론, 자가생성이라는 키워드로 대변되는 최근의 구성주의 담론에 대한 이해가 필요하다. 구성주의 담론은 연구자와 학생에게 신경생리학의 최신 연구 결과를 바탕으로 정신과 사고에 대해 새롭게 성찰할 것을 요구하는 담론이다.

독일 고전작가 출판사 편집자의 중요한 과제 중 하나는 고전 문헌 편집을 맡은 120명의 계약 편집자들이 고전작가 출판사가 작성한 36쪽의 편집 지침을 충실히 지키고 있는지 감독하는 것이다. 그 일을 위해서는 문예학 지식 외에도 조련사의 의지력과 계략이 필요하다!

다시 문학 출판사의 편집자로 돌아가 보자. 문학 출판사 편집자는 어떤 자격이 있어야 하고, 어떤 요구를 받을까? 그는 읽는 것과 쓰는 것을 사랑해야 한다. 많은 편집자가 일하면서 작가와 친구가 된다. 작가가 된 편집자도 있고, 편집자가 된 작가도 있다. 이 모든 것이 편집자라는 직업의 필수 조건은 아니다. 그러나 꼭 필요한 것은 작품의 질적 수준을 알아보는 예리한 감각과 살아 있고 생생하고 끊임없이 발전하는 독일어의 표현 가능성을 알아보는 감각이다.

물론 점점 그런 이들이 드물어지고 있으나 편집자는 폭넓은 교양을 갖추고 있어야 한다. 정말 모든 분야에 관심이 있어야 한다. 영화에도, 좌파와 보수와 환경을 말하는 정당에도 관심이 있어야 한다. 주식 시장의 움직임과 유행의 변화에도 관심을 가져야 한다. 맛있는 음식을 좋아하고, 좋은 포도주를 즐길 줄 알아야 한다. 연극과 영화와 텔레비전 스타를 알아야 하고, 진정한 전문가와 예측가 들 그리고 그 분야를 많이 아는 사람들이 던지는 화두와 키워드도 알아야 한다.

편집자는 읽고, 쓰고, 듣고, 작가와 대화한다. 대화 시간이 한없이 길어질 때도 종종 있다. 모든 작가가 그런 대화가 끝나면 기뻐할 것이다. 모든 작가는 편집자가 그의 글을 완벽하다고 생각하고 형용사 하나를 삭제하거나 그냥 두는 문제를 놓고 싸우지 않는다면 실망할 것이다.

편집자의 과제 중 가장 가시밭길이고 가장 까다로운 것은 단연 번역을 검토하는 일이다. 일반적으로 외국 작가와 직접 대화를 나누는 것은 불가능하다. 작가는 책으로만 존재한다. 원문은 주어져 있다. 그것이 첫 번째 어려움이다. 출판사가 받은 원문이 편집적으로 꼼꼼히 점검한 텍스트였는가? 라틴아메리카 문학의 위대한 작가들은 편집자의 부재를 아쉬워한다. 원고가 처음 넘겨 준 그대로 인쇄되기 때문이다. 이는 많은 나라에서 아주 까다로운 문제다. 설사 작가와의 연락이 가능하고, 그래서 편집자가 작가의 언어로 대화하거나 작가가 편집자의 언어로 대화할 수 있다고 해도 마찬가지다. 그 언어는 책이 번역되는 언어, 새로운 언어가 아니다. 그 외국어의 무한한 섬세함으로 들어가는 것은 그 언어가 모국어가 아닌 사람이 아니고서는 불가능하다.

따라서 만약 편집자가 원문을 읽을 수 있다면 그는 번역본과 원본을 가지고 혼자 작업해야 한다. 그가 원본을 읽을 수 있다면 두 가지가 중요하다. 우선 원문을 순수하게 재현하는 게 중요하다. 원문의 충실한 울림, 문체, 언어성, 음악성을 되살려야 한다. 큰 은유와 복잡한 문장 구조는 말할 것도 없고 가장 작은 표현 하나, 가장 작은 단어 하나도 살펴야 한다. 작은 예를 하나 들어보자. "silence"를 어떻게 번역해야 할까? "침묵"(Schweigen)으로 번역해야 할까, 아니면 "고요"(Stille)로 번역해야 할까? 그럼 베케트의 영화 『silence to silence』는 어떻게 번역해야 할까? 베케트는 "침묵에서 침묵으로"(Von Schweigen zu Schweigen)로 하기로 했다. 물론 문맥에서 의미가 드러나는 경우가 많다. 하지만 만약 작가가 의미를 열어 두고, 대화가 중단되고 침묵이 흐르고 개 짖는 소리도 그쳐 밤의 정적을 더는 방해하지 않는다면?

만약 편집자가 해당 언어를 구사하지 못한다면, 그 언어가 러시아 알파벳이나 중국의 상형문자보다 더 이상하게 여겨진다면, 어떻게 해야 할까? 우리는 다음 전제에서 출발해야 한다. 출판사는 전 세계 모든 언어에 특화된 편집자를 채용하거나 투입할 수 없다. 유럽만 해도 그렇다. 과연 누가 우크라이나어, 라트비아어, 바스크어, 브르타뉴어, 웨일스어, 카탈로니아어, 슬로베니아어, 세르보크로아티아어 언어와 문학의 전문가일 수 있겠는가? 그러므로 편집자에게는 감수자가 필요하다. 그러므로 편집자는 자신이 모르는 언어의 번역본, 기껏해야 자신이 아는 언어로 된 번역본이 있는 정도의 번역본을 검토해야 한다. 이처럼 직접 비교할 수단이 없는 상황에서 번역을 검토하려면 우선 탁월함을 입증받은 번역가가 필요하다. 편집자는 그 번역가를 믿을 수 있다. 그 번역가의 번역은 원문의 충실한 울림으로 이해할 수 있기 때문이다. 편집자는 그 번역의 울림으로 들어가 최대한 예민하게 귀를 기울여 의미와 언어의 조화를 포착해 내야 한다. 그런 극도의 주의력 덕분에 편집자는 자신이 모르는 언어를 번역한 글을 살펴볼 수 있는 것이다. 편집자는 자신이 감지한 모든 사항을 질문으로 바꿔 번역가에게 문의한다. 그러면 번역가는 원문을 근거로 편집자의 질문과 자신의 번역을 다시 점검한다. 뛰어난 번역가와 작업한다면 그 과정은 옳고 그름을 따지는 평범하고 사소한 문제가 아니라, 원작에 봉사하는 것이 된다.

외국 작가가 번역을 감독하는 권리를 주장하는 경우가 종종 있다. 사뮈엘 베케트 같은 언어의 천재라면 당연히 환영할 일이다. 그러나 어떤 독일 작가가 영국 작가의 작품을 번역하는데 그 영국 작가의 독일인 여자친구가 번역에 이의를 제기해야 한다고 생각한다면 그건 성가신 일이다. 더욱이 연극 작품을 번역할 때는 무대 위에서 텍스트를 자연스럽게 말할 수 있는지도 신경 써야 한다. 오늘날 현대어는 특히 빠르게 변화한다. 그래서 번역도 금방 시대에 뒤떨어질 수 있다. 단테는 모든 번역을 거부했다. 다른 언어로 옮기는 과정에서 생기는 손실을 책임질 수 없다고 했다. 반면 T. S. 엘리엇은 자신의 시가 10년에 한 번 새로 번역되기를 바랐다. 한편 버나드 쇼는 자신의 번역가 지크프리트 트레비치Siegfried Trebitsch를 전적으로 신뢰해 오로지 그의 번역만 허가했다. 트레비치의 번역은 1920년대에 큰 성공을 거두었다. 쇼는 트레비치의 번역을 통해 독일에서 먼저 유명해지고 이후 영국에서도 유명해졌다. 그러나 지난 몇십 년 트레비치의 번역의 미흡한 점이 드러나면서 쇼의 텍스트를 새로 번역해야 한다는 결론이 내려졌다. 그러나 그렇게 되기까지 쇼의 후계자들과 작가 협회와 수십 년간 싸움을 벌여야 했다. 조이스, 프루스트, 로르카Gillermo Lorca의 독일어 번역의 역사 혹은 브레히트, 헤세, 브로흐, 호르바트의 다른 언어 번역 역사는 한 편의 모험소설일 것이다.

슐레겔August Wilhelm Schlegel과 티크Ludwig Tieck의 셰익스피어 번역은 지금도 여전히 훌륭하다. 그러나 지난 20년 동안 번역의 가능성과 기술이 놀랍게 발전하고 완성되었다는 건 분명한 사실이다.

책을 출판하는 데 그치지 않고 어떤 출판 프로그램을 구성하기를 표방하는 문학 출판사는 번역 부문에서도 언제나 중요한 작품과 가장 중요한 작품을 출간하려고 한다. 이때 특정 분야에 집중해야 한다. 라틴아메리카 문학을 기획 프로그램으로 출간하려는 출판사는 스페인어와 포르투갈어에 능숙한 편집자들이 꼭 필요하다. 어쩌면 마드리드나 라틴아메리카 현지에서 감각을 발휘하는 편집자도 필요할 수 있다. 가장 이상적인 경우는 작가들 사이에 출판사를 홍보하는 비밀 정보망이 작동하는 것이다. 일본인들은 방대한 독일어 번역 프로그램을 보유하고 있다. 일본에는 헤르만 헤세나 베르톨트 브레히트의 모든 문장이 번역되어 있다. 하버마스의 저서는 독일에서 원고가 집필되면서 벌써 일본어로 번역되기 시작한다. 반면 독일에서 일본어 번역은 많지 않다. 일본 철학자 니시타니 케이지西谷啓治의 『종교란 무엇인가?』의 번역은 번역가가 스승의 일본인 제자들의 도움을 받아 무려 7년 동안 공을 들여 이루어냈다. 문화대혁명 전후에 쓰인 중국의 시와 산문을 독일어로 번역하는 일이 얼마나 어려울지는 누구나 상상할 수 있을 것이다.

편집자는 출판인과 편집부 동료들, 출판사의 다른 주요 직원과 출판사의 "프로그램"을 논의한다. 여기서 "프로그램"은 개별 책의 질적 수준, 출간하는 전체 책의 본질 그리고 프로그램의 균형을 의미한다. 물론 프로그램은 궁극적으로 작가들의 내적인 일정에 따라 결정해야 하지만, 잘 알려지고 기대되는 작품과 의외의 새로운 작품, 유명한 작가와 데뷔 작가, 시장이 쉽게 받아들이리라

예상되는 책과 어렵게 인정받는 책 사이에 균형을 맞춰야 한다. 편집자의 과제는 기대하지 못한 의외의 작품을 기대한 작품으로 만드는 것일 것이다.

출판인 자무엘 피셔가 1914년에 한 말은 지금도 유효하다. 피셔는 이렇게 말했다. "독자가 원하지 않는 새로운 가치를 독자에게 강요하는 것은 출판인의 가장 중요하고도 아름다운 사명이다"

※ 문학 출판사의 편집자가 갖추어야 할 소양은 다음과 같다.

1. 작품의 질적 수준을 알아보는 감각. 그러니까 작품의 언어와 주제의 질적 수준을 보는 감각, 자국어의 표현 가능성과 시대의 화두 혹은 시대의 핵심을 포착하는 감각.

2. 외국어의 특성과 외국어 원본의 언어 및 주제를 자국어로 옮길 수 있는지 파악하는 감각.

3. "책이라는 상품"과 그 영향력을 이해하는 감각. 단순히 문학 작품으로서만이 아니라, 문학으로서 책 시장과 평론가, 독자에게 발휘할 수 있는 영향력을 파악하는 감각.

여기서 "감각"이라고 한 것은 단순한 판단 능력을 넘어서는 것이다. 판단 능력은 지식을 통해 얻을 수 있다. 그러나 감각은 반드시 판단 능력의 연장선에 있지는 않다. 감각과 판단 능력은 문학 자체가 아니라, 출판사가 출판하는 문학을 위한 것이다. 그러므로 출판인과 편집자의 협력과 더불어 출판인과 편집자와 작가의 긴밀한 협력이 필요하다. 물론 출판인과 편집자는 자신들이 작가(그리고 어떤 면에서는 번역가)에게 미칠 수 있는 영향력에는 한계가 있음을 알고 있다. 작가의 "원래 그런 거예요"라는 태도 혹은 "작가에게 최종 결정권이 있다"는 우리의 입장은 정당한 근거가 있다. 시의 정신적 바탕과 주관적인 바탕은 논의의 대상이 될 수 없다. 극적인 긴장을 창출하는 갈등도 마찬가지다. 단편소설의 정신은 비판의 대상이 될 수 없으며, 장편소설과 소설 등장인물의 지혜는 작가에게 이성적으로 문의할 수 있는 수준보다 높다. 그러므로 결론은, 읽고 쓰는 것을 사랑하라.

사랑하는 하인리히 마리아 레디히 로볼트, 자네는 미국 문학과 늘 특별한 관계를 맺어왔지. 번역의 문제와 영어로 된 문학의 독일어 번역 토착화에도 깊은 이해를 보였고. 자네 자신도 뛰어난 번역가였지. 지금도 여전히 그렇고. 앵글로색슨 문학과 맺은 그런 인연은 어디서 비롯된 걸까? 자네는 베를린과 쾰른에서 서점원 교육을 마치고 1930년 유럽에서 가장 큰 서점 중 하나인 런던의 포일 서점에서 수습생으로 일했지. 그때부터 영미 문학과 인연을 맺은 거야. 1930년대 초 자네는 로볼트 출판사에서 영미 문학 분야의 편집자가 되었고. 이미 1946년에 미국으로 학술 여행을 떠났는데 중요한 결과를 가져왔지. 월간 독서 노트 『스토리』 말일세. 이 잡지를 통해 세상과 차단되고 굶주렸던 우리는 위대한 미국 작가들의 몰랐던 작품들을 처음으로 읽을 수 있었지. 1950년 자네는 미국에서 "공부한" 제작 방식으로 최초의 페이퍼백 시리즈를 내놓았지. 로로로 시리즈 말일세. 로로로 시리즈는 독일 책 시장에 혁명을 불러왔지. 가장 중요한 지점은 자네가 1961년 8월 30일 제인 스캐처드Jane Scatcherd, 그러니까 레이디 제인과 결혼한 걸 거야. 자네는 그녀와 함께 이중 언어의 영역에서 25년을 살았지. 내가 자네와 비교하면 형편없는 영어 실력을 제인에게 행동으로 보여 주었던 일은 지금 생각해도 흐뭇하다네.

주르캄프 출판사의 영미 문학 출판이 소박한 편인 것은 (그저 도널드 바셀미Donald Barthelme, 실비아 플라스Sylvia Plath, 주나 반스Djuna Barnes, 셔우드 앤더슨Sherwood Anderson, 거트루드 스타인Gertude Stein, 윌리엄 카를로스 윌리엄스William Carlos Williams, 트루먼 커포티Truman Capote, 에드워드 본드Edward Bond, 버나드 쇼, T. S. 엘리엇, 베케트, 조이스 정도지) 페터 주르캄프와 내가 자네를 존경했기 때문일세. "열렬한 독서광"인 하인리히 마리아 레디히 로볼트 자네를 존경했기 때문이라니까. 로볼트 출판사가 소개한 어마어마한 영미 작가 목록을 존경한 탓도 있고. 그 목록은 제임스 볼드윈, 솔 벨로Saul Bellow, 윌리엄 S. 버로스William Burroughs, 존 더스 패서스, 로렌스 더럴Lawrence Durrell, 윌리엄 포크너, 어니스트 헤밍웨이, 싱클레어 루이스Sinclair Lewis, 노먼 메일러Norman Mailer, 버나드 맬러머드Bernard Malamud, 아서 밀러Arthur Miller, 헨리 밀러, 블라디미르 나보코프Vladimir Nabokov, 유진 오닐Eugene O'Neill, 존 오스본John Osborne, 제임스 퍼디James Purdy, 토머스 핀천Thomas Pynchon, 필립 로스Philip Roth, 존 셀비John Selby, 아이작 바셰비스 싱어Isaac Bashevis Singer, 수전 손택Susan Sontag, 존 스타인벡, 윌리엄 사로얀William Saroyan, 딜런 토머스Dylan Thomas, 존 업다이크John Updike, 커트 보니것Kurt Vonnegut, 에드먼드 윌슨Edmund Wilson, 토머스 울프, 탐 울프Tom Wolfe에 이르지. 그것에 우리가 감히 맞설 수는 없었지. 우리는 미국 문학의 거장들을 자네에게 맡기면서 질투도 하지 않았어. 우리는 종종 주르캄프 문고를 위해 자네한테 라이선스를 얻을 수 있었지. 덕분에 나보코프와 포크너 그리고 내 애독서인 헤밍웨이의 『노인과 바다』를 주르캄프 이름으로 출간할 수 있었지.

1950년대에 미국 여행을 하고 나는 페터 주르캄프에게 세 권의 책을 제안했다네. 그중 한 권은 셔우드 앤더슨의 『와인즈버그, 오하이오』였어. 오하이오 주 가상의 마을에 사는 사람들을 다룬 단편 모음집이었지. 또 하나는 1947년에 출간된 맬컴 라우리Malcolm Lowry의 소설 『화산 아래서』였어. 나는 다양한 시각으로 서술된 작품의 주제에 매료되었지. 사랑과 책임을 못 느끼는 무능력이 불러온 한 인간의 자기 파괴라는 주제 말일세 (로마인들은 지옥 타르타로스를 화산 아래에 두었지). 마지막 작품은 당시 다크 호스였던 제롬 데이비드 샐린저의 소설『호밀밭의 파수꾼』이었다네. 나는 샐린저의 책이 헤르만 헤세와 비교할 만한 청소년의 성장과 고통을 다룬 이야기라고 생각했어. 하지만 내가 제안한 책들은 주르캄프의 눈에 들지 못했다네. 어딘지 주르캄프의 책이 아니라, 로볼트 출판사에 어울리는 책들이라는 거야. "내가 노인네한테 그 책들을 눈여겨보라고 하겠네"라고 하더라고. 하지만 주르캄프는 그러지 않았다네. 그래서 우리 출판사에 아주 잘 어울리는 책 두 권은 주르캄프 출판사 이름으로 나오지 못했지.『화산 아래서』는 1963년 로볼트 출판사에서 출간되었지.『호밀밭의 파수꾼』은 하인리히 뵐의 번역으로 1962년 이후 키펜호이어 운트 비치 출판사에서 출간되어 청춘의 책이 되었고. 그래도 한스 에리히 노사크에게『와인스버그, 오하이오』를 소개할 수는 있었지. 노사크가 이 책을 번역하고는 페터 주르캄프를 설득했지. 그래서 셔우드의 책이 주르캄프 문고로 나왔다네.

자네의 특별한 점을 언급해야겠지. 바로 번역가들과의 작업이지. 자네가 그렇게 말했다니까. 그건 『롤리타』와 함께 시작되었지. 자네는 도저히 "만들 수 없는" "끔찍한" 번역본을 받았어. 그래서 자네는 편집자 쿠젠베르크Kusenberg, 작가 그레고르 폰 레초리와 번역가 마리아 칼손 아우크슈타인Maria Carlsson-Augstein과 티롤로 들어가 거기서 "한 줄 한 줄 새로 번역"했지. 자네는 이렇게 말했어. "나는 번역이 나쁜 책은 나쁜 책이라고 생각한다. 출판인들은 그런 점을 간과한다." 맞는 말이었지. 한때 자네의 편집자였던 위르겐 베커Jürgen Becker는 라인베크 회고록에서 이렇게 보고했지. "그는 번역가에게 번역을 맡겼으나 출판부 전체를 뤼네부르크 숲으로 데려가 처음부터 다시 시작하는 일이 벌어질 수 있었다. 모두 그의 주변에 빙 둘러앉아 있는 가운데 그는 최소 일주일 동안 큰 소리로 낭독하고 받아쓰게 했다. 다른 사람들은 깜빡 잠들지 않았다면 이에 고개를 끄덕거리거나 가로 저었다."

한스 마이어도 번역 문제에 대한 하인리히 마리아 레디히 로볼트의 해박한 지식을 인상적으로 보았지. 마이어의 말을 들어보자고. "프랑크푸르트에서 있었던 일이다. 대화를 나누다가 어떻게 번역 문제에 이르렀다. 그는 귀를 기울이며 그 문제에 집중했다. 나도 귀를 기울였다. 문득 사교계의 사자이자 바의 단골손님 가면 뒤에 몹시 진지하고 열심히 일하는 사람이 숨어 있다는 사실을 어렴풋이 깨달았다. 그는 결코 가벼운 사람이 아니었다."

하인리히 마리아 레디히 로볼트는 펜을 잡을 때가 거의 없었지. 그러나 펜을 들면 주목해야 했어. 한 번은 "모든 작품을 잘 번역할 수 있을까?"라는 문제에 그는 이렇게 대답했지. "번역의 가능성을 두고 다양한 견해가 있다. 리히텐베르크Georg Christoph Lichtenberg에 따르면, '모든 걸 잘 번역할 수 있다.' 그러나 리히텐베르크는 단서를 하나 단다. '직역은 거의 언제나 나쁘다'고. 오르테가 이 가세트Ortega y Gasset는 번역을 '가망 없는 유토피아적 시도'라고 말한다. 그러니까 성체 성사에서 빵과 포도주가 그리스도의 몸과 피로 변하는 성변화聖變化는 불가능하다고 보는 것이다. 플로베르는 시의 언어를 두고 이렇게 말했다. '시인은 단어 선택권이 없다. 그에게는 단 하나의 단어만 존재한다'고. 플로베르의 말을 따른다면, 동의어 사용에 많이 의존하는 번역은 애초에 실패할 수밖에 없다. 정신적인 공생의 가장 아름다운 증거를 보여 주는 고전 번역이 있다. 이를테면 슐레겔과 티크가 번역한 셰익스피어 번역과 괴테가 번역한 벤베누토 첼리니Benvenuto Cellini의 자유로운 번안이 그렇다. 여기서는 금이 금으로 다시 녹여졌다. 그러나 그런 천재는 드물기에 우리는 겸손해야 할 때가 많다. 고故 한스 시벨후트Hans Schiebelhuth의 토머스 울프 번역은 상까지 받았으나 미국식 어법을 잘 아는 사람들에게는 고통스러울 오류를 보인다. 하지만 시벨후트의 번역은 그 외에는 뛰어난 언어적 열정과 강력한 시적 격정으로 최고로 아름다운 반향을 일으켰다. 이 경우에는 미국 남부의 독특한 언어는 심지어 미국 북부에서도 이해하지 못한다는 것이 변명이 될 수 있다. 북부는 남부의 언어유산과 역사적 관계가 없기 때문이다. 평소 뛰어난 번역가 프란츠 파인Franz Fein은 윌리엄 포크너의 『8월의 빛』(Light in August)을 "8월의 빛"(Licht im August)으로 문자 그대로 충실히 번역했으나 그것은 오역이다. 여기서 포크너는 미시시피 지역의 방언을 사용하고 있다. 제목은 '8월의 분만'(Entbunden im August)'으로 번역해야 했다. 임신한 여인의 관점에서 볼 때 8월에 '가벼워진다'는 의미이기 때문이다."

그러므로 이것이 자네의 특별한 점이지. 출판인이 출판할 외국 문학을 직접 읽고 번역가와 함께 번역에 동참해 독일어 텍스트 작업을 함께하는 것 말일세. 자네는 외국의 베스트셀러를 독일의 베스트셀러로 만들 수 있지. 그건 본보기가 될 만한 일이야. 그게 자네의 업적이라네. 자네의 인격에 딱 맞는 일이라고. 하지만 나는 자네를 모방하는 건 경고하고 싶네.

③

원고는 책이 되고, 상품이 된다

이제 원고는 최종 형태를 갖춰 조판과 인쇄에 들어가 책이 되는 단계에 이르렀다. 출판인의 직업에서 새로운 측면이 부상한다. 출판인은 출판사 책상에 앉아 독창자, 현악기 연주자, 트럼펫 주자, 하프와 팀파니와 더불어 출판사 오케스트라의 지휘자가 된다. 연주자들이 작가의 언어를 울려 퍼지게 만드는 연출가가 된다. 출판인은 아침마다 부서장 회의를 주재한다. 부서장 회의는 출판사의 일상 업무를 논의하고 결정하는 포럼이다.

출판사의 일상 업무는 다음과 같다.
원고는 최종 형태를 갖추었으며 출판 결정이 내려졌다. **출판 계약**을 통해 출판 승인과 조건이 명확히 정해진다. 일반적으로 이 계약으로 책의 유포 권리는 저작권 보호 기간까지 출판사로 이전된다. 독일에서 저작권은 저자 사망 후 70년까지 보호된다. 따라서 저자와 출판사 양쪽 모두 계약 조건을 정확히 명시하는 데 관심이 많다. 책 유포의 주요 권리, 특별판, 문고판, 독서 모임, 번역 문제를 명시해야 한다. 갈수록 주요 권리가 되는 부차적 권리도 있다. 이를테면 강연장과 극장, 라디오, 텔레비전, 영화 공연과 아마추어 공연 문제가 있다. 카세트테이프, 비디오테이프, 영상디스크 같은 신매체도 있다. 그 가능성을 제대로 파악도 할 수 없는 위성과 유선을 통한 최신 매체도 있다. 출판사의 권리 및 라이선스 담당 부서 직원들은 소위 말하는 "신매체" 분야의 기술적 발전뿐 아니라, 이와 함께 계속 증가하는 저작권 문제도 파악하고 있어야 한다. 복잡한 미국 **저작권 시스템**과 오스트리아, 스위스, 독일민주공화국과 다른 나라의 다른 저작권 보호 기간도 알아야 한다. 토마스 만의 저작권은 연방공화국에서 2025년까지 보호받고, 베르톨트 브레히트는 2026년까지 보호를 받는다. 독일민주공화국과 스위스에서는 2006년까지 보호받는다. 추후 별도의 보호 기간이 정해지지 않는 한, 카프카와 릴케는 스위스와 독일민주공화국에서 자유로이 출판할 수 있다. 하지만 해당 지역 내에서 출판할 수 있을 뿐, 다른 나라로 수출할 수는 없다. 프랑스는 자국 작가의 활동이 두 번의 세계 대전 시기와 겹치는 경우 저작권 보호 기간을 연장한다. 폴란드는 30년, 스페인은 80년 동안 저작권을 보호한다. 유럽법은 또 다른 문제다. 유럽법은 모든 점에서 국가법보다 우선하는 상위법인가? 많은 점에서 상위법인가, 아니면 그 어떤 경우에도 상위법이 아닌가? 이를테면 유럽법이 우리 주르캄프 출판사와 책 문화에 매우 중요한 도서정가제 같은 국가의 주요 관행을 깰 수 있을까? 출판사의 권리 및 라이선스 담당 부서 직원들은 직접적인 저작권과 출판사 권리 외에도 출판사 활동과 연관된 법률 분야도 알아야 한다. 이를테면 제목 보호권, 공정 경쟁법, 특허법과 실용신안 보호법, 표절과 명예훼손 문제, 독일의 인격권과 미국의 **명예훼손 법**이 있다. 프랑스인이 하이나르 키프하르트Heinar Kipphardt의 희곡『오펜하이머 사건』을 모델로 모방 작품을 쓸 수 있을까? 프랑스 법원은 우리가 제기한 소송과 가처분 신청을 받아들여 그것을 불허했다. 막스 프리슈의 작품 연습 공연 때 연출가가 수정 제안을 하고 작가가 그 제안을 받아들였다면 연출가는 공동 저자일까? 이 문제에 독일 연방대법원은 작가의 권리를 보호하는 판결을 내렸다. 문학 작품을 연극으로 공연할 경우 극장은 우리에게 "작품에 충실한 공연"을 할 의무가 있다. 이를테면 브레히트의 『서푼짜리 오페라』에서 타락한 상인 피첨을 유대인 상인으로 만드는 경우 출판사는 공연을 중지시키거나 강력하게 수정을 요구해야 한다. 출판 계약은 가능한 온갖 모험을 반영하는 거울이다.

출판사의 **회계**는 모험이 아니라 구체적인 과정을 반영하는 거울인 것이 좋다. **회계 부서**는 출판 계약 체결과 함께 업무에 들어간다. 작가에게 주는 인세 지급 방식은 다양하고 복잡하다. 이를테면 『서푼짜리 오페라』의 인세 지급은 열세 명의 파트너에게 책과 공연, 영화에서 각각 다른 방식으로 집행되어야 한다. 달러와 독일 마르크의 환율 차이도 고려해야 한다. 스위스 작가의 경우는 독일 마르크와 스위스 프랑의 환율 차이도 고려해야 한다. 만약 작가가 사망하고 두 명이나 세 명의 '미망인'이 몇 년에 걸쳐 법적 다툼을 벌이고 있다면 인세는 누구에게 지급해야 할까? 정산 서류는 압류나 담보의 대상이 될 수 있을까? 이것이 회계 업무의 한 측면이다. 다른 측면은 다음과 같다. 출판사의 투자는 계약과 책 제작과 함께 시작된다. 책과 저작권 판매의 최초 수익은 일반적으로 계약 체결 후 1년 반이 지나서 나오기 시작한다. 독일어에서 '출판하다'를 의미하는 'Verlegen'은 '미리 내놓다'라는 의미의 'Vor-legen에서 유래한다. 출판은 먼저 투자하고, 수익을 사전에 정확히 계산할 수 없으며, 인세 정산 방식이 복잡하다. 그런 사정이기에 출판사는 전자식으로 관리되는 데이터를 토대로 언제나 투명하고 현실적인 회계 관리를 할 필요가 있다.

제작비와 고정비용은 정가를 결정하는 중요한 요소다. 정가의 확정은 소비자의 지갑뿐 아니라, 작가의 수입, 대형 서점과 개별 서점과 인터넷 서점의 매출 및 수익과도 연관이 있다. 도서관 예산과 연관이 있다는 사실도 잊으면 안 된다. 비용 구조에 대한 정확한 증빙이 없으면 가장 낮은 정가(현재 주르캄프 문고에서 헤세의 『클링조어의 마지막 여름』은 5마르크, 주르캄프 에디션에서 브레히트의 『갈릴레이의 생애』는 6마르크이다)와 가장 높은 정가(브레히트의 『주석판 전집』 30권은 약 1,500마르크다)도 산정할 수 없다. 전산 자료 시스템을 통해 우리는 비용과 수익 데이터, 인세 회계와 재판再版 출간 담당자에게 중요한 월별 판매 수치뿐 아니라, 출판사의 부문별 매출 현황도 얻는다. 따라서 출판인은 출판사의 다양한 부문별 매출 현황을 언제든 파악하고, 이와 함께 전체 출판사의 재정과 재무 계획, 회계 계산 및 손익계산을 위해 구체적인 자료를 확보할 수 있다.

출판사는 불가피하게 발생하는 손해를 수익으로 상쇄할 수 있어야 한다. 우리는 보조금을 한 푼도 받지 않는다. 우리가 파산하면 그냥 파산하는 것이다. 우리를 돕는 은행은 없다. 은행가의 시각으로 보면 우리는 담보가 없다. 우리가 보유한 책 재고를 이야기하면 은행가들은 이렇게 말한다. "인쇄되지 않은 종이라면 몰라도 인쇄된 종이라니요?" 어떤 공공기관도 우리를 구하려 손을 내밀지 않는다. 우리는 이 나라의 의식 형성에 이바지하지만, 나라의 의식이 로비 역할을 하는 경우는 극히 드물다. 우리도 자유를 원한다. 외부의 어떤 영향도 받고 싶어 하지 않는다. 그러므로 결국 우리는 수익을 내야만 한다. 우리는 만들고 싶은 책을 만들기 위해 재정적으로 탄탄해야 한다. 1964년 10월 7일 『희망의 원리』를 쓴 철학자 에른스트 블로흐는 주르캄프 출판사를 두고 이렇게 말했다. "출판사는 번창하고 정상에 서 있다. 수준은 보상을 가져온다. 요즘 세상에서 이상하면서도 위안이 되는 현상이다."

위험한 게임이고, 진지한 게임이다. 나는 그 게임을 사랑한다.

+ 책의 제작

원고가 최종 형태를 갖추고 계약이 체결되고 재정적 기반이 마련되면 제작 과정이 시작된다. 원고는 책이 되고, 정신적인 것은 상품이 된다. 니체는 제작 방식은 "가장 귀중한 통찰"이라고 했다. 지난 10~20년간 책 제작 방식은 정말 혁명적으로 변화했다. 책의 정가를 상대적으로 저렴하게 유지할 수 있는 건 그런 변화 덕분이다. 신발과 셔츠, 재킷, 저녁 식사, 영화 관람 가격을 비교해 보라. 책은 식료품처럼 필수품이지만 식료품 가격은 아니다. 1987년 제본된 책 한 권의 평균 서점가는 16.43마르크였다. 그 돈으로 무엇을 살 수 있을까? 소박한 점심 식사, 포도주 한 병, 꽃다발 하나 정도다. 그 돈으로는 독일 분데스리가 축구 경기장 입장권 한 장도 살 수 없다! 하지만 오늘 뒤렌마트, 그라스, 한트케, 발저의 초판본을 산다면, 그 책은 서점가를 유지하는 데 그치지 않고 물가 상승과 상관없이 50년 후에는 최소한 다섯 배의 가치를 지니게 될 것이다. 카프카나 로베르트 발저의 책들은 작가 생전에는 헐값에 구할 수 있었다. 그러나 현재 그들의 초판본은 고서점에서 1천 마르크 이하로는 구할 수 없다. 발터 베냐민의 『독일 비극의 기원』("1916년 구상, 1925년 집필. 그때나 지금이나 아내에게 헌정함. 저작권 1927년)"은 1928년 베를린의 에른스트 로볼트 출판사에서 출간될 당시 20마르크였다. 나는 이 책을 10년 전 1천 마르크에 샀는데 지금 호가는 1,800마르크다. 베냐민의 박사학위 논문 『독일 낭만주의 미술비평 개념』은 1919년 베른에서 출판되었다. 베냐민은 이 책의 운명을 두고 친구 게르숌 숄렘Gershom Scholem에게 이렇게 편지했다. "'내 책들도 자신의 운명이 있다(libelli mei sua fata)'가 시작되었다네. 얼마 전 들었는데 아직 남아 있는 내 논문은 베른에서 전부 불태워졌고…… 37부가 창고에 남아 있다더라고. 그걸 손에 넣는다면 자네는 고서점에서 왕의 자리를 맡아 놓은 걸세!" 베냐민의 말이 맞았다. 지금 한 고서점이 그 책을 3천 마르크에 판매하고 있다!

이처럼 경제적 비교 데이터로 볼 때 저렴한 책값은 조판과 인쇄, 제본 분야의 새로운 제작 기술 덕분에 가능해졌다. 종이 원자재 가격은 다른 원자재와 마찬가지로 올랐다. 수작업 및 납 활자 조판은 필름 조판으로 대체되었고, 활판 인쇄는 평판 인쇄로, 수작업과 기계를 이용한 제본은 자동 제본 공정으로 전환되었다. 이제 대량으로 출판되는 책은 사람이 눈으로 점검하지 않아도 생산된다. 전자 제어식 독서 기계가 텍스트를 읽으면 사진기계 방식으로 필름이 제작되고 그 필름을 인쇄와 제본 기계에 넣으면 마지막에 20~22권 단위로 책이 포장되어 나온다. 그런 방식은 2만 부 이상 찍을 때만 가능하다. 젊은 서정시인의 첫 시집은 그렇게 제작되지 않는다. 그러나 현대 인쇄 기술 덕분에 800부 출판도 비록 수익성은 없지만 가능해졌다. 오늘날 필름 조판 방식은 과거 방식과 비교해 품질 차이가 거의 없을 정도로 발달했다. "가장 아름다운 책" 선정 심사위원들이 전자 조판과 오프셋 인쇄로 제작된 책에 상을 주는 경우가 점점 증가하고 있다. 그러므로 자신의 작품이 오직 납 활자로 인쇄되기를 바라는 한 철학자*가 두려워하듯이 "책 문화의 타락"은 아직 발생하지 않고 있다. 아마 앞으로도 발생하지 않을 것이다. 『세계의 가독성』이라는 중요한 책을 쓴 철학자이기에 출판인은 그의 소망을 계속 들어줄 것이다. 비상시에 출판인은 박물관 전시품으로 라이노타이프식 줄 주조

---

* 한스 블루멘베르크(Hans Blumenberg)를 말한다.

조판 기계를 작동시켜야 할지도 모른다. 물론 그런 비용을 책 제작 비용 계산에 넣을 수는 없다.

새로운 기술적 발전 문제에서 많은 경우 작가들을 설득하기는 쉽지 않다. 헤르만 헤세는 주르캄프 출판사가 큰 덕을 입은 작가다. 오늘의 출판사 수준은 헤세를 빼놓고는 생각할 수 없다. 그런데 헤세는 1960년에도 여전히 자신의 책이 옛 독일식 고딕체로 인쇄되기를 원했다. 내가 요즘 독일 젊은이들은 그 글자를 읽지 못하니 결국 작가님 책도 읽지 못할 거라고 비난하자 그는 거칠게 말을 끊었다. "그럼 그들은 더 이상 내 책을 읽으면 안 됩니다." 내가 헤세와 벌였던 유일하게 격렬한 언쟁이었다. 그때 존경하는 거장은 처음이자 마지막으로 벌떡 일어나 자리를 떴다. 1년 후 나는 다시 로마자 가라몽 구체로 된 시험 조판을 용감하게 내놓아 드디어 그를 설득할 수 있었다.

"책을 만드는 일은 하찮은 생업 분야가 아니다." 1798년 칸트는 그렇게 말하며 출판인 프리드리히 니콜라이Friedrich Nicolai에게 그 일을 마치 "공장장"처럼, 그러니까 공장식으로 운영하라고 권했다. 오늘날 독일에서 이 "생업 분야"는 고도로 기술화된 중요한 미디어 산업이 되어 매년 6천만 권의 책을 생산하고 있다. 출판사의 제작자는 타이포그래피와 조판 및 인쇄 방식, 종이의 품질, 제본 과정에 대한 기본 지식은 물론이고 복합 그래픽 기술과 다양한 사진 식자 시스템에 대한 지식과 함께 실용적인 디지털 관리 시스템과 전자 제어 방식의 인쇄 및 자동 제본 기계에 대한 새로운 지식까지 갖춰야 한다. 작가와 번역가, 고전 작품 펴낸이들도 컴퓨터를 점점 더 많이 사용하고 있다. PC로 텍스트를 쓰고 구조를 짜고 저장하고 수정하고 편집할 수 있다. 그 텍스트를 고속 프린터나 타자식 프린터로 출력해 출판사에서 교정할 수 있다. 교정을 끝낸 원고는 다시 작가에게 보낸다. 합의된 양식에 따라 작가는 저장한 텍스트에 교정 내용을 반영한다. 작가는 최종 텍스트가 담긴 디스켓을 출판사에 보낸다. 그 후에는 수정할 수 없거나 엄청난 비용을 들여야 수정할 수 있다. 이 방식의 중대한 단점은 교정의 모든 책임을 작가가 진다는 것이다. 장점은 만약 색인 개념이 미리 코딩되어 있다면 버튼 하나로 내용 색인과 인명 색인을 만들 수 있다는 것이다.

옛 방식이든 새 방식이든 제작 방식은 언제나 계산

에 포함해 고려해야 한다. 따라서 제작자는 무엇보다 계산을 잘해야 한다. 지출하거나 절감하는 비용은 손익계산에서 매우 중요한 항목이다. 제작자는 기술적인 능력과 경제적인 능력 외에도 창의력과 미적 판단력이 있어야 한다. 책은 출판사의 얼굴이다. 레클람의 일반 총서, 75년 전통의 인젤 총서, 마네세 세계문학 총서, 주르캄프 에디션의 무지개, 주르캄프 총서 라인이 그렇다(농담 삼아 자신들 책은 "라인 밖에" 있다는 말이 한때 유행했다). 경제적, 기술적, 일정상 제약이 많아도 서적 장식 기술을 실현하는 과제는 여전히 중요하다. 책의 외양은 그 내용의 표현이다. 그러므로 제작자는 출판인 및 편집자와 긴밀히 협력해야 한다. 작가와 협력해야 할 때도 많다. 서체나 인쇄 지면의 확정과 조판 기술적인 강조 표현 같은 지극히 세부적인 점까지 함께 결정하는 작가도 드물지 않다. 물론 장장 3천 쪽에 이르는 장편소설 작가가 다양한 들여쓰기 정도, 서체 혼용, 생략 부호의 점 사이 간격까지 지시하는 정도까지 가면 안 된다.

책 제작이 넘어야 할 마지막 장벽은 책 표지다. 표지는 책의 성격을 보여준다. 그래픽 디자이너가 초안을 만든다. 그 초안은 한 사람이 아니라 여러 사람을 만족시켜야 한다. 출판인과 담당 편집자, 판매 및 홍보 부서, 영업 사원들, 중요한 경우는 서점 주인들까지 만족시켜야 한다. 그 모든 장애를 넘었더라도 작가로부터 간결한 전보를 받을 수 있다. "이런 거라면 안 됩니다." 몬타뇰라의 헤르만 헤세에게 한 화보 표지를 보낸 적이 있었다. 빌리 플렉하우스가 우리를 위해 처음으로 그린 표지였다. 그런데 헤세가 이런 편지를 보내왔다. "우리의 판단으로 보면, 선생님의 표지는 저속하고 요란합니다. 나의 초기 사진과 후기 사진을 선택한 것은 괜찮아요. 하지만 후기 사진은 형편없고 희화화된 거예요. 정사각형 두 개를 지나치게 강조한 디자인도 문제가 있습니다. 그런 일은 우리 몰래 진행하지 말고 끝까지 조율하고 싸워서 결정했어야 했습니다." 헤세는 자신의 책에 관한 문제에서 그렇게 단호할 수 있었다. 그래픽 디자이너에게 특히 짜증 나는 일은 표지 작업을 끝냈는데 작가가 제목을 바꾸는 경우다. 막스 프리슈는 소설 제목을 "눈이 먼 사람은 릴라일 수도 나일 수도 있다"에서 "나를 간텐바인으로 하자"로 바꿨다. 마르틴 발저는 "지리학"을 "일각수"로 바꾸었고, 유레크 베커는 고백적 성격이 너무 짙은 "나는 어떻게 독일인이 되었는가"라는 제목 대신 더 구체적인 "브론슈타인의 아이들"이라는 제목을 선택했다. 그럴 때마다 장애물 경주를 처음부터 다시 시작해야 했다.

부차적인 문제 하나를 짚고 넘어가자. 문학 에이전트의 업무와 영향력이다. 미국에서 문학 에이전트는 필수적인 존재다. 일반적으로 미국 출판사는 영미권 작품의 출판권과 부차적 권리를 획득하거나 보유할 뿐이다. 번역의 권리는 에이전트가 갖는다. 문고판이나 독서 모임 권한까지 갖는 경우도 종종 있다. 미국 에이전트는 그 밑의 에이전트를 통해 번역 권리를 여러 나라에 양도한다. 유감스럽게도 나는 그런 권리 양도에서 여러 번 매우 나쁜 경험을 했다. 에이전트들이 책에 어울리는 최고의 출판사를 찾는 데 관심이 없었기 때문이다. 그들은 제대로 된 환경을 갖추고 훌륭한 번역을 보장하는 최고의 출판사보다 무엇보다 퍼센트로 계산되는 선금을 가능한 한 많이 받는 데 관심이 있다. 더 나아가 오로지 그것만 중요하게 생각하는 에이전트가 대부분이다. 취미로 에이전트 일을 하는 이들은 진짜 심각하다. 그들을 경계할 필요가 있다! 물론 예외도 있다. 밀라노의 린더 에이전시는 이탈리아에 독일 문학을 소개하는 데 큰 역할을 했다. 바르셀로나의 카르멘 발셀스는 라틴아메리카 문학이 인정을 받고 작가들이 정당한 대가를 받는 데 많은 공헌을 했다.

여기서 다시 하인리히 마리아 레디히 로볼트의 특별한 점을 기억할 필요가 있네. 그는 자신의 출판사를 대형 출판사로 발전시켰지. 이는 꾸준한 문고판 출간을 확대하고 특별한 문고판을 판매해 이룬 성과지. 로로로 문고는 어디서나 볼 수 있었어. 해변과 겨울 스포츠장 매점에서, 국내와 해외 어디서나 볼 수 있었다니까. 물론 그렇게 대중적인 기획은 출판사의 출간 도서목록, 그러니까 성공을 거둔 책 저장소에서 계속 공급받아야 하지. 여기서 놀라운 점은 성공을 거둔 그런 책을 해마다 하인리히 마리아 레디히 로볼트 자신이 직접 선정했다는 사실이라네. 적어도 미국 책 분야에서는 자신이 직접 로볼트 출판사의 전형적인 베스트셀러를 발굴했지. 어떻게 그런 책들을 알게 되었을까?

나는 몇 번이나 그 비결을 물었지. 그때마다 그는 늘 똑같은 대답을 내놓았지. "외국의 동료들이 나를 좋아해서 이것저것 밀어 준다네." 놀라운 말이지만 사실이지. 두 가지 요인이 함께 작용했지. 한편으로 레디히 로볼트는 전쟁이 끝나고 처음으로 여행할 수 있었던 독일 출판이었어. 그러니까 연합군 측으로부터 여행 허가를 받은 최초의 독일 출판인이었다고. 그는 독일 출판인들에게 다시 '입궐 자격'을 되찾아 주었지. 그러니까 사교적인 태도와 출판인으로서 일군 업적, 정치 이력을 바탕으로 독일 출판인들에게 국제적인 인정을 되찾아 주었다고. 다른 한편으로 이를 통해 수십 년 이어지는 우정이 생겨났지. 그 우정은 실제로 그와 로볼트 출판사에 많은 영속적인 인연을 마련해 주었고. 뉴욕의 파라, 스트라우스, 지루 출판사의 로저 W. 스트라우스Roger W. Straus는 "우리가 공유하는 굳건한 유대"(firm bonds we have in common)를 이야기했으며, 마드리드의 카를로스 바랄Carlos Barral은 "자네의 이베리아 친구들의 굳건한 애정"을 이야기했다네. 파리의 클로드 갈리마르Claude Gallimard는 "출판인의 열정"(passion d'éditeur)을 칭찬했고. 갈리마르는 이렇게 말했지. "레디히 로볼트는 100개의 눈을 가지고 있다. 그는 출판과 관련된 모든 일에 관심이 있는 듯 보인다"(Ledig-Rowohlt avait cent yeux: il semblait s'interesser à tout ce qui l'interessait en fonction de l'édition). 갈리마르는 장 폴 사르트르Jean-Paul Sartre, 알베르 카뮈Albert Camus, 시몬 드 보부아르Simone de Beauvoir와 다른 많은 출판사 소속 작가의 저서가 로볼트 출판사의 이름으로 독일어로 출판된 것을 기쁘게 생각했지.

우리와 연관된 맥락에서 흥미로운 점은 잉게와 잔자코모 펠트리넬리Inge und Giangiacomo Feltrinelli의 다음 표현이야. "사랑하는 불쌍한 하인리히. ─ 오랜 우정에도 불구하고 자네가 우리의 큰 물고기를 한 마리도 잡지 못했다는 사실을 생각하면서 이 호칭이 떠올랐다네. 자네는 『닥터 지바고』*도 『표범』**도 못 잡았지. 우리도 그 이유를 모르겠더라고. 사랑하는 부유한 하인리히, 특히 마음이 아픈 건 자네가 자네가 가진 세계의 모든 문을 우리에게 늘 열어 놓았기 때문일세! 하지만 다음 상어가 나타나면 우리는 꼭 자네를 생각하겠네." 자, 다음 상어는 더 이상 펠

---

* 러시아 작가 보리스 파스테르나크의 장편소설. 이탈리아의 유명한 출판인 펠트리넬리의 출판사를 통해 1957년 처음으로 서방에 소개되었다.
** 이탈리아 작가 주세페 토마시 람페두사(Giuseppe Tomasi di Lampedusa)의 소설. 역시 펠트리넬리의 출판사에서 작가 사후 출간되었다.

트리넬리에게 가지 않았지. 하인리히 마리아 레디히 로볼트가 자신의 상어들을 키울 수 있으니 이 얼마나 다행인가.

직업으로서의 출판인. 이제 책이 완성되어 출간된다. 첫 책이 출판인의 손에 들어오고 거기서 다시 빠른 우편으로 저자의 손으로 전달된다. 그때 이미 판매가 시작되고 있다. 책이라는 상품이 서점과 신문 방송 매체를 거쳐 구매자와 독자에게 이르는 중거리 경주가 진행되는 것이다.

+ 책과 시장

기본 과제. 문학 출판사에서 중요한 것은 시장에서 틈새를 찾아내고 그 틈새를 메우는 것이 아니라, 자신의 책에 대한 수요를 일깨우는 것이다. 만약 백합의 원산지가 이집트가 아니라 유프라테스 강과 티그리스 강 사이 지역이며, 인기 있는 정원 식물로서 나일 강으로 전해졌다는 사실이 밝혀졌다면, 백합의 기원에 대한 새로운 실용서가 나와야 한다. 러시아를 여행해 본 사람이라면 누구나 러시아에 환경 보호를 다룬 많은 책이 필요하다는 사실을 알고 있다. 실용서 분야는 일반적으로 겨냥하는 독자층이 명확해 틈새를 찾고 메울 수 있다. 하지만 시집에서 다음 구절을 읽으면

> 누가 여기 사는가
> 이따금 들리는 노랫소리
> 다람쥐 뛰어내리는 소리……
> 누가 이 풀밭을 지나가는가
> 보라. 이 고요한 정적을

나는 이 시의 제목 "5월의 오래된 유대인 묘지"*에서 겨냥하는 독자층을 유추해낼 수 없으며, 그들의 기대의 "틈새"를 메울 수 없다. 우리는 이 정적의 걸음을 그린 아름다운 그림에 대한 욕망을 일깨워야 한다. 과거와 현재, 독일 역사와 지울 수 없는 잘못이 "소리 없이" 존재하는 "시의 법정'과 같은 이 필연적인 시를 원하는 욕망을 일깨워야 한다.

드디어 책이 출간되어 출고를 기다린다. 책이 제작되는 동안에 이미 출판사의 판매 노력은 내부적으로 또

---

* 독일 시인 자라 키르슈(Sarah Kirsch)의 시. 독일의 부끄러운 과거와 고요한 자연의 대비를 통해 비판적 역사의식을 담아내고 있다.

외부적으로 풀가동된다. 판매와 홍보 부서, 언론 담당 부서 직원들은 책에 관한 정보를 환히 알고 있어야 한다. 도서 유통업체 대표 회의는 연 2회 열린다. 출판인과 편집자 들은 종종 저자나 번역가, 펴낸이도 참가한 가운데 며칠 동안 이어지는 정보전에서 유통업체에 책을 '판매'하려고 노력한다. 그들은 유통업체가 서점에 '새 인물 발저'와 '새 인물 뒤라스', '새 인물 아옌데' 외에도 "정적"의 걸음을 팔 수 있도록 설득력 있는 논거를 제공하려고 노력한다. 책이 출고 준비를 마칠 즈음 보통 우리 유통업체는 연방공화국의 1,300개 서점, 스위스의 200개 서점, 오스트리아의 200개 서점을 이미 방문했다. 어쩌면 대다수 서점이 자신들에게 중요한 신간 서적을 이미 받았을 수도 있다. 유통업체가 3주 동안 여행하고 나면 컴퓨터가 초판 출고 수량을 계산할 수 있다. 우리는 프랑크푸르트 도서전까지, 혹은 12월 31일까지 예상되는 판매량을 계산할 수 있다. 마르틴 발저의 『파도』의 초판을 10만 부 찍은 것은 그런 식으로 미리 계산한 것이었다. 하지만 놀라운 일은 계속 벌어진다. 베네수엘라에 거주하는 무명의 칠레 여성 작가 이사벨 아옌데Isabel Allende의 스페인어로 된 첫 소설 『영혼의 집』의 독일어 번역서는 처음 8

천 부를 찍었다. 이 책은 2년 후 베스트셀러 목록에 올랐을 뿐 아니라, 독자의 마음을 사로잡았다. 판매량은 현재 거의 50만 부에 육박한다. 독서 모임들이 이 책의 판권을 얻었으며, 1988년에는 독일어 번역서가 120만 부 이상 유포되리라 예상된다. 엘리자베트 보르헤르스의 시집 『누가 사는가』도 있다. 보르헤르스의 시집은 초판이 소량 출간되었으나 신문과 잡지에 시가 실리고 『프랑크푸르터 알게마이네 차이퉁』의 서평에서 하나의 "사건"이라는 평가를 받았다. 작가는 문학상을 받았으며, 그녀의 책은 바덴바덴의 남서독일 방송국 비평가 25명이 매달 선정하는 10권의 최고의 책 목록에 올랐다. 벌써 2쇄를 찍어야 할 필요가 생긴다. 출판사는 아옌데와 보르헤르스의 경우를 자랑스럽게 생각한다. 그건 용기를 주는 성공이다. 출판사는 그런 격려가 필요하다. 업계 은어로 "먹히지 않는" 책이 종종 있기 때문이다. 그러니까 아예 성공하지 못하거나 단기간에 아무 영향도 내지 못하는 경우이다. 그러나 한 시즌, 한 해, 심지어 한 세기 동안 수용되지 않는 책이 반드시 덜 본질적인 책은 아니다. 새롭고 혁신적인 것은 대부분 동시대인의 인정을 받지 못한다. 여성 작가들에 국한해 말하자면, 마르그리트 뒤라스

Marguerite Duras와 이사벨 아옌데의 센세이셔널한 성공작 옆에는 프리데리케 로트Friederike Roth의 희곡과 프리데리케 마이뢰커Friederike Mayröcker의 시, 게르트루트 로이테네거Gertrud Leutenegger와 울라 베르케비츠Ulla Berkéwicz의 산문이 있다. 모두 시대의 맥박이 뛰는 아직 발굴되어야 할 문학이다.

모든 작가에게 비트겐슈타인의 엄격한 통찰을 요구할 수는 없다. 비트겐슈타인은 레클람 출판사가 자신의 『논리 철학 논고』 출판을 거부하자 마음이 편해졌다. 비트겐슈타인의 말을 들어보자. "그 근거는 다음과 같다. 나는 반론의 여지가 없는 근거라고 생각한다. 내 책은 최고 등급이거나 최고 등급이 아니다. 후자일 개연성이 더 높다. 만약 그렇다면 나는 책이 출판되지 않는 편이 낫다고 생각한다." 비트겐슈타인은 자신의 책이 최고 등급일 경우 "20년 혹은 100년 먼저 출판되든 늦게 출판되든 전혀 상관없다"고 했다. 동시대인들의 평가와 출판사의 평가에 연연하지 않는 독립을 선언하고 있는 것이다. 경험에 비추어 나는 비트겐슈타인에게 동의할 수 없다. 물론 프루스트의 『잃어버린 시간을 찾아서』, 조이스의 『율리시스』, 레자마 리마José Lezama Lima의 『파라다이스』, 카프카의 『소송』과 『성』, 헤밍웨이의 『노인과 바다』, 토마스 만의 『부덴브로크 가의 사람들』과 헤르만 헤세의 『황야의 이리』, 릴케와 옥타비오 파스Octavio Paz와 오디세아스 엘리티스Odysseas Elytis의 시, 베르톨트 브레히트의 시와 희곡, 사뮈엘 베케트의 시는 작품 탄생 100년 후에도 여전히 시의성과 의미를 잃지 않을 것이다. 그러나 최고 등급이라는 것은 어쨌든 동시대성과도 관련이 있다. 볼프강 보르헤르트, 페터 바이스, 파울 첼란, 니콜라스 보른 Nicolas Born을 생각해보라.

『숫자로 보는 책과 출판』 통계에 따르면, 최근 몇 년 동안 매년 약 6만 권의 독일어 신간이 출간되고 있다. 그중 약 5분의 1이 사전 주문으로 서점에 들어간다. 그런 책은 매달 약 1천 권에 이른다. 그러므로 출판사는 자사의 출간물을 모두 서점에 진입시키려면 그 5분의 1에 들어가기 위해 엄청난 노력을 기울여야 한다. 그런 노력은 소매 서점과 좋은 관계를 유지하는 것을 의미한다. 책이 서점에서 어떻게 다뤄지는가 하는 것도 중요하기 때문이다. 책이 읽히고 추천을 받는가? 눈에 띄는 진열대에 전시되는가? 아니면 서가 속에 숨어 있는가?

나는 30년의 경험으로 말할 수 있다. 모든 서점 주인은 자신이 팔고 싶어 하는 책을 팔 수 있다. 작가 안드레 카민스키André Kaminski가 얼마 전 말했듯이 서점 주인들은 "문화 밀수꾼"이다. 만약 그들이 그걸 원한다면 말이다. 물론 팔고자 하는 의지에는 팔 수 있는 능력이 포함된다. 이를테면 딱 맞는 책을 딱 맞는 독자에게 적절한 방식으로 추천하는 심리적 통찰이 필요하다. 출판사는 그런 서점 주인들을 알아야 하고, 모든 면에서 그들을 지원해야 한다. 지원 방법에는 서점 방문과 대화, 정보와 무료 책자 제공, 작가 낭독회나 사인회 주선 등이 있다. 그들을 작가와의 만남에 초청하거나 출판사의 기획과 판매 전략을 논의하는 세미나에 초청할 수도 있다. 프랑크푸르트든 빈이든 스위스의 바인펠덴이든 서점 주인들의 자발적인 참여를 독려해야 한다. 그들은 책의 최전선에 있으며, 따라서 작가의 전위대이다. 이상적인 경우는 출판사와 서점이 가족의 유대로 서로 묶여 있는 경우이다. "가족의 유대"라는 말에 "진실의 뒷맛"이 담겨 있다고 본 카를 크라우스의 의미에서 말이다.

이제 책은 서점에 있다. 출판사의 과제는 고객의 발걸음을 서점으로 유도하고, 새로운 아옌데의 책이나 "정적"의 걸음, 시집 『누가 사는가』를 찾는 동기를 부여하는 것이다.

그 과정에서 출판사의 두 부서가 활동한다. **광고 부서와 홍보 부서**는 고객 유치를 위해 직접 활동한다. 우선 광고 부서를 살펴보자. 책이 존재하는 한 책 광고도 존재한다. 책은 민감하면서도 지속적인 존재이며, 소비되고 버려지는 물건이 아니다. 그냥 소멸해 버리고 재고 정리 염가 대매출을 기다리지도 않는다. 책 광고가 존재하는 한 책 광고를 다룬 책도 존재한다. "책의 유포에 관한 광고 심리학적 통찰"은 광고와 팸플릿 같은 할아버지 수단은 이미 효과가 없다고 말한다. 그러나 광고와 팸플릿은 몇십 년 후에도 여전히 마지막 비상수단일 것이다. 광고와 팸플릿은 점차 출판사의 책자로 발전했는데 예전에 '아침신문', '시와 염원'처럼 향수를 불러일으켰던 이름은 오늘날 '한저 소식', '피퍼 소식', '로볼트 소식', '주르캄프 소식' 같은 객관적인 이름으로 바뀌었다. 문학 출판사에서 광고는 한 시즌이나 한 해의 신간 홍보만을 의미하지 않는다. 당신이 당신의 '오래된' 책을 위해 무슨 일을 하는지 말하면 나는 당신 출판사가 '어떤 정신의 아이인지' 말해 줄 수 있다. 주르캄프 출판사의 1987년 인도

가능 도서 목록은 총 4,739권에 달한다. 그중 2,958권은 문학이고, 1,781권은 학술 책이다. 3,206권은 독일어권 작품이며, 약 3분의 1에 해당하는 1,533권은 외국 작품이다. 122명의 문학 작가와 78명의 학술 저자가 우리 출판사에서 세 권 이상의 저서를 발표했다. 그들이 주르캄프의 대표 작가이다. 출판사는 매년 350권의 신간을 출간하는데 그중 250권은 시리즈이고, 100권은 단행본이다. 이 100권의 문학 및 학술서 중 많은 책이 출간되고 2년이나 3년 후에 비로소 영향력을 발휘한다. 소량으로 계속 팔리는 스테디셀러도 많다. 브레히트와 프리슈, 호르바트, 릴케, 재발견된 로베르트 발저의 책처럼 수십 년이 지났는데도 매년 다섯 자리 혹은 여섯 자리로 판매되는 작가도 있다. 주르캄프 출판사 설립 후 첫 10년 동안 헤르만 헤세의 책은 50만 부가 출고되었으며, 그다음 10년 동안 100만 부가 출고되었다. 1970년 미국에 이어 독일에서도 헤세 붐이 시작되었다. 1970년부터 1987년까지 출판사는 1,100만 부 이상을 판매했다. 1950년 이후 주르캄프 출판사가 출고한 헤세의 책은 총 1,250만 부에 달한다. 제3의 문고판 출판사와 독서 모임을 포함한 라이선스 판본까지 포함하면 헤세의 작품은 독일어권에서 약

1,500만 부가 유포되었다고 할 수 있다.

헤세의 작품은 미국에 1,200만 권, 일본에 1,600만 권이 유포되었다. 이른바 이전 출간 도서 목록이라는 출판사의 그 기반을 보존하고 보여 주고 활용하고 생생하게 유지하는 것이 중요하다. 출판사의 과거는 언제나 그 미래이기도 하다. 물론 광고와 팸플릿만으로는 충분하지 않다. 오늘날 독자의 마음에 직접 와닿는 형식이 필요하다. 이를테면 재출간된 책으로 구성된 "하얀 표지의 학문 프로그램"이 있다. 헤르만 헤세의 독본도 있다. 전시회와 도서박람회, 낭독회, 강연, 토론회, 학교 수업, 대학 세미나는 다른 광고 및 홍보 방식이다. 수백만 명이 관람하는 뮤지컬 『캣츠』에서 우리의 과제는 이 작품의 문학적 토대가 1952년 주르캄프 총서로 나온 T. S. 엘리엇의 『올드 퍼섬의 고양이 책』이라는 것을 알리는 것이다.

책의 성공은 만들 수 있을까? 책의 성공은 반드시 베스트셀러의 성공을 의미하지 않는다. 보통 그렇지 않다. 『누가 사는가』가 4천 부 판매되면 그건 성공이다. 그러나 그 책을 베스트셀러로 만드는 것은 불가능하다. 이사벨 아옌데의 두 번째 책 『사랑과 그림자에 대하여』는 2년 동안 25만 부가 팔렸다. 성공만큼 효과적인 성공 수단은 없다. 성공은 토마스 만을 평생 따라다녔다. 그러나 알프레트 되블린, 호르바트, 무질, 릴케, 트라클은 오랫동안 성공을 기다려야 했다. 에른스트 바이스Ernst Weiß와 아르노 슈미트는 그저 인정을 받기까지도 오래 걸렸다. 헤세는 개별 작품으로 계속 성공을 거두었지만, 그의 작품은 생애 마지막 몇 년과 그 이후 수십 년 동안 비로소 진정한 존재감과 대중성을 얻었다. 베르톨트 브레히트의 "명성으로 가는 내리막길"은 아주 늦게 찾아왔다. 카프카와 로베르트 발저, 무질, 헤르만 브로흐의 명성은 작가 사후에 찾아왔다.

문학 작품의 성공은 만들 수 있을까? 만약 성공이 인정을 의미하고, 수준과 의미를 보여주는 증거라면, 성공은 만들 수 있다. 그러나 만약 성공이 베스트셀러 판매 수치로 표현되는 것이라면, 성공은 만들 수 없다. 문학 작품의 성공은 일치의 결과이다. 작품의 신경은 외부에서 첨가되는 것이 없으면 시대의 신경과 하나가 될 수 없다. 작품에는 금광맥이 흐르고 있다. 당연히 출판사는 책의 가능성을 알아보고 쓸 수 있는 모든 수단을 동원해 책이 대중의 사랑을 받도록 애써야 한다. 인정을 받고 판매의 큰 성공을 내도록 계속 시도해야 한다. 그 성공을 계속 자극하고, 문화 산업 시장에서 그 성공을 계속 유발해야 한다. 잠시 반짝하는 성공은 만들 수 있다. 그러나 장기적인 성공, 나아가 영속적인 성공은 작품의 금광맥이 독자의 마음을 사로잡고, 더 많은 독자를 사로잡을 때 찾아온다.

그런 생각을 하면서 나는 독특한 경우를 본다. 바로 하인리히 마리아 레디히 로볼트다. 그는 로볼트 출판사의 출판인으로서 미국 베스트셀러들을 알아보고 25년 넘는 세월 미국 작품 속 "금광맥"을 독일어 번역본에서도 보이게 만들 수 있었다.

책 제작 과정에서 활발하게 활동하는 두 번째 부서는 출판사의 홍보부다. 홍보부는 그동안 국내외의 관련 신문과 잡지, 간행물, 화보, 라디오와 텔레비전 편집실에 책 표본을 보내거나 이에 앞서 사전 표본을 보낸다. 복제와 사전 복제, 부분 복제 문제를 협상하고, 작가에게 관심을 보인 평론가와 비평가에게 편지를 쓰고, 주요 편집부 편집자들을 방문한다. 특히 서점과 도서관 관련 전문 기관에 신경을 쓴다. 작가와 책에 관한 자료는 출판 자료실에서 얻는다. 이 출판 자료실은 우리의 홍보에 필요한 샘물이자 책이 미치는 영향력의 총체이다. 자료실은 모든 서평을 수집하고 보관하며, 출판사에서 출간된 책이나 소속 작가에 대한 모든 발언을 조사하고 기록한다. 이에 자료실은 고등학교 졸업 논술, 석사 논문과 박사 논문, 교수 자격 논문에 필요한 훌륭한 보고寶庫로서 많이 활용되고 있다. 사실 우리는 교육부로부터 보상을 받아야 한다. 그러나 우리는 자유를 지키고자 하니까…….

서평과 문학 비평은 출판사에 책의 영향력을 가늠하는 첫 번째 지표이다.

이것이 책의 여정이다. 책은 저자의 손에서 정신적 자산이었다. 이제 원고는 상품이 되어 시장에서 자신을 증명해야 한다. 상품을 생산하고, 전자식으로 측정하고, 자금을 투자하고, 서점에 비치하고 진열하고 추천해야 한다. 구매자가 책의 주제나 형태를 보고 구매를 결정하도록 관리해야 한다. 그것이 "상품"의 단계이다. 만드는 그런 단계도 사랑할 수 있는 사람만이 출판인이 될 수 있다.

④

독자의 손에서 상품은 다시 정신적 자산이 된다

일반적으로 주요 신문과 잡지, 비평가는 사전에 서평을 위한 책을 받는다. 서평과 문학 비평, 라디오와 텔레비전의 책 소개는 책의 영향을 알려주는 첫 전조다. 『프랑크푸르터 알게마이네 차이퉁』 같은 큰 문예지는 해마다 약 500편의 서평을 게재하는데 이는 한 해 출간되는 순수 문학의 약 5퍼센트에 해당한다. 다른 매체가 다루는 비율은 이보다 낮다. 놀라운 점은 지역 문예란부터 수준 높은 잡지와 라디오의 야간 프로그램에 이르기까지 결국은 같은 책을 다룬다는 것이다. 책의 영향력에서 중요한 건 남서독일 방송국의 최고의 책 목록에 이름을 올리는 것이다. 이 최고의 책 목록은 평론가 25명이 매달 선정하는 목록이다. 『슈피겔』의 베스트셀러 리스트에 오른 책은 눈덩이처럼 판매가 늘어난다. 백화점, 도매업체, 서점 체인이 자동으로 주문을 한다. 주목할 만한 점은 베스트셀러 리스트에 오르는 책의 성격이 최근 몇 년 사이 달라졌다는 것이다. 통상적으로 오랫동안 베스트셀러의 전형이었던 『데이지 공주』*와 『선물로 받은 말』** 같은 책들이나 짐멜Johannes Mario Simmel과 콘잘리크Heinz G. Konsalik의 대중적인 책들은 이제 더 이상 '올해의 왕관'을 차지하지 못한다. 이제 다른 독자가 다른 책을 찾고 있다. 이 '다른 책들'은 움베르토 에코Umberto Eco의 『장미의 이름』과 함께 시작되었으며, 가르시아 마르케스García Márquez, 프리모 레비Primo Levi, 마르그리트 뒤라스, 이사벨 아옌데의 작품들과 함께 계속 이어졌다. 놀라운 점은 독일어 작품도 여기에 들어간다는 것이다. 독자들의 취향과 요구가 달라졌다. 변화는 그 어느 때보다 뚜렷이 감지된다. 전환점이 온 것이다. 오늘날 독자들은 삶의 가능성과 현실을 더 의식적으로 인식하고, 더 신중히 생각하며, 더 의도적으로 결정하는 듯하다. 물론 우리는 성공을 의미와 혼동하지 않으며, 일시적인 관심을 문학사의 영원한 자리와 혼동하지 않는다. 그러나 독일어권 문학이 유럽 문학 무

---

*1980년 출간된 미국 작가 주디스 크랜츠(Judith Krantz)의 소설. 러시아 왕족과 미국 여배우 사이에서 태어난 주인공 데이지의 파란만장한 삶을 그린 소설.
**독일의 전설적인 여배우이자 가수, 작가 힐데가르트 크네프(Hildegard Knef)의 자서전.

대에서 영어권이나 이탈리아어권 문학에 견주어 두드러진 목소리를 내고 있다는 것은 확실하다. 최근 몇 년 최고의 책 목록과 베스트셀러 리스트에 이름을 올리는 독일어 작품이 점점 늘고 있다.

많은 비평가가 한탄하듯이 모든 사람이 독일어권 문학의 주제를 받아들이기는 쉽지 않다. 그러나 사실 비평가들이 한탄할 필요가 없다. 문학은 개인에게 다가가고, 개별적으로 영향을 미친다. 문학은 도덕과 윤리와 연관이 있는 담론이 아닐 수 있다. 그러나 문학은 우리의 마음을 움직이고, 더 낫게 혹은 더 나쁘게 만든다. 어쨌든 다르게 만들고, 더 깨어 있고 더 의식적으로 만든다. 문학은 우리가 매일 하는 자기주장의 한 부분이다.

매일 하는 자기주장. 하인리히 마리아 레디히 로볼트는 그것을 해냈지. 매력과 재치, 대범함과 친절함으로 놀이하듯 해냈다니까. 통 크게 다른 사람의 업적을 인정하면서 말일세. 나는 다른 출판사의 작가들을 그렇게 솔직하게 칭찬하고, 그들의 작품에 매료되었다고 하는 출판인을 본 적이 없다네. 그는 "내가 정말 출판하고 싶은 동시대 최고의 작가" 사뮈엘 베케트에 대해 해박한 지식을 몇 시간이고 풀어놓고 한도 없이 열광할 수 있지. "하지만 베케트는 운젤트가 맡고 있지. 운젤트가 잘 돌보고 판다"고 하지. 75세 생일, 여기 지금의 분위기와 내일의 이별 분위기 속에서 하인리히 마리아 레디히 로볼트는 짧은 인사말을 하면서 베케트의 삼행시를 인용했어.

핌 이전
핌과 함께
핌 이후

그렇게 간단하다, 그는 그렇게 생각했지. 과연 내일 속의 오늘이 그렇게 간단할까? 그는 베케트와 프루스트, 이 두 작가를 출판하고 싶어 했지. 그래서 계속 주르캄프 출판사에 관심을 가졌던 거야. 『플레이보이』부터 『증권 뉴스』까지 무수히 많은 발언과 인터뷰와 논문에서 "주르캄프에 대한 사랑"을 고백하고, 주르캄프에서 일하고 싶다는 소망을 "반은 농담으로, 그러나 반은 진심으로" 털어놓은 거라고. 그건 전부 그의 로볼트 출판사를 향한 것이었지. 그는 자기 아버지가 계속 혼란에 빠뜨렸던 이 출판사를 회생시켰지. 대형 출판사의 지속적인 탄탄한 구조를 출판사에 마련했고. 출간 도서 목록에 다른 출판사의 목록에 비해 가장 많은 노벨 문학상 수상 작가를 거느릴 수 있었다니까. 그는 자신의 작가들에게 늘 충실했어. 미국과 프랑스의 출판사들이 감히 출판하지 못한 블라디미르 나보코프의 『롤리타』를 출판했다고. 성공을 거두었고, 성공을 찾지 않는 책에 성공을 안겨 주었지. 볼프강 보르헤르트의 『문 밖에서』 말일세. 이 작품을 수백만 부 판매한 건 정말 걸작이었지. 그는 딱 맞는 시기에 우리 연방공화국 시민들에게 거울을 들이대는 딱 맞는 책을 출판했지. 그 거울 속에서 늘 어린 양이 내다보지 않은 건 그의 잘못이 아니야. 그는 많은 실망을 감내해야 했으나 공정함을 잃은 적은 없었어. 삶의 의욕을 잃은 적은 한 번도 없고. 나는 그의 "변화와 새로운 출발을 향한 고갈되지 않는 힘"에 대해 말할 수 있었지. 레디히 로볼트, 직업 출판인. 열정과 책임감, 안목이 있는 그는 의연하고 흔들림 없이 확고하고 끊임없이 활발한 출판인이지.

자네가 존경하는 작가 사뮈엘 베케트와 그의 소설 『이름 붙일 수 없는 자』의 마지막 구절을 보자고. "……그것은 말이다. 다른 것은 없다. 계속해야 한다. 나는 계속할 수 없다. 계속해야 한다. 그러므로 나는 계속할 것이다."

직업으로서의 출판인. 만약 독자가 "낯선 것을 가까운 것으로 만드는" 책을 손에 들고 있다면, 그 상품은 정신적 자산으로 변화한다. 책은 "우리 안의 얼어붙은 바다를 깨는 도끼"가 될 수 있다. 어쩌면 우리 자신과 우리의 두려움과 소망을 들여다 볼 수 있는 확대경이 될 수도 있다. 그런 영향력을 지닌 책을 출판하고, 출판과 학문 활동의 정보와 소통, 토론과 자극을 통해 돕고 영향력을 심화시키는 일은 출판인이라는 직업의 가장 고결한 목적이다. 이 직업은 출판인을 언제나 새로운 상황 앞에 세운다. 하루하루가 똑같지 않다. 그러므로 출판인은 새로운 것과 옛것에 모두 열린 마음을 가지고 있어야 한다. 자기 일에 대한 충성심 말고는 그 어떤 것에도 얽매이면 안 된다. 출판인은 어떤 순진함을 지니고 있어야 한다. 고대 에피쿠로스학파가 말하는 'thaumazei', 그러니까 놀라워하고 경탄하는 감각을 조금 발휘해야 한다. 글쓰기의 신비, 진리나 절망 혹은 행복을 불러올 수 있는 말의 힘에 대해 놀라움을 느끼고 경탄하는 감각 말이다.

원고, 상품, 정신적 자산. 이 세 요소가 출판인이라는 직업의 전제가 된다. 출판인은 이 세 요소를 똑같이 소중하게 생각해야 한다. 그중 한 요소를 다른 요소보다 더 중시하거나 그중 한 요소를 다른 요소보다 더 소홀히 여기면 안 된다.

바르부르크 학파의 뛰어난 학자 에드가 빈트Edgar Wind는 저서 『르네상스와 이교의 신비』에서 청년 라파엘의 그림 「스키피오의 꿈」을 분석한다. 젊은 영웅은 월계수 밑에서 명예를 꿈꾼다. 두 여인이 그에게 힘, 지성, 감정을 상징하는 검과 책, 꽃을 건넨다. 그것은 각각 힘, 지혜, 쾌락을 상징한다. 인간의 행복은 이 세 가지가 함께 어우러져 빚어진다. 그중 오직 한 요소에만 집중하는 사람은 몰락한다. 오직 힘을 선택한 헤라클레스, 오직 지혜를 선택한 소크라테스, 오직 쾌락만을 선택한 파리스가 그랬듯이.

「직업으로서의 출판인」은 2003년 출간된 지크프리트 운젤트의 기념집 『성공과 성공의 수단과 사랑에 빠지다』에 수록된 논문이다. 원래 운젤트가 동료 출판인 하인리히 마리아 레디히 로볼트의 80세 생일에 즈음하여 장난스럽게 1988년 로볼트 출판사에서 자비로 출간한 논문이었다.

『성공과 성공의 수단과 사랑에 빠지다』의 「편집 메모」

후기

이 책에 수록된 다섯 편의 글은 서로 다른 시기에 다른 계기로 탄생했다. 인쇄를 위해 텍스트 전체를 다시 꼼꼼히 살펴보았다.

논문 「문학 출판인의 과제」는 1968년 11월 6일 브레멘 문학협회 초대로 한 강연 **'문학책은 어떻게 만드는가?'** 로 거슬러 올라간다. 이 강연에서 1971년 11월 12일 튀빙겐의 오시안더 서점 375주년 기념일을 계기로 한 강연 '오늘의 출판'이 나왔다. '오늘의 출판' 강연은 내가 20년 전 박사학위를 받았던 대학 연회장에서 했다. 1975년 5월 15일 빈 문학협회가 '문학 출판인의 과제' 강연에 초대하면서 새로운 판본이 탄생했지만, 강연 텍스트는 출판되지 않았다. 세월이 가면서 계속 나와 관련이 있는 이 주제를 연구, 보완하고 이런저런 새로운 관점을 끼워 넣었다. 그렇게 강연은 점차 상세한 논문이 되었다. 존경하는 동료 요제프 카스파르 비치Joseph Caspar Witsch와 하인리히 마리아 레디히 로볼트 기념집 기고문으로 썼던 작은 구절을 제외하고 이 논문 역시 인쇄되지 않았다. 이번 출판을 위해 이 논문 텍스트를 다시 꺼내 몇 가지를 덧붙였지만, 과제와 신조의 형식에는 손대지 않았다. 세월이 흐르며 자연스럽게 자신의 과제에 느끼는 관계와 우선순위를 보는 생각이 달라지고, 그것을 보고 묘사하는 표현 방식도 달라진다. 그러므로 이 책은 잘 알려진 의미에서 자신의 직업을 바라보는 나의 생각의 지양, 이별과 보존이 된다.

나머지 네 편의 논문은 영광스럽게도 대학에서 한 강연이다. 1975년 마인츠의 요하네스 구텐베르크대학교 한스 비트만Hans Widmann 교수가 자신이 주관하는 서적의 역사 연구 틀 안에서 강연과 세미나를 해 달라고 초대했다. 여기서 나는 '헤르만 헤세와 출판인'과 '베르톨트 브레히트와 출판인'을 강의했다. 헤세 논문은 마인츠 강의를 위해 새로 다듬었다. 브레히트 강의는 브레히트의 영향사에 대해 쓴 예전의 논문들로 거슬러 올라간다. 그중 한 논문에서 나는 베르톨트 브레히트 탄생 75주년에 브레히트의 작업 방식과 그의 작품 출판 역사를 서술했다. 이 논문 초록이 출간되고, 나는 1974년 토론토에서 열린 국제 브레히트 학회에서 논문을 강연했다. 전체 텍스트는 여기서 처음으로 출판되는 것이다.

1976년 A. 레슬리 윌슨A. Leslie Willson 교수가 미국 오스틴의 텍사스대학교에 나를 객원 강사로 초빙했다. 객원 강사로 강연하기 위해 '라이너 마리아 릴케와 출판인'과 '로베르트 발저와 출판인'을 완성했다. 1976년 빈에서 열린 심포지엄 '오늘의 릴케'에서 릴케 강의의 한 장을 강연했다. 로베르트 발저 강의는 오스틴에서 처음으로 했다. 텍사스대학교에 로베르트 발저의 독자와 친구가 얼마나 많은지 놀랐던 기억을 잊을 수 없다. 1977년 5월에는 볼펜뷔텔의 아우구스트 공작 도서관에서 로베르트 발저 강의 일부를 강연했다.

그러므로 서로 다른 시기에 탄생한 이 논문들은 책으로 내려던 게 아니라 강연을 위해 쓴 것이었다. 강연 성격은 그대로 유지되었으며, 그래서 같은 말을 반복하기도 하고, 완전히 겹치는 경우도 두 번이나 있지만, 이는 각 서술의 맥락상 피할 수 없었다. 논문을 쓴 계기도 저마다 다르고, 네 작가 역시 저마다 다른 관점에서 고찰했다. 이 작가들과 출판인의 관계는 저마다 특별하고 성격이 다른데, 그것을 보여 주려고 했다.

이름 색인 작업을 한 마르티나 호네펠더Martina Honnefelder와 빌리 슐츠 바이트너Willy Schulz Weidner에게 고마움을 전한다. 특히 이 논문들을 인쇄하도록 용기를 준 엘리자베트 보르헤르스Elisabeth Borchers와 위르겐 베커Jürgen Becker에게 감사한다.

이 책에 수록된 다섯 편의 논문이 여전히 많이 연구되지 않는 문학의 사회사에 기여하기를 바란다.

1977년 12월
지크프리트 운젤트

1982년 2쇄 출간에 부쳐:

텍스트를 다시 살펴보고, 최근의 문예학 연구를 따라 날짜와 사실을 몇 군데 수정, 보완했다. 그러므로 2쇄는 전체적으로 초판을 가볍게 고친 재인쇄라고 할 수 있다.

1982년 1월
지크프리트 운젤트

주

1부 문학 출판인의 과제

1   요한 필리프 팔름에게 내린 프랑스 군사 법정의 판결문에는 이렇게 적혀 있다. "이들은 황제와 국왕 폐하, 그의 군대에 적대적이며 남부 독일 주민들의 신념을 잘못 인도하려는 의도에서 작성된 비방 문서의 작가, 인쇄업자, 배포자로 고발되었다. 이들은 프랑스 군대에 대항하는 폭동과 반란, 암살을 부추기고, 주민들이 적법한 지휘자에 대한 의무를 망각하고 복종하지 않도록 오도하고 있다."
    팔름에게 내린 군사 법정의 판결문은, 한스 비트만 펴냄, 『문서와 문헌으로 살펴본 독일 서적 판매 사업』, 함부르크, 1965, 294쪽 이하에 수록되어 있다.
2   에른스트 쿤트Ernst Kund, 『레싱과 서적 판매』, 하이델베르크, 1907, 41쪽 이하의 '자비 출판' 장; 오토 라이너Otto Reiner, 『출판인으로서의 레싱, 인쇄 허가』, 1930년 1월 1/26호 참조.
3   비트만, 위의 책, 419쪽.
4   베르트 안드레아스 볼프강 묀케Bert Andreas-Wolfgang Mönke, 『「독일 이데올로기」에 대한 새로운 자료』, '출판사 섭외 노력' 장, 『사회사 논총』, 8권/1968, 하노버, 1968, 37쪽 이하 참조.
5   『작가와 출판인, 그리고 독자』, 설문조사. 10년의 카탈로그. 게오르크 뮐러, 뮌헨, 1913, 23쪽 재인용.
6   랄프 다렌도르프와 페터 마이어 돔의 인용은, 페터 마이어 돔, 「출판인의 직업 이상과 운영 원칙」, 실린 곳: 『역동적인 사회 속의 책. 볼프

강 슈트라우스 60세 생일 기념 논문집』, 트리어, 1970, 133쪽 이하에 수록되어 있다.
7   디터 E. 치머, 『디 차이트』, 1968. 11. 15.
8   한스 J. 리제, '구조 변화 속의 출판사', 『독일 출판 경제 신문』, 프랑크푸르트 2호/1971. 1. 8.
9   라인하르트 몬, 『대형 출판사. 그 사회적 의미와 책임』, 베르텔스만 레터 특별호, 발행연도 표기 없음(1973). 1973년에는 슈투트가르트의 클레트 출판사를 소개하는 「에른스트 클레트 회사의 원칙」이 나왔다. 출판사의 역사와 과제를 지극히 공감이 가게 서술한 이 11쪽의 글에서 개념으로서의 작가는 딱 한 번 등장할 뿐이다.
10   페터 드 멘델스존은 S. 피셔 출판사의 초창기를 아주 자세히 기술하고 있다. 일독할 가치가 큰 이 책을 또다시 언급한다. 페터 드 멘델스존, 『S. 피셔와 그의 출판사』, 프랑크푸르트, 1970.
11   멘델스존, 위의 책, 1028쪽. 이 호칭은 독문학자 필립 비트코프 Philipp Witkop가 처음 사용했다. 토마스 만은 "'자연주의의 코타'는 아주 좋은 표현입니다"라고 했다.
12   멘델스존, 위의 책, 40쪽.
13   멘델스존, 위의 책, 47쪽.
14   우베 욘존과 지크프리트 운젤트는 욘존의 출간되지 않은 첫 소설 '잉그리트 바르벤더에르데'를 두고 벌어진 토론에 대한 회고록을 썼다. 두 텍스트는 『만남. 엘베르트&모이러 서점의 한 해 인사 1965/66』, 베를린, 1965에 수록되어 있다.
15   막스 프리슈, 『파트너로서의 대중』, 주르캄프 에디션 209권, 프랑크푸르트, 1967, 56쪽.
16   사뮈엘 베케트, 『와트』, 프랑크푸르트, 1970, 311쪽. 초기 작품의 인용문은 막스 A. 슈벤디만Max A. Schwendimann, 『사뮈엘 베케트에 관하여, 파발꾼』, 빈터투어에서 재인용.
17   마르틴 발저, 『경험과 독서 체험』, 주르캄프 에디션 109권, 98쪽.

18 한스 에리히 노사크, 『도난당한 멜로디』, 소설, 프랑크푸르트, 1972, 247쪽과 249쪽.
19 제임스 조이스, 『서한집』 I~III, 리하르트 엘만 펴냄, 쿠르트 하인리히 한젠Kurt Heinrich Hansen 번역. 제임스 조이스, 프랑크푸르트 판, 작품집 5권과 6권, 프리츠 젠Fritz Senn의 협력 아래 클라우스 라이헤르트Klaus Reichert 편집.
20 조이스, 『서한집』, 위의 책, 266쪽.
21 한스 에곤 홀투젠, 「불탄 대지의 문학. 서한집에 나타난 제임스 조이스」, 실린 곳: 『메르쿠어』, 1974. 1.
22 영어 인용은, 제임스 조이스, 『율리시스』, 펭귄북스, 런던, 1969, 704쪽을 따른다. 독일어 번역은, 제임스 조이스, 『율리시스』, '저자가 인가한' 게오르크 고예르트의 번역, 취리히, 1956. 주르캄프 출판사, 프랑크푸르트, 1967, 811쪽에서 재인용했다.
23 조이스, 『서한집』, 위의 책, 865쪽.
24 외돈 폰 호르바트, 『전집』, 4권, 프랑크푸르트, 1971.
25 『프란츠 카프카, 약혼 기간 중 펠리체 바우어와 다른 이들에게 보낸 편지』, 에리히 헬러Erich Heller와 위르겐 보른Jürgen Born 펴냄, 프랑크푸르트, 1967. 두 인용은 97쪽과 115쪽.
26 쿠르트 볼프, 『한 출판인의 서한집 1911~1963』, 베른하르트 첼러Bernhard Zeller와 엘렌 오텐Ellen Otten 펴냄, 프랑크푸르트, 1966, 21쪽.
27 프란츠 카프카, 『편지 1902~1924』, 막스 브로트 펴냄, 프랑크푸르트 안 데어 오더, 쇼켄의 저작권 취득판, 뉴욕, 1958, 96쪽.
28 볼프, 『서한집』, 위의 책, 25쪽.
29 볼프, 『서한집』, 위의 책, 25쪽 이하.
30 볼프, 『서한집』, 위의 책, 43쪽.
31 볼프, 『서한집』, 위의 책, 54쪽.
32 볼프, 『서한집』, 위의 책, 60쪽.
33 '책 형태의 조화' 문제와 관련해 책 한 권을 참조하라고 친절하게 권

해도 될 것이다. 우리의 고찰을 기록하면서 탄생했으며, 책 장정의 측면을 자세히 살펴보는 책이다. 지크프리트 운젤트, 『마리엔바트의 바구니. 주르캄프 출판사의 책 장정. 빌리 플렉하우스에게 바친다』, 막시밀리안 협회, 함부르크, 1976.

34 발터 옌스Walter Jens: "호프만슈탈의 성배 수호자! 그들은 몇 년 전부터—호프만슈탈의 작업 방식을 생각할 때 터무니없는!—여러 판본의 상이한 표현을 전부 수용하는 결정본 이야기를 한다. 거기서 한 판본이 소환된다. 그 판본은 얼마나 완전한지 2074년에는 상품검사필 인장 아우토스 에파 '그분께서 이렇게 말씀하셨다'가 찍힌 판본이 증거로 제출될 것이다. 이 순간 모든 것은, 첫째, 주르캄프 식으로 쓸모 있고 조달 가능한 판본을 편집하고, 둘째, 가능한 한 신속하게 가장 중요한 구상과 단편을 편집하는 데 달려 있다!" 발터 옌스, "세계를 더 이상 이해하지 못했던 거장", 문학지 『프랑크푸르터 알게마이네 차이퉁』, 1974. 2. 2.

35 알렉산더 미처리히Alexander Mitscherlich 펴냄, 『정신병리학 I. 작가와 정신 분석』, 프랑크푸르트, 1972는 여전히 흥미로운 책이다. 이 책에 실린 논문들은 "창조적인 업적의 비밀"을 규명한다. 미처리히의 서문이 의미심장하다. 서문은 작가의 본질에서 '제정신이 아닌' 많은 점을 투명하게 밝혀낸다.

36 두 인용은, 리하르트 엘만, 『제임스 조이스』, 취리히, 1959 첫 출간, 신판, 프랑크푸르트, 1978에서 인용했다.

37 토마스 베른하르트, 「오르틀러 산에서」, 실린 곳: 『슈틸프스의 미들랜드』, 주르캄프 총서 272권, 프랑크푸르트, 1971, 93쪽 이하.

38 1972년 12월 15일 지크프리트 운젤트에게 보내는 토마스 베른하르트의 편지, 주르캄프 출판사 문서실.

39 1972년 11월 15일 지크프리트 운젤트에게 보내는 파울 니촌Paul Nizon의 편지, 주르캄프 출판사 문서실.

40 카를 셰플러, 「직업 이상주의」, 실린 곳: 『항해는 반드시 필요하다』,

안톤 키펜베르크 50세 생일 기념 논문집, 라이프치히, 1924, 44쪽.
41 1959년 4월 지크프리트 운젤트에게 보내는 헤르만 헤세의 편지, 실린 곳:『헤르만 헤세-페터 주르캄프. 서한집 1945~1959』, 프랑크푸르트, 1969, 406쪽.
42 알렉산더 미처리히,『세상을 더 잘 견디기 위한 시도』, 주르캄프 총서 246권, 프랑크푸르트, 1970, 22쪽.
43 페터 한트케,「문학은 낭만적이다」, 실린 곳:『나는 상아탑 주민이다』, 주르캄프 문고 56권, 1972, 39쪽 이하.
44 베르톨트 브레히트,『일기 1920~1922』, 프랑크푸르트, 1975, 131쪽.
45 테오도어 W. 아도르노,『미학 이론』, 전집 7권, 프랑크푸르트, 1970, 259쪽 이하.

2부 헤르만 헤세와 출판인

헤세 작품의 인용은 일반적으로『전집』, 프랑크푸르트, 1970, 12권을 따랐다. (앞으로『전집』으로 줄여서 표기한다.)
1 한스 마이어Hans Mayer 전함, 실린 곳:『베르톨트 브레히트와 전통』, 푸링겐, 1961, 13쪽.
2 자무엘 피셔,「연설, 글, 대화」, 실린 곳:『S. 피셔 추모집』, 브리기테와 고트프리트 B. 피셔Brigitte und Gottfried B. Fischer 펴냄, 프랑크푸르트, 1960, 23쪽.
3 카를 코른,「페터 주르캄프」, 실린 곳:『페터 주르캄프 추모집』, 지크프리트 운젤트 펴냄, 자비 출판본, 프랑크푸르트, 1959, 46쪽.
4 헤르만 헤세,「친구 페터」, 실린 곳:『페터 주르캄프 추모집』, 위의 책, 27쪽 이하.
5 내가 펴낸 주르캄프 문고 250권『첫 독서 경험』에서 이 이야기를 했는데, 책을 읽은 한 독자가 감사하다며 책을 보내 주었다. 나는 지금

그 책을 다시 손에 들고 나의 첫 독서 인상을 검증할 수 있다. G. A. 헨티G. A. Henty, 『성 마르코의 사자. 베니스의 옛날이야기』, E. 오지우스E. Osius가 영어본에서 번안했다. M. 불프M. Wulff의 원화에 따른 컬러 인쇄 그림 수록, ㈜마이딩거 청소년도서 출판사, 동베를린. 이 책의 서문에는 이렇게 적혀 있다. "G. A. 헨티는 현재 영국에서 가장 사랑받는 청소년 도서 작가이다." 이 책은 내가 가장 사랑한 책이기도 했다.

6 「책의 마법」, 실린 곳: 『헤르만 헤세 전집』, 주르캄프 작품집 12권, 프랑크푸르트, 1970, 제11권, 244쪽. 이는 호르스트 클리만Horst Klimann 펴냄, 『글자를 사랑하는 이를 위한 기도서』, 프랑크푸르트, 1954, 22쪽에도 인용되었다. 클리만은 특별한 활판인쇄로 헤세의 시 「책」도 출판했다(『전집 1』, 63쪽).

책

이 세상 모든 책은
그대에게 행복을 주지 않네
그러나 그대를 은밀히
그대 자신에게 돌아가게 하느니

그곳에는 그대에게 필요한 모든 것
태양과 별과 달이 있다네
그대가 찾는 빛은
그대 자신 안에 있기 때문이라네

그대가 오래 도서관에서
찾았던 지혜가
한 장 한 장에서 비치네

그 지혜는 이제 그대의 것이므로.

7 『헤르만 헤세-헬레네 포이크트: 서한집 1897~1900에 나타난 두 작가의 초상』, 오이겐 첼러의 서문, 뒤셀도르프, 1971, 124쪽.

8 헤르만 헤세, 『서한 전집. 1권 1895~1921』, 하이너 헤세Heiner Hesse와의 공동 작업으로 우르줄라와 폴커 미헬스Ursula und Volker Michels 펴냄, 프랑크푸르트, 1973, 38쪽.

9 『전집 11』, 17쪽 이하.

10 『서한 전집 1』, 위의 책, 53쪽. 다음 인용은 55쪽.

11 지크프리트 운젤트, 『헤르만 헤세 작품사』, 프랑크푸르트, 1973, 주르캄프 문고 143권, 13쪽에서 인용.

12 『서한 전집 1』, 위의 책, 53쪽.

13 『서한 전집 1』, 위의 책, 57쪽 이하.

14 『전집 11』, 19쪽.

15 『서한 전집 1』, 위의 책, 78쪽.

16 『서한 전집 1』, 위의 책, 81쪽.

17 『서한 전집 1』, 위의 책, 78쪽.

18 『전집 11』, 298쪽.

19 페터 드 멘델스존, 『S. 피셔와 그의 출판사』, 프랑크푸르트, 1970, 380쪽에서 재인용. 이 책은 출판사의 역사와 문학사적으로 흥미로울 뿐 아니라, 1920년대 문화의 중요한 자료로서도 대단히 유용하다. 출판사의 역사를 다루는 사람은 누구나 이 책을 읽어야 한다. 아무튼 출판사 수련생에게는 필독서다.

20 멘델스존, 위의 책, 381쪽.

21 피셔의 편지는 내가 복사본으로 가지고 있는 출판사 서한집과 멘델스존의 책에서 인용했다.

22 「전기적인 비망록」, 1923년 집필, 실린 곳: 『헤르만 헤세: 고집. 전기적인 글들』, 지크프리트 운젤트의 선별과 후기, 주르캄프 총서 353권, 프랑크푸르트, 1972, 22쪽.

23 후고 발, 『헤르만 헤세. 그의 생애와 작품』, 1927년 출간, 주르캄프 총서 34권, 프랑크푸르트, 1956, 99쪽.
24 나는 1903년의 출판 계약서와, 1908년 2월 1일 및 1912년 3월 31일에 각각 추가한 조항이 담긴 계약서 두 건을 사진 자료로 가지고 있다.
25 『서한 전집 1』, 위의 책, 167쪽 이하.
26 S. 피셔에 대한 두 발언은 『전집 11』, 301쪽 이하.
27 멘델스존, 위의 책, 1024쪽.
28 『전집 11』, 292쪽. 헤세와 알베르트 랑겐의 관계, 특히 헤세가 『짐플리치시무스』와 『3월』에서 같이 일한 것을 자세히 얘기해야 한다. 『짐플리치시무스』는 헤세를 근본적으로 비정치적이고 비판적으로 만들고, "근본적으로 바꾼" 풍자 잡지였다. "가장 깜깜한 독일을 지나서"라는 제목의 하이네 그림 연작은 헤세를 흔들어 깨웠으며, 잡지의 프랑스적 정신, 예술과 정치의 결합은 그의 마음을 사로잡았다. 헤세는 1905년 랑겐의 출판사에서 개최된, 잡지 『3월』의 창간 논의에 참여했다. 이 잡지 역시 "빌헬름 2세의 전제 정권, 하급장교 정신, 계급 차별적 판결에 대항하는" 투쟁 선언으로 여겨졌다.
29 나는 이러한 지적을 멘델스존의 책 덕분에 알게 되었다. '훈장과 명예박사에 대한 여론餘論' 장에서 멘델스존은 토마스 만이 1926년 10월 22일 출판사 탄생 40주년 기념일을 계기로 자무엘 피셔에게 프라이부르크, 베를린, 라이프치히, 하이델베르크대학교의 명예박사 학위를 받아 주려고 노력했으나 실패한 이야기를 전한다. "그의 기념일에 맞춰 이 노인에게 분명 이루 말할 수 없는 만족을 마련해 줄 수 있다면 정말 큰 기쁨이었을 것이다." 프라이부르크 문학자 필리프 비트코프는 토마스 만과 편지하며 피셔를 "자연주의의 코타"라고 불렀는데 토마스 만은 이를 "아주 훌륭한 표현"이라고 했다. 멘델스존, 위의 책, 1026쪽 이하.
30 『전집 11』, 297쪽 이하.
31 『헤세: 고집』, 위의 책, 29쪽.

32 헤르만 헤세, 『문학에 대한 글 2. 비평과 논문으로 본 문학사』, 폴커 미헬스 펴냄, 단행본, 프랑크푸르트, 1972. 이 편찬물은 『전집 12』에도 수록되었다. "헤세의 『문학에 대한 글 2』는 문학 안내서다 (책 속에는 절대 잊을 수 없는 정확한 특성 묘사가 있다). 적어도 이 글은 헤세 자신에 대한 정보로서 중요하다." 베르너 베버Werner Weber, 『노이에 취리혀 차이퉁』, 1970년 7월 26일.

33 논문 「독일의 서사 문학 작가」, 『노이에 룬트샤우』 25/1914, 425쪽. 『전집 11』, 163쪽 이하.

34 게오르크 뮐러. 책 형태로 출간되지 않았다. 1918년 1월 10일 자 『노이에 취르허 차이퉁』.

35 지크프리트 운젤트, 「작가라는 직업을 보는 헤르만 헤세의 견해」, 튀빙겐대학교 박사 논문, 1951. 출판되지 않았다. "시문학은 이 세계 속의 두 번째 현실이다"라는 장 파울의 고백은 헤세에게 중요한 의미가 있었다. 『지벤케스』 후기에서 헤세는 장 파울과 자신에 대해 이렇게 썼다. "진정한 모든 시문학은 긍정으로서 사랑에서 나온다. 그것의 근본과 원천은 삶에 대한 감사함이며, 신과 그의 창조에 대한 찬미다." 박사 논문 110쪽.

36 멘델스존이 전한 말, 위의 책, 1024쪽.

37 『서한 전집』, 226쪽.

38 카를 부세Carl Busse에게 보내는 편지, 『서한 전집』, 86쪽. 부세는 『낭만적인 노래들』을 읽고 헤세에게 새 시집은 자신이 베를린의 그로테 출판사에서 발간하는 시리즈물 '새로운 독일 서정시인들'에 맡겨달라고 부탁했다. 헤세의 두 번째 시집 『시집』은 1902년 그로테에서 출간되었고, 카를 부세가 서문을 달았다.

39 1954년 6월 20일자 『노이에 취리허 차이퉁』.

40 『전집 11』, 300쪽.

41 1930년 8월 30일자 『쾰니셰 차이퉁』의 원본 뒷면에 쓰인 메모는 다음과 같다. "『쾰니셰 차이퉁』은 오래전부터 작업자들에게 상대적으

로 적절한 보수를 주는 마지막 독일 신문이었다. 이제 그곳의 보수도 최소한으로 내려갔다. 오히려 독일에서 정신이 누리는 존중을 보여주는 징표." 원본은 출판사 문서실에 있다.

42 헤세, 『편지』. 언급한 판본, 프랑크푸르트, 1964, 229쪽 이하.

43 1954년 6월 25일 자 『디 벨트 보헤』에 실린 헤세의 텍스트. 두 번째 텍스트는 대략 1938년 8월에 후베르트 슈타이너Hubert Steiner 박사에게 보내는 편지에서 인용. 헤세의 미출판 유고. 또 다른 맥락에서 헤세는 첫 글자를 대문자 혹은 소문자로 쓰는 익숙한 기존 방식에 찬성하고, 일괄적으로 명사의 첫 글자를 소문자로 쓰는 데는 반대했다. 「대문자 표기인가 소문자 표기인가」에서 지크프리트 운젤트 인용.

44 『전집 11』, 7쪽 이하.

45 자신의 책에서 독일식 고딕체와 로마 글자체의 사용과 문제점에 대한 헤세의 보고는 다음 책에 실려 있다. 『친구들에게 하는 보고』, 1960년, 차비 출판, 1959년 집필

46 고트프리트 베르만 피셔에게 보내는 편지. 미출판. 헤세 유고.

47 1933년부터 『노이에 룬트샤우』의 역할과 영향을 다룬 철저하고 유익한 연구가 있다. 팔크 슈바르츠Falk Schwarz, 「잡지 『노이에 룬트샤우』에 묘사된 제3제국 시대의 문학적 대화」, 『책의 역사 자료집』, 12권, 서점 연합 주식회사, 프랑크푸르트, 1972.

48 헤르만 헤세와 주르캄프의 『서한집 1945~1959』, 지크프리트 운젤트 펴냄. 주석과 상세한 후기, 부록 '페터 주르캄프와 고트프리트 베르만 피셔의 결별에 대한 기록' 수록, 프랑크푸르트, 1969.

49 폴커 미헬스 펴냄, 헤르만 헤세의 『유리알 유희』 자료집, 프랑크푸르트, 1973. 그 첫 권은 『유리알 유희』에 대한 헤세의 모든 중요한 발언을 수록하고 있다. 「유리알 유희의 본질과 유래」, 「편지와 작가의 증언과 기록으로 본 유리알 유희」, 「유리알 유희 텍스트, 초안, 미완성 단편, 메모」와 전기적인 연대기 「유리알 유희 탄생 시기」가 있다.

50 헤르만 헤세, 『새로운 독일 책들. 「보니어스 리터래라 마가친」을 위

한 문학적 보고 1935~1936』, 오이겐 첼러 펴냄, 마르바흐, 1965.
51 헤세는 페터 주르캄프에 대해 두 편의 긴 텍스트를 썼다. 나는 여기서 이 텍스트를 자주 인용하고 있다. a) 1951년 3월 28일 페터 주르캄프를 위한 축사. 실린 곳: 『편지』, 증보판, 1964, 370~375쪽. b) 「친구 페터」. 페터 주르캄프 추도사. 실린 곳: 『페터 주르캄프 추모집』, 위의 책, 25~33쪽.
52 두 편지 중 1936년 12월의 편지는 쿠르트 클래버Kurt Kläber에게 보내는 것이고, 1937년 4월 5일 편지는 프리츠 군데르트Fritz Gundert에게 보내는 것이다. 두 편지는 미출판, 헤세 유고집에 실려 있다.
53 1938년 7월 쿠르트 클래버에게 보내는 편지, 미출판, 헤세 유고집.
54 1936년 6월 고트프리트 베르만 피셔에게 보내는 편지, 미출판, 헤세 유고집.
55 제3제국 기간 헤세와 출판사의 관계와 연관해 인용한 편지 대목은 지금까지 출판되지 않은 편지에서 뽑았다. 이 강연을 쓴 후 헤르만 헤세의 정치적인 글이 두 권으로 나왔는데, 거기에 이 인용들이 실려 있다. 폴커 미헬스는 이 책의 후기에서 새로운 자료를 토대로 나치 기간 출판 가능성을 바라보는 헤세의 태도를 다시 자세히 설명했다. 헤르만 헤세, 『양심의 정치』. 정치적인 글. 1914~1932년, 1932~1962년, 두 권, 로베르트 융크Robert Jungk의 서문. 폴커 미헬스가 후기를 달고 펴냄, 프랑크푸르트, 1977. 이 연관에 대한 폴커 미헬스의 설명은 931~937쪽 참조.
56 헤르만 헤세/R. J. 홈, 『서한집』, 우르줄라와 폴커 미헬스 펴냄, 프랑크푸르트, 1977, 64쪽.
57 고트프리트 베르만 피셔, 『위협받고 지키다. 출판인의 길』, 프랑크푸르트, 1967. '우정의 종말' 장, 318~324쪽 참조. 나의 반박은, 헤세-주르캄프, 『서한집』, 위의 책, 441쪽 이하에 실려 있다.
58 테오도어 W. 아도르노, 「페터 주르캄프에 대한 감사」, 실린 곳: 『페터 주르캄프 추모집』, 위의 책, 161쪽 이하.

59 아도르노도 추도사 마지막에서 주르캄프의 죽음에 대한 당혹감, 신의 관계의 감정을 표현하고 있다. "죽음이 건드리지 못한 사람, 죽음을 정신 속에 받아들인 사람이 이제 더 이상 없다는 사실을 상상할 수 없다. 그러나 우리가 이미 끝난 일임을 알면서도 받아들이지 못하는 것은 아마 아주 가까운 사람의 죽음을 실감하지 못하는 것과 같으리라. 그것이 바로 신의다." 위의 책, 18쪽.
60 지크프리트 운젤트에게 보내는 헤세의 편지는, 헤세-주르캄프『서한집』, 위의 책, 406쪽에 수록되었다.
61 나는 다음 책에서 헤세와의 관계를 상세하게 서술했다. 지크프리트 운젤트, 『헤르만 헤세와의 만남』, 주르캄프 문고 218권, 프랑크푸르트, 1975.
62 이는 니논 부인이 한 일을 비판하는 것이 아니다. 그녀는 헤세는 "번역할 수 없다"고 말하는 친구들의 영향을 받았다. 나는 추도사에서 헤르만 헤세의 유고집 작업에서 니논 헤세가 기여한 지대한 공로를 지적할 수 있었다. "니논 헤세를 추모하며", 1966년 10월 7일 자『프랑크푸르터 알게마이네 차이퉁』. 이 글은『헤르만 헤세와의 만남』, 위의 책, 166쪽 이하에도 수록되었다.
63 미국에서 헤세가 미친 영향에 대해서는,『작품사』, 위의 책, 235쪽 참조. 당시 니논 헤세가 우리에게 권한을 돌려주지 않고, 우리가 미국에서 새로운 번역을 장려하고 허가하지 않았다면 어떤 일이 벌어졌을지 상상할 수도 없고 상상하고 싶지도 않다.
64 이 과정은 다음 책에 상세하게 묘사되어 있다. 지크프리트 운젤트, 『마리엔바트의 바구니. 주르캄프 출판사의 책 만들기』, 함부르크, 1976, 7쪽 이하.
65 인용한 편지들은 주르캄프 출판사 문서실에 있다.

3부 베르톨트 브레히트와 출판인

1   빌란트 헤르츠펠데는 그것을 알 수밖에 없었다. 그는 1938년 가장 어려운 망명 시기에 브레히트 전집을 출간하고자 한 첫 출판인이었다. 헤르츠펠데는 출판사와 브레히트의 관계와 관련해 두 번 의견을 표명했다. 빌란트 헤르츠펠데,「베르톨트 브레히트에 대하여」, 1956년 집필,『브레히트 추모집』, 라이프치히, 1964년 129쪽 이하에 발표(인용은 136쪽).「빌란트 헤르츠펠데가 말리크 출판사를 말하다」, 실린 곳:『말리크 출판사 1916~1947』, 전람회 카탈로그, 베를린 예술원 펴냄, 아우프바우 출판사, 베를린, 1966, 5~70쪽.

2   베르톨트 브레히트,『바알. 사악한 바알, 반사회적인 남자. 텍스트, 변형, 자료들』, 디터 슈미트Dieter Schmidt의 비판 주석본, 주르캄프 에디션 248권, 프랑크푸르트, 1968 참조. 디터 슈미트는 텍스트 역사를 위해 다음 판본을 들고 있다.
    * 타자기로 친 원고 1과 2(원본의 복사물)
    * 게오르크 뮐러의 인쇄본(1920)
    * 키펜호이어의 두 번째 인쇄본(1922)
    * 주르캄프의 첫 인쇄본(1953)
    * 아우프바우 출판사의 첫 인쇄본(1955)
    이들 원고 판본과 인쇄 판본 외에도 브레히트가 수정하고 공연 무대에 사용된 수많은 판본이 더 있다.

3 『아우크스부르크의 브레히트』, 주르캄프 문고 297권, 프랑크푸르트, 1976. 아우크스부르크 시절에 대한 그 외의 중요한 문헌으로, 오토 뮌스터러Otto Münsterer,『베르트 브레히트. 1917~1922년의 추억』, 취리히, 1963이 있다.

4   헤르만 카자크,『나의 인생 회고』, 1966년 집필.『헤르만 카자크의 생애와 작품. 성무 일과』, 볼프강 카자크Wolfgang Kasack 편집, 프랑크푸르트, 1966, 27쪽에서 재인용.

5   이 성무 일과에는 잡지 『올렌슈피겔』에 실린 카자크의 논문 「베르톨트 브레히트」도 인용된다. 여기서 카자크는 브레히트와의 만남을 이렇게 이야기한다. "어느 날 그가 내 앞에 서 있었다. 중키에 20대 초반, 남성적이고 여윈 얼굴로…… 당시 우리는 자주 대화하고 작업했다. 그가 어떤 흔들리지 않는 확고함으로 자신의 이념을 대변했는지, 어떤 완고한 확신과 변증법을 가지고 자신이 원하는 것을 단호하게 관철했는지, 정말 대단했다", 위의 책, 29쪽.
6   키펜호이어에서 나온 세 출판물은 베르톨트 브레히트, 『바알』, 포츠담, 1922; 『영국 왕 에드워드 2세의 생애』, 포츠담, 1924; 『베르톨트 브레히트의 포켓 기도서』, 1926이다.
7   1964년 8월 12일 지크프리트 운젤트에게 보내는 엘리자베트 하웁트만의 편지, 미출판, 주르캄프 문서실. 나는 하우프트만에게 브레히트의 출판사와의 첫 관계에 대해 문의했다. 그녀는 내게 "자세한 이 이야기"를 써 보냈다. 그녀는 "브레히트와 처음 알게 된 시기와 일치하기 때문에 그 이야기를 세부적인 내용까지 똑똑히 기억한다"고 했다.
8   헤르츠펠데에게 보내는 브레히트의 편지는 원본의 팩스 복사본이 『말리크 출판사 1916~1947』, 위의 책, 155쪽에 실려 있다.
9   헤르츠펠데, 「브레히트에 대하여」, 위의 책, 132쪽.
10   헤르츠펠데는 이렇게 쓴다. "이로써 귀국 경비가 마련되었고, 출판인으로서의 나의 활동이 끝났다." 이는 완전히 맞는 말은 아니다. 아우프바우 출판사는 '말리크 카탈로그'에 '아우프바우 출판사의 아우로라 문고'를 소개하고 있다. 펴낸이는 뉴욕의 작가들과 같았다. 따라서 브레히트도 들어 있었다. 헤르츠펠데의 이름은 언급되지 않는다. 텍스트에는 이렇게 쓰여 있다. "베를린의 아우프바우 출판사는 뉴욕 출판사의 모든 출판물에 대한 권리를 획득했으며, 이를 아우로라 문고로 출판한다." 헤르츠펠데는 출판인 활동을 완전히 포기할 수 없었다. 브레히트는 주르캄프에게 보내는 편지에서 전집 때문에

빌란트 헤르츠펠데에게 약속을 지킬 의무가 있다고 했기 때문이다. 1951년 아우프바우 출판사에서 베르톨트 브레히트의 『백 편의 시』가 나왔다. 우리는 헤르츠펠데가 브레히트와 함께 이 책에 들어갈 시를 선별했음을 알고 있다. 헤르츠펠데는 (그가 서명한) 후기도 썼다. 하지만 선별자 내지 펴낸이로서 그의 이름은 표기되지 않았다.

11 베르톨트 브레히트, 『작업일지 1938~1955』, 베르너 헤히트Werner Hecht 펴냄, 3권, 프랑크푸르트, 1973, 740쪽.

12 이 편지는 주목할 만한 자료이다. 주르캄프는 제3제국 시절 브레히트에게 편지를 쓸 수 없었다. 부담스러운 일이 발생할 수 있었기 때문이다. 현재 주르캄프의 편지는 남아 있지 않다. 브레히트가 주르캄프에게 보내는 첫 편지에서 주르캄프가 그의 도주를 도와준 것을 기억하는 점이 특이하다. 브레히트는 망명 생활을 다시 짚어 보는데, 특이하게 현재완료가 아니라 과거 시제를 쓰고 있다. "비자를 기다리면서"처럼 현재분사를 사용하기도 한다. "당연히 저는 그동안 많은 작품을 썼습니다"에서 '당연히'가 특이한데, 이는 브레히트에게 생산성이 어떤 의미를 지니는지 보여 준다. 그리고 우리는 "그중 몇 작품을 함께 작업할 수 있다"는 문장이 나온다. 여기서 브레히트는 공동 작업자와 파트너로서 주르캄프에게 도움을 청하고 있다. 그리고 "모든 것은 고칠 필요가 있습니다"라는 지적이 있다. 브레히트가 쓴 대로 공연된 작품은 하나도 없었다.

편지의 나머지 부분도 흥미롭다. 브레히트는 카스파어 네어, 헤세, 부리Emil Burri, 뮐러 아이제르트Otto Müller-Eisert 같은 그의 친구들의 소식을 묻는다. 마지막에는 "여기에 하인리히 만, 포이히트방거, 레온하르트 프랑크Leonhard Frank, 코르트너Fritz Kortner, 아이슬러Hanns Eisler도 살고 있습니다"라고 한다. 그리고 손글씨로 "되블린은 프랑스로 떠납니다. 그는 프랑스 시민이지요"라고 덧붙인다. 그러나 토마스 만에 대해서는 한마디도 하지 않는다.

주르캄프에게 보내는 브레히트의 편지, 1945년 10월, 미출판, 주르캄프 출판사 문서실.

13 모든 인용은 '브레히트와 주르캄프의 서한집, 미출판. 주르캄프 출판사 문서실'에서 인용했다.

14 브레히트가 호르스트 베렌슈프룽Horst Baerensprung에게 보내는 1946년 11월 8일 편지. "저는 당시 블로흐 에르벤과 두 건의 계약을 체결했습니다. 먼저 『서푼짜리 오페라』의 계약을 체결하고(그 계약에 따르면, 엘리자베트 하웁트만과 쿠르트 바일Kurt Weil도 인세 지분을 갖기로 했습니다), 다음에 7년 안에 집필한 제 희곡 작품을 토대로 7년간 인세를 보장하는 계약을 체결했습니다. 이 두 번째 계약에 따라 『서푼짜리 오페라』에서 나오는 수익금은 절대 새로운 인세를 지불하는 데 사용될 수 없습니다. 독일에서 반동이 강화되자 미래의 제 수익성을 의심하기 시작한 브레데 씨가 『서푼짜리 오페라』의 수익금도 두 번째 계약의 인세 지불을 위해 처분할 권리를 달라고 저를 설득하려고 했습니다. 그럴 경우에만 그는 인세 지불을 계속하려고 했습니다. 우리는 합의하지 못했습니다. 출판사는 인세 지불을 중단했는데, 그것도 벌써 히틀러의 권력 장악 전에 중단했지요. 출판사는 그렇게 일방적으로 저와 체결한 두 번째 계약을 파기했습니다. 히틀러 치하에서 출판사는 『서푼짜리 오페라』의 모든 수익금을 내놓지 않았습니다. 제가 출판사에 두 번째 계약의 돈을 빚지고 있다는 이유를 대면서요. 이제 저는 출판사가 제 『서푼짜리 오페라』의 수익금을 잡아 둘 하등의 권리도 없다는 입장입니다. 이제 출판사는 더 이상 제 인세를 대체해서 받을 권리도 없습니다. 히틀러가 권력을 잡기 전에 출판사가 두 번째 계약을 파기했기 때문이지요. 오직 출판사가 그런 사실을 인정할 때만 저는 『서푼짜리 오페라』와 관련해 새 계약을 체결할 용의가 있습니다."

15 나는 다른 맥락에서 이해 1947년을 언급한 적이 있다. 「흰 코끼리가 아니다」, 실린 곳: 『헬레네 바이겔의 70세 생일에 부쳐』, 베를린, 1970, 47쪽 이하.

16 이 계획은 이미 『1952년 주르캄프 출판사의 새 책』에 예고되었다. 주르캄프 출판사 문서실.
17 브레히트와 함께 일한 엘리자베트 하웁트만에 대해서는 자세히 설명할 필요가 있다. 1935년 브레히트는 그녀의 구직 활동에 도움이 될 일종의 증명서를 썼다. "그녀는 비상한 언어적 재능이 있고, 나의 모든 희곡 작업에 적극적이고 비판적으로 함께 일했으며, 노벨레를 썼다." 1973년 4월 20일 세상을 떠날 때까지 하웁트만은 브레히트 작품의 중요한 편집자로, 1953년 이후의 작품집뿐 아니라 1967년 작품집에도 결정적인 역할을 했다. 이 두 작품집의 틀 안에서 베르너 헤히트가 이론서를 편집하고, 하웁트만은 다른 모든 글을 편집했다. 그녀는 미완성 작품 선집까지 희곡을 거의 완전하게 편집했다. 다만 시의 경우, 제대로 일을 끝내지 못했다. 그녀는 한편으로는 원본 시집의 체제에 노예처럼 매달리면서, 다른 한편으로는 너무 대담한 시 앞에서는 겁을 집어먹고 뒷걸음치면서 많은 텍스트를 나중에 내야 할 미완성 작품 영역으로 보내 버렸다. 하웁트만은 최고 수준의 아마추어였다. 이 기간 그녀만큼 브레히트를 위해 일한 사람은 아무도 없었다.
18 앞으로 브레히트 텍스트는 1967년의 이중본에서 인용한다. 베르톨트 브레히트, 『전집』, 엘리자베트 하웁트만과 공동 작업으로 주르캄프 출판사 펴냄, 프랑크푸르트 암 마인, 1967. 이중본은 아마포 제본 8권, 아마포를 붙인 20권이다. 페이지 표시는 같다. 『전집』7권, 948쪽.
19 『전집 7』, 1015쪽.
20 리온 포이히트방거, 「베르톨트 브레히트」, 실린 곳: 『진 운트 포름』. 베르톨트 브레히트 특별호, 베를린, 1957, 105쪽.
21 브레히트, 『시도 1~3』, 베를린, 1930, 구스타프 키펜호이어 출판사, 1쪽.
22 『전집 8』, 554쪽.

23 빌란트 헤르츠펠데, 『브레히트에 대하여. 새로운 독일 문학』, 1956년 10월, 11쪽 이하. 베른하르트 라이히Bernhard Reich의 보고를 들어 보자. "방문객이 찾아오면 브레히트는 이를 작업에 도움이 되는 사건으로 여겼다. 그는 방문객에게 특히 까다로운 대목을 읽어 주고 작업이 괜찮은지 상대방에게 확인하거나 상대방과 함께 검토했다." (라이히, 「청년 브레히트에 대한 추억」, 실린 곳: 『진 운트 포름』, 베르톨트 브레히트 특별호 2집, 베를린, 1957, 434쪽 이하.)

24 가장 중요한 공동 작업자로는 카를 폰 아펜Karl von Appen, W. H. 아우덴W. H. Auden, 에릭 벤틀리Eric Bentley, 루트 베를라우Ruth Berlau, 벤노 베손Benno Besson, 아르놀트 브로넨Arnolt Bronnen, 파울 데사우Paul Dessua, 슬라탄 두도프Slatan Dudow, 한스 아이슬러Hanns Eisler, 에리히 엥겔Erich Engel, 리온 포이히트방거, 야코프 가이스Jakob Geis, 엘리자베트 하웁트만, 에밀 헤세 부리Emil Hesse-Burri, 빌란트 헤르츠펠데, 크리스토퍼 아이셔우드Christopher Isherwood, 카를 코르슈Karl Korsch, 찰스 로튼Charles Laughton, 피터 로어Peter Lorre, 에곤 몽크Egon Monk, 오토 뮐러 아이제르트, 카스파어 네어, 페터 팔리츄Peter Palitzsch, 게오르크 판첼트Georg Pfanzelt, 블라디미르 포츠너Vladimir Pozner, 베른하르트 라이히Bernjard Reich, 케테 륄리케Käthe Rülicke, 마르가레테 슈테핀Margarete Steffin, 에르빈 슈트리트마터Erwin Strittmatter, 페터 주르캄프, 베른하르트 피어텔Bernhard Viertel, 헬레네 바이겔, 쿠르트 바일, 긴터 바이젠보른Günter Weisenborn, 만프레드 베크베르트Manfred Wekwerth, 헬라 부올리요키Hella Wuolijoki가 있다.

25 베르톨트 브레히트, 『작업일지』, 2권, 베르너 헤히트 펴냄, 프랑크푸르트, 1973, 597쪽 이하 참조.

26 문학에 관한 브레히트의 글에서 조이스는 언제나 다른 사람의 언급을 통해서 드물게 등장할 뿐이다. '올해의 가장 훌륭한 책'을 묻는 설문 조사(1928)에서 브레히트는 이렇게 쓴다. "되블린의 견해에 따르면, 제임스 조이스의 소설 『율리시스』는 소설의 상황을 바꾸었으

며, 다양한 관찰 방식(내적 독백의 도입 등)의 집합으로서 작가들이 반드시 읽어야 할 참고 서적이다."(『전집 8』, 65쪽) 조이스는 언제나 루카치와 벌인 논쟁과 연관해 등장할 뿐이다. "매우 지적인 독자들이 조이스의 책(『율리시스』를 말한다)을 그 사실주의 때문에 칭찬하는 소리를 들었다…… 지적인 독자들이 글쓰기 방식을 그 자체로서 칭찬했다는 말은 아니다. 그들은 조이스의 책이(기교적인 성격을 지적하는 사람도 몇 명 있었다) 사실주의적인 내용을 가지고 있다고 보았다. '나는 『율리시스』를 읽고 야로슬라프 하셰크Jaroslav Hašek의 풍자소설 『용감한 군인 슈바이크』를 읽었을 때만큼이나 웃었다', '우리 같은 사람들은 보통 사실주의적인 풍자를 볼 때만 웃는다'고 고백하면, 사람들은 아마 나를 쉽게 타협하는 사람이라고 부를 것이다."(『전집 8』, 293쪽) 1938년의 이 서술에 따르면, 조이스는 언제나 오직 루카치와 벌인 논쟁과 연관해 등장하고, 언제나 "지드, 조이스, 되블린"의 상투적인 연관 관계 속에서만 등장할 뿐이다. 『작업일지』에서도 마찬가지다.

27 브레히트는 1928년 카프카를 "정말 진지한 현상"이라고 불렀으나, 시대에 경의를 표하기 위해 그런 말을 한 것 같다. 그는 "이 시대는 카프카와 같은 현상을 위한 시대는 아니라고 솔직하게 인정한다"고 말한다.(『전집 8』, 61쪽) 나중에 1938년에 브레히트는 카프카를 다른 어떤 부르주아 문학보다 좋아하는 '현대 체코 문학'으로 분류하면서 이렇게 말한다. "이때 나는 하셰크, 카프카, 베즈루치Petr Bezruč의 이름을 생각한다…… 파시즘 독재는 말하자면 시민 민주주의의 뼛속에 박혀 있다. 카프카는 대단한 상상력으로 다가올 집단 수용소, 다가올 법적 불안정, 다가올 국가 기관의 절대화, 접근하기 어려운 힘들에 의해 조종되는 수많은 개인의 마비된 삶을 묘사한다…… 벗어날 길이 없는 절망적인 분위기가 아주 강렬하고, 마치 암호문처럼 모든 것에 열쇠가 필요하기에 매우 어렵지만, 독일 작가들은 이 작품들을 반드시 읽어야 할 것이다. 경의를 표하려고 쓴 이 짧은 문장에서

많은 결점을 열거한 것 같다. 실제로 나는 여기서 결코 본보기로 삼아야 할 모델을 제안하는 것이 아니다."(『전집 8』, 447쪽)

28 한스 아이슬러, 「베르톨트 브레히트와 음악」, 실린 곳: 『진 운트 포름』, 베르톨트 브레히트 특별호 2집, 베를린, 1957, 440쪽 이하. 하인리히 슈트로벨Heinrich Strobel은 이렇게 말한다. "힌데미트는 정말 중요한 시인 베르톨트 브레히트와 딱 한 번 함께 일했다. 당시 사람들은 그것이 더 긴 공동 작업의 시작이라고 믿었으나 그 희망은 사실과 달랐다. 브레히트의 정치적으로 교훈적인 새로운 예술 개념과 힌데미트의 음악적 경향은 장기적으로 함께 갈 수 없었다."(하인리히 슈트로벨, 『파울 힌데미트』, 마인츠, 1948, 52쪽)

29 이 편지는 베를린 독일 예술원 문서실에 보관된 발터 베냐민 유고에 들어 있다.

30 『갈릴레이의 생애』의 생성사에 대한 브레히트의 발언 참조. 실린 곳: 『브레히트의 『갈릴레이의 생애』 자료』, 프랑크푸르트, 1963, 주르캄프 에디션, 44권.

31 엘리자베트 하웁트만이 번역한 존 게이John Gay의 거지 오페라와 브레히트의 가장 대중적인 희곡('서푼짜리 오페라'라는 제목은 포이히트방거의 작품이다)의 가장 유명한 예 외에도 그러한 소재 차용의 예를 언급할 필요가 있다. 1926년 시 「마이크를 위한 석탄」은 셔우드 앤더슨Sherwood Anderson의 소설 『가난한 백인』을 읽은 후 탄생했다. 「세상을 인정하는 발라드」는 재상 브뤼닝Heinrich Brüning의 긴급조치와 연관이 있다. 시 「쿠얀 바룩의 양탄자 짜는 사람들은 레닌을 존경한다」는 1929년 10월 30일 프랑크푸르트 신문에 실린 익명의 보고 「레닌 기념비」가 계기가 되었다(브레히트가 밑줄을 친 신문 스크랩은 베르톨트 브레히트 문서보관소에 보관되어 있다). 1948/1949년 희곡 『코뮌 시절』은 노르달 그리그Nordahl Grieg의 드라마 『패배』를 읽고 일종의 "반대 계획"으로 쓰였다. 『코카서스의 백묵원』은 주문을 받아 쓴 작품으로, 리 싱 타오李行道의 『백묵원』 클라분트 판으로

거슬러 올라간다고 추측된다. 민중극『푼틸라 씨와 그의 하인 마티』는 경연(이 작품은 핀란드 극작가 협회가 주최한 경연대회 출품작이다—옮긴이)을 계기로 쓰였는데, 헬라 부울리요키의 단편 소설들과 희곡 구상에 따라 탄생했다.

32 리온 포이히트방거,『베르톨트 브레히트』, 위의 책, 103쪽.

33 엘리자베트 하웁트만 소유의 타자로 친 원고. 현재 베를린 예술원이 소유하고 있다.

34 한스 J. 붕게,「베르톨트 브레히트 저서의 역사-비판 주석본에 부치는 서문」, 실린 곳:『스펙트럼』, 베를린, 1958년, 25쪽.

35 페터 주르캄프와 헬레네 바이겔의 편지 왕래에 브레히트 가족이 미국에서 스위스로, 거기서 다시 독일로 가져오려는 짐의 '인도 신청서'가 들어 있다. 바이겔은 귀국 짐이 '열세 개'라고 신고했다. 옷이 든 여행 가방 다섯 개, 속옷과 그릇이 든 바구니 한 개, 재봉틀과 제본 자료가 든 여행 가방 한 개, 책 두 상자, 책이 든 여행 가방 두 개, 의자 한 개였다. 지그프리트 운젤트,「흰 코끼리가 아니다」, 실린 곳:『헬레네 바이겔의 70세 생일에 부쳐』, 베를린, 1970, 47쪽 이하.

36 헤르타 람툰,『베르톨트 브레히트 문서보관소. 문학적 유고 목록』, 1권, 희곡, 베를린, 1969. 시 목록이 실린 2권은 1970년 출간되었고, 산문, 영화 대본, 논문이 실린 3권은 1972년 출간되었다.

37 한스 마이어가 전함,『베르톨트 브레히트와 전통』, 풀링겐, 1971, 20쪽.

38 실레히타Schlechta,『니체의 경우』, 뮌헨, 1959, 128쪽과 귄터 뮐러 Günter Müller,「1945년 이후의 괴테 문학」. 실린 곳:『DVJS 1952』, 377~410쪽을 볼 것.

39 실러, 코타, 괴센, 빌란트의 글은『손자 비스카운트 괴센이 서술한 게오르크 요아힘 괴센의 생애』, 저자가 개정한 판본, Th. A. 피셔Th. A. Fischer 번역, 2권, 라이프치히, 1905에서 인용했다. 중요한 것은 16장과 17장이다. 17장은 이렇게 시작한다. "이제 나는 나의 할아버지

와 가장 유명하고 가장 많은 사랑을 받는 그의 시인 친구 사이가 긴 세월 소원해지는 아주 슬픈 에피소드를 이야기하겠다." 18장 빌란트 출판의 역사를 서술하는 "위대한 기획"도 참조할 것.

40 베르톨트 브레히트는 잡지 『디 다메』가 1928년 10월 1일 "가장 인상 깊게 읽은 책"을 묻자 이렇게 대답했다. "웃으실 텐데, 성경입니다."

41 브레히트 비평은 출판사가 "모범적인 성실함과 명료함"(우르스 예니Urs Jenny, 1967년 1월 16일, 『쥐트도이체 차이퉁』)을 보여 주었다고 인정했다. "지금까지 있었던 브레히트 작품집 중 가장 완전하고, 가장 믿을 만하며, 가장 잘 정리되어 있고, 색인과 주석을 통해 이용하기 쉽게 만든 브레히트 작품집."(귄터 숄츠Günter Scholz, 1967년 10월 19일, 『쥐트도이체 룬트풍크』) "모든 것을 종합해 보면, 이 출판사의 기획은 아마 지난 몇십 년간 이루어진 기획 중 가장 공로가 큰 기획일 것이다."(페터 함Peter Hamm, 1967년 11월 15일, 『슈트트가르터 차이퉁』.

42 게르하르트 자이델, 『베르톨트 브레히트 도서 목록』. 제목 목록 제1권. 1913~1972년의 독일어 출판물. 브레히트의 작품, 모음집, 연극론, 독일민주주의공화국 예술원 출판물, 베를린과 바이마르, 1975. 인용된 서문은 V쪽.

43 한스 마이어, 『역사 속의 브레히트. 세 가지 시도』, 프랑크푸르트, 1971, 주르캄프 총서 284권.

44 리 벅샌덜, 「베르트 브레히트의 미국화」, 실린 곳: 『오늘날의 브레히트』, 국제 브레히트 학회 연감, 존 퓌기 펴냄, 1/1971호, 150쪽 이하. 벅샌덜의 논문은 이렇게 끝맺는다. "짧게 결론을 내리면, 늘어나는 상당수의 미국인들 사이에서 철저하게 비판적인 전망이 떠오르면서 브레히트는 몇 년 전만 해도 생각할 수 없는 정도로 긍정적인 미국화에 도달했다. 우리 시인은 심지어 곰곰이 생각해 볼 만한 정치적 요인이 되었다. 나는 이렇게 말해도 과장이 아니라고 생각한다. 그의 필생의 작품은 그 국가적, 정치적 문화의 장벽을 뛰어넘었다. 수용

과정에 어려움과 일탈이 있었지만, 우리는 지금 상상력 풍부한 작품으로 감각적인 의식에 불을 붙인 횃불을 가지고 있다. 브레히트의 경우 그 횃불이 얼마나 소중한지, 우리는 그것이 더 전파되리라는 사실을 절대 무시하면 안 될 것이다."

45 헬무트 카라젝은 『슈피겔』지에 이렇게 썼다. "브레히트는 20여 년 전에 죽었다. 그러나 등급과 올림피아 봉헌을 중시하는 우리의 기억은 그를 20세기의 가장 위대한 극작가로 여기고, 그의 작품이 아직 살아 있다고 생각한다. 사실일까? 집요한 소문이 우리 시대의 가장 중요한 연출가이자 극장인으로 만들려는 조르지오 스트렐러는 브레히트 선지자로 여겨진다. 함부르크 극장 극장장 이반 나겔Ivan Nagel은 산과 선지자를 모아, 공연 시즌을 여는 첫 공연 「사천의 착한 사람」에서 그 둘을 통합했다. 산은 요란한 진통 끝에 하나의 '극장 사건'을 낳았다. 그러나 축제는 사람들이 축하하듯이 진행되지 않는다. 스트렐러의 효과 추구와 브레히트의 조율된 단순함은 기껏해야 '아름다운 시체'를 낳았을 뿐이다⋯⋯ 사냥 구역 안에 서식하는 들짐승을 속아 내고 나면 반드시 금렵기가 필요하듯이 발로 밟아 다진 희곡들 위에 잠시 풀이 자라나게 해야 한다. 사람들은 그런 공연으로 우리를 괴롭히지 않으면서 브레히트를 아껴야 한다."

46 『자신의 증언과 기록으로 본 베르톨트 브레히트』, 함부르크, 1959에 실린 마리아네 케스팅의 말.

47 시선집 『페터 주르캄프가 고른 베르톨트 브레히트의 시와 노래들』 서문, 프랑크푸르트, 1958, 주르캄프 총서 33권, 6쪽. 주르캄프는 이 시선집의 서문에서 브레히트의 '정치성'에 대해 이렇게 말한다. "이 말은 꼭 해야 하는데, 나는 브레히트의 재능이 정치 때문에 손해를 입었다는 견해에 동의하지 않는다. 오히려 나는 정치적인 도그마가 초기의 냉소적인 허무주의와 무정부적 성향을 벗어나도록 도와주었다고 보는 쪽이다. 나는 『도시의 정글』 작업에서 어떻게 언어의 표현 방식을 위해 사회 구조 연구가 필요하게 되었는지 함께 경험했다. 시

인에게 요구되는, 정치적 삶에서 사용되기 위한 노래들은 언제나 간결하고 평민적이다. 그것은 이 장르에 들어 있다(클라이스트의 「독일인의 전쟁 노래」나 「프로이센 여왕에게」도 순수한 예술 작품은 아니다)."

48 만프레트 베크베르트, 『주석』, 프랑크푸르트, 1967, 주르캄프 에디션 219권, 12쪽.
49 한스 마이어는 이 말을 『역사 속의 브레히트』에서 전한다, 위의 책, 116쪽. 그동안 우리는 이것이 브레히트의 농담이었음을 알고 있다. 브레히트는 라틴어에서 좋은 점수를 받은 적이 없었다. 그러나 그렇다고 그의 라틴어 문학적 표현 방식을 부정해서는 안 될 것이다.
50 『전집 4』, 656쪽.
51 『전집 8』, 496쪽.
52 『전집 5』, 564쪽.
53 『전집 7』, 57쪽 이하.
54 한스 마이어, 『역사 속의 브레히트』, 위의 책, 17쪽.
55 빌란트 헤르츠펠데, 『베르톨트 브레히트에 대하여』, 위의 책, 134쪽.
56 『전집 7』, 725쪽.
57 한스 마이어, 『역사 속의 브레히트』, 위의 책, 24쪽 이하.
58 『전집 7』, 1276쪽. 브레히트의 논문 「고전성이 주는 위압감」에서 인용. 이 논문은 괴테의 『초고 파우스트』(1952년 4월 23일 초연) 연출 작업을 계기로 쓰였다.
59 『전집 10』, 1014쪽.
60 『전집 7』, 952쪽.

4부 라이너 마리아 릴케와 출판인

참고문헌:

라이너 마리아 릴케, 『전집』, 루트 지버 릴케와 함께 릴케 문서보관소 펴냄, 에른스트 친 발행, 6권, 인젤 출판사, 비스바덴, 1955년 이후. (줄임말: 전집)

라이너 마리아 릴케, 『1906~1926년 출판인에게 보낸 편지』, 증보판 2권, 인젤 출판사, 비스바덴, 1949. (줄임말: 출판인 편지)

라이너 마리아 릴케/카타리나 키펜베르크, 『1910~1926년의 편지』, 베티나 폰 봄하르트Bettina von Bomhard 펴냄, 인젤 출판사, 비스비덴, 1953. (줄임말: 릴케 카키펜)

라이너 마리아 릴케, 『편지』, 루트 지버 릴케와 함께 바이마르 릴케 문서보관소 펴냄, 카를 알트하임Karl Altheim 발행, 인젤 출판사, 비스바덴, 1950. (줄임말: 편지)

R. M. 릴케, 『S. 피셔 부부에게 보내는 편지』, 헤트비히 피셔 펴냄, 취리히, 1952. (줄임말: 피셔 편지)

잉게보르크 슈나크, 『라이너 마리아 릴케. 그의 생애와 작품 연대기』, 2권, 인젤 출판사, 프랑크푸르트, 1975. (줄임말: 연대기)

라이너 마리아 릴케의 『말테 라우리즈 브리게의 수기』 자료집, 하르트무트 엥겔하르트Hartmut Engelhardt가 펴내고 후기를 달았다, 주르캄프 문고판 174권, 프랑크푸르트, 1974. (줄임말: 말테 자료집)

발터 베냐민, 『편지』, 테오도어 W. 아도르노와 게르스홈 숄렘Gershom Scholem이 펴내고 주석을 달았다, 2권, 프랑크푸르트, 1966.

루돌프 알렉산더 슈뢰더, 『주요 작품 선집 8권』, 프랑크푸르트, 1952~1965. (줄임말: 선집)

327쪽에서 언급한 루 안드레아스 살로메에게 보내는 편지는 릴케/루 안드레아스 살로메, 『서한집』, 에른스트 파이퍼Ernst Pfeiffer 펴냄, 인젤 출판사, 프랑크푸르트, 1975, 351쪽 이하에 수록되어 있다. 1914년 9월 25일 루트비히 피커Ludwig Ficker가 릴케에게 보낸 편지는 게른스바흐의 릴케 문서보관소에 있다.

5부 로베르트 발저와 출판인

1 이 발언이 나온 맥락도 흥미롭다. 이 발언은 1899~1900년 탄생한 단편 희곡 「시인」에 나온다. 실린 곳: 인젤 출판사에서 처음 인쇄. 지금은 로베르트 발저, 전집, 11권, 『시와 단편 희곡』, 로베르트 메힐러 펴냄, 제네바와 함부르크, 1971, 51쪽. 작품에서 이 시인은 글을 쓸 때 느끼는 자신의 감정을 이렇게 묘사한다. "나의 느낌들은 나를 다치게 하는 화살촉이다. 가슴은 다치고 싶어 하고, 생각은 지치고 싶어 한다. 나는 달을 한 편의 시 속에 짜 넣고, 별들을 한 편의 시 속에 짜 넣어 그 안에 나를 섞고 싶다. 언어의 모래밭 속 물고기처럼 감정들을 버둥거리고 죽게 만드는 것밖에 내가 그 감정들을 가지고 무엇을 해야 할까? 나는 창작에서 손을 떼는 순간 죽을 것이다. 그 생각을 하면 기쁘다. 안녕!" 단편 희곡은 '변용'으로 끝난다. 세상이 변할 것이다. "땅이 격렬하게 흔들리고, 사람들은 시인들이 더 이상 혼자 외롭게 죽지 않으리라는 사실을 깨닫게 될 것이다."

참고문헌:
모든 인용은, 로베르트 발저, 『전집』, 요헨 그레펜 펴냄, 12권, 헬무트 코소도 출판사, 제네바와 함부르크, 1972 이후에서 인용한다.
카를 젤리히의 『로베르트 발저와의 산책』 인용은 주르캄프 총서 554권, 프랑크푸르트, 1977에서 인용하고, '산책'으로 줄여서 표기했다.
나는 설명의 주된 출처로 248쪽을 들었다.

그 외의 출처:

『로베르트 발저 기념집』, 1976년 12월 25일 발저 사망 20주년을 계기로 출간, 취리히 카를 젤리히 재단의 로베르트 발저 문서보관소의 위임을 받아 엘리오 프뢸리히와 로베르트 메힐러 펴냄, 취리히와 프랑크푸르트, 1977.

이 기념집에는 우리 글에서 중요한 카타리나 케르, 「1956년 작가 사망 이후 로베르트 발저 작품의 수용」도 수록되어 있다. 위의 책, 95~118쪽 참조.

그 외의 문헌:

쿠르트 볼프, 『한 출판인의 서한집 1911~1963』, 베른하르트 첼러와 엘렌 오텐 펴냄, 프랑크푸르트, 1966.

『에른스트 로볼트, 자신의 증언과 사진 기록』, 파울 마이어Paul Mayer 서술, 함부르크, 1967.

페터 드 멘델스존, 『S. 피셔와 그의 출판사』, 프랑크푸르트, 1970.

요헨 그레펜, 『로베르트 발저 연구』, 전집 출판과 유고 편찬 보고, 과거의 발저 연구 수록, 실린 곳: 《오이포리온》 64권, 1970년 3월.

엘리아스 카네티, 『인간의 영역』, 1942~1972년의 기록, 피셔 문고, 프랑크푸르트, 1976.

루돌프 알렉산더 슈뢰더, 전집 8권, 프랑크푸르트, 1952 이후. 언급한 에세이 「인젤 출판사의 초기 뮌헨 시절」은 3권 945쪽 이하에 수록되어 있다.

여기서 나는 헤르만 헤세 덕분에 로베르트 발저 작품에 주목하게 되었음을 감사한 마음으로 고백한다. 나는 논문에서 발저에 대한 헤세의 글을 여러 번 언급했다. 발저가 다름 아닌 헤세를 자신의 실패의 상징으로 본 것은 우리 맥락에서도 아이러니가 아닐 수 없다. 내가 로베르트 발저를 심도 있게 읽는 데 중요한 역할을 한 두 글을 들고 싶다.

「발터 베냐민의 '로베르트 발저'의 네 면의 초상」, 실린 곳: 발터 베냐민, 『저서』, 2권, 프리드리히 포트추스와 협력해 Th. W. 아도르노와 그레텔 아도르노

Gretel Adorno 펴냄, 프랑크푸르트, 1955. 베냐민은 "가장 실패한 작가로 보이는 이 작가가 왜 엄격한 프란츠 카프카가 가장 좋아하는 작가였는지"(151쪽) 설명한다.

마르틴 발저, 『경험과 독서 경험』, 주르캄프 에디션 109권, 프랑크푸르트, 1965. 나는 이 109권에 주목하길 강력히 추천한다. 이 책의 후반부에는 중요한 에세이 세 편이 실려 있다. 바로 「다락방의 횔덜린」, 「마르셀 프루스트를 읽는 독서 경험」, 「사례로 본 작업. 프란츠 카프카에 대하여」이다. 내게 방향을 알려 준 고찰 「고독한 시인. 로베르트 발저에 대하여」도 있다.

1982년 2쇄 출간에 붙이는 짧은 논평:
인용한 텍스트에서 동시대 사람, 작가, 비평가, 출판사 편집자, 번역자 들의 말은 흩어져 있는 원본, 메힐러의 발저 전기, 혹은 앞에서 언급한 문헌에서 인용했다. 1982년 2쇄 출간에 덧붙이자면, 이를테면 프란츠 블라이, 막스 브로트, 오스카 뢰르케, 크리스토퍼 미들턴, 마르트 로베르, 알빈 촐링거 등의 텍스트는 현재 세 권으로 나온 『로베르트 발저에 대하여』, 카타리나 케르 펴냄, 1978/79, 주르캄프 문고, 483, 484, 556권에서 찾아볼 수 있다.

우리는 작가를 출판합니다
: 헤세·릴케·브레히트·로베르트 발저, 역사에 남은 책은 어떻게 만들어졌는가,
시대의 작가를 발굴한 주르캄프와 출판인

2025년 7월 4일   초판 1쇄 발행

지은이	옮긴이
지크프리트 운젤트	한미희

펴낸이	펴낸곳	등록	
조성웅	도서출판 유유	제406-2010-000032호(2010년 4월 2일)	
	주소		
	경기도 파주시 돌곶이길 180-38, 2층 (우편번호 10881)		

전화	팩스	홈페이지	전자우편
031-946-6869	0303-3444-4645	uupress.co.kr	uupress@gmail.com
	페이스북	트위터	인스타그램
	facebook.com	twitter.com	instagram.com
	/uupress	/uu_press	/uupress

편집	디자인	조판	마케팅
정민기, 고우리	이기준	정은정	전민영

제작	인쇄	제책	물류
제이오	(주)민언프린텍	라정문화사	책과일터

ISBN 979-11-6770-123-7 03100